235.
235.

HISTOIRE

DES ORIGINES

DU CHRISTIANISME

LIVRE TROISIÈME

QUI COMPREND DEPUIS LE DÉPART DE SAINT PAUL
POUR SA PREMIÈRE MISSION
JUSQU'A L'ARRIVÉE DE SAINT PAUL A ROME

(45-61)

CHEZ LES MÊMES ÉDITEURS

ŒUVRES COMPLÈTES
D'ERNEST RENAN

FORMAT IN-8°

VIE DE JÉSUS. — 13e *édition*	1 volume.
LES APOTRES	1 volume.
QUESTIONS CONTEMPORAINES. — 2e *édition*	1 volume.
HISTOIRE GÉNÉRALE DES LANGUES SÉMITIQUES. — 4e *édition, revue et augmentée.* — Imprimerie impériale	1 volume.
ÉTUDES D'HISTOIRE RELIGIEUSE. — 6e *édition*	1 volume.
ESSAIS DE MORALE ET DE CRITIQUE. — 3e *édition*	1 volume.
LE LIVRE DE JOB, traduit de l'hébreu, avec une étude sur l'âge et le caractère du poëme. — 3e *édition*	1 volume.
LE CANTIQUE DES CANTIQUES, traduit de l'hébreu, avec une étude sur le plan, l'âge et le caractère du poëme. — 2e *édition*	1 volume.
DE L'ORIGINE DU LANGAGE. — 4e *édition*	1 volume.
AVERROÈS ET L'AVERROÏSME, essai historique. — 2e *édition, revue et corrigée*	1 volume.
DE LA PART DES PEUPLES SÉMITIQUES DANS L'HISTOIRE DE LA CIVILISATION. — 5e *édition*	Brochure.
LA CHAIRE D'HÉBREU AU COLLÉGE DE FRANCE, explications à mes collègues. — 3e *édition*	Brochure.
HISTOIRE LITTÉRAIRE DE LA FRANCE AU XIVe SIÈCLE, par Victor Le Clerc et Ernest Renan	2 volumes.

PARIS. — J. CLAYE, IMPRIMEUR, 7, RUE SAINT-BENOIT. — [1628]

SAINT PAUL

PAR

ERNEST RENAN

MEMBRE DE L'INSTITUT

AVEC UNE CARTE DES VOYAGES DE SAINT PAUL

PAR M. KIEPERT, DE L'ACADÉMIE DE BERLIN

PARIS

MICHEL LÉVY FRÈRES, ÉDITEURS
RUE VIVIENNE, 2 BIS, ET BOULEVARD DES ITALIENS, 15
A LA LIBRAIRIE NOUVELLE
—

1869

Droits de reproduction et de traduction réservés

A

CORNÉLIE SCHEFFER

Nous avons vu ensemble Éphèse et Antioche, Philippes et Thessalonique, Athènes et Corinthe, Colosses et Laodicée. Jamais, sur ces routes difficiles et périlleuses, je ne t'entendis murmurer; pas plus dans nos voyages que dans la libre poursuite du vrai, tu ne m'as dit : « Arrête-toi. » A Séleucie, sur les blocs disjoints du vieux môle, nous portâmes quelque envie aux apôtres qui s'embarquèrent là pour la conquête du monde, pleins d'une foi si ardente au prochain royaume de Dieu. Sûrement, ces espérances matérielles immédiates donnaient dans l'action une énergie que nous n'avons plus. Mais, pour être moins arrêtée dans ses formes, notre foi au règne idéal n'en est pas moins vive. Tout n'est ici-bas que symbole et que songe. Descartes avait raison de ne croire à la réalité du monde qu'après s'être prouvé l'existence de Dieu; Kant avait raison de douter de tout jusqu'à ce qu'il eût découvert le devoir. Notre jeunesse a vu des jours tristes, et je crains que le sort ne nous montre aucun bien avant de mourir. Quelques erreurs énormes entraînent notre pays aux abîmes; ceux à qui on les signale sourient. Au jour des épreuves, sois pour moi ce que tu fus quand nous visitions les sept Églises d'Asie, la compagne fidèle qui ne retire pas sa main de celle qu'elle a une fois serrée.

INTRODUCTION.

CRITIQUE DES DOCUMENTS ORIGINAUX.

Les quinze ou seize années dont ce volume comprend l'histoire religieuse sont, dans l'âge embryonnaire du christianisme, celles que nous connaissons le mieux. Jésus et la primitive Église de Jérusalem ressemblent aux images d'un lointain paradis, perdues dans une brume mystérieuse. D'un autre côté, l'arrivée de saint Paul à Rome, par suite du parti qu'a pris l'auteur des *Actes* de clore à ce moment son récit, marque pour l'histoire des origines chrétiennes le commencement d'une nuit profonde, dans laquelle la lueur sanglante des fêtes barbares de Néron et le coup de foudre de l'Apocalypse jettent seuls quelque clarté. La mort des apôtres en particulter est enveloppée d'une obscurité impénétrable. Au contraire, le temps des missions de Paul, surtout de la deuxième mission et de la troisième, nous est connu par des documents de la plus grande valeur. Les *Actes*, jusque-là si légendaires, deviennent tout à coup assez solides; les derniers chapitres, composés en partie de la relation d'un témoin oculaire, sont le seul récit complétement historique que nous ayons sur les premiers temps du christianisme. Enfin, par un privilége bien rare en un pareil sujet, ces années nous offrent des documents datés, d'une authenticité absolue, une série de lettres dont les plus importantes résistent à toutes les épreuves de la critique, et n'ont jamais subi d'interpolations.

Nous avons fait, dans l'introduction du précédent volume, l'examen du livre des *Actes*. Nous devons discuter maintenant, les unes après les autres, les différentes épîtres qui portent le nom de saint Paul. L'apôtre nous apprend lui-même que déjà de son vivant circulaient sous son nom des lettres fausses [1]; il prend souvent des précautions pour prévenir les fraudes [2]. Nous ne faisons donc que nous conformer à ses intentions, en soumettant à une censure

---

1. II Thess., II, 2.
2. II Thess., III, 17; I Cor., XVI, 21; Col., IV, 18; Gal., VI, 11.

rigoureuse les écrits qu'on nous présente comme de lui.

Ces épîtres sont, dans le Nouveau Testament, au nombre de quatorze ; il y faut faire tout d'abord deux catégories. Treize de ces écrits portent en suscription, dans le texte de la lettre, le nom de l'apôtre ; en d'autres termes, ces lettres se donnent elles-mêmes comme des ouvrages de Paul ; si bien qu'il n'y a pas de choix entre ces deux hypothèses, ou que Paul en soit réellement l'auteur, ou qu'elles soient l'ouvrage d'un faussaire qui aura voulu faire passer ses compositions pour un ouvrage de Paul. La quatorzième épître, au contraire, celle aux Hébreux, n'a pas de suscription [1] ; l'auteur entre en matière sans se nommer. L'attribution de cette épître à Paul ne se fonde que sur la tradition.

Les treize épîtres qui se donnent elles-mêmes comme étant de Paul peuvent, sous le rapport de l'authenticité, être rangées en cinq classes :

1° Épîtres incontestables et incontestées ; ce sont l'épître aux Galates, les deux épîtres aux Corinthiens, l'épître aux Romains ;

---

[1]. Dans toute la discussion qui va suivre, j'appelle « suscription » la première phrase, Παῦλος, ἀπόστολος... etc.; j'appelle « titre » l'indication que les manuscrits mettent en tête de chaque épître : Πρὸς Ῥωμαίους, Πρὸς Ἑβραίους, etc.

2° Épîtres certaines quoiqu'on y ait fait quelques objections ; ce sont les deux épîtres aux Thessaloniciens et l'épître aux Philippiens ;

3° Épîtres d'une authenticité probable, quoiqu'on y ait fait de graves objections; c'est l'épître aux Colossiens, qui a pour annexe le billet à Philémon;

4° Épître douteuse ; c'est l'épître dite aux Éphésiens ;

5° Épîtres fausses ; ce sont les deux épîtres à Timothée et l'épître à Tite.

Nous n'avons rien à dire ici des épîtres de la première catégorie ; les critiques les plus sévères, tels que Christian Baur, les acceptent sans objection. A peine insisterons-nous même sur les épîtres de la deuxième classe. Les difficultés que certains modernes ont soulevées contre elles sont de ces soupçons légers que le devoir de la critique est d'exprimer librement, mais sans s'y arrêter, quand de plus fortes raisons l'entraînent. Or, ces trois épîtres ont un caractère d'authenticité qui l'emporte sur toute autre considération. La seule difficulté sérieuse qu'on ait élevée contre les épîtres aux Thessaloniciens se tire de la théorie de l'Antechrist exposée au deuxième chapitre de la seconde aux Thessaloniciens, théorie qui semble identique à celle de l'Apocalypse, et qui supposerait par conséquent que Néron était mort quand le morceau fut écrit. Mais cette objection se laisse résoudre, comme nous le verrons dans le cours du présent volume. L'auteur de l'Apocalypse ne fit qu'appliquer à son temps un ensemble d'idées dont une partie remontait aux origines mêmes de la croyance chrétienne, et dont l'autre s'y était introduite vers le temps de Caligula.

L'épître aux Colossiens a subi le feu d'objections bien plus graves. Il est sûr que les expressions employées dans cette épître pour exprimer le rôle de Jésus au sein de la Divinité, comme créateur et prototype de toute création [1], tranchent fortement sur le langage des épîtres certaines, et semblent se rapprocher du style des écrits attribués à Jean. En lisant de tels passages, on se croit en plein gnosticisme [2]. La langue de l'épître aux Colossiens s'éloigne de celle des épîtres certaines; le dictionnaire est un peu différent [3]; le style a plus d'emphase et de

---

1. Col., i, 15 et suiv.
2. Comp. Col., ii, 2-3.
3. Notez πλήρωμα avec une nuance particulière (i, 19; ii, 9), l'expression τῷ κυρίῳ Χριστῷ (iii, 24), φανεροῦσθαι (iii, 4) pour la παρουσία du Christ, les mots composés πιθανολογία, ἐθελοθρησκεία, ὀφθαλμοδουλεία. L'emploi rare des particules, un goût remarquable pour les entassements de membres de phrase liés entre eux par le pronom relatif ou par le nexe participial, quelques autres petits idiotismes encore, sont peu conformes aux habitudes de Paul.

rondeur, moins d'élan et de naturel; par moments, il est embarrassé, déclamatoire, surchargé, analogue au style des fausses épîtres à Timothée et à Tite. Les pensées sont à peu près celles qu'on peut attendre de Paul. Cependant, la justification par la foi n'occupe plus la première place dans les préoccupations de l'apôtre; la théorie des anges est bien plus développée; les éons commencent à naître [1]. La rédemption du Christ n'est plus seulement un fait terrestre; elle s'étend à l'univers entier [2]. Certains critiques ont cru pouvoir signaler dans plusieurs passages soit des imitations des autres épîtres [3], soit le désir de concilier la tendance particulière de Paul avec les vues des écoles différentes de la sienne (désir si évident chez l'auteur des *Actes*), soit le penchant à substituer des formules morales et métaphysiques, telles que l'amour et la science, aux formules sur la foi et les œuvres qui, durant le premier siècle, avaient causé tant de luttes. D'autres critiques, pour expliquer ce mélange singulier de choses convenant à Paul et de choses qui ne lui conviennent guère, ont recours à des interpolations, ou

---

1. Col., I, 16-19.
2. Col., I, 20.
3. Col., III, 11, comp. à Gal., III, 28; Col., II, 5, comp. à I Cor., V, 3.

supposent que Paul confia la rédaction de l'épître en question à Timothée. Il est certain que, quand on cherche à fondre cette épître et aussi celle aux Philippiens dans un récit continu de la vie de Paul, la chose ne réussit pas tout à fait comme pour les grandes épîtres sûrement authentiques, antérieures à la captivité de Paul. Pour ces dernières, l'opération se fait en quelque sorte d'elle-même; les faits et les textes s'emboîtent les uns dans les autres sans effort et semblent s'appeler. Pour les épîtres de la captivité, au contraire, on a besoin de plus d'une combinaison laborieuse, on doit faire taire plus d'une répugnance [1]; les allées et venues des disciples ne s'arrangent pas du premier coup; bien des circonstances de temps et de lieu se présentent, si l'on peut ainsi dire, à rebours.

Rien de tout cela cependant n'est décisif. Si l'épître aux Colossiens (comme nous le croyons) est l'ouvrage de Paul, elle fut écrite dans les derniers temps

---

1. Πρεσβύτης de Philem., 9, étonne. Il en faut dire autant des projets de voyage, Phil., II, 24; Philem., 22 (comp. Rom., xv, 23 et suiv.; *Act.*, xx, 25, sans oublier les traditions sur le voyage de saint Paul en Espagne). Les salutations, Col., iv, 10, 11, 14; Philem., 23, 24, embarrassent à quelques égards. On est surpris aussi de trouver des relations si personnelles entre Paul et les villes de la vallée du Lycus, où il n'avait pas fait de séjour.

de la vie de l'apôtre, à une date où sa biographie est bien obscure. Nous montrerons plus tard qu'il est fort admissible que la théologie de saint Paul, qui, depuis les épîtres aux Thessaloniciens jusqu'à l'épître aux Romains, s'est si fort développée, se soit développée aussi dans l'intervalle de l'épître aux Romains à sa mort; nous montrerons même que les plus énergiques expressions de l'épître aux Colossiens ne font qu'enchérir un peu sur celles des épîtres antérieures [1]. Saint Paul était un de ces hommes qui, par leur nature d'esprit, sont disposés à passer d'un ordre d'idées à un autre, bien que leur style et leur manière de sentir offrent les traits les plus arrêtés. La teinte de gnosticisme qu'on trouve dans l'épître aux Colossiens se rencontre, quoique moins caractérisée, dans d'autres écrits du Nouveau Testament, en particulier dans l'Apocalypse et dans l'épître aux Hébreux [2]. Au lieu de rejeter l'authenticité des passages du Nouveau Testament où l'on trouve des traces de gnosticisme, il faut quelquefois raisonner à l'inverse et chercher dans ces passages l'origine

---

1. Ci-dessous, p. 274 et suiv. Voir surtout Rom., ix, 5; I Cor., viii, 6; II Cor., v, 19.

2. Apoc., xix, 13; Hebr., i, 2 (écrits datés avec la plus grande précision et postérieurs seulement de trois ou quatre ans à la date où Paul aurait écrit l'épître aux Colossiens).

des idées gnostiques qui prévalurent au IIe siècle. On peut même dire, en un sens, que ces idées étaient antérieures au christianisme, et que le christianisme naissant y fit plus d'un emprunt. En somme, l'épître aux Colossiens, quoique pleine de singularités, ne renferme aucune de ces impossibilités qu'offrent les épîtres à Tite et à Timothée; elle présente même beaucoup de traits qui repoussent l'hypothèse d'un faux. De ce nombre est sûrement sa connexité avec le billet à Philémon. Si l'épître est apocryphe, le billet est apocryphe aussi; or, peu de pages ont un accent de sincérité aussi prononcé; Paul seul, autant qu'il semble, a pu écrire ce petit chef-d'œuvre. Les épîtres apocryphes du Nouveau Testament, par exemple celles à Tite et à Timothée, sont gauches et lourdes; l'épître à Philémon ne ressemble en rien à ces pastiches fastidieux.

Enfin, nous verrons bientôt que l'épître dite aux Éphésiens est en partie copiée de l'épître aux Colossiens; ce qui semble supposer que le rédacteur de l'épître dite aux Éphésiens tenait bien l'épître aux Colossiens pour un original apostolique. Notons aussi que Marcion, qui fut en général si bien inspiré dans la critique des écrits de Paul, Marcion, qui repoussait avec tant de justesse les épîtres à Tite et à Timothée, admettait sans objection dans son recueil les deux épîtres dont nous venons de parler[1].

Infiniment plus fortes sont les objections qu'on peut élever contre l'épître dite aux Éphésiens. Et d'abord, notons que cette désignation n'est rien moins que certaine. L'épître n'a absolument aucun cachet de circonstance; elle ne s'adresse à personne en particulier; les destinataires occupent dans la pensée de Paul moins de place que ses autres correspondants du moment[2]. Est-il admissible que saint Paul ait écrit à une Église avec laquelle il avait eu des rapports si intimes, sans saluer personne, sans porter aux fidèles les salutations des frères qu'ils connaissaient, et en particulier de Timothée, sans adresser à ses disciples quelque conseil, sans leur parler de relations antérieures, sans que le morceau présente aucun de ces traits particuliers qui forment le caractère d'authenticité des autres épîtres? Le morceau est adressé à des païens convertis[3]; or, l'Église d'Éphèse était en grande partie judéo-chrétienne. Quand on songe avec quel empressement Paul, dans toutes ses épîtres, saisit et fait naître les prétextes pour parler de son ministère et de sa prédication, on éprouve

---

1. Épiphane, hær. XLII, 9.

2. Remarquez le καὶ ὑμεῖς (Eph., VI, 21), en le rapprochant de Col., IV, 7.

3. Eph., I, 11-14; II, 11 et suiv.; III, 1 et suiv.; IV, 17.

une vive surprise en le voyant, dans tout le cours d'une lettre adressée à ces mêmes Éphésiens, « que durant trois ans il n'a cessé d'exhorter jour et nuit avec larmes, » perdre toutes les occasions qui se présentent à lui de leur rappeler son séjour parmi eux, en le voyant, dis-je, se renfermer obstinément dans la philosophie abstraite, ou, ce qui est plus singulier, dans des formules émoussées pouvant convenir à la première Église venue [1]. Combien il en est autrement dans les épîtres aux Corinthiens, aux Galates, aux Philippiens, aux Thessaloniciens, même dans l'épître à ces Colossiens que pourtant l'apôtre ne connaissait qu'indirectement ! L'épître aux Romains est la seule qui à cet égard ressemble un peu à la nôtre. Comme la nôtre, l'épître aux Romains est un exposé doctrinal complet, tandis que, dans les épîtres adressées à des lecteurs qui ont reçu de lui l'Évangile, Paul suppose toujours connues les bases de son enseignement, et se contente d'insister sur quelque point qui a de l'à-propos. Comment se fait-il que les deux seules lettres impersonnelles de Paul soient, d'une part, une épître adressée à une Église qu'il n'avait jamais

---

1. Eph., I, 13, 15; II, 11 et suiv.; III, 1-13; IV, 20, etc. Notez surtout les passages III, 2; IV, 21, lesquels supposent que, parmi les gens à qui Paul s'adresse, il peut s'en trouver qu'il ne connaisse pas.

vue [1], et de l'autre, une épître adressée à l'Église avec laquelle il avait eu les rapports les plus longs et les plus suivis ?

La lecture de l'épître dite aux Éphésiens suffirait donc pour faire soupçonner que le morceau en question n'a pas été adressé à l'Église d'Éphèse. Le témoignage des manuscrits transforme ces soupçons en certitude. Les mots ἐν Ἐφέσῳ, dans le premier verset, ont été introduits vers la fin du IVe siècle. Le manuscrit du Vatican et le *Codex Sinaiticus*, tous deux du IVe siècle, et dont l'autorité, au moins quand ils sont d'accord, l'emporte sur celle de tous les autres manuscrits ensemble, n'offrent pas ces mots. Un manuscrit de Vienne, celui qu'on désigne dans les collations des épîtres de Paul par le chiffre 67, du XIe ou du XIIe siècle, les présente biffés. Saint Basile nous atteste que les anciens manuscrits qu'il a pu consulter n'avaient pas ces mots [2]. Enfin des témoignages du IIIe siècle prouvent qu'à cette époque l'existence desdits mots au premier verset était in-

---

1. Si l'épître aux Romains a été circulaire (voir ci-dessous, p. LXXII et suiv.), le raisonnement que nous faisons en ce moment n'en est que plus fort.

2. *Contre Eunomius*, II, 19. Οὕτω καὶ οἱ πρὸ ἡμῶν παραδεδώκασι καὶ ἡμεῖς ἐν ταῖς παλαιαῖς τῶν ἀντιγράφων εὑρήκαμεν. Ce traité a été écrit l'an 365 à peu près.

connue[1]. Si dès lors tout le monde croyait que l'épître dont il s'agit avait été adressée aux Éphésiens[2], c'était en vertu du titre, non en vertu de la suscription. Un homme qui, malgré l'esprit d'*a priori* dogmatique qu'il porta souvent dans la correction des livres saints, eut souvent des éclairs de vraie critique, Marcion (vers 150), voulait que l'épître dite aux Éphésiens fût l'épître aux Laodicéens dont saint Paul parle dans l'épître aux Colossiens[3]. Ce qui paraît le plus vrai, c'est que l'épître dite aux Éphésiens n'a été adressée à aucune Église déterminée; que, si elle est de saint Paul, c'est une simple lettre circulaire destinée aux Églises d'Asie composées de païens convertis. La suscription de ces lettres, copiées à plusieurs exemplaires, pouvait offrir, après les mots τοῖς οὖσιν, un blanc destiné à recevoir le nom de

---

1. Origène, passage tiré d'une *Chaîne*, dans Tischendorf, *Nov. Test.*, 7ᵉ édition (Leipzig, 1859), p. 441, note; Tertullien *Contre Marcion*, V, 11, 17 (passages qui supposent que ni Marcion ni Tertullien n'avaient les mots ἐν Ἐφέσῳ dans leurs manuscrits au verset 1. Sans cela, 1° on ne concevrait pas l'opinion de Marcion; 2° Tertullien l'accablerait avec ce texte; or, Tertullien combat Marcion seulement avec le titre Πρὸς Ἐφεσίους et avec l'autorité de l'Église); saint Jérôme, *In Eph.*, ɪ, 1, où *quidam* se rapporte sans doute à Origène.

2. Voir ci-dessous, p. xxiii, note 1.

3. Tertullien, *l. c.* Comparez, cependant, Épiph., hær. xlii, 9, 11, 12; Canon de Muratori, lignes 62-67.

l'Église destinataire. Peut-être l'Église d'Éphèse posséda-t-elle un de ces exemplaires, dont l'éditeur des lettres de Paul se sera servi. Le fait de trouver une telle copie à Éphèse lui aura suffi pour écrire en tête Πρὸς Ἐφεσίους [1]. Comme on négligea de bonne heure de ménager un blanc après οὖσιν, la suscription devint : τοῖς ἁγίοις τοῖς οὖσιν καὶ πιστοῖς, leçon peu satisfaisante [2], qu'on aura cru rectifier, au IVe siècle, en insérant après οὖσιν, conformément au titre, les mots ἐν Ἐφέσῳ.

Ce doute sur les destinataires de l'épître dite aux Éphésiens pourrait fort bien se concilier avec son authenticité; mais la réflexion critique excite sur ce second point de nouveaux soupçons. Un fait qui frappe tout d'abord, ce sont les ressemblances qu'on remarque entre l'épître dite aux Éphésiens et l'épître aux Colossiens. Les deux épîtres sont calquées l'une sur l'autre; des membres de phrase ont passé textuellement de l'une à l'autre. Quelle est l'épître qui a servi d'original et celle qui doit être considérée comme une imitation? Il semble bien que c'est l'épître aux Colossiens qui a servi d'original, et que

---

1. Il se peut aussi que cette attribution ait été le résultat d'une conjecture tirée du rapprochement de Eph., VI, 21-22, avec II Tim., IV, 12.

2. Cf. Rom., I, 7; II Cor., I, 1; Phil., I, 1.

c'est l'épître dite aux Éphésiens qui est l'imitation. Cette seconde épître est plus développée¹; les formules y sont exagérées; tout ce qui distingue l'épître aux Colossiens parmi les épîtres de saint Paul est encore plus prononcé dans l'épître dite aux Éphésiens. L'épître aux Colossiens est pleine de détails particuliers; elle a un dispositif qui répond bien aux circonstances historiques où elle a dû être écrite; l'épître aux Éphésiens est tout à fait vague. On comprend qu'un catéchisme général puisse être tiré d'une lettre particulière, mais non qu'une lettre particulière puisse être tirée d'un catéchisme général. Enfin, le verset VI, 21, de l'épître dite aux Éphésiens suppose l'épître aux Colossiens antérieurement écrite². Dès qu'on admet l'épître aux Colossiens comme une œuvre de Paul, la question se pose donc ainsi qu'il suit : comment Paul a-t-il pu passer son temps à contrefaire un de ses ouvrages, à se répéter, à faire une

---

1. Comp. Eph., II, à Col., I, 13-22, et à Col., II, 12-14; Eph., III, 1-12, à Col., I, 25-28; Eph., III, 18-19, à Col., II, 2-3; Eph., IV, 3-16, à Col., III, 14; Eph., v, 21-VI, 4, à Col., III, 18-21; Eph., III, 19; IV, 13, à Col., II, 9-10. Au contraire, Eph., IV, 14, et v, 6, est moins développé que Col., II, 4-23, ce passage contre les faux docteurs ne devant offrir dans une épître sans adresse que des traits généraux.

2. Καὶ ὑμεῖς; comp. Col., IV, 17.

lettre banale avec une lettre topique et particulière?

Cela n'est pas tout à fait impossible ; mais cela est peu vraisemblable. On diminuera l'invraisemblance d'une telle conception en supposant que Paul confia ce soin à l'un de ses disciples. Peut-être Timothée, par exemple, aura-t-il pris l'épître aux Colossiens pour l'amplifier et en faire un morceau général susceptible d'être adressé à toutes les Églises d'Asie. Il est difficile de se prononcer là-dessus avec assurance ; car il est supposable aussi que l'épître ait été composée après la mort de Paul, à une époque où l'on se mit à rechercher les écrits apostoliques, et où, vu le petit nombre de ces écrits, on ne se fit pas scrupule d'en fabriquer de nouveaux en imitant, en mêlant ensemble, en copiant et en délayant des écrits tenus antérieurement pour apostoliques. Ainsi la seconde épître dite de Pierre a été fabriquée avec la *I^a Petri* et avec l'épître de Jude. Il serait possible que l'épître dite aux Éphésiens doive son origine au même procédé [1]. Les ob-

---

1. Comp., par exemple, Eph., IV, 2, 32 ; V, 1, à Col., III, 12-13 ; l'imitation est là de telle nature qu'elle ne peut guère convenir qu'à un copiste servile. Comp. aussi Eph., IV, 11, à I Cor., XII, 28 ; Eph., III, 8, à I Cor., XV, 9 ; Eph., III, 9, à I Cor., IV, 1 ; Eph., I, 20, à Rom., VIII, 34 ; Eph., IV, 17 et suiv., à Rom., I, 24 et suiv. ; Eph., VI, 17, à I Thess., V, 8.

jections qu'on adresse à l'épître aux Colossiens sous le rapport de la langue et des doctrines s'adressent encore plus à celle-ci. L'épître aux Éphésiens, pour le style, s'écarte sensiblement des épîtres certaines; elle a des expressions favorites, des nuances qui n'appartiennent qu'à elle, des mots étrangers à la langue ordinaire de saint Paul, et dont quelques-uns se retrouvent dans les épîtres à Timothée, à Tite et aux Hébreux[1]; la phrase est diffuse, molle, chargée de mots inutiles et de répétitions, enchevêtrée d'incidentes parasites, pleine de pléonasmes et d'embarras[2]. Même différence pour le fond des idées : dans l'épître dite aux Éphésiens, le gnosticisme est tout à fait manifeste[3]; l'idée de l'Église, conçue comme un organisme vivant[4], y est développée d'une manière qui reporte l'esprit aux années 75 ou 80; l'exégèse s'écarte des habitudes de Paul[5]; la façon dont il est

---

1. Διάβολος, σωτήριον, ἐν τοῖς ἐπουρανίοις, τὰ πνευματικά pour τὰ πνεύματα, φωτίζειν dans le sens d'enseigner, οἰκονομία appliqué au plan divin, construction particulière de πληροῦσθαι, ἴστε γινώσκοντες, βασιλεία τοῦ χριστοῦ καὶ θεοῦ, κοσμοκράτορες, etc. La salutation (VI, 23-24) est insolite; la vanterie de III, 4, l'est encore plus.

2. Ch. II et III surtout.

3. I, 19 et suiv.; II, 2; III, 9 et suiv., 18-19; IV, 13; VI, 12. Comp. Valentin, dans les *Philosophumena,* VI, 34.

4. Voir surtout II, 1-22.

5. Eph., IV, 8-10; V, 14; VI, 2-3.

parlé des « saints apôtres [1] » surprend; la théorie du mariage est différente de celle que Paul expose aux Corinthiens [2].

Il faut dire, d'un autre côté, qu'on ne voit pas bien le but et l'intérêt qu'aurait eus le faussaire en composant cette pièce, puisqu'elle ajoute peu de chose à l'épître aux Colossiens. Il semble d'ailleurs qu'un faussaire aurait fait une lettre nettement adressée et circonstanciée, comme c'est le cas pour les épîtres à Timothée et à Tite. Que Paul ait écrit ou dicté cette lettre, il est à peu près impossible de l'admettre; mais qu'on l'ait composée de son vivant, sous ses yeux, en son nom, c'est ce qu'on ne saurait déclarer improbable. Paul, prisonnier à Rome, put charger Tychique d'aller visiter les Églises d'Asie [3] et lui remettre plusieurs lettres, l'épître aux Colossiens, le billet à Philémon, l'épître, aujourd'hui perdue, aux Laodicéens [4]; il put en outre lui re-

---

1. Eph., III, 5. Le *Codex Vaticanus* omet ἀποστόλοις (cf. Col., I, 26); mais le *Codex Sinaiticus* offre ce mot. Comp. Eph., III, 8; I Cor., XV, 9, et aussi Eph., II, 20.

2. Eph., V, 22, et suiv. Comp. I Cor., VII.

3. Col., IV, 7; Eph., VI, 21-22.

4. Si l'épître dite aux Éphésiens était l'épître aux Laodicéens mentionnée dans Col., IV, 16, on ne comprendrait pas bien que saint Paul ordonnât aux deux Églises de se prêter mutuellement deux écrits si semblables. En outre, puisque l'épître adressée aux

mettre des copies d'une sorte de lettre circulaire où le nom de l'Église destinataire était en blanc, et qui serait l'épître dite aux Éphésiens[1]. En passant à Éphèse, Tychique put montrer cette lettre ouverte aux Éphésiens, et il est permis de supposer que ceux-ci en prirent un exemplaire ou en gardèrent copie. La ressemblance de cette épître générale avec l'épître aux Colossiens viendrait, ou bien de ce qu'un homme qui écrit plusieurs lettres à quelques jours d'intervalle et qui est préoccupé d'un certain nombre d'idées fixes retombe sans s'en apercevoir dans les mêmes expressions, ou plutôt de ce que Paul aurait chargé soit Timothée[2] soit Tychique de composer la circulaire en calquant l'épître aux Colossiens et en écartant tout ce qui avait un caractère topique[3]. Le

Colossiens, avec lesquels Paul n'avait pas eu de rapports personnels (Col., II, 1), renferme une partie topique, des salutations, etc., pourquoi l'épître aux Laodicéens n'en aurait-elle pas? Enfin, on n'explique pas comment ἐν Λαοδικείᾳ serait devenu ἐν Ἐφέσῳ, ou aurait disparu.

1. Καὶ ὑμεῖς (VI, 21) s'explique bien alors.

2. L'absence du nom de Timothée dans la suscription de l'épître aux Éphésiens, tandis que ce nom se trouve dans la suscription de l'épître aux Colossiens, ainsi que dans les suscriptions des épîtres aux Philippiens et à Philémon, confirmerait cette supposition.

3. Origène fait une hypothèse analogue pour expliquer les particularités de l'épître aux Hébreux. Dans Eusèbe, *H. E.*, VI, 25.

passage Col., IV, 16, montre que saint Paul faisait quelquefois porter ses lettres d'une Église à une autre. Nous verrons bientôt qu'une pareille hypothèse doit être faite pour expliquer certaines particularités de l'épître aux Romains. Il semble que, dans ses dernières années, Paul adopta les lettres encycliques comme une forme d'écrits bien appropriée au vaste ministère pastoral qu'il avait à remplir. En écrivant à une Église, la pensée lui venait que les choses qu'il dictait pourraient convenir à d'autres Églises, et il s'arrangeait pour que celles-ci n'en fussent pas privées. On arrive ainsi à concevoir l'épître aux Colossiens et l'épître dite aux Éphésiens dans leur ensemble, comme un pendant de l'épître aux Romains, comme une sorte d'exposition théologique destinée à être transmise en guise de circulaire aux diverses Églises fondées par l'apôtre. L'épître aux Éphésiens n'avait pas le degré d'authenticité de l'épître aux Colossiens; mais elle avait un tour plus général; elle fut préférée. De fort bonne heure, on la tint pour un ouvrage de Paul et pour un écrit de haute autorité. C'est ce que prouve l'usage qui en est fait dans la première épître attribuée à Pierre [1],

---

1. Cf. I Petri, I, 1, 2, 3 (Eph., I, 3, 4, 7); II, 18 (Eph., VI, 5); III, 1 et suiv. (Eph., V, 22 et suiv.); III, 22 (Eph., I, 20 et suiv.); V, 5 (Eph., V, 21).

opuscule dont l'authenticité n'est pas impossible, et qui est en tout cas de l'âge apostolique. Parmi les lettres qui portent le nom de Paul, l'épître aux Éphésiens est peut-être celle qui a été le plus anciennement citée comme une composition de l'apôtre des gentils [1].

Restent les deux épîtres à Timothée et l'épître à Tite. L'authenticité de ces trois épîtres souffre des difficultés insurmontables. Je les regarde comme des pièces apocryphes. Pour le prouver, je pourrais montrer que la langue de ces trois écrits n'est pas celle de Paul; j'y pourrais relever une série de tours et d'expressions ou exclusivement propres ou particulièrement chers à l'auteur [2], qui, étant caractéris-

---

[1]. Polycarpe, *Epist. ad Phil.*, c. 1 et c. 12 (peut-être interpolé); Ignace (?), *ad Eph.*, c. 6 (interpolé), c. 12; Irénée, *Adv. hær*, V, 11, 3; Clément d'Alex., *Cohort. ad gentes*, c. 9; *Strom.*, IV, 8; Tertullien, *Adv. Marc.*, V, 11, 17; Valentin, dans les *Philosophumena*, VI, 34; Canon de Muratori, ligne 50.

[2]. Par exemple, la formule χάρις ἔλεος εἰρήνη (cf. II Joh., 3), πιστὸς ὁ λόγος, διδασκαλία ὑγιαίνουσα, λόγοι ὑγιαίνοντες, λόγος ὑγιής, ὑγιαίνειν ἐν τῇ πίστει, βέβηλος, αἱρετικὸς ἄνθρωπος, παραθήκη, εὐσεβεία, εὐσεβῶς, ἄνθρωπος θεοῦ, ζητήσεις, ἐπιφάνεια (au lieu de παρουσία), σωτήρ appliqué à Dieu, ματαιολόγος, ματαιολογία, λογομαχίαι, λογομαχεῖν, κενοφωνίαι, σωφρονισμός, σωφρόνως, σώφρων, παραιτεῖσθαι, περιΐστασθαι, ἀστοχεῖν, ὑπομιμνήσκειν, παρακολουθεῖν τῇ διδασκαλίᾳ, προσέχειν, ἀρνεῖσθαι, καλὰ ἔργα, δεσπότης au lieu de κύριος, etc. La plupart de ces expressions reviennent souvent dans les trois épîtres; elles manquent ou sont rares

tiques, devraient se trouver en proportion analogue dans les autres épîtres de Paul, et qui ne s'y trouvent pas, au moins en la proportion voulue. D'autres expressions, qui sont en quelque sorte la signature de Paul, y manquent. Je pourrais surtout montrer que ces épîtres renferment une foule d'inconvenances, soit au regard de l'auteur supposé, soit au regard des destinataires supposés[1]. Le trait ordinaire des let-

dans les épîtres authentiques. Avec un dictionnaire aussi limité que l'est celui des écrivains du Nouveau Testament, les raisonnements comme celui que nous venons de faire ont toujours une grande force. Le nombre moyen de fois qu'un mot doit revenir en un certain nombre de pages d'un auteur, surtout d'un auteur comme saint Paul, est presque fixe. Pareillement, un ensemble de mots étrangers à l'usage d'un écrivain se donnant en quelque sorte rendez-vous dans quelques pages prouve que ces pages ne sont pas de l'écrivain en question. Or, ce qui caractérise justement nos trois épîtres, c'est le retour perpétuel des mêmes mots, mots qui ne se trouvent pas ou se trouvent très-rarement dans les autres épîtres.

1. Par exemple, les suscriptions solennelles (opposez Philem., 1; et pourtant Paul était moins intime avec Philémon qu'avec Tite et Timothée); les développements où Paul entre sur son apostolat (I Tim., I, 11 et suiv.; II, 7), développements qui, adressés à un disciple, sont tout à fait inutiles; l'énumération de ses vertus (II Tim., III, 10-11); son assurance du salut final (II Tim., IV, 8; cf. I Cor., IV, 3-4; IX, 27). I Tim., I, 13, est bien sous la plume d'un disciple de Paul, non sous la plume de Paul lui-même. I Tim., II, 2, n'a pas de sens dans les dernières années de Néron; cela a été écrit après l'avènement de Vespasien. *Ibid.*, V, 18, on trouve

tres fabriquées avec une intention doctrinale est que le faussaire voit le public par-dessus la tête du prétendu destinataire, et écrit à celui-ci des choses que celui-ci sait très-bien, mais que le faussaire tient à faire entendre au public. Les trois épîtres que nous discutons ont à un haut degré ce caractère[1]. Paul, dont les lettres authentiques sont si particulières, si précises, Paul, qui, croyant à une prochaine fin du monde, ne suppose jamais qu'il sera lu dans des siècles, Paul serait ici un prêcheur général, assez peu préoccupé de son correspondant pour lui faire des sermons qui n'ont aucune relation avec lui, et lui adresser un petit code de discipline ecclésiastique en

cité comme γραφή un passage de Luc, x, 7; or. l'Évangile de Luc n'existait pas, au moins comme γραφή, avant la mort de Paul. Enfin, l'organisation des Églises, la hiérarchie, le pouvoir presbytéral et épiscopal sont, dans ces épîtres, beaucoup plus développés qu'il n'est permis de les supposer, aux dernières années de la vie de saint Paul (voir Tit., i, 5 et suiv., etc.; Timothée a reçu les dons spirituels par l'imposition des mains du collége des prêtres de Lystres : I Tim., iv, 14). La doctrine sur le mariage, I Tim., ii, 15; iv, 3; v, 14 (cf. iii, 4, 12; v, 10), est aussi d'un âge plus avancé de l'Église et paraît en contradiction avec I Cor., vii, 8 et suiv., 25 et suiv. Le destinataire des épîtres à Timothée est censé à Éphèse; comment ne trouve-t-on dans ces épîtres aucune commission, aucune salutation expresse pour les Éphésiens?

1. Remarquez, par exemple, II Tim., iii, 10-14, ou bien I Tim., i, 3 et suiv., 20; Tit., i, 5 et suiv., et la mention de Ponce-Pilate, I Tim., vi, 13, etc.

vue de l'avenir [1]. Mais ces arguments, qui seraient à eux seuls décisifs, je peux m'en passer. Je ne me servirai pour prouver ma thèse que de raisonnements en quelque sorte matériels; j'essayerai de démontrer qu'il n'y a moyen de faire rentrer ces épîtres ni dans le cadre connu, ni même dans le cadre possible de la vie de saint Paul.

Une observation préliminaire très-importante, c'est la similitude parfaite de ces trois épîtres entre elles, similitude qui oblige de les admettre toutes trois comme authentiques ou de les repousser toutes trois comme apocryphes. Les traits particuliers qui les séparent profondément des autres épîtres de saint Paul sont les mêmes. Les expressions étrangères à la langue de saint Paul qu'on y remarque se trouvent également dans les trois. Les défauts qui en rendent le style indigne de Paul sont identiques. C'est quelque chose d'assez bizarre que, chaque fois que saint Paul prend la plume pour écrire à ses disciples, il oublie sa façon habituelle, tombe dans les mêmes lenteurs, les mêmes idiotismes. Le fond des idées donne lieu à une observation analogue. Les trois épîtres sont pleines de vagues conseils, d'exhortations morales, dont Timothée et Tite, familiarisés par

---

[1]. Observez l'insignifiance du passage I Tim., III, 14-15, qui cherche à donner la raison de ces inutiles longueurs.

un commerce de tous les jours avec les idées de l'apôtre, n'avaient nul besoin. Les erreurs que l'on y combat sont toujours une sorte de gnosticisme [1]. La préoccupation de l'auteur dans les trois épîtres ne varie pas ; on sent le soin jaloux et inquiet d'une orthodoxie déjà formée et d'une hiérarchie déjà développée. Les trois écrits se répètent parfois entre eux [2] et copient les autres épîtres de Paul [3]. Une chose est certaine, c'est que, si ces trois épîtres ont été écrites sous la dictée de Paul, elles sont d'un même période de sa vie [4], d'un période séparé par de longues années du temps où il composa les autres épîtres. Toute hypothèse qui mettrait entre les trois épîtres en question un intervalle de trois ou quatre ans, par exemple, ou qui placerait entre elles quelqu'une des autres épîtres que nous connaissons, doit être repoussée. Pour expliquer la similitude des trois épîtres entre elles et leur dissemblance avec les autres, il

---

1. Notez ψευδωνύμου γνώσεως. I Tim., vi, 20.

2. Comp. I Tim., i, 4; iv, 7; II Tim., ii, 23; Tit., iii, 9; — I Tim., iii, 2 ; Tit., i, 7 ; — I Tim., iv, 1 et suiv. ; II Tim., iii, 1 et suiv. ; — I Tim., ii, 7; II Tim., i, 11. Notez l'analogie de l'entrée en matière, I Tim., i, 3, et Tit., i, 5.

3. II Tim., i, 3 (Rom., i, 9), 7 (Rom., viii, 15); ii, 20 (Rom., ix, 21); iv, 6 (Phil., i, 30; ii, 17; iii, 12 et suiv.).

4. Remarquez que Timothée est jeune dans les deux épîtres qui lui sont adressées. I Tim., iv, 12; II Tim., ii, 22.

n'y a qu'une hypothèse possible, c'est de supposer qu'elles ont été écrites en un espace de temps assez court, et longtemps après les autres, à une époque où toutes les circonstances qui entouraient l'apôtre étaient changées, où il avait vieilli, où ses idées et son style s'étaient modifiés. Certainement on réussirait à prouver la possibilité d'une telle hypothèse, qu'on n'aurait pas résolu la question. Le style d'un homme peut changer; mais, du style le plus frappant et le plus inimitable qui fut jamais, on ne passe pas à un style prolixe et sans vigueur[1]. En tout cas, une telle hypothèse est formellement exclue par ce que nous savons de plus certain sur la vie de Paul. Nous allons en fournir la démonstration.

La première épître à Timothée est celle qui offre le moins de traits particuliers, et cependant, fût-elle seule, on ne pourrait encore lui trouver une place dans la vie de saint Paul. Paul, quand il est censé écrire cette épître, a quitté Timothée depuis peu de temps, puisqu'il ne lui a pas écrit depuis son départ (I, 3). L'apôtre a quitté Timothée à Éphèse. Paul à ce moment partait pour la Macédoine; n'ayant pas le temps de combattre les erreurs qui commençaient

---

[1]. Lamennais sûrement changea beaucoup; son style néanmoins garda toujours la plus parfaite unité.

à se répandre dans Éphèse, et dont les chefs étaient Hyménée et Alexandre (i, 20), Paul a laissé Timothée afin de combattre ces erreurs. Le voyage que fait saint Paul sera de courte durée ; il compte revenir bientôt à Éphèse (iii, 14-15 ; iv, 13).

Deux hypothèses ont été proposées pour faire rentrer cette épître dans la contexture de la vie de Paul telle qu'elle est fournie par les *Actes* et confirmée par les épîtres certaines. Selon les uns, le voyage d'Éphèse en Macédoine qui a séparé Paul et Timothée est celui qui est raconté dans les *Actes,* xx, 1. Ce voyage a lieu dans la troisième mission. Paul est resté trois ans à Éphèse. Il part pour revoir ses Églises de Macédoine, puis celles d'Achaïe. C'est, dit-on, de Macédoine ou d'Achaïe qu'il écrit au disciple qu'il a laissé à Éphèse avec ses pleins pouvoirs. Cette hypothèse est inadmissible. D'abord les *Actes* nous apprennent (xix, 22) que Timothée avait devancé son maître en Macédoine, où en effet saint Paul le rejoint (II Cor., i, 1). Et puis est-il vraisemblable que, presque au lendemain de son départ d'Éphèse, Paul ait dû faire à son disciple les recommandations que nous lisons dans la première à Timothée? Les erreurs qu'il lui signale, lui-même avait pu les combattre. Le tour du verset I Tim., i, 3, ne convient nullement à un homme qui est parti d'Éphèse après un long séjour. En outre, Paul annonce l'intention de revenir à Éphèse (III, 14; IV, 13); or Paul, en quittant Éphèse, avait l'intention arrêtée d'aller à Jérusalem sans repasser par Éphèse (*Act.*, XIX, 21; XX, 1, 3, 16; I Cor., XVI, 4; II Cor., I, 16[1]). Ajoutons que, si l'on suppose l'épître écrite à ce moment, tout y est gauche; le défaut des lettres apocryphes, qui est de ne rien apprendre de précis, l'auteur exposant à son correspondant fictif des choses au courant desquelles celui-ci devrait être, un tel défaut, dis-je, y est porté jusqu'à la nausée.

Pour éviter cette difficulté et surtout pour expliquer l'intention annoncée par Paul de revenir à Éphèse, on a eu recours à un autre système. On a supposé que le voyage de Macédoine du verset I Tim., I, 3, est un voyage, non raconté par les *Actes*, que Paul aurait fait durant ses trois ans de séjour à Éphèse. Il est certes permis de croire que Paul ne fut pas tout ce temps sédentaire. On suppose donc qu'il fit une tournée dans l'Archipel, et par là,

---

1. Voir ci-dessous, p. 419 et suiv. Il n'y a pas de moment de la vie de Paul où nous sachions mieux ses plans de voyage. Paul, il est vrai, modifia plusieurs fois son itinéraire; mais il ne varia jamais dans son intention de ne pas repasser par Éphèse; et cela est tout simple : il venait d'y passer trois ans.

du même coup, on crée un anneau pour rattacher l'épître à Tite d'une façon plus ou moins plausible à la vie de Paul. Nous ne nions pas la possibilité d'un tel voyage, quoique le silence des *Actes* soit bien une difficulté; mais nous nions qu'on sorte par là des embarras que présente la première à Timothée. Dans cette hypothèse, on comprend moins encore que dans la première le tour du verset 1, 3. Pourquoi dire à Timothée ce qu'il sait bien? Paul vient de passer un ou deux ans à Éphèse; il y reviendra bientôt. Que signifient ces erreurs qu'il découvre tout à coup au moment du départ et pour lesquelles il laisse Timothée à Éphèse? Dans ladite hypothèse, d'ailleurs, la première à Timothée aurait été écrite vers la même époque que les grandes épîtres authentiques de Paul. Quoi! c'est au lendemain de l'épître aux Galates et à la veille des épîtres aux Corinthiens que Paul aurait écrit une aussi molle amplification? Il aurait quitté son style habituel en sortant d'Éphèse; il l'aurait retrouvé en y rentrant, pour écrire les lettres aux Corinthiens, sauf, quelques années après, à reprendre le style du prétendu voyage pour écrire au même Timothée! La deuxième à Timothée, de l'aveu de tout le monde, ne peut avoir été écrite avant l'arrivée de Paul prisonnier à Rome. Donc, il se serait écoulé plusieurs années entre la première à Timothée et celle à Tite d'une part, et la deuxième à Timothée d'autre part. Cela ne se peut. Les trois écrits se copient l'un l'autre; or, comment supposer qu'à cinq ou six ans d'intervalle, Paul, écrivant à un ami, fasse des emprunts à de vieilles lettres? Est-ce là un procédé digne de ce maître en l'art épistolaire, si ardent, si riche en idées? La seconde hypothèse, comme la première, est donc un tissu d'invraisemblances. Le verset I Tim., I, 3, est un cercle d'où l'apologiste ne peut sortir; ce verset crée une impossibilité dans la biographie de saint Paul. Il faudrait trouver une circonstance où Paul allant en Macédoine n'aurait fait que toucher à Éphèse; cette circonstance n'existe pas dans la vie de saint Paul avant sa prison. Ajoutons que, quand Paul est censé écrire l'épître en question, l'Église d'Éphèse possède une organisation complète, des anciens, des diacres, des diaconesses [1]; cette Église offre même les phénomènes ordinaires d'une communauté déjà vieille, des schismes, des erreurs [2]; rien de tout cela ne convient aux temps de la troisième mission [3]. Si la première à

---

1. I Tim., III, 15; V, 9, 17, 19-20.
2. I Tim., I.
3. Notez, en particulier, *Act.*, XX, 29 et suiv., où les erreurs sont montrées dans l'avenir.

Timothée est de Paul, il faut la rejeter dans un période hypothétique de sa vie, postérieur à sa prison et en dehors du cadre des *Actes*. Cette hypothèse étant aussi celle où conduit l'examen des deux autres épîtres dont nous avons à parler, nous en réservons l'examen pour plus tard.

La seconde épître à Timothée présente beaucoup plus de faits que la première. L'apôtre est en prison, évidemment à Rome (I, 8, 12, 16, 17 ; II, 9-10). Timothée est à Éphèse (I, 16-18; II, 17 ; IV, 14-15, 19), où les mauvaises doctrines continuent à pulluler, par la faute d'Hyménée et de Philétus (II, 17). Il n'y a pas longtemps que Paul est à Rome et en prison, puisqu'il donne à Timothée comme des nouvelles certains détails sur une tournée de l'Archipel qu'il vient de faire : à Milet, il a laissé Trophime malade (IV, 20) ; à Troas, il a laissé des objets chez Carpus (IV, 13) ; Éraste est resté à Corinthe (IV, 20). A Rome, les Asiates, entre autres Phygelle et Hermogène, l'ont abandonné (I, 15). Un autre Éphésien, au contraire, Onésiphore, un de ses anciens amis, étant venu à Rome, l'a cherché, l'a trouvé et l'a soigné dans sa captivité (I, 16-18). L'apôtre est plein du pressentiment de sa fin prochaine (IV, 6-8). Ses disciples sont loin de lui : Démas l'a quitté pour suivre ses intérêts mondains, il est parti pour Thessalonique (IV, 10); Crescent est allé en Galatie (*ibid.*), Titus en Dalmatie (*ibid.*); Paul a envoyé Tychique à Éphèse (IV, 12); Luc seul est avec lui (IV, 11). Un certain Alexandre, ouvrier en cuivre, d'Éphèse, lui a fait beaucoup de peine et une vive opposition; cet Alexandre est depuis reparti pour Éphèse (IV, 14-15). Paul a déjà comparu devant l'autorité romaine; dans cette comparution, personne ne l'a assisté (IV, 16); mais Dieu l'a aidé et l'a arraché de la gueule du lion (IV, 17). En conséquence, il prie Timothée de venir avant l'hiver (IV, 9, 21), et d'amener Marc avec lui (IV, 11). Il lui donne en même temps une commission, c'est de lui apporter l'étui à livres, les livres et les feuillets de parchemin qu'il a laissés à Troas chez Carpus (IV, 13). Il lui recommande de saluer Prisca, Aquila et la maison d'Onésiphore (IV, 19). Il lui envoie les saluts d'Eubule, de Pudens, de Linus, de Claudia et de tous les frères (IV, 21).

Cette simple analyse suffit pour révéler d'étranges incohérences. L'apôtre est à Rome; il vient de faire un voyage de l'Archipel, il en donne des nouvelles à Timothée comme s'il ne lui avait pas écrit depuis ce voyage; dans la même lettre, il lui parle de sa prison et de son procès. Direz-vous que ce voyage de l'Archipel est le voyage de Paul captif, raconté dans les *Actes* ? Mais, dans ce voyage, Paul ne traversa pas l'Archipel; il ne put aller ni à Milet, ni à Troas, ni surtout à Corinthe, puisque, à la hauteur de Cnide, la tempête chassa le navire sur la Crète, puis sur Malte. — Dira-t-on que le voyage en question est le dernier voyage de saint Paul libre, son voyage de retour à Jérusalem, en compagnie des députés chargés de la cotisation? Mais Timothée était de ce voyage, au moins depuis la Macédoine (*Act.*, XX, 4). Plus de deux ans s'écoulèrent entre ce voyage et l'arrivée de Paul à Rome (*Act.*, XXIV, 27). Conçoit-on que Paul raconte à Timothée comme des nouveautés des choses qui s'étaient passées en sa présence il y avait si longtemps, quand, dans l'intervalle, ils avaient vécu ensemble et s'étaient à peine quittés[1]? Loin d'être resté malade à Milet, Trophime suivit l'apôtre à Jérusalem, et fut cause de son arrestation (*Act.*, XXI, 29). Le passage II Tim., IV, 10-11, comparé à Col., IV, 10, 14, et à Philem., 24, forme une contradiction non moins grave. Si Démas a quitté Paul quand celui-ci écrit la seconde à Timothée, cette épître est postérieure à l'épître aux Colossiens et à l'épître à Philémon. En écrivant ces

---

1. Phil., I, 1; II, 19; Col., I, 1; Philem., 1; Hébr., XIII, 23.

deux dernières épîtres, Paul a Marc auprès de lui; comment, écrivant la deuxième à Timothée, peut-il donc dire : « Prends Marc et amène-le avec toi; car j'ai besoin de lui pour le diaconat »? D'un autre côté, nous l'avons établi, il n'est pas loisible de séparer les trois lettres; or, de quelque façon qu'on s'arrange, il y aura toujours trois ans au moins entre la première et la seconde à Timothée, et il faut placer entre elles la seconde aux Corinthiens et l'épître aux Romains. Un seul refuge reste donc ici comme pour la première à Timothée, c'est de supposer que la seconde à Timothée fut écrite dans une prolongation de la vie de l'apôtre dont les *Actes* ne parleraient pas. Cette hypothèse serait démontrée possible, qu'une foule de difficultés inhérentes à l'épître resteraient encore. Timothée serait à Éphèse, et (IV, 12) Paul dirait sèchement : « J'ai envoyé Tychique à Éphèse », comme si Éphèse n'était pas le lieu du destinataire. Quoi de plus froid que le passage II Tim., III, 10-11 ? quoi même de plus inexact? Paul ne s'adjoignit Timothée qu'à la deuxième mission; or, les persécutions que Paul subit à Antioche de Pisidie, à Iconium, à Lystres avaient eu lieu dans la première[1]. Le vrai Paul écri-

---

[1] Παρηκολούθησάς μου implique que Timothée a été témoin ocu-

vant à Timothée aurait eu bien d'autres épreuves communes à lui rappeler ; ajoutons qu'il n'eût pas perdu son temps à les lui rappeler. Mille invraisemblances se dresseraient de tous les côtés ; mais il est inutile de les discuter, car l'hypothèse elle-même dont il s'agit et d'après laquelle notre épître serait postérieure à la comparution de Paul devant le conseil de Néron, cette hypothèse, dis-je, doit être écartée, comme nous le montrerons quand nous aurons fait entrer à son tour l'épître à Tite dans le débat.

Quand Paul écrit l'épître à Tite, celui-ci est dans l'île de Crète (I, 5). Paul, qui vient de visiter cette île et a été fort mécontent des habitants (I, 12-13), y a laissé son disciple pour achever l'organisation des Églises et pour aller de ville en ville établir des *presbyteri* ou *episcopi* (I, 5). Il promet à Tite de lui envoyer bientôt Artémas et Tychique; il prie son disciple de venir, dès qu'il aura reçu ces deux frères, le rejoindre à Nicopolis, où il compte passer l'hiver (III, 12). L'apôtre recommande ensuite à son disciple de faire honorablement la conduite à Zénas et à Apollos, et d'avoir grand soin d'eux (III, 13).

laire de ces faits, et y a été mêlé. En effet, pourquoi l'écrivain choisit-il pour exemple les épreuves de Paul en Galatie, sinon parce qu'il sait que c'est là le pays de Timothée ?

Cette fois encore, c'est à chaque phrase que les difficultés se présentent. Pas un mot pour les fidèles crétois, rien qu'une dureté injurieuse et inconvenante (I, 12-13); — nouvelles déclamations contre des erreurs dont l'existence dans des Églises récemment fondées ne se conçoit pas (I, 10 et suiv.), erreurs que Paul absent voit et connaît mieux que Tite qui est sur les lieux; — détails qui supposeraient le christianisme déjà ancien et complétement développé dans l'île (I, 5-6); — recommandations triviales, portant sur des points trop clairs. Une telle épître aurait été bien inutile à Titus; pas un mot de tout cela qu'il ne dût savoir par cœur. Mais ce n'est pas par des inductions de convenance, c'est par des arguments directs qu'on peut montrer le caractère apocryphe du document dont il s'agit.

Si l'on veut rattacher cette lettre à la période de la vie de Paul connue par les *Actes*, on éprouve les mêmes difficultés que pour les précédentes. Selon les *Actes*, Paul ne touche en Crète qu'une fois, et cela dans son naufrage; il n'y fait qu'un très-court séjour; durant ce séjour, il est captif. Ce n'est sûrement pas à ce moment-là que Paul a pu commencer à fonder des Églises dans l'île. D'ailleurs, si c'était au voyage de Paul captif que se rapportait Tit., I, 5, Paul quand il écrit serait prisonnier à Rome. Comment peut-il dire, de sa prison de Rome, qu'il a l'intention d'aller passer l'hiver à Nicopolis? Comment ne fait-il pas, selon son habitude, quelque allusion à son état de prisonnier?

Une autre hypothèse a été tentée. On a essayé de rattacher l'une à l'autre l'épître à Tite et la première à Timothée ; on a supposé que ces deux épîtres étaient le fruit du voyage épisodique que saint Paul aurait fait durant son séjour à Éphèse. Quoique cette hypothèse ait bien peu suffi pour expliquer les difficultés de la première à Timothée, reprenons-la pour voir si l'épître à Tite lui apporte quelque appui.

Paul est à Éphèse depuis un an ou deux. Pendant l'été, il forme le projet d'une tournée apostolique, dont les *Actes* n'auraient pas parlé. Il laisse Timothée à Éphèse et prend avec lui Titus et les deux Éphésiens Artémas et Tychique. Il va d'abord en Macédoine, puis de là en Crète, où il fonde quelques Églises. Il laisse Titus dans l'île en le chargeant de continuer son œuvre, et se rend à Corinthe avec Artémas et Tychique. Il y fait la connaissance d'Apollos, qu'il n'avait pas encore vu, et qui était sur le point de partir pour Éphèse. Il prie Apollos de se détourner un peu de son chemin pour passer par la Crète, et porter à Titus l'épître qui nous a été conservée. Son plan à ce moment est d'aller en Épire et de passer l'hiver à Nicopolis. Il mande ce plan à Titus, lui annonce qu'il lui enverra en Crète Artémas et Tychique, et le prie, aussitôt qu'il les aura vus, de venir le rejoindre à Nicopolis. Paul fait alors son voyage d'Épire. Il écrit d'Épire la première à Timothée, et charge Artémas et Tychique de la porter; il leur enjoint toutefois de passer par la Crète, afin de donner en même temps à Titus le signal de venir le rejoindre à Nicopolis. Titus se rend à Nicopolis; l'apôtre et son disciple retournent ensemble à Éphèse.

Avec cette hypothèse, on se rend compte d'une façon telle quelle des circonstances de l'épître à Tite et de la première à Timothée. Il y a plus : on obtient deux avantages apparents. On croit expliquer les passages des épîtres aux Corinthiens d'où il semble, au premier coup d'œil, résulter que saint Paul, venant à Corinthe à la fin de son long séjour à Éphèse, y vint pour la troisième fois (I Cor., XVI, 7; II Cor., II, 1; XII, 14, 21; XIII, 1); on croit aussi expliquer le passage où saint Paul prétend avoir prêché l'Évangile jusqu'en Illyrie (Rom., XV, 19). Les avantages n'ont rien de solide[1], et que de blessures à la vrai-

---

1. Voir ci-dessous, p. 450-454, note, et p. 492-493, note. Même

semblance on fait pour les obtenir! D'abord, ce prétendu voyage épisodique, si court que l'auteur des *Actes* n'aurait pas jugé à propos d'en parler, aurait été très-considérable, puisqu'il aurait renfermé un voyage en Macédoine, un voyage en Crète, un séjour à Corinthe, un hivernage à Nicopolis. Cela ferait près d'un an. Comment alors l'auteur des *Actes* dit-il que le séjour de Paul à Éphèse fut continu durant trois ans (*Act.*, XIX, 8, 10; XX, 31[1])? Ces expressions n'excluraient pas sans doute de petites absences, mais elles excluent une série de voyages. En outre, dans l'hypothèse que nous discutons, le voyage de Nicopolis aurait eu lieu avant la seconde épître aux Corinthiens[2]. Or, dans cette épître, Paul déclare que Corinthe est, à la date où il écrit, le point extrême

en admettant que μεχρὶ τοῦ Ἰλλυρικοῦ implique que Paul a été très-près de l'Illyrie, le fait qu'il aurait été à Nicopolis n'avance en rien la question. L'Ἰλλυρικόν, en quelque sens qu'on prenne le mot, ne descendait pas plus bas que les monts Acrocérauniens. L'Épire n'a jamais fait partie, au moins dans les temps du haut empire, de la province d'Illyrie ni de l'Ἰλλυρικόν en aucun sens. La province prétorienne d'*Illyria juxta Epirum,* haute Albanie actuelle (Strabon, XVII, III, 25), avait pour limites les monts Acrocérauniens, le mont Scardus et le Drilo. A Bérée, Paul était plus près de l'Illyrie qu'il ne l'eût été à Nicopolis.

1. Τριετίαν νύκτα καὶ ἡμέραν οὐκ ἐπαυσάμην μετὰ δακρύων νουθετῶν ἕνα ἕκαστον.

2. Voir ci-dessous, p. 430 et suiv.

de ses missions vers l'ouest[1]. Enfin l'itinéraire que l'on trace du voyage de Paul est peu naturel. Paul va d'abord en Macédoine, le texte est formel (I Tim., 1, 3); et de là il se rend en Crète. Pour aller de Macédoine en Crète, Paul aurait dû passer en cabotant, ou à Éphèse, auquel cas le verset I Tim., 1, 3, est dénué de sens, ou à Corinthe, auquel cas on ne conçoit pas qu'il ait besoin d'y revenir tout de suite après. Et comment Paul, voulant faire un voyage d'Épire, parle-t-il de l'hivernage qui doit le terminer, et non du voyage lui-même? Et ce séjour à Nicopolis, comment n'en saurions-nous pas quelque chose d'ailleurs? Supposer qu'il s'agit là de Nicopolis en Thrace, sur le Nestus, ne ferait qu'augmenter l'embarras, et n'aurait aucun des avantages apparents de l'hypothèse ci-dessus exposée. Quelques exégètes croient lever la difficulté en modifiant un peu l'itinéraire exigé par cette hypothèse. Selon eux, Paul irait d'Éphèse en Crète, de là à Corinthe, puis à Nicopolis, puis en Macédoine. Le fatal verset I Tim., 1, 3, s'y oppose. Supposons une personne partant de Paris, avec l'intention de faire une tournée en Angleterre, sur les bords du Rhin, en Suisse, en Lombardie. Cette personne, arrivée à Cologne,

---

1. II Cor., x, 14-16.

écrira-t-elle à un de ses amis de Paris : « Je vous ai quitté à Paris, partant pour la Lombardie... » ? La conduite de saint Paul, dans toutes ces suppositions, n'est pas moins absurde que son itinéraire. Le voyage de Tychique et d'Artémas en Crète n'est pas justifié. Pourquoi Paul ne donnait-il pas à Apollos une lettre pour Timothée[1]? Pourquoi se réservait-il de lui écrire par Tychique et Artémas ? Pourquoi ne fixait-il pas dès lors à Tite le terme où il devait venir le rejoindre, puisque ses projets étaient si arrêtés? Ces voyages de Corinthe à Éphèse, s'effectuant tous par la Crète pour les besoins de l'apologétique, sont bien peu naturels. Paul, en cette hypothèse du voyage épisodique, de quelque façon qu'on en dresse l'itinéraire, donne et retient sans cesse; il fait des actes qu'il n'épuise pas; il ne tire de ses démarches qu'une partie de leur fruit, gardant pour de futures occasions ce qu'il pouvait très-bien faire sur-le-champ. Quand il s'agit de ces épîtres, il semble que les lois ordinaires de la vraisemblance et du bon sens sont renversées.

Tous les essais pour faire rentrer les épîtres à Tite et à Timothée dans le cadre de la vie de saint Paul

---

1. I Tim., 1, 3, suppose que Paul écrit à son disciple pour la première fois depuis son départ d'Éphèse.

tracé par les *Actes* sont donc entachés de contradictions insolubles. Les épîtres authentiques de saint Paul s'expliquent, se supposent, se pénètrent les unes les autres; les trois épîtres dont il s'agit feraient un petit cercle à part découpé à l'emporte-pièce; et cela serait d'autant plus étrange que deux d'entre elles, la première à Timothée et celle à Tite, tomberaient juste au milieu de ce tourbillon d'affaires si bien suivies, si bien connues, auxquelles se rapportent l'épître aux Galates, les deux aux Corinthiens, celle aux Romains. Aussi plusieurs des exégètes qui défendent l'authenticité de ces trois épîtres ont-ils eu recours à une autre hypothèse. Ils prétendent que ces épîtres doivent être placées dans un période de la vie de l'apôtre dont les *Actes* ne parleraient pas. Selon eux, Paul, après avoir comparu devant Néron, comme les *Actes* le supposent, fut acquitté, ce qui est fort possible, même probable. Rendu à la liberté, il reprend ses courses apostoliques, et va en Espagne, ce qui est probable encore. Selon les critiques dont nous parlons, Paul, dans cette période de sa vie, ferait un nouveau voyage dans l'Archipel, voyage auquel appartiendrait la première épître à Timothée et l'épître à Tite. Il reviendrait de nouveau à Rome ; là, il serait prisonnier pour la seconde fois, et, de sa prison, il écrirait la deuxième à Timothée.

Tout cela, il faut l'avouer, ressemble bien au système artificiel de défense d'un accusé qui, pour répondre à des objections, est obligé d'imaginer un ensemble de faits qui ne se rattache à rien de connu. Ces hypothèses isolées, sans épaulement ni arrachement dans ce que l'on sait d'ailleurs, sont en justice le signe de la culpabilité, en critique le signe de l'apocryphe. Même en accordant la possibilité de ce nouveau voyage dans l'Archipel, on aurait encore une peine infinie à faire concorder les circonstances des trois épîtres; les allées et les venues seraient très-peu justifiées. Mais une telle discussion est inutile; il est évident, en effet, que l'auteur de la seconde à Timothée entend bien parler de la captivité mentionnée par les *Actes,* et à laquelle se rapportent les épîtres aux Philippiens, aux Colossiens et à Philémon. Le rapprochement de II Tim., IV, 9-22, avec les finales des épîtres aux Colossiens et à Philémon le prouve. Le personnel qui entoure l'apôtre est à peu près identique dans les deux cas. La captivité du sein de laquelle Paul est censé écrire la seconde à Timothée finira par une libération (II Tim., IV, 17-18); Paul, dans cette épître, est plein d'espérance; il médite de nouveaux desseins et est préoccupé de la pensée qui le remplit en effet pendant toute sa première (et unique) captivité, accomplir la prédication évangélique, prêcher le Christ à toutes les nations et en particulier aux peuples de l'extrême Occident[1]. Si les trois épîtres en question étaient d'une date si avancée, on ne concevrait pas comment Timothée y serait toujours traité en jeune homme. Nous pouvons, d'ailleurs, prouver directement que ce voyage de l'Archipel, postérieur au séjour de Paul à Rome, n'a pas eu lieu. Dans un tel voyage, en effet, saint Paul aurait touché à Milet (II Tim., IV, 20). Or, dans le beau discours que l'auteur des *Actes* prête à saint Paul passant par Milet à la fin de sa troisième mission, cet auteur fait dire à Paul : « Je sais que vous ne verrez plus mon visage, vous tous parmi lesquels j'ai passé, annonçant le royaume [2] ». Et qu'on ne dise pas que saint Paul a pu se tromper dans ses prévisions, changer d'avis[3], et revoir une Église à laquelle il croyait avoir dit adieu pour toujours. Là n'est pas la question. Peu nous importe que Paul ait prononcé ou non

---

[1]. Comp. Col., I, 25; II Cor., X, 16; Rom., XVI, 26. Ce n'est pas à nous de lever la contradiction qu'il y a entre II Tim., IV, 17-18, et II Tim., IV, 6-8. Rapporter II Tim., IV, 16-17, à la première captivité comme un renseignement historique rétrospectif est de la dernière froideur, vu surtout la connexité de ces deux versets avec le verset 18.

2. *Act.*, XX, 25.

3. Phil., II, 24; Philem., 22.

ces paroles. L'auteur des *Actes* savait bien la suite de la vie de Paul, quoique malheureusement il n'ait pas jugé à propos de nous l'apprendre. Il est impossible qu'il ait mis dans la bouche de son maître une prédiction qu'il savait bien ne pas s'être vérifiée.

Les lettres à Timothée et à Tite sont donc repoussées par toute la contexture de la biographie de Paul. Quand on les y fait rentrer par quelqu'une de leurs parties, elles en sortent par une autre partie. Même en créant exprès pour elles un période dans la vie de l'apôtre, on n'obtient rien de satisfaisant. Ces épîtres se repoussent elles-mêmes; elles sont pleines de contradictions [1]; les *Actes* et les épîtres certaines seraient perdus, qu'on ne réussirait pas encore à créer une hypothèse pour faire tenir debout les trois écrits dont nous parlons. Et qu'on ne dise pas qu'un faussaire ne se fût pas jeté de gaieté de cœur dans ces contradictions. Denys de Corinthe, au IIe siècle, n'a pas une théorie moins bizarre des voyages de saint Paul, puisqu'il le fait venir à Corinthe et partir de Corinthe pour Rome en compagnie de saint Pierre [2], chose tout à fait impossible. Sans doute, les trois épîtres en

---

1. Ainsi Onésiphore et Alexandre le chaudronnier sont partagés entre Rome et Éphèse d'une façon qui ne s'explique pas. II Tim., I, 16-18; IV, 14-15.

2. Dans Eusèbe, *H. E.*, II, 25.

question furent fabriquées à une époque où les *Actes* n'avaient pas encore une pleine autorité. Plus tard, on eût brodé sur le canevas des *Actes*, comme l'a fait l'auteur de la fable de Thécla vers l'an 200. L'auteur de nos épîtres sait les noms des principaux disciples de Paul; il a lu plusieurs de ses épîtres [1]; il se fait une idée vague de ses voyages; il a l'esprit frappé, et d'une manière assez juste, de cet essaim de disciples qui entouraient Paul et qu'il lançait en courriers dans toutes les directions [2]. Mais les détails qu'il suppose sont faux et inconsistants : il se représente toujours Timothée comme un jeune homme; la notion incomplète qu'il a d'un passage de Paul en Crète lui fait croire que l'apôtre y a fondé des Églises. Le personnel qu'il introduit dans les trois épîtres est surtout éphésien; on est tenté par moments de croire que le désir d'exalter certaines familles d'Éphèse et d'en déprécier quelques autres n'a pas été tout à fait étranger au fabricateur [3].

Les trois épîtres en question sont-elles apocryphes d'un bout à l'autre, ou bien se servit-on pour les

---

1. Il semble aussi qu'il y a des réminiscences de la *Iᵃ Petri*, Comp. I Tim., II, 9 et suiv. à I Petri, III, 1 et suiv.

2. II Tim., IV, 9 et suiv.

3. II Tim., I, 15, 16 et suiv., surtout verset 18; II, 17 et suiv., IV, 14 et suiv., surtout verset 15.

composer de billets authentiques adressés à Tite et à Timothée, qu'on aurait délayés dans un sens conforme aux idées du temps et avec l'intention de prêter l'autorité de l'apôtre aux développements que prenait la hiérarchie ecclésiastique? C'est ce qu'il est difficile de décider. Peut-être, en certaines parties, à la fin de la deuxième à Timothée, par exemple, des billets de différentes dates ont-ils été mêlés; mais même alors il faut admettre que le faussaire s'est largement donné carrière. Une conséquence, en effet, qui sort de ce qui précède, c'est que les trois épîtres sont sœurs, qu'elles ne font à vrai dire qu'un même ouvrage, et qu'on ne peut faire de distinction entre elles pour ce qui touche à l'authenticité.

Tout autre est la question de savoir si quelques-unes des données de la deuxième à Timothée, par exemple I, 15-18; II, 17-18; IV, 9-21, n'ont pas une valeur historique. Le faussaire, quoique ne sachant pas bien la vie de Paul et ne possédant pas les *Actes* [1], pouvait avoir, notamment sur les derniers temps de l'apôtre, des détails originaux. Nous croyons en particulier que le passage de la seconde à Timothée, IV, 9-21, a beaucoup d'importance et

---

[1]. Notez cependant II Tim., III, 11. Comparez aussi *Act.*, XX, 25, et II Tim., IV, 7.

jette un jour vrai sur la prison de saint Paul à Rome. Le quatrième Évangile est aussi à sa manière un ouvrage apocryphe; on ne peut pas dire pour cela que ce soit un ouvrage sans valeur historique. Quant à ce qu'il y a de bizarre d'après nos idées dans de telles suppositions d'ouvrages, il ne faut nullement s'y arrêter. Cela ne causait pas le moindre scrupule[1]. Si le pieux auteur des fausses lettres à Timothée et à Tite pouvait revenir et assister aux discussions dont il est cause parmi nous, il ne se défendrait pas; il répondrait comme le prêtre d'Asie, auteur du roman de Thécla, quand il se vit poussé à bout : *convictum atque confessum id se amore Pauli fecisse*[2].

L'époque de la composition de ces trois épîtres peut être placée vers l'an 90 ou 100. Théophile d'Antioche (vers l'an 170) les cite expressément[3]. Irénée[4], Clément d'Alexandrie[5], Tertullien[6], les admettent aussi. Marcion, au contraire, les repous-

---

[1]. Il y eut encore d'autres épîtres apocryphes de Paul dès le IIe siècle. Canon de Muratori, lignes 62-67; Épiph., hær. XLII, 9, 11, 12; saint Jér., *De viris ill.*, 5; Théodoret, sur Col., IV, 16 et suiv.

[2]. Tertullien, *De baptismo*, 17.

[3]. *Ad Autolyc.*, III, 14.

[4]. *Contra hær.*, I, proœm., 1.

[5]. *Stromates*, II, 11.

[6]. *Præscr.*, 25.

sait ou ne les connaissait pas[1]. Les allusions qu'on y croit trouver dans les épîtres attribuées à Clément Romain[2], à Ignace[3], à Polycarpe[4] sont douteuses. Il y avait dans l'air à cette époque un certain nombre de phrases homilétiques toutes faites; la présence de ces phrases dans un écrit ne prouve pas que l'auteur les empruntât directement à tel autre écrit où on les trouve. Les consonnances qu'on remarque entre certaines expressions d'Hégésippe[5] et certains passages des épîtres en question sont singulières ; on ne sait quelle conséquence en tirer ; car, si dans ces expressions Hégésippe a en vue la première épître à Timothée, il semblerait qu'il la regarde comme un écrit postérieur à la mort des apôtres. Quoi qu'il en soit, il est clair que, quand on fit le recueil des lettres de Paul, les lettres à Tite et à Timothée jouissaient d'une pleine autorité. Où les composa-t-on? Peut-être à Éphèse[6] ; peut-être à Rome. Les partisans de cette seconde hypothèse peuvent dire qu'en Orient on n'eût pas commis les

1. Tertullien, *Adv. Marc.*, V, 21 ; Épiph., hær. XLII, 9.
2. *Epist. I ad Cor.*, 2, 29.
3. *Ad Ephes.*, 2.
4. *Ad Phil.*, 4.
5. Dans Eusèbe, *H. E.*, III, 32. Comp. I Tim., I, 3, 6, 10; VI, 20. Voir Baur, *Paulus* (2ᵉ édit.), t. II, p. 110-112.
6. Voir ci-dessus, p. XLVIII.

erreurs qui s'y remarquent. Le style offre des latinismes [1]. L'intention qui a dicté l'écrit, savoir le désir d'augmenter la force du principe hiérarchique et l'autorité de l'Église, en présentant un modèle de piété, de docilité, d' « esprit ecclésiastique » tracé par l'apôtre lui-même, est tout à fait en harmonie avec ce que nous savons du caractère de l'Église romaine dès le 1er siècle.

Il nous reste à parler de l'épître aux Hébreux. Comme nous l'avons déjà dit, cette épître ne serait pas de Paul qu'on ne devrait nullement la mettre dans la même catégorie que les deux épîtres à Timothée et l'épître à Tite, l'auteur ne cherchant pas à faire passer son ouvrage pour un écrit de l'apôtre Paul. Quelle est la valeur de l'opinion qui s'est établie dans l'Église et selon laquelle Paul serait l'auteur de ladite épître? L'étude des manuscrits, l'examen de la tradition ecclésiastique et la critique intrinsèque du morceau lui-même vont nous éclairer à cet égard.

Les anciens manuscrits portent simplement en tête de l'épître : Πρὸς Ἑβραίους. Quant à l'ordre de transcription, le *Codex Vaticanus* et le *Codex Sinaiticus*, représentant la tradition alexandrine, placent l'épître

---

1. Par exemple : ἡ ὑγιαινούσα διδασκαλία, *sana doctrina*.

parmi celles de Paul. Les manuscrits gréco-latins, au contraire, montrent toutes les hésitations qui restaient encore en Occident, dans la première moitié du moyen âge, sur la canonicité de l'épître aux Hébreux et par conséquent sur son attribution à Paul. Le *Codex Bœrnerianus* l'omet; le *Codex Augiensis* la donne seulement en latin, à la suite des épîtres de Paul. Le *Codex Claromontanus* met l'épître en question hors rang, comme une sorte d'appendice, après la stichométrie générale de l'Écriture [1], preuve que l'épître ne se trouvait pas dans le manuscrit d'où le *Claromontanus* fut copié. Dans la stichométrie susdite (morceau très-ancien), l'épître aux Hébreux ne figure pas, ou, si elle figure, c'est sous le nom de Barnabé [2]. Enfin, les fautes dont fourmille le texte

---

1. Sur la stichométrie dans les manuscrits anciens, voir Fr. Ritschl, *Opuscula philologica*, I, p. 74 et suiv., 173 et suiv., 190 et suiv.

2. Cette stichométrie (fol. 468 v.) place dans la liste des écrits sacrés une *Epistula Barnabæ*, qui peut être l'épître ordinairement attribuée à Barnabé. Cependant la stichométrie du *Codex Claromontanus* donne à son *Epistula Barnabæ* un nombre de στίχοι qui est à peu près le chiffre qui convient à l'épître aux Hébreux, et non le chiffre qui convient à l'épître ordinairement attribuée à Barnabé (voir Credner, *Gesch. des neutest. Kanon*, p. 175 et suiv., 242 et suiv.). On en a conclu que l'*Epistula Barnabæ* mentionnée dans la stichométrie du *Codex Claromontanus* était l'épître aux Hébreux, que Tertullien attribue en effet à Barnabé. Ce

latin de l'épître dans le *Claromontanus* suffiraient pour éveiller le soupçon du critique et prouver que cette épître n'entra dans le canon de l'Église latine que tardivement et comme par surprise [1].

Même incertitude dans la tradition. Marcion n'avait pas l'épître aux Hébreux dans son recueil des épîtres de Paul [2]; l'auteur du canon dit de Muratori l'omet dans sa liste. Irénée connaissait l'écrit en question, mais il ne le considérait pas comme de Paul [3]. Clément d'Alexandrie [4] le croit de Paul; mais il sent la difficulté de cette attribution, et il a recours, pour sortir d'embarras, à une hypothèse peu acceptable : il suppose que Paul écrivit l'épître en hébreu et que Luc la traduisit en grec. Origène admet aussi en un sens l'épître aux Hébreux comme de Paul, mais

---

qui infirme ce raisonnement, c'est : 1° que la stichométrie du *Claromontanus* offre beaucoup de fautes et de particularités; 2° que l'épître ordinairement attribuée à Barnabé s'est trouvée dans le *Codex Sinaiticus* avec le *Pasteur*, d'une façon qui paraît répondre à la stichométrie du *Claromontanus* (voir cependant Tertullien, *De pudic.*, 20).

1. Tischendorf, *Codex Claromontanus*, p. XVI.
2. Épiph., hær. XLII, 9.
3. Étienne Gobar, dans Photius, *Biblioth.*, cod. CCXXXIII, p. 291 (Bekker); Eusèbe, *H. E.*, V, 26. Dans sa polémique contre les hérésies, Irénée cite fréquemment toutes les épîtres de Paul; il ne cite pas l'épître aux Hébreux, qui allait si bien à son but.
4. Cité par Eusèbe, *H. E.*, VI, 13, 14.

il reconnaît que beaucoup de personnes nient qu'elle ait été écrite par ce dernier ; il n'y trouve nullement le style de Paul, et suppose, à peu près comme Clément d'Alexandrie, que le fond des idées seul appartient à l'apôtre. « Le caractère du style de l'épître qui a pour titre Aux Hébreux, dit-il, n'a pas la rusticité de celui de l'apôtre...; cette lettre est, sous le rapport de l'arrangement des mots, bien plus hellénique, comme l'avouera quiconque est capable de juger de la différence des styles... Pour moi, si j'avais à exprimer un avis, je dirais que les pensées sont de l'apôtre, mais que le style et l'arrangement des mots sont de quelqu'un qui aurait rapporté de mémoire les paroles de l'apôtre et qui aurait rédigé les discours de son maître. Si donc quelque Église tient cette épître comme de Paul, il n'y a qu'à l'approuver; car ce ne peut être sans raison que les anciens l'ont transmise comme de Paul. Quant à la question de savoir qui a écrit cette épître, Dieu sait la vérité. Parmi les opinions que l'histoire nous a transmises, l'une veut qu'elle ait été écrite par Clément, qui fut évêque des Romains, l'autre par Luc, qui écrivit les Évangiles et les Actes[1]. » Tertullien n'observe pas tant de

---

1. *Homil. in Hebr.*, citées par Eusèbe, *H. E.*, VI, 25 ; *Epist. ad Africanum*, c. 9 ; *In Matth. comment. series*, 28 ; *De princip.*, præf., 1 ; III, 1, 10 ; IV, 22.

ménagements : il présente nettement l'épître aux Hébreux comme l'ouvrage de Barnabé [1]. Caïus, prêtre de Rome [2], saint Hippolyte [3], saint Cyprien [4], ne la plaçaient pas parmi les épîtres de Paul. Dans la querelle du novatianisme, où cette épître avait plusieurs raisons d'être employée, il n'en est pas fait mention.

C'est à Alexandrie qu'était le centre de l'opinion qui voulait intercaler l'épître aux Hébreux dans la série des lettres de Paul. Vers le milieu du IIIe siècle, Denys d'Alexandrie [5] ne paraît pas douter que Paul n'en soit l'auteur. A partir de cette époque, c'est là l'opinion la plus générale en Orient [6]; cependant des protestations ne cessent de se faire entendre [7]. Elles

---

1. *De pudicitia,* 20. Tertullien, d'ailleurs, n'en fait pas le même usage que des autres épîtres de Paul; il ne reproche pas à Marcion de la supprimer.

2. Eusèbe, *H. E.,* VI, 20; saint Jérôme, *De viris ill.,* 59.

3. Photius, *l. c.* et cod. CXXI, p. 94 (Bekker). L'épître aux Hébreux n'est pas citée dans les *Philosophumena,* quoique toutes les autres grandes épîtres y soient citées plusieurs fois.

4. *Ad Fortunatum, de exhort. mart.,* 11.

5. Cité par Eusèbe, *H. E.,* VI, 41.

6. Concile d'Antioche de l'an 264, dans Mansi, *Coll. concil.,* I, p. 1038; Alexandre d'Alexandrie, dans Théodoret, *H. E.,* I, 3, et dans Socrate, *H. E.,* I, 6; Athanase, *Epist. fest.* (Opp., I, p. 962, édit. Bénéd.), *Synopsis script. sacr.* (Opp., II, p. 130, 197); saint Grég. de Naz., *Carmina,* p. 264 et 1105 (édit. Caillau).

7. Eusèbe, *H. E.,* III, 3, 38; VI, 13; Saint Grég. de Naz., *op. cit.,* p. 1105.

sont surtout énergiques chez les Latins [1]; l'Église romaine, en particulier, maintient que l'épître n'est pas de Paul [2]. Eusèbe hésite beaucoup, et revient aux hypothèses de Clément d'Alexandrie et d'Origène; il incline à croire que l'épître a été composée en hébreu par Paul et traduite par Clément Romain [3]. Saint Jérôme [4] et saint Augustin [5] ont de la peine à faire taire leurs doutes, et ne citent guère cette partie du canon sans une réserve. Divers docteurs s'obstinent toujours à nommer comme auteur de l'ouvrage ou Luc, ou Barnabé, ou Clé-

1. Saint Jérôme, *In Is.*, c. vi, vii, viii; *In Zach.*, viii; *In Matth.*, xxvi; *De viris ill.*, 59; *Epist. ad Paulinum II, de stud. script.* (t. IV, 2ᵉ part., col. 574, Martianay); *Epist. ad Dardanum* (II, 608, Mart.); saint Augustin, *De civ. Dei*, XVI, 22; Primasius, *Comment. in epist. Pauli*, præf. (dans la *Max. Bibl. vet. Patrum*, Lugd., X, p. 144); Philastre; *De hæresibus*, hær. lxi (dans Gallandi, *Bibl. vet. Patrum*, VII, p. 494-495); Isidore de Séville, *De eccl. officiis*, I, xii, 11. Remarquez surtout le peu d'emploi que font de cette épître les Pères latins du ivᵉ et du vᵉ siècle.

2. Eusèbe, *H. E.*, III, 3; VI, 20; saint Jérôme, *De viris ill.*, 59. Hilaire, diacre de l'Église de Rome (l'Ambrosiastre) commente les « treize » épîtres de Paul, non l'épître aux Hébreux.

3. Eusèbe, *H. E.*, III, 38.

4. *Epist. ad Dardanum*, l. c.; *In Jerem.*, xxxi; *In Tit.*, i, 5; ii, 2; *De viris ill.*, 5.

5. *De peccatorum meritis et remissione*, I, § 50; *Inchoata expositio ep. ad Rom.*, § 11. Comp. cependant *De doctrina christ.*, II, § 13.

ment[1]. Les manuscrits anciens de provenance latine suffiraient, nous l'avons vu, pour témoigner de la répugnance que l'Occident éprouva quand cette épître lui fut présentée comme un ouvrage de Paul. Il est clair que, lorsqu'on fit, s'il est permis de parler ainsi, l'*editio princeps* des lettres de Paul, le nombre des lettres fut fixé à treize. On s'habitua sans doute de bonne heure à mettre à la suite de ces treize lettres l'épître aux Hébreux, écrit apostolique anonyme, qui se rapproche à quelques égards pour les idées des écrits de Paul. De là il n'y avait qu'un pas à faire pour arriver à penser que l'épître aux Hébreux était de l'apôtre. Tout porte à croire que cette induction fut tirée à Alexandrie, c'est-à-dire dans une Église relativement moderne si on la compare aux Églises de Syrie, d'Asie, de Grèce, de Rome. Une telle induction ne peut avoir de valeur en critique, si de bonnes preuves intrinsèques détournent d'un autre côté d'attribuer l'épître en question à l'apôtre Paul.

Or, c'est ce qui a lieu en réalité. Clément d'Alexandrie et Origène, bons juges en fait de style grec, ne trouvent pas à notre épître la couleur du style de

---

1. Passages d'Eusèbe, de saint Jérôme, de Primasius, de Philastre, d'Isidore de Séville, précités.

Paul. Saint Jérôme est du même sentiment; les Pères de l'Église latine qui refusent de croire que l'épître soit de Paul donnent tous la même raison de leur doute : *propter styli sermonisque distantiam* [1]. Cette raison est excellente. Le style de l'épître aux Hébreux est, en effet, différent de celui de Paul ; il est plus oratoire, plus périodique; le dictionnaire présente des mots particuliers. Le fond des pensées n'est pas éloigné des opinions de Paul, surtout de Paul captif; mais l'exposition et l'exégèse sont tout autres. Pas de suscription nominative, contrairement au constant usage de l'apôtre; des traits qu'on peut s'attendre à trouver toujours dans une épître de Paul manquent dans celle-ci. L'exégèse est surtout allégorique et ressemble bien plus à celle de Philon qu'à celle de Paul. L'auteur participe de la culture alexandrine. Il ne se sert que de la version dite des Septante; il fait sur le texte de cette version des raisonnements qui prouvent une complète ignorance de l'hébreu [2]; sa façon de citer et d'analyser les textes bibliques n'est pas conforme à la méthode de Paul. L'auteur, d'un autre côté, est un Juif; il

---

1. Passages ci-dessus allégués.
2. Voir surtout x, 5, où le raisonnement se fonde sur une faute de lecture ou de copiste : ηθελησασσωμα pour ηθελησασωτια.

croit relever le Christ en le comparant au grand prêtre hébreu; le christianisme n'est pour lui qu'un judaïsme accompli; il est loin de regarder la Loi comme abolie. Le passage II, 3, où l'auteur se place parmi ceux qui n'ont connu les mystères de la vie du Christ qu'indirectement de la bouche des disciples de Jésus, ne répond nullement à l'une des prétentions les plus arrêtées de Paul. Remarquons enfin qu'en écrivant aux chrétiens hébreux, Paul aurait manqué à sa règle la plus fixe, qui est de ne jamais faire d'acte pastoral sur le terrain des Églises judéo-chrétiennes, afin que les apôtres de la circoncision n'empiètent pas de leur côté sur les Églises d'incirconcis [1].

L'épître aux Hébreux n'est donc pas de saint Paul. De qui est-elle? où a-t-elle été écrite? à qui a-t-elle été adressée? Nous examinerons tous ces points dans notre quatrième volume. Pour le moment, la date seule d'un si important écrit nous intéresse. Or cette date se laisse déterminer avec assez de précision. L'épître aux Hébreux est, selon toutes les vraisemblances, antérieure à l'an 70, puisque le service lévitique du temple y est présenté comme se

---

1. Gal., II, 7-8; II Cor., x, 13 et suiv.; Rom., xv, 20 et suiv.

continuant régulièrement et sans interruption[1]. D'un autre côté, XIII, 7, et même V, 12, paraissent une allusion à la mort des apôtres de Jérusalem, de Jacques, frère du Seigneur, par exemple; XIII, 13, semble se rapporter à une délivrance de Timothée, postérieure à la mort de Paul[2]; V, 32 et suiv., peut-être XIII, 7, sont, je crois, une mention claire de la persécution de Néron en l'an 64[3]. Il est vraisemblable que le passage III, 7 et suiv., renferme une allusion aux commencements de la révolte de Judée (an 66) et un pressentiment des malheurs qui vont suivre; ce passage implique, d'ailleurs, que l'an 40 depuis la mort de Jésus n'était pas dépassé et que ce terme approchait. Tout se réunit donc pour faire supposer que la rédaction de l'épître aux Hébreux eut lieu de l'an 65 à l'an 70, probablement en l'an 66[4].

1. VII, 27; VIII, 3-4; IX, 6-10; XIII, 11-13. On examinera, au tome IV, les objections qu'on oppose à cet argument.
2. Comp. X, 34.
3. Remarquez ὀνειδισμοῖς τε καὶ θλίψεσιν θεατριζόμενοι, notamment ce dernier mot. Tout ceci sera développé dans notre tome IV. On y expliquera aussi le trait τὴν ἁρπαγὴν τῶν ὑπαρχόντων ὑμῶν... προσεδέξασθε (X, 34) par des circonstances du même temps. Δεσμοῖς μου (ibid.) est une correction maladroite pour δεσμίοις.
4. L'auteur de la lettre donne des nouvelles de Timothée; il suppose comme des choses connues la persécution de Néron et la mort

Après avoir discuté l'authenticité, nous avons à discuter l'intégrité des épîtres de Paul. Les épîtres authentiques n'ont jamais été interpolées[1]. Le style de l'apôtre est si individuel, si original, que toute addition se détacherait sur le fond du texte par sa pâleur. Dans le travail d'édition qui eut lieu quand les épîtres furent recueillies, il se fit cependant quelques opérations dont il importe de se rendre compte. Le principe des éditeurs paraît avoir été : 1° de ne rien ajouter au texte ; 2° de ne rien perdre de ce que l'on croyait avoir été dicté ou écrit par l'apôtre ; 3° d'éviter les répétitions qui ne pouvaient manquer de se produire, surtout quand il s'agissait de lettres circulaires, offrant des parties communes. Les éditeurs, en pareil cas, paraissent avoir suivi un système de rapiécetage ou d'intercalation, dont le but semble avoir été de sauver des morceaux qui sans cela auraient péri. Ainsi le passage II Cor., VI, 14-VII, 1, forme un petit paragraphe qui coupe si singulièrement la suite de l'épître, qu'on est porté à croire

---

des apôtres ; on est donc porté à croire que, quand il écrivait, ces derniers faits étaient déjà un peu anciens. x, 34, cependant, détourne de croire qu'ils fussent trop anciens.

1. Les notes finales, qui, dans le texte grec reçu du Nouveau Testament et dans les versions qui en dérivent, prétendent indiquer l'endroit où l'épître a été écrite et le nom du porteur, sont des scolies modernes, dénuées de toute valeur.

qu'il a été cousu là grossièrement. Les derniers chapitres de l'épître aux Romains présentent des faits bien plus frappants et qu'il importe de discuter avec minutie; car beaucoup de parties de la biographie de Paul dépendent du système qu'on adopte sur ces chapitres.

En lisant l'épître aux Romains, on éprouve, à partir du chap. XII, quelque étonnement. Paul paraît se départir là de son principe habituel : « Chacun sur son terrain. » Il est singulier qu'il donne des conseils impératifs à une Église qu'il n'a pas fondée, lui qui relève si vivement l'impertinence de ceux qui cherchent à bâtir sur les fondements posés par d'autres [1]. A la fin du chap. XIV, des particularités bien plus bizarres commencent. Plusieurs manuscrits, que suit Griesbach, après saint Jean Chrysostome, Théodoret, Théophylacte, Œcumenius [2], placent à cet endroit la finale du chap. XVI (versets 25-27). Le *Codex Alexandrinus* et quelques autres répètent deux fois cette finale, une fois à la fin du chap. XIV et derechef à la fin du chap. XVI.

Les versets 1-13 du chap. XV excitent de nouveau notre surprise. Ces versets répètent et résument

---

1. II Cor., x, 13 et suiv.; Rom., xv, 20 et suiv.
2. Griesbach, *Nov. Test.*, II, p. 212-213.

mollement ce qui précède. Il est peu supposable qu'ils se soient trouvés dans la même lettre que ce qui précède. Paul se répète souvent dans le cours d'un même développement, mais il ne revient jamais sur un développement pour le résumer et l'affaiblir. Ajoutons que les versets 1-13 paraissent s'adresser à des judéo-chrétiens. Saint Paul y fait des concessions aux idées juives[1]. Quoi de plus singulier que ce verset 8, où le Christ est appelé διάκονος περιτομῆς? On dirait que c'est ici un résumé des chapitres XII, XIII, XIV, à l'usage de lecteurs judéo-chrétiens, auxquels Paul tient à prouver par des textes que l'adoption des gentils n'exclut pas le privilége d'Israël et que Christ a rempli les promesses antiques[2].

La partie XV, 14-33, est évidemment adressée à l'Église de Rome et à cette Église seule. Paul s'y exprime avec réserve, comme il convient en écrivant à une Église qu'il n'a pas vue, et qui, étant en majorité judéo-chrétienne, n'est pas directement de sa juridiction. Dans les chap. XII, XIII, XIV, le ton de la lettre est plus ferme; l'apôtre y parle avec une douce autorité; il s'y sert du verbe πα-

---

[1]. Notez surtout les versets 8-9.
[2]. *Ibid.*, vers. 9-12.

ρικαλῶ, verbe d'une nuance très-mitigée sans doute, mais qui est toujours le mot qu'il emploie quand il parle à ses disciples[1].

Le verset 33 termine parfaitement l'épître aux Romains, selon les règles des finales de saint Paul. Les versets 1 et 2 du chapitre XVI pourraient encore être admis comme un post-scriptum de l'épître aux Romains; mais ce qui suit à partir du verset 3 fait naître de véritables difficultés : Paul, comme s'il n'avait pas clos sa lettre par le mot *Amen*, se met à saluer vingt-six personnes, sans parler de cinq Églises ou groupes. D'abord, Paul ne met jamais ainsi les salutations après la bénédiction et l'*Amen* final. En outre, ce ne sont pas ici des salutations banales comme on peut en adresser à des gens qu'on n'a pas vus. Paul a eu évidemment les relations les plus intimes avec les personnes qu'il salue. Toutes ces personnes ont leur trait spécial : celle-ci a travaillé avec lui; ceux-là ont été en prison avec lui; une autre lui a servi de mère (sans doute en le soignant dans quelque maladie[2]); il sait à quelle époque chacun s'est converti; tous sont ses amis,

---

1. II Cor., VIII, 6; IX, 5; XII, 18; cf. I Tim., I, 3. Voir saint Jean Chrysostome, sur ce dernier passage.

2. Voir ci-dessous, p. 426.

ses collaborateurs, ses très-chers. Il n'est pas naturel qu'il ait tant de liens avec une Église où il n'a jamais été, qui n'est pas de son école, avec une Église judéo-chrétienne, où ses principes lui défendent de travailler. Non-seulement il connaît par leur nom tous les chrétiens de l'Église à laquelle il s'adresse, mais encore il connaît les maîtres de ceux qui sont esclaves, Aristobule, Narcisse; comment désigne-t-il avec tant d'assurance ces deux maisons, si elles sont à Rome, où il n'a jamais été? Écrivant aux Églises qu'il a fondées, Paul salue deux ou trois personnes; pourquoi salue-t-il un nombre si considérable de frères et de sœurs dans une Église qu'il n'a jamais visitée?

Si nous étudions en détail les personnes qu'il salue, nous verrons avec plus d'évidence encore que cette page de salutations n'a jamais été adressée à l'Église de Rome. Nous n'y trouvons aucune des personnes que nous savons avoir fait partie de l'Église de Rome [1], et nous y trouvons plusieurs personnes qui sûrement n'en ont jamais fait partie. En première ligne (v. 3-4), figurent Aquila et Priscille. Tout le monde reconnaît qu'il ne s'est

---

[1]. II Tim., IV, 21, passage qui a sa valeur historique, quoique la lettre soit apocryphe.

écoulé que quelques mois entre la rédaction de la première épître aux Corinthiens et la rédaction de l'épître aux Romains. Or, quand saint Paul écrivait la première aux Corinthiens, Aquila et Priscille étaient à Éphèse[1]. Dans l'intervalle, ce couple apostolique a pu, dira-t-on, être parti pour Rome. Cela serait bien singulier. Aquila et Priscille étaient partis une première fois de Rome, chassés par un édit ; nous les trouvons ensuite à Corinthe, puis à Éphèse ; les ramener à Rome sans que leur sentence d'expulsion eût été rapportée, juste le lendemain du jour où Paul vient de leur dire adieu à Éphèse, c'est leur prêter une vie par trop nomade ; c'est accumuler les invraisemblances. Ajoutons que l'auteur de la deuxième épître apocryphe de Paul à Timothée suppose Aquila et Priscille à Éphèse[2], ce qui prouve que la tradition les fixait là. Le petit Mar-

1. I Cor., xvi, 19.
2. iv, 19. Éphèse est toujours le point de mire de l'auteur des épîtres à Timothée, bien qu'à cet égard aussi il se montre inconséquent. Les théologiens orthodoxes, qui entendent d'une façon plane Rom., xvi, 3, et II Tim., iv, 19, sont obligés de faire voyager Aquila et Priscille de Rome à Corinthe et Éphèse (*Act.*, xviii, 2, 18, 19, 26), d'Éphèse à Rome (Rom., *l. c.*), de Rome à Éphèse (II Tim., *l. c.*). Il semble même qu'on voudrait se réserver du jour pour les faire revenir une seconde fois d'Éphèse à Rome. De Rossi, *Bull. di arch. crist.*, 1867, p. 44 et suiv.

tyrologe romain (source des rédactions postérieures) fait mémoire, au 8 juillet, *In Asia Minori, Aquilæ et Priscillæ, uxoris ejus*[1]. Ce n'est pas tout. Au v. 5, Paul salue Épénète, « le premier-né de l'Asie en Christ ». Quoi ! toute l'Église d'Éphèse s'était donc donné rendez-vous à Rome? La liste de noms qui suit convient également mieux à Éphèse qu'à Rome[2]. Sans doute, la première Église de Rome fut principalement grecque de langue; dans le monde d'esclaves et d'affranchis où se recrutait le christianisme, les noms grecs, même à Rome, étaient ordinaires[3]. Cependant, en examinant les inscriptions juives de Rome, le P. Garrucci a trouvé que la quantité des noms propres latins était double de la quantité des noms grecs[4]. Or ici, sur vingt-quatre noms, il y en a seize grecs, sept latins, un hébreu, si bien que la quantité des noms grecs est plus que double de celle des noms latins. Les noms des chefs de maison Aristobule et Narcisse sont grecs aussi.

Les versets Rom., XVI, 3-16, n'ont donc pas été

---

1. Édit. de Rosweyde, Anvers, 1643. Cf. De Rossi, *l. c.* et *Roma sott.*, II, p. XXVIII-XXIX.

2. Notez, par exemple, le nom de Phlégon.

3. En partie par suite de l'ordonnance de Claude sur l'usurpation des noms romains. Suétone, *Claude*, 25.

4. *Cimitero degli antichi Ebrei*, p. 63.

adressés à l'Église de Rome, ils ont été adressés à l'Église d'Éphèse. Les versets 17-20 ne peuvent davantage avoir été adressés aux Romains. Saint Paul y reprend le mot qui lui est habituel, quand il donne un ordre à ses disciples (παρακαλῶ); il s'exprime avec une extrême aigreur sur les divisions semées par ses adversaires ; on sent qu'il est là en famille ; il sait l'état de l'Église à laquelle il s'adresse ; il se fait gloire de la bonne réputation de cette Église ; il se réjouit d'elle comme un maître de ses élèves (ἐφ' ὑμῖν χαίρω). Ces versets n'ont pas de sens, si on les suppose adressés par l'apôtre à une Église qui lui aurait été étrangère ; chaque mot prouve qu'il avait prêché ceux à qui il écrit, et qu'ils étaient sollicités par ses ennemis. Ces versets ne peuvent avoir été adressés qu'aux Corinthiens ou aux Éphésiens. L'épître à la fin de laquelle ils se trouvent fut écrite de Corinthe ; ces versets, qui constituent une finale de lettre, ont donc été adressés à Éphèse. Comme nous avons montré que les versets 3-16 ont été également adressés aux fidèles d'Éphèse, nous obtenons ainsi un long fragment (XVI, 3-20) qui a dû faire partie d'une lettre aux Éphésiens. Dès lors, il devient plus naturel de rattacher à ces versets 3-20 les versets 1-2 du même chapitre, versets qui pourraient être considérés comme un post-scriptum après l'*Amen*, mais qu'il vaut mieux rapporter à ce qui suit. Le voyage de Phœbé est ainsi plus vraisemblable. Enfin, les recommandations assez impératives de xvi, 2, et le motif dont Paul les appuie, se comprennent mieux, adressés aux Éphésiens, qui avaient tant d'obligations à l'apôtre, qu'aux Romains, qui ne lui devaient rien.

Les versets 21-24 du chapitre xvi [1] n'ont pu, mieux que ce qui précède, faire partie d'une épître aux Romains. Pourquoi toutes ces personnes, qui n'avaient jamais été à Rome, qui n'étaient pas connues des fidèles de Rome, salueraient-elles ces derniers? Que pouvaient dire à l'Église de Rome ces noms d'inconnus? Une remarque bien importante, c'est que ce sont tous des noms de Macédoniens ou de gens qui pouvaient connaître les Églises de Macédoine. Le verset 24 est une finale de lettre. Les versets xvi, 21-24, peuvent donc être une fin de lettre adressée aux Thessaloniciens.

Les versets 25-27 nous offrent une nouvelle finale, qui n'a rien de topique, et qui, comme nous l'avons déjà dit, se trouve dans plusieurs manuscrits, à la fin du chapitre xiv. Dans d'autres manu-

---

1. Sur l'incertitude des manuscrits à propos de la place du verset 24, voir Griesbach, *Nov. Test.*, II, p. 222.

scrits, en particulier dans le *Bœrnerianus* et l'*Augiensis* (partie grecque), cette finale manque [1]. Sûrement, ce morceau n'a pas fait partie de l'épître aux Romains, terminée au verset xv, 33, ni de l'épître aux Éphésiens, terminée au verset xvi, 20, ni de l'épître aux Églises de Macédoine, qui finit par le verset xvi, 24. Nous arrivons donc à ce singulier résultat que l'épître finit quatre fois, et dans le *Codex Alexandrinus* cinq fois. Cela est absolument contraire aux habitudes de Paul, et même au bon sens. Il y a donc ici un trouble, provenant de quelque accident particulier. Faut-il, avec Marcion[2] et avec Baur, déclarer apocryphes les deux derniers chapitres de l'épître aux Romains? On est surpris qu'un critique aussi habile que Baur se soit contenté d'une solution aussi grossière. Pourquoi un faussaire aurait-il inventé de si insignifiants détails? Pourquoi aurait-il ajouté à l'ouvrage sacré une liste de noms

---

[1]. Voir les éditions de ces *Codices* données par Matthæi (Meissen, 1791) et par Scrivener (Cambridge, 1859), ou Griesbach, *Nov. Test.*, II, p. 242. Dans le *Bœrnerianus*, un espace blanc est laissé à la fin du ch. xiv. Dans le *Claromontanus*, le passage se trouve à la fin du ch. xvi, mais on sent que les correcteurs l'ont tenu pour suspect. (Tischendorf, *Codex Clarom.*, p. 550.)

[2]. Voir Origène, *Comment. sur l'Épître aux Rom.*, livre X, 43. Il est évident qu'ici Marcion n'était conduit par aucune vue dogmatique.

propres? Au premier et au second siècle, les auteurs d'apocryphes avaient presque tous un intérêt dogmatique; on interpolait les écrits apostoliques en vue d'une doctrine ou d'une discipline à établir. Nous croyons pouvoir proposer une hypothèse plus satisfaisante que celle de Baur. Selon nous, l'épître dite aux Romains, 1° n'a pas été adressée tout entière aux Romains, 2° n'a pas été adressée aux seuls Romains.

Saint Paul, en avançant dans sa carrière, avait pris le goût des épîtres encycliques [1], destinées à être lues dans plusieurs Églises [2]. Nous supposons que le fond de l'épître aux Romains fut une encyclique de ce genre. Saint Paul, au moment de sa pleine maturité, l'adresse à ses plus importantes Églises, au moins à trois d'entre elles, et, par exception, il l'adresse aussi à l'Église de Rome. Les quatre finales tombant aux versets XV, 33; XVI, 40; XVI, 24; XVI, 27, sont les finales des divers exemplaires expé-

---

[1]. Voir Col., IV, 16, et ci-dessus, p. XX et suiv. Il est remarquable que l'auteur de la *I^a Petri*, lequel fait usage des épîtres de Paul, se sert principalement de l'épître aux Romains et de l'épître aux Éphésiens, c'est-à-dire des deux épîtres qui sont des traités généraux, des catéchèses.

[2]. Nous verrons les épîtres dites « catholiques » sortir d'une habitude analogue.

diés. Quand on fit l'édition des épîtres, on prit pour base l'exemplaire adressé à l'Église de Rome [1]; mais, afin de ne rien perdre, on mit à la suite du texte ainsi constitué les parties variantes et notamment les diverses finales des exemplaires qu'on abandonnait [2]. Par là s'expliquent tant de singularités : 1° le double emploi que fait le passage XV, 1-13, avec les chapitres XII, XIII, XIV, chapitres qui, ne convenant qu'à des Églises fondées par l'apôtre, ne devaient pas se trouver dans l'exemplaire envoyé aux Romains, tandis que le passage XV, 1-13, ne peut convenir à des disciples de Paul et convient au contraire parfaite-

---

1. Peut-être l'édition des lettres de Paul se fit-elle à Rome.

2. Voici comment on pourrait supposer construits les quatre exemplaires :

1° Exemplaire de l'Église de Rome : les onze premiers chapitres, + le chapitre XV entier;

2° Exemplaire de l'Église d'Éphèse : les quatorze premiers chapitres (avec des modifications dans la première moitié du premier chapitre), + XVI, 1-20;

3° Exemplaire de l'Église de Thessalonique : les quatorze premiers chapitres (avec des modifications dans la première moitié du premier chapitre), + XVI, 21-24;

4° Exemplaire adressé à une Église inconnue : les quatorze premiers chapitres (avec des modifications dans la première moitié du premier chapitre), + XVI, 25-27, versets qui, comme nous l'avons déjà dit, font, dans beaucoup de manuscrits, suite immédiate aux derniers mots du chapitre XIV.

ment aux Romains ; 2° certains traits de l'épître qui ne s'adaptent que médiocrement aux fidèles de Rome et iraient même jusqu'à l'indiscrétion, s'ils étaient adressés uniquement à ces derniers[1] ; 3° les hésitations des meilleurs critiques sur la question de savoir si l'épître a été adressée à des païens convertis, ou à des judéo-chrétiens[2], hésitations toutes simples en notre hypothèse, puisque les parties principales de l'épître auraient été composées pour servir à plusieurs Églises à la fois ; 4° ce qu'il y a de surprenant à ce que Paul compose un morceau si capital uniquement en vue d'une Église qu'il ne connaissait pas et sur laquelle il n'avait que des droits contestables ; 5° enfin les particularités bizarres des chapitres XV et XVI, ces salutations à contre-sens, ces quatre finales dont trois ne se trouvaient certainement pas dans l'exemplaire envoyé à Rome. On verra dans la suite du présent volume combien cette hypothèse s'accorde bien avec toutes les autres nécessités de la vie de saint Paul.

N'omettons pas le témoignage d'un important manuscrit. Le *Codex Bœnerianus* omet l'indication de Rome aux versets 7 et 15 du premier cha-

---

1. Notez surtout les passages suivants : II, 16 ; XI, 13, XVI, 25.
2. Voir ci-dessous, p. 483, note 5.

pitre [1]. On ne saurait dire que c'est là une omission faite en vue des lectures dans les églises ; le manuscrit Bœrnérien, œuvre des philologues de Saint-Gall, vers l'an 900, se propose un but purement exégétique et a été copié sur un très-vieux manuscrit.

Les notes suffiront pour expliquer au lecteur la nature des autres documents que j'ai employés et l'usage que j'en ai fait. Je ne crois avoir négligé aucun moyen d'information et de contrôle. J'ai vu tous les pays dont il est question dans ce volume, excepté la Galatie. Pour la partie talmudique, j'ai eu la savante collaboration de M. Joseph Derenbourg et de M. Neubauer. Pour la géographie, j'ai conféré des points difficiles avec MM. Perrot, Heuzey, Ernest Desjardins, et surtout avec M. Kiepert, qui a bien voulu dresser la carte jointe à ce volume. Pour la partie grecque et latine, notamment pour l'épigraphie, trois confrères dont l'amitié a pour moi un prix infini, MM. Léon Renier, Egger, Waddington, m'ont permis de recourir sans cesse à leur critique exercée et à leur profond savoir. M. Waddington, en particulier, connaît si parfaitement la Syrie et l'Asie Mineure, que, dans les questions relatives à

---

[1]. Au vers. 7, on lit : ταῖς οὖσιν ἐν ἀγάπῃ θεοῦ ; au v. 15 : ὑμῖν εὐαγγελίσασθαι. Voir l'édition de Matthæi (Meissen, 1791).

ces pays, je ne sens jamais ma conscience en repos si je n'ai réussi à me mettre d'accord avec ce sagace et judicieux explorateur.

J'ai regretté de ne pouvoir donner place en ce livre au récit des derniers temps de la vie de saint Paul; mais il eût fallu pour cela grossir démesurément le volume. De plus, le troisième livre aurait ainsi perdu quelque chose de la solidité historique qui le caractérise. Depuis l'arrivée de Paul à Rome, en effet, on cesse de poser sur le terrain des textes incontestés; on recommence à se débattre dans la nuit des légendes et des documents apocryphes. Le prochain volume (quatrième livre de l'Histoire des origines du christianisme) présentera la fin de la vie de Paul, les événements de la Judée, la venue de Pierre à Rome (je la tiens pour probable), la persécution de Néron, la mort des apôtres, l'Apocalypse, la prise de Jérusalem, la rédaction des Évangiles synoptiques. Puis, un cinquième et dernier volume comprendra la rédaction des écrits moins anciens du Nouveau Testament, les mouvements intérieurs des Églises d'Asie Mineure, les progrès de la hiérarchie et de la discipline, la naissance des sectes gnostiques, la constitution définitive d'une orthodoxie dogmatique et de l'épiscopat. Une fois le dernier écrit du Nouveau Testament rédigé, une fois l'autorité de l'Église constituée et armée d'une sorte de pierre de touche pour discerner l'erreur de la vérité, une fois que les petites confréries démocratiques du premier âge apostolique ont abdiqué leurs pouvoirs entre les mains de l'évêque, le christianisme est complet. L'enfant grandira encore; mais il a tous ses membres; ce n'est plus un embryon; il n'acquerra plus d'organe essentiel. Vers le même temps, d'ailleurs, les derniers liens qui attachaient l'Église chrétienne à sa mère, la synagogue juive, sont coupés; l'Église existe comme un être indépendant; elle n'a plus pour sa mère que de l'aversion. L'histoire des origines du christianisme finit à ce moment. J'espère qu'il me sera donné avant cinq ans d'achever cette œuvre, à laquelle j'ai voulu réserver les plus mûres années de ma vie. Elle m'aura coûté bien des sacrifices, surtout en m'excluant de l'enseignement du Collége de France, second but que je m'étais proposé. Mais il ne faut pas être trop exigeant; peut-être celui à qui, sur deux desseins, il a été donné d'en réaliser un, ne doit-il pas accuser le sort, surtout s'il a compris ces desseins comme des devoirs.

SAINT PAUL

SAINT PAUL

CHAPITRE PREMIER.

PREMIER VOYAGE DE SAINT PAUL. — MISSION DE CHYPRE.

A leur sortie d'Antioche[1], Paul et Barnabé, ayant avec eux Jean-Marc, se rendirent à Séleucie. La marche d'Antioche à cette dernière ville est d'une petite journée. La route suit à distance la rive droite de l'Oronte, chevauchant sur les dernières ondulations des montagnes de la Piérie, et traversant à gué les nombreux cours d'eau qui en descendent. Ce sont de tous côtés des bois taillis de myrtes, d'arbousiers, de lauriers, de chênes verts ; de riches villages sont suspendus aux crêtes vivement coupées de la montagne. A gauche, la plaine de l'Oronte déploie sa

---

1. *Act.*, XIII, 4 et suiv.

brillante culture. Les sommets boisés des montagnes de Daphné ferment l'horizon du côté du sud. Ce pays n'est déjà plus la Syrie [1]. On est ici en terre classique, riante, fertile, civilisée. Tous les noms rappellent la puissante colonie grecque qui donna à ces contrées une si haute importance historique et y fonda un centre d'opposition parfois violente contre l'esprit sémitique.

Séleucie [2] était le port d'Antioche et la grande issue de la Syrie septentrionale vers l'occident. La ville était assise en partie dans la plaine, en partie sur des hauteurs abruptes, vers l'angle que font les alluvions de l'Oronte avec le pied du Coryphée [3], à environ une lieue et demie au nord de l'embouchure du fleuve. C'est là que s'embarquait chaque année cet essaim d'êtres corrompus, nés d'une pourriture séculaire, qui venait s'abattre sur Rome et l'infecter [4]. Le culte dominant était celui du mont Casius, beau sommet d'une forme régulière, situé de l'autre côté de l'Oronte

---

1. La limite naturelle de la Syrie est le mont Casius.
2. L'emplacement de la ville est maintenant désert. Il reste de belles ruines et d'admirables travaux dans le roc. V. Ritter, *Erdkunde*, XVII, p. 1233 et suiv.; *Études de théol., de phil. et d'hist.*, publiées par des PP. de la Soc. de Jésus, septembre 1860.
3. Prolongement de l'Amanus.
4. Juvénal, III, 62 et suiv.

et auquel se rattachaient des légendes [1]. La côte est inhospitalière et tempêtueuse. Le vent du golfe tombant du haut des montagnes et prenant les flots à revers produit toujours au large une forte houle. Un bassin artificiel communiquant avec la mer par un étroit goulet mettait les navires à l'abri des coups de mer. Les quais, le môle formé de blocs énormes existent encore [2], et attendent en silence le jour peu éloigné où Séleucie redeviendra ce qu'elle fut jadis, une des grandes têtes de route du globe [3]. En saluant pour la dernière fois de la main les frères assemblés sur le sable noir de la grève, Paul avait devant lui le bel arc de cercle formé par la côte à l'embouchure de l'Oronte; à sa droite, le cône symétrique du Casius, sur lequel devait s'élever trois cents ans plus tard la fumée du dernier sacrifice païen [4]; à sa gauche, les pentes dé-

---

[1]. Vaillant, *Numism. græca imp. rom.*, p. 30, 46, 110; Mionnet, *Descr. des méd. ant.*, V, 271 et suiv.

[2]. Il est possible que les ouvrages actuellement existants soient du second siècle ou postérieurs.

[3]. Le chemin de fer qui reliera entre eux et avec l'Europe la Syrie, le bassin du Tigre et de l'Euphrate, la Perse, l'Inde, ne peut aboutir à la Méditerranée que par la vallée de l'Oronte. Il aura son débouché à Séleucie ou au port Saint-Siméon des croisés, près de là.

[4]. Ammien Marcellin, XXII, 14.

chirées du mont Coryphée; derrière lui, dans les nuages, les neiges du Taurus et la côte de Cilicie, qui ferme le golfe d'Issus. L'heure était solennelle. Bien que sorti depuis plusieurs années du pays qui fut son berceau, le christianisme n'avait pas encore franchi les limites de la Syrie. Or, les Juifs considéraient la Syrie tout entière jusqu'à l'Amanus comme faisant partie de la terre sainte, comme participant à ses prérogatives, à ses rites et à ses devoirs[1]. Voici donc le moment où le christianisme quitte réellement sa terre natale et se lance dans le vaste monde.

Paul avait déjà beaucoup voyagé pour répandre le nom de Jésus. Il y avait sept ans qu'il était chrétien, et pas un jour son ardente conviction ne s'était endormie. Son départ d'Antioche avec Barnabé marqua cependant un changement décisif dans sa carrière. Alors commença pour lui cette vie apostolique où il déploya une activité sans égale et un degré inouï d'ardeur et de passion. Les voyages étaient alors fort difficiles, quand on ne les faisait pas par mer; les routes carrossables et les véhicules

---

[1]. Mischna, *Schebiit*, vi, 1; *Challah*, iv, 8; Tosiphta *Challah*, ch. 2; Talm. de Jér., *Schebiit*, vi, 2; Talm. de Bab., *Gittin*, 8 a; Targum de Jérusalem, *Nombres*, xxxiv, 8; saint Jérôme, *Epist. ad Dardanum* (Martianay, II, 609). Cf. Neubauer, *la Géogr. du Talmud*, p. 5 et suiv.

n'existaient guère. Voilà pourquoi la propagation du christianisme se fit le long des côtes et des grands fleuves. Pouzzoles, Lyon eurent des chrétiens quand une foule de villes voisines du berceau du christianisme n'avaient pas entendu parler de Jésus.

Paul, ce semble, allait presque toujours à pied [1], vivant sans doute de pain, de légumes et de lait. Dans cette vie de piéton errant, que de privations, que d'épreuves! La police était négligente ou brutale. Sept fois Paul fut enchaîné [2]. Aussi, quand il le pouvait, préférait-il la navigation. Assurément, aux heures où elles sont calmes, ces mers sont admirables; mais, tout à coup aussi, ce sont de fous caprices; s'échouer sur le sable, s'accrocher à un débris, est alors le seul parti à prendre. Le péril était partout : « Les fatigues, les prisons, les coups, la mort, dit le héros lui-même, j'ai goûté tout cela avec surabondance. Cinq fois les Juifs m'ont appliqué leurs trente-neuf coups de cordes [3] ; trois

---

1. *Act.,* IX, 4, 8; XX, 13. Il est vrai que πεζεύειν en ce second cas peut simplement être opposé à πλεῖν.

2. Clemens Rom., *ad Cor. I,* c. 5.

3. Cf. Deuter., XXV, 3. Cf. Mischna, *Maccoth,* III, 10. Les *Actes* ne mentionnent aucune de ces flagellations. Comp. Gal., VI, 17.

fois j'ai été bâtonné[1]; une fois j'ai été lapidé[2]; trois fois j'ai fait naufrage[3]; j'ai passé un jour et une nuit dans l'abîme[4]. Voyages sans nombre, dangers au passage des fleuves, dangers des voleurs, dangers venant de la race d'Israël, dangers venant des gentils, dangers dans les villes, dangers dans le désert, dangers sur la mer, dangers des faux frères, j'ai tout connu. Fatigues, labeurs, veilles répétées, faim, soif, jeûnes prolongés, froid, nudité, voilà ma vie[5]. » L'apôtre écrivait cela en 56, quand ses épreuves étaient loin de leur fin. Près de dix ans encore, il devait mener cette existence, que la mort seule pouvait dignement couronner.

Dans presque tous ses voyages, Paul eut des compagnons; mais il se refusa par système un soulage-

---

1. Les *Actes* (XVI, 22) mentionnent une seule de ces bastonnades. Ῥαϐδευθείς dans Clément Romain, *ad Cor. I*, 5, est une mauvaise lecture. Il faut φυγαδευθείς. Voir les recensions de Laurent et de Hilgenfeld.

2. *Act.*, XIV, 19; Clem. Rom., *ad Cor. I*, 5.

3. Ces trois naufrages sont inconnus à l'auteur des *Actes*; car celui qu'il raconte (XXVII) est postérieur à la date où Paul écrivait le passage que nous citons.

4. Sans doute sur un débris de navire, nageant pour échapper à la mort.

5. II Cor., XI, 23-27. Comp. 1 Thess., II, 9; Gal.,V, 11; I Cor., IV, 11-13; XV, 30-31; II Cor., IV, 8 et suiv.; 17; VI, 4 et suiv.; Rom., VIII, 35-36.

ment dont les autres apôtres, Pierre en particulier, tirèrent beaucoup de consolation et de secours, je veux dire une compagne de son ministère apostolique et de ses travaux [1]. Son aversion pour le mariage se compliquait d'une raison de délicatesse. Il ne voulait pas imposer aux Églises la nourriture de deux personnes. Barnabé suivait la même règle. Paul revient souvent sur cette pensée, qu'il ne coûte rien aux Églises. Il trouve parfaitement juste que l'apôtre vive de la communauté, que le catéchiste ait tout en commun avec celui qu'il catéchise [2]; mais il y met du raffinement; il ne veut pas profiter de ce qui serait légitime [3]. Sa pratique constante, sauf une seule exception, fut de ne devoir sa subsistance qu'à son travail. C'était là pour Paul une question de morale et de bon exemple; car un de ses proverbes était : « Que celui qui ne travaille pas ne mange pas [4]. » Il y mettait aussi un naïf sentiment de personne économe, craignant qu'on ne lui reproche ce qu'elle coûte, exagérant les scrupules pour préve-

---

1. I Cor., ix, 5 et suiv.
2. Gal., vi, 6; I Cor., ix, 7 et suiv.
3. I Cor., ix, 4 et suiv.; II Cor., xi, 9 et suiv.; xii, 13, 14, 16, I Thess., ii, 5, 7, 9; II Thess., iii, 8 et suiv.; Phil., iv, 15; Act., xx, 33-34.
4. II Thess., iii, 10-12.

nir les murmures : on devient très-regardant sur les questions d'argent à force de vivre au milieu de gens qui y songent beaucoup. Partout où Paul faisait quelque séjour, il s'établissait et reprenait son métier de tapissier [1]. Sa vie extérieure ressemblait à celle d'un artisan qui fait son tour d'Europe, et sème autour de lui les idées dont il est pénétré.

Un tel genre de vie, devenu impossible dans nos sociétés modernes pour tout autre qu'un ouvrier, est facile dans les sociétés où, soit les confréries religieuses, soit les aristocraties commerciales constituent des espèces de franc-maçonneries. La vie des voyageurs arabes, d'Ibn-Batoutah par exemple, ressemble fort à celle que dut mener saint Paul. Ils circulaient d'un bout à l'autre du monde musulman, se fixant en chaque grande ville, y exerçant le métier de kadhi, de médecin, s'y mariant, trouvant partout un bon accueil et la possibilité de s'occuper. Benjamin de Tudèle et les autres voyageurs juifs du moyen âge eurent une existence analogue, allant de juiverie en juiverie, entrant tout de suite dans l'intimité de leur hôte. Ces juiveries étaient des quartiers distincts, fermés souvent par une porte, ayant un chef de reli-

---

1. *Act.*, XVIII, 3; XX, 34; I Thess., II, 9; II Thess., III, 8; I Cor., IV, 12.

gion, avec une juridiction étendue; au centre, il y avait une cour commune et d'ordinaire un lieu de réunion et de prières. Les relations des juifs entre eux, de nos jours, présentent encore quelque chose du même genre. Partout où la vie juive est restée fortement organisée, les voyages des israélites se font de *ghetto* en *ghetto*, avec des lettres de recommandation. Ce qui se passe à Trieste, à Constantinople, à Smyrne, est sous ce rapport le tableau exact de ce qui se passait, du temps de saint Paul, à Éphèse, à Thessalonique, à Rome. Le nouveau venu qui se présente le samedi à la synagogue est remarqué, entouré, questionné. On lui demande d'où il est, qui est son père, quelle nouvelle il apporte. Dans presque toute l'Asie et dans une partie de l'Afrique, les juifs ont ainsi des facilités de voyage toutes particulières, grâce à l'espèce de société secrète qu'ils forment et à la neutralité qu'ils observent dans les luttes intérieures des différents pays. Benjamin de Tudèle arrive au bout du monde sans avoir vu autre chose que des juifs; Ibn-Batoutah, sans avoir vu autre chose que des musulmans.

Ces petites coteries formaient des véhicules excellents pour la propagation des doctrines. On s'y connaissait beaucoup; on s'y surveillait sans cesse; rien n'était plus éloigné de la banale liberté de nos sociétés modernes, où les hommes se touchent si peu. Les divisions des partis se font selon la religion chaque fois que la politique n'est pas le premier souci d'une cité. Une question religieuse tombant dans ces comités d'israélites fidèles mettait tout en feu, déterminait des schismes, des rixes. Le plus souvent, la question religieuse n'était qu'un brandon avidement saisi par des haines antérieures, un prétexte que l'on prenait pour se compter et se dénommer.

L'établissement du christianisme ne s'expliquerait pas sans les synagogues, dont le monde riverain de la Méditerranée était déjà couvert quand Paul et les autres apôtres se mirent en route pour leurs missions. Ces synagogues étaient d'ordinaire peu apparentes; c'étaient des maisons comme d'autres, formant avec le quartier dont elles constituaient le centre et le lien un petit *vicus* ou *angiport*. Un signe distinguait ces quartiers : c'était l'absence d'ornements de sculpture vivante, ce qui forçait de recourir pour la décoration à des moyens gauches, emphatiques et faux. Mais ce qui mieux que toute autre chose désignait le quartier juif au nouveau débarqué de Séleucie ou de Césarée, c'était le signe de race, ces jeunes filles vêtues de couleurs éclatantes, de blanc, de rouge, de vert, sans teintes moyennes; ces matrones à la figure paisible, aux joues roses, au léger embonpoint, aux bons yeux maternels. Arrivé et bien vite accueilli, l'apôtre attendait le samedi. Il se rendait alors à la synagogue. C'était un usage, quand un étranger qui semblait instruit ou zélé se présentait, de l'inviter à dire au peuple quelques mots d'édification[1]. L'apôtre profitait de cet usage et exposait la thèse chrétienne. Jésus avait procédé exactement de cette manière[2]. L'étonnement était d'abord le sentiment général. L'opposition ne se faisait jour qu'un peu plus tard, lorsque des conversions s'étaient produites. Alors, les chefs de la synagogue en venaient aux violences : tantôt ils ordonnaient d'appliquer à l'apôtre le châtiment honteux et cruel qu'on infligeait aux hérétiques; d'autres fois, ils faisaient appel aux autorités pour que le novateur fût expulsé ou bâtonné. L'apôtre ne prêchait les gentils qu'après les juifs. Les convertis du paganisme étaient en général les moins nombreux, et encore presque tous se recrutaient-ils dans les classes de la population qui étaient déjà en contact avec le judaïsme et portées à l'embrasser.

Ce prosélytisme, on le voit, n'atteignait que les

---

1. *Act.*, XIII, 14-16 ; XVI, 13 ; XVII, 2.
2. Luc, IV, 16.

villes. Les premiers apôtres chrétiens ne prêchèrent pas les campagnes. Le paysan (*paganus*) fut le dernier à se faire chrétien. Les patois locaux que le grec n'avait pas déracinés dans les campagnes en étaient en partie la cause. A vrai dire, le paysan disséminé hors des villes était chose assez rare dans les pays et à l'époque où le christianisme se répandit d'abord. L'organisation du culte apostolique consistant en assemblées (*ecclesia*) était essentiellement urbaine. L'islamisme, de même, est aussi par excellence une religion de ville. Il n'est complet qu'avec ses grandes mosquées, ses écoles, ses oulémas, ses muezzins.

La gaieté, la jeunesse de cœur que respirent ces odyssées évangéliques furent quelque chose de nouveau, d'original et de charmant. Les *Actes des Apôtres*, expression de ce premier élan de la conscience chrétienne, sont un livre de joie[1], d'ardeur sereine. Depuis les poëmes homériques, on n'avait pas vu d'œuvre pleine de sensations aussi fraîches. Une brise matinale, une odeur de mer, si j'ose le dire, inspirant quelque chose d'allègre et de fort, pénètre tout le livre et en fait un excellent compagnon de voyage, le bréviaire exquis de celui qui

---

1. *Act.*, xiii, 52; xv, 3, 31.

poursuit des traces antiques sur les mers du Midi. Ce fut la seconde poésie du christianisme. Le lac de Tibériade et ses barques de pêcheurs avaient fourni la première. Maintenant, un souffle plus puissant, des aspirations vers des terres plus lointaines nous entraînent en haute mer.

Le premier point où touchèrent les trois missionnaires fut l'île de Chypre, vieille terre mixte où la race grecque et la race phénicienne, d'abord placées côte à côte, avaient fini par se fondre à peu près. C'était le pays de Barnabé, et cette circonstance fut sans doute pour beaucoup dans la direction que prit la mission dès ses premiers pas. Chypre avait déjà reçu les semences de la foi chrétienne [1]; en tout cas, la religion nouvelle comptait plusieurs Chypriotes dans son sein [2]. Le nombre des juiveries y était considérable [3]. Il faut songer d'ailleurs que tout ce cercle de Séleucie, Tarse, Chypre est fort peu étendu, que le petit groupe de juifs répandus sur ces points représente à peu près ce que seraient des familles parentes établies à Saint-Brieuc, Saint-Malo, Jersey. Paul et Barnabé sortaient donc

---

1. *Act.*, xi, 19.
2. *Act.*, xi, 20; xxi, 16.
3. Jos., *Ant.*, XIII, x, 4; XVII, xii, 1-2; Philon, *Leg. ad Caium*, § 36.

à peine encore cette fois du pays qui leur était familier.

Le groupe apostolique aborda à l'ancien port de Salamis[1]. Il traversa toute l'île de l'est à l'ouest, en inclinant vers le sud, et probablement en suivant la côte. C'était là partie la plus phénicienne de l'île; là étaient les villes de Cittium, d'Amathonte, de Paphos, vieux centres sémitiques dont l'originalité n'était pas encore effacée. Paul et Barnabé prêchèrent dans les synagogues des juifs. Un seul incident de ce voyage nous est connu. Il eut lieu à Néa-Paphos[2], ville moderne, qui s'était élevée à quelque distance de l'ancienne ville si célèbre par le culte de Vénus (Palæpaphos)[3]. Néa-Paphos était en ce moment, à ce qu'il semble, la résidence du proconsul[4] romain qui gouvernait l'île de Chypre. Ce proconsul était Sergius Paulus, homme d'une naissance illustre[5], qui paraît, ainsi qu'il arrivait sou-

---

1. Porto-Costanzo, à deux lieues au nord de Famagouste. La ville a presque disparu.

2. Aujourd'hui, Bapho.

3. Strabon, XIV, vi, 3; carte de Peutinger, segm. ix, f; Pline, V, 35; Ptolémée, V, xiv, 4; Pomponius Mela, II, vii, 5.

4. La province, en effet, était sénatoriale. Strabon, XIV, vi, 6; XVII, iii, 25; Dion Cassius, LIV, 4; monnaies proconsulaires de Chypre; *Corp. inscr. gr.*, n° 2632.

5. Sergius Paulus est inconnu d'ailleurs. Il faut se rappeler que

vent aux Romains, s'être laissé amuser aux prestiges et aux croyances superstitieuses du pays où le hasard l'avait porté [1]. Il avait auprès de lui un juif, nommé Barjésu, qui se faisait passer pour magicien et se donnait un titre qu'on explique par *élim* ou « sage [2] ». Il se produisit là, dit-on, des scènes analogues à celles qui eurent lieu à Sébaste entre les apôtres et Simon le magicien [3]. Barjésu fit une ardente opposition à Paul et à Barnabé. La tradition prétendit plus tard que l'en-

---

les proconsuls des provinces sénatoriales étaient, sauf de rares exceptions, annuels et que Chypre était la plus petite des provinces romaines. Les textes, les monnaies proconsulaires et les inscriptions de Chypre ne permettent pas de dresser une liste tant soit peu complète des proconsuls de cette île. On peut, sans invraisemblance, identifier le personnage des *Actes* avec le naturaliste du même nom cité par Pline (*index* des auteurs en tête du livre II et du livre XVIII). Lucius Sergius Paulus, consul l'an 168, et sa fille Sergia Paulina, qui donnèrent leur nom à un célèbre collège domestique (Orelli, 2414, 4938; Gruter, 1117, 7; Fabretti, *Inscr. dom.*, p. 146, n° 178; Amaduzzi, *Anecd. litt.*, I, p. 476, n°s 39, 40; Otto Iahn, *Specimen epigraph.*, p. 79 et suiv.), étaient très-probablement des descendants de notre Sergius Paulus. Borghesi, *Fastes consul.* [encore inédits], à l'année 168.

1. Comp. Jos., *Ant.*, XX, vii, 2.

2. Mot arabe dont le pluriel est *ouléma*. Le mot n'existe ni en hébreu, ni en araméen; ce qui rend fort douteuse cette étymologie d'*Élymas*.

3. Le parallélisme des deux récits soulève bien quelques doutes sur la crédibilité de tout l'épisode. Il semble qu'en plusieurs points on a cherché à modeler la légende de Paul sur celle de Pierre.

jeu de cette lutte était la conversion du proconsul. On raconta que, dans une discussion publique, Paul, pour réduire son adversaire, fut obligé de le frapper d'une cécité temporaire, et que le proconsul, ému de ce prodige, se convertit.

La conversion d'un Romain de cet ordre, à cette époque, est chose absolument inadmissible [1]. Paul prit sans doute pour de la foi les marques d'intérêt que lui donna Sergius ; peut-être même prit-il de l'ironie pour de la bonté. Les Orientaux ne comprennent pas l'ironie. Leur maxime, d'ailleurs, est que celui qui n'est pas contre eux est pour eux. La curiosité témoignée par Sergius Paulus aura passé aux yeux des missionnaires pour une disposition favorable [2]. Comme

---

1. Un proconsul était un personnage très-considérable, et il est probable que, si un tel fait s'était produit, nous le saurions par les historiens romains, comme cela a lieu pour Pomponia Græcina, Flavius Clemens et Flavia Domitilla. L'auteur des *Actes* a été ici égaré par son idée de convertir le plus possible de païens, par le plaisir de montrer les magistrats romains favorables au culte nouveau, et par le désir de poser tout d'abord saint Paul en apôtre des gentils. Ailleurs encore, nous verrons percer chez le narrateur des *Actes* ce naïf sentiment qui rend l'homme du peuple fier d'avoir eu des rapports avec les hommes célèbres ou importants. Il semble qu'il voulût répondre à des adversaires qui soutenaient que les chrétiens étaient tous des gens de bas étage, sans accointances et sans aveu.

2. Comparez *Act.*, XXV, 22 et suiv.

une foule de Romains, Paulus pouvait être fort crédule ; peut-être les préstiges auxquels il nous est malheureusement interdit de douter que Paul et Barnabé eurent plus d'une fois recours [1] lui parurent-ils très-frappants et plus forts que ceux de Barjésu Mais, de ce sentiment d'étonnement à une conversion, il y a bien loin. La légende semble avoir prêté à Sergius Paulus les raisonnements d'un Juif ou d'un Syrien. Le Juif et le Syrien regardaient le miracle comme la preuve d'une doctrine prêchée par le thaumaturge. Le Romain, s'il était instruit, regardait le miracle comme une duperie dont il pouvait s'amuser ; s'il était crédule et ignorant, comme une de ces choses qui arrivent de temps en temps. Mais le miracle pour lui ne prouvait aucune doctrine ; profondément dénués du sentiment théologique, les Romains n'imaginaient pas qu'un dogme pût être le but qu'un dieu se propose en faisant un prodige [2]. Le prodige était pour eux ou une chose bizarre, bien que naturelle (l'idée des lois de la nature leur était étrangère, à moins qu'ils n'eussent étudié la philosophie grecque), ou un acte décelant la présence immédiate de la Divinité[3]. Si Sergius Paulus a cru

1. Comp. Rom., xv, 19; II Cor., xii, 12.
2. Voir Valère Maxime, livre I entier.
3. Voir ci-dessous l'aventure de Lystres, et *Act.*, xxviii, 6.

vraiment aux miracles de Paul, le raisonnement qu'il a dû faire a été : « Cet homme est très-puissant; c'est peut-être un dieu, » et non : « La doctrine que prêche cet homme est la vraie[1]. » En tout cas, si la conversion de Sergius Paulus reposa sur des motifs aussi fragiles, nous croyons faire honneur au christianisme en ne l'appelant pas une conversion et en effaçant Sergius Paulus du nombre des chrétiens.

Ce qui est probable, c'est qu'il eut avec la mission des rapports bienveillants; car elle garda de lui le souvenir d'un homme sage et bon[2]. La supposition de saint Jérôme[3], d'après laquelle Saül aurait pris de ce Sergius Paulus son nom de Paul, n'est qu'une conjecture; on ne saurait dire, cependant, que cette conjecture soit invraisemblable. C'est à partir de ce moment que l'auteur des *Actes* substitue constamment le nom de Paul à celui de Saül[4]. Peut-être l'apôtre adopta-t-il Sergius Paulus comme son patron et prit-il son nom en signe de clientèle. Il est possible

---

[1]. C'est ainsi que les musulmans en Syrie admettent les miracles des chrétiens, et cherchent à en bénéficier pour leur propre compte, sans pour cela songer à se faire chrétiens.

[2]. *Act.*, XIII, 7.

[3]. *De viris ill.*, 5.

[4]. Et il en avertit, XIII, 9.

aussi que Paul, à l'exemple d'un grand nombre de juifs, eût deux noms[1], l'un hébreu, l'autre obtenu par grécisation ou latinisation grossière du premier (de même que les *Joseph* se faisaient appeler *Hégésippe,* etc.), et que ce soit seulement à partir du moment où il entra dans des rapports plus suivis et plus directs avec le monde païen, qu'il ait commencé à porter uniquement celui de Paul[2].

Nous ignorons combien de temps dura la mission de Chypre. Cette mission n'eut pas, évidemment, beaucoup d'importance, puisque Paul n'en parle pas dans ses épîtres et qu'il ne songea jamais à revoir les Églises qu'il avait fondées dans l'île. Peut-être les envisageait-il comme appartenant à Barnabé plus qu'à lui. Ce premier essai de voyage apostolique, en tout cas, fut décisif dans la carrière de Paul. Depuis ce temps, il prend un ton de maître[3]. Jusque-là, il avait été comme subordonné à Barnabé. Celui-ci était plus ancien dans l'Église; il y avait été son introducteur et son garant; on était plus sûr de lui. Dans le

---

1. Inscr. dans Garrucci, *Dissert. arch.*, II, p. 160 (*Cocotio qui et Juda*). Cf. Orelli, *Inscr. lat.*, n° 2522.
2. Le nom de Paul est porté par un grand nombre de Ciliciens. V. Pape, *Wœrt. der griech. Eigennamen,* 2e édit., p. 1150.
3. Cette transition est indiquée avec beaucoup de tact, *Act.*, XIII, 1-13. Gal., II, 1, 9, prouve que Paul même le prenait ainsi.

cours de la mission, les rôles changèrent. Le talent de Paul pour la prédication fit que l'office de la parole lui fut presque tout entier dévolu[1]. Désormais, Barnabé ne sera plus qu'un compagnon de Paul, quelqu'un de sa suite[2]. Avec une abnégation admirable, cet homme vraiment saint se prêtait à tout, laissant tout faire à son audacieux ami, dont il reconnaissait la supériorité. Il n'en était pas de même de Jean-Marc. Des dissentiments, qui bientôt devaient aboutir à une rupture, éclatèrent entre lui et Paul[3]. On en ignore la cause. Peut-être les principes de Paul sur les rapports des juifs et des gentils choquaient-ils les préjugés hiérosolymitains de Marc et lui paraissaient-ils en contradiction avec les idées de Pierre, son maître. Peut-être aussi cette personnalité sans cesse grandissante de Paul était-elle insupportable à ceux qui la voyaient chaque jour devenir plus envahissante et plus altière.

Il n'est pas probable, cependant, que dès lors Paul prît ou se laissât donner le titre d'apôtre[4]. Ce

1. *Act.*, XIV, 12.
2. *Act.*, XIII, 13.
3. *Act.*, XIII, 13 ; XV, 38-39.
4. La première prise de possession de ce titre par Paul, qui nous soit connue, est en tête de l'Épître aux Galates. Rappelons que l'auteur des *Actes* évite de le lui donner directement.

titre n'avait été porté jusque-là que par les Douze de Jérusalem; on ne l'envisageait pas comme transmissible; on croyait que Jésus seul avait pu le conférer. Peut-être déjà Paul se disait-il souvent que, lui aussi, il l'avait reçu directement de Jésus, dans sa vision du chemin de Damas [1]; mais il ne s'avouait pas encore nettement à lui-même une si haute prétention. Il faudra les ardentes provocations de ses ennemis pour l'entraîner à un acte qui d'abord dut se présenter à lui comme une témérité.

1. *Act.*, IX, 15; XXII, 21; XXVI, 17-18.

CHAPITRE II.

SUITE DU PREMIER VOYAGE DE SAINT PAUL. — MISSION DE GALATIE.

La mission, contente de ce qu'elle avait fait à Chypre, résolut d'attaquer la côte voisine d'Asie Mineure. Seule, entre les provinces de ce pays, la Cilicie avait entendu la prédication nouvelle et possédait des Églises [1]. La région géographique que nous appelons l'Asie Mineure n'avait aucune unité. Elle était composée de pays profondément divers sous le rapport de la race et de l'état social. La partie occidentale et la côte tout entière étaient entrées, dès une haute antiquité, dans le grand tourbillon de civilisation commune dont la Méditerranée était la mer intérieure. Depuis la décadence de la Grèce et de l'Égypte ptolémaïque, ces contrées pas-

---

[1]. Comp. *Act.*, xv, 23.

saient pour les pays les plus lettrés qu'il y eût, ou du moins pour ceux qui produisaient le plus d'hommes distingués en littérature [1]. La province d'Asie, l'ancien royaume de Pergame, notamment, étaient, comme on dit aujourd'hui, à la tête du progrès. Mais le centre de la presqu'île avait été médiocrement entamé. La vie locale s'y continuait comme aux temps antiques [2]. Plusieurs des idiomes indigènes n'avaient pas encore disparu [3]. L'état des voies publiques était

---

[1]. Qu'il suffise de rappeler Apollonius de Perge, Aratus, Denys d'Halicarnasse, Strabon, Épictète, Dion Chrysostôme, Pausanias, Dioscoride, Alexandre d'Aphrodisias, Alexandre de Tralles, Soranus, Rufus d'Éphèse, Arétée, Galien, Phlégon de Tralles. Sur Pergame, Sardes, Tarse, Nysa, voir Strabon (XIII, iv, 3, 9; XIV, i, 48; v, 13-45).

[2]. Encore aujourd'hui, la forme des maisons en Carie, en Lycie, est plus archaïque qu'en aucun lieu du monde.

[3]. Pour la Lycaonie, voir *Act.*, xiv, 11 (cf. Étienne de Byz., au mot Δέρβη); pour la Lycie, Dion Cassius, XL, 17 (Sturz, III, p. 759); pour la Cappadoce et la Paphlagonie, Strabon, XII, iii, 25; pour les Pisidiens et les Solymes, Strabon, XIII, iv, 17. Le lydien avait disparu en Lydie : Strabon, XIII, iv, 17. En Mysie et en Bithynie, on ne parlait plus que le grec : Strabon, XII, iv, 6. Pour la Galatie, voir Strabon, XII, v, 1. Le passage de saint Jérôme, *Comm. in Epist. ad Gal.,* l. II, prol., a peu de poids. Les noms gaulois disparaissent en Galatie vers le temps de Tibère : Perrot, *De Galatia prov. rom.*, p. 88 et suiv. En Phrygie, les paysans et les esclaves parlent seuls le phrygien. Voir les nombreuses glosses d'Asie Mineure, recueillies dans les *Arica*

fort mauvais ¹. Tous ces pays n'avaient, à vrai dire, qu'un seul caractère commun; c'était une crédulité sans bornes, un penchant extrême à la superstition. Les anciens cultes, sous leur transformation hellénique et romaine, gardaient beaucoup de traits de leur physionomie primitive ². Plusieurs de ces cultes jouissaient encore d'une vogue extrême et avaient une certaine supériorité sur les cultes gréco-romains. Aucun pays ne produisait autant de théurges, de théosophes. Apollonius de Tyane y préparait, à l'épo-

---

de P. Bœtticher, et dans les *Gesammelte Abhandlungen* du même auteur.

1. Les grands progrès sous ce rapport furent accomplis par Vespasien. Henzen, *Inscr. lat.*, n° 6913; Perrot, *De Gal. prov. rom.*, p. 102.

2. Pour Iconium, voir *Corpus inscr. gr.*, n° 3993, et les notes de Cavedoni. Pour la Lydie et la Phrygie, voir Le Bas, *Inscr.*, III, n°ˢ 600 a, 604, 655, 667, 668, 669, 675, 678, 680, 685, 688, 699, 699 a, 700, et les notes de Waddington; Wagener, *Inscr. d'As. Min.*, p. 3 et suiv. Pour Laodicée sur le Lycus, Waddington, *Voy. en As. Min. au point de vue numismatique*, p. 26 et suiv. Pour Aphrodisias et Sébastopolis, *ibid.*, p. 43 et suiv., 54-55. Pour Mylasa, Le Bas, III, n°ˢ 340 et suiv. Pour le culte des Solymes, *Corpus inscr. gr.*, n° 4366 k et q; Waddington, sur le n° 1202 de Le Bas (III). Pour la Lycie, *Corpus*, n°ˢ 4303 i et k; Le Bas, III, 1229. Pour la Pisidie, Waddington, sur les n°ˢ 1209, 1210 de Le Bas (III); *Voy. numismatique*, p. 99, 105-107, 140-141. Les deux Comanes et Pessinonte gardaient toute leur organisation sacerdotale.

que où nous sommes, sa bizarre destinée. Alexandre d'Abonotique et Pérégrinus Protée allaient bientôt séduire des provinces, l'un par ses miracles, ses prophéties, ses grandes démonstrations de piété; l'autre par ses roueries [1]. Artémidore d'Éphèse[2], Ælius Aristide [3] offrent le phénomène bizarre d'hommes associant des sentiments sincères et vraiment religieux à des superstitions ridicules, à des idées de charlatans. Dans aucune partie de l'empire, la réaction piétiste qui se produisit à la fin du premier siècle en faveur des cultes anciens et contre la philosophie positive ne fut plus caractérisée [4]. L'Asie Mineure était, après la Palestine, le pays le plus religieux du monde. Des

---

1. Lucien, *Alexander seu pseudomantis* (ouvrage qui n'est pas un pur roman; cf. Athénagore, *Leg.*, 26, et les monnaies d'Abonotique); *De morte Peregrini* (même observation; cf. Athénagore, *l. c.*; Tatien, *adv. Græc.*, 25; Aulu-Gelle, *Noct. att.*, XII, 11; Philostrate, *Vies des soph.*, II, I, 33; Eus., *Chron.*, ad olymp. 236).

2. Voir ses *Onirocritiques*.

3. Voir sa vie, dans l'édition de ses œuvres (Dindorf), III, p. CXVI, etc.; *Mém. de l'Acad. des inscr.* (nouv. série), XXVI, 1re part., p. 203 et suiv. Galien même, esprit si exercé, croit aux songes d'Esculape (voir le traité *Diagnostic des maladies par le moyen des songes*, et dans plusieurs endroits de ses écrits, Opp., t. II, p. 29; X, 971; XI, 314; XV, 441 et suiv.; XVII, 244 et suiv.). Strabon, si judicieux, croit aux prodiges des temples (XIII, IV, 14, par exemple).

4. Lucien, *Alexander seu pseudom.*, § 25, 44, 47.

régions entières, telles que la Phrygie, des villes telles que Tyane, Vénases, Comane, Césarée de Cappadoce, Nazianze, étaient comme vouées à la mysticité [1]. En plusieurs endroits, les prêtres étaient encore presque des souverains [2].

Quant à la vie politique, il n'y en avait plus de trace. Toutes les villes, comme à l'envi, se ruaient dans une adulation effrénée des Césars et des fonctionnaires romains [3]. Le titre d' « ami de César » était recherché [4]. Les villes se disputaient avec une vanité puérile les titres pompeux de « métropole », de « très-illustre », conférés par rescrits impériaux [5].

---

1. Se rappeler les cataphryges, le montanisme, Priscille de Pépuze.

2. Par exemple, dans les deux Comanes, à Pessinonte, à Olba. Cf. Strabon, XII, II, 5-6; Waddington, *Mél. de num.*, 2ᵉ série, p. 124 et suiv.

3. Tac., *Ann.*, IV, 55-56; Dion Cassius, XLI, 20; inscription à la divinité de Néron de son vivant, *Corp. inscr. gr.*, nº 2942 d (suppl.). Comp. Le Bas, III, 1480; Waddington, *Mél. de num.*, 2ᵉ série, p. 133 et suiv.; le même, *Voy. en Asie Min. au point de vue numism.*, p. 6, 9-10, 33, 34, 35, 36, 75, 149-150. Les inscriptions en l'honneur des fonctionnaires romains sont innombrables. Voir en particulier *Corp. inscr. gr.*, nᵒˢ 3524, 3532, 3548.

4. Φιλόκαισαρ. *Corp. inscr. gr.*, nᵒˢ 2748, 2975, etc.

5. Ælius Aristide, orat. XLII, édit. Dindorf; Wagener, *Inscr. d'As. Min.*, p. 36 t suiv.; Waddington, dans les *Mém. de l'Acad. des inscr.*, t. XXVI. 1ʳᵉ partie, p. 252 et suiv.

Le pays avait été soumis aux Romains sans conquête violente[1], au moins sans résistance nationale. L'histoire n'y mentionne pas un seul soulèvement politique sérieux. Le brigandage et l'anarchie, qui longtemps avaient eu dans le Taurus, l'Isaurie, la Pisidie, des forteresses inexpugnables, avaient fini par céder devant les efforts des Romains et de leurs alliés[2]. La civilisation se répandait avec une rapidité surprenante[3]. Les traces de l'action bienfaisante de Claude et de la gratitude des populations envers lui, malgré certains mouvements tumultuaires[4], se rencontrent partout[5]. Ce n'était pas comme en Palestine, où de vieilles institutions et de vieilles mœurs offraient une résistance acharnée. Si l'on excepte l'Isaurie, la Pisidie, les parties de la Cilicie qui avaient encore une ombre d'indépendance, et jusqu'à

---

1. Testament d'Attale, inscription d'Ancyre, etc.
2. Surtout de P. Servilius l'Isaurique, de Pompée, d'Amyntas, de Quirinius. Strabon, XII, vi, 5; XIV, iii, 3; v, 2, 7; inscription de Quirinius, dans Mommsen, *Res gestœ divi Aug.*, p. 118 et suiv.; Cicéron, lettres de Cilicie; Tacite, *Ann.*, III, 48; VI, 41; XII, 55.
3. En Paphlagonie, par exemple, notez Germanicopolis, Neoclaudiopolis, Pompéiopolis, Adrianopolis, Antinoopolis.
4. Dion Cassius, LX, 17.
5. Voir ci-dessous, p. 44. Cf. Le Bas, *Inscr.*, III, n°s 848, 857-859, 1385 *bis*, et les notes de Waddington.

un certain point la Galatie, le pays avait perdu tout sentiment national. Il n'avait jamais eu de dynastie propre. Les vieilles individualités provinciales de Phrygie, de Lydie, de Carie, étaient mortes depuis longtemps comme unités politiques. Les royaumes artificiels de Pergame, de Bithynie, de Pont, étaient morts aussi. Toute la presqu'île avait accepté la domination romaine avec bonheur [1].

On peut ajouter avec reconnaissance; jamais, en effet, domination ne s'était légitimée par tant de bienfaits. « La Providence auguste » était vraiment le génie tutélaire du pays [2]. Le culte de l'empereur, celui d'Auguste, en particulier, et de Livie étaient la religion dominante de l'Asie Mineure [3]. Les temples à ces dieux terrestres, toujours associés à la divinité de

---

1. Jos., *Ant.*, XIV, x, 22-23; Strabon, XVII, III, 24; Tacite, *Ann.*, IV, 55.

2. Σεβαστὴ Πρόνοια (Le Bas, *Inscr.*, III, 858). Comparez les monnaies et Le Bas, III, 1245. Cette formule, du reste, n'est pas propre à l'Asie Mineure. Cf. *Corp. inscr. gr.*, n° 343.

3. Eckhel, *D. n. v.*, VI, p. 101; Tacite, *Ann.*, IV, 37, 55-56; VI, 15; Dion Cassius, LI, 20; *Corpus inscr. gr.*, n°s 3524, 3990 c, 4016, 4017, 4031, 4238, 4240 d, 4247, 4266, 4363, 4379 c, e, f, h, i, k; Le Bas, *Inscr.*, III, n°s 624, 627, 857-859, 1641; Waddington, *Explic. des Inscr.* de Le Bas, p. 207-208, 238-239, 376; Perrot, *De Gal. prov. rom.*, p. 129. A Rome, il n'y eut pas de temple de ce genre. On faisait une différence entre l'Italie et les provinces pour le culte de l'empereur.

Rome¹, se multipliaient de toutes parts². Les prêtres d'Auguste, groupés par provinces, sous des archiprêtres (ἀρχιερεῖς, sortes de métropolitains ou de primats), arrivèrent plus tard à former un clergé analogue à ce que fut, à partir de Constantin, le clergé chrétien³. Le Testament politique d'Auguste était devenu une sorte de texte sacré, un enseignement public que de beaux monuments étaient chargés d'offrir aux regards de tous et d'éterniser⁴. Les villes et les tribus prenaient à l'envi des épithètes attestant le souvenir qu'elles avaient gardé du grand empereur⁵. L'antique Ninoé⁶ de Carie arguait de son vieux culte assyrien de Mylitta pour établir ses liens avec César, fils de Vénus⁷. Il y avait en tout cela de la servilité et de

1. *Corp. inscr. gr.*, 2943, 4366 b.
2. Comp. Tac., *Ann.*, IV, 55-56.
3. *Corp. inscr. gr.*, n° 3461 ; Dion Chrys., orat. xxxv, p. 497 (Emperius); Mionnet, Phrygie, suppl., VII, p. 564; Le Bas, *Inscr.*, III, n° 626, 653, 885, et les explic. de Waddington; Perrot, *op. cit.*, p. 129, 150 et suiv.; *Expl. de la Gal.*, p. 199 et suiv.
4. Augusteum d'Ancyre et d'Apollonie de Pisidie. Il y en eut d'analogues à Pergame, à Nicomédie et sans doute dans d'autres villes. On n'en connaît pas hors de l'Asie Mineure.
5. *Corp. inscr. gr.*, n° 4085. Cf. Perrot, *De Gal. prov. rom.*, p. 75.
6. Ninive.
7. Tacite, *Ann.*, III, 62; *Corp. inscr. gr.*, n° 2748.

la bassesse [1]; mais il y avait surtout le sentiment d'une ère nouvelle, d'un bonheur dont on n'avait point joui jusque-là, et qui devait en effet durer des siècles sans aucun nuage. Un homme qui avait peut-être assisté à la conquête de son pays, Denys d'Halicarnasse, écrivait une Histoire romaine pour montrer à ses compatriotes l'excellence du peuple romain, pour leur prouver que ce peuple était de même race qu'eux, et que sa gloire était en partie la leur.

Après l'Égypte et la Cyrénaïque, l'Asie Mineure était le pays où il y avait le plus de juifs. Ils y formaient de puissantes communautés, jalouses de leurs droits, criant facilement à la persécution, ayant la fâcheuse habitude de toujours se plaindre à l'autorité romaine et de recourir à des protections hors de la cité. Ils avaient réussi à se faire octroyer de fortes garanties, et ils étaient en réalité privilégiés à l'égard des autres classes de la population. Non-seulement, en effet, leur culte était libre, mais plusieurs des charges communes, qu'ils prétendaient contraires à leur conscience, ne pesaient pas sur eux. Les Romains leur furent très-favorables en ces pro-

---

1. Perrot, *Exploration de la Gal.*, p. 31-32, 124. Le Bas, n°s 1021, 1033, 1034 a, 1039, 1042, 1044, 1137, 1205, 1219, 1227, 1245, 1253, 1254.

vinces, et presque toujours leur donnèrent raison dans les démêlés qu'ils eurent avec les gens du pays [1].

Embarqués à Néa-Paphos, les trois missionnaires naviguèrent vers l'embouchure du Cestrus, en Pamphylie, et, remontant le fleuve sur un espace de deux ou trois lieues [2], arrivèrent à la hauteur de Perge, grande et florissante ville [3], centre d'un ancien culte de Diane, presque aussi renommé que celui d'Éphèse [4]. Ce culte avait de grandes analogies avec celui de Paphos [5], et il n'est pas impossible que les relations des deux villes, établissant entre elles une ligne de navigation ordinaire, aient déterminé l'iti-

---

1. Pièces alléguées par Josèphe, *Ant.*, XIV, x, 11 et suiv.; XVI, vi, 2 (bien suspect), 4, 6, 7, et qui ont ici leur force probante, indépendamment de leur authenticité; Cic., *Pro Flacco*, 28; Philon, *Leg. ad Caium*, § 36, 40; *Act.*, ii, 9-10; I Petri, i, 1.

2. Strabon, XIV, iv, 2; Pomp. Mela, I, 14; Texier, *Asie Min.*, p. 709; de Tchihatchef, *Asie Min.*, 1re partie, p. 106-107.

3. Il en reste de belles ruines. Voir Ritter, *Erdkunde*, XIX, p. 585 et suiv.; Texier, *op. cit.*, p. 710 et suiv.; *Descr.*, III, p. 211 et suiv., et *Arch. byz.*, p. 31 et suiv.

4. Scylax, *Péripl.*, 100; Strabon, *l. c.*; Callimaque, *Hymne à Artémis*, v. 187; Cicéron, *In Verr.*, II, i, 20; Waddington, *Voy. en Asie Mineure au point de vue numismatique*, p. 92 et suiv., 142; *Corp. inscr. gr.*, n° 4342; Le Bas, *Inscr.*, III, 1373.

5. Waddington, *l. c.*; et *Mél. de num. et de phil.*, p. 57.

néraire des apôtres. En général, les deux côtes parallèles de Chypre et d'Asie Mineure semblent se répondre de l'un à l'autre bord[1]. C'étaient des deux parts des populations sémitiques, mêlées d'éléments divers et qui avaient beaucoup perdu de leur caractère primitif[2].

C'est à Perge que la rupture de Paul avec Jean-Marc se consomma. Jean-Marc quitta la mission et revint à Jérusalem. Cette circonstance fut sans doute pénible à Barnabé; car Jean-Marc était son parent[3]. Mais Barnabé, habitué à tout supporter de la part de son impérieux compagnon, n'abandonna pas le grand dessein de pénétrer à travers l'Asie Mineure. Les deux apôtres, s'enfonçant dans les terres et marchant toujours au nord, entre les bassins du Cestrus et de l'Eurymédon, traversèrent la Pamphylie, la Pisidie et poussèrent jusqu'à la Phrygie Montagneuse. Ce dut être un voyage difficile et périlleux[4]. Ce labyrinthe d'âpres montagnes était gardé par des populations barbares, habituées au brigandage et que les

---

1. Waddington, *Mél. de num. et de phil.*, p. 58.
2. Voir les formes étranges des noms propres, *Corp. inscr. gr.*, n⁰ˢ 4404 et suiv.
3. *Act.*, XIII, 13; XV, 38-39.
4. Texier, *Asie Mineure,* p. 713 et suiv.; Waddington, *Voy. num.*, p. 99-100.

Romains avaient à peine domptées[1]. Paul, habitué à l'aspect de la Syrie, dut être surpris de ces pittoresques et romantiques régions alpestres, avec leurs lacs, leurs vallées profondes, qu'on peut comparer aux environs du lac Majeur et du Tessin[2]. On s'étonne au premier moment de la marche singulière des apôtres, marche qui les éloignait des grands centres et des routes les plus fréquentées. Cette fois sans doute encore, ils suivirent la trace des émigrations juives. La Pisidie et la Lycaonie avaient des villes, telles qu'Antioche de Pisidie, Iconium, où de grandes colonies juives s'étaient établies. Ces juifs y faisaient beaucoup de conversions[3]; éloignés de Jérusalem et soustraits à l'influence du fanatisme palestinien, ils vivaient en bonne intelligence avec les païens[4].

1. Cicéron, lettres de son proconsulat de Cilicie. Cf. Dion Cassius, LX, 17. Les Homonades habitaient ces parages. Strabon, XII, VI, VII, 51; XIV, V, 1, 24. Voir ci-dessus, p. 27, et ci-dessous, p. 43. Cependant, leur site principal paraît avoir été plus à l'est.

2. Voir Laborde, *Voy. de la Syrie*, p. 107 et suiv. pl., XXX, LIX, LX, LXI, LXII; W. J. Hamilton, *Researches in Asia Minor*, I, 477 et suiv.; Ritter, *Erdkunde*, XIX, p. 477 et suiv.; Conybeare et Howson, *the Life of saint Paul*, I, p. 175 et suiv. Cf. Pline, V, 23.

3. *Act.*, XIII, 43, 50.

4. *Act.*, XIV, 1-5.

Ceux-ci venaient à la synagogue [1] ; les mariages mixtes n'étaient point rares [2]. Paul avait pu apprendre de Tarse quelles conditions avantageuses la foi nouvelle trouverait ici pour s'établir et pour fructifier. Derbé et Lystres ne sont pas très-loin de Tarse. La famille de Paul pouvait avoir de ce côté des relations ou du moins être bien renseignée sur ces cantons écartés.

Partis de Perge, les deux apôtres, après un voyage d'environ quarante lieues, arrivèrent à Antioche de Pisidie ou Antioche-Césarée [3], au cœur des hauts plateaux de la péninsule [4]. Cette Antioche était restée une ville de médiocre importance [5] jusqu'à ce qu'elle eût été élevée par Auguste au titre de colonie romaine, de droit italique [6]. Elle devint

---

1. *Act.*, XIII, 44 ; XIV, 1.
2. *Act.*, XV, 1, 3.
3. En réalité, cette ville était située en Phrygie (Strabon, XII, VII, 14). Elle en avait les traditions (Waddington, sur le n° 668 du tome III des *Inscriptions* de Le Bas).
4. Ruines considérables près du bourg de Jalovatch. Arundell, *Discoveries in Asia Minor*, I, 265 et suiv.; W. J. Hamilton, *Researches in Asia Minor*, I, p. 471 et suiv.; Laborde, *Voy. de l'Asie Mineure*, p. 113 et suiv., pl. XXX, LXII.
5. C'est ce que prouvent ses monnaies.
6. Strabon, XII, VIII, 14 ; Pline, V, 24 ; Étienne de Byz., à ce mot ; Eckhel, III, p. 18-19 ; *Corp. inscr. gr.*, n°s 1586, 2811 *b* ; Digeste, L, XV, 8. Cf. *Ann. de l'Instit. archéol. de Rome*, XIX,

alors très-considérable et changea en partie de caractère. Jusque-là, elle avait été une ville de prêtres, analogue, ce semble, à Comane. Le temple qui l'avait rendue fameuse, avec ses légions d'hiérodules et ses riches domaines, fut supprimé par les Romains (25 ans avant J.-C.)[1]. Mais ce grand établissement religieux, comme il arrive toujours, laissa des traces profondes dans les mœurs de la population. Ce fut sans doute à la suite de la colonie romaine que des juifs avaient été attirés à Antioche de Pisidie.

Selon leur habitude, les deux apôtres se rendirent à la synagogue, le samedi. Après la lecture de la Loi et des Prophètes, les présidents, voyant deux étrangers qui semblaient pieux, envoyèrent leur demander s'ils avaient quelque parole d'exhortation à adresser au peuple. Paul parla, exposa le mystère de Jésus, sa mort, sa résurrection. L'impression fut vive, et on les pria de recommencer leur prédication

---

p. 147. Les inscriptions latines y sont nombreuses (Le Bas et Waddington, *Inscr.*, III, nos 1189-1191, 1815 et suiv.). Les monnaies sont latines.

1. Strabon, XII, vii, 14 (comp. XII, iii, 31); Hamilton, *l. c.* Cf. Waddington, *Expl. des Inscript.* de Le Bas, III, p. 245-246. Les médailles prouvent cependant que le culte propre d'Antioche dura jusqu'au temps de Gordien.

le samedi suivant. Une grande foule de juifs et de prosélytes les suivit au sortir de la synagogue, et, durant toute la semaine, Paul et Barnabé ne cessèrent d'exercer un ministère actif. La population païenne entendit parler de cet incident et sa curiosité en fut excitée.

Le samedi suivant, toute la ville fut réunie à la synagogue; mais les sentiments du parti orthodoxe étaient bien changés. Il se repentait de la tolérance qu'il avait eue le samedi précédent; ces foules empressées irritaient les notables; une dispute, mêlée d'injures, commença. Paul et Barnabé soutinrent bravement l'orage; cependant ils ne purent parler dans la synagogue. Ils se retirèrent en protestant : « Nous devions commencer par vous prêcher la parole de Dieu, dirent-ils aux juifs. Mais, puisque vous la repoussez, et que vous vous jugez indignes de la vie éternelle, nous allons nous tourner vers les gentils. » A partir de ce moment, en effet[1], Paul se confirma de plus en plus dans l'idée que l'avenir était non pas aux juifs, mais aux gentils; que la prédication sur ce terrain nouveau porterait de bien meilleurs fruits; que Dieu l'avait spécialement

---

1. Paul lui-même avait conscience d'avoir changé à cet égard. II Cor., v, 16; Gal., v, 11; Phil., III, 13; Eph., IV, 13-14; I Cor., II entier; III, 1; IX, 20.

choisi afin d'être l'apôtre des nations et d'annoncer la bonne nouvelle jusqu'aux extrémités de la terre. Sa grande âme avait pour caractère particulier de s'élargir et de s'ouvrir sans cesse. Je ne vois que l'âme d'Alexandre qui ait eu ce don de jeunesse sans bornes, cette capacité indéfinie de vouloir et d'embrasser.

Les dispositions de la population païenne se trouvèrent excellentes. Plusieurs se convertirent et se trouvèrent du premier coup parfaits chrétiens. Nous verrons le même fait se passer à Philippes, à Alexandria Troas et en général dans les colonies romaines. L'attrait qu'avaient ces populations bonnes et religieuses pour un culte épuré, attrait qui jusque-là s'était montré par des conversions au judaïsme, se montrera maintenant par des conversions au christianisme. Malgré son culte étrange, et peut-être par une réaction contre ce culte, la population d'Antioche, comme en général celle de Phrygie, avait une sorte de penchant vers le monothéisme [1]. Le nouveau culte, n'exigeant pas la circoncision et n'obligeant pas à certaines observances mesquines, était bien mieux fait que le judaïsme pour attirer les

---

1. *Corp. inscr. gr.*, n° 3980. Cette formule est particulière à la Phrygie. Comp. ci-dessous, p. 363-365. Comp. aussi, pour le contraste avec la Pisidie, n° 4380 *r, s, t*. Voir Le Bas, III, n° 1231.

païens pieux ; aussi la faveur se porta-t-elle très-vite de son côté. Ces provinces écartées, perdues dans les montagnes, peu surveillées de l'autorité, sans célébrité historique ni importance quelconque, étaient un excellent terrain pour la foi. Une Église assez nombreuse s'établit. Antioche de Pisidie devint un centre de propagande, d'où la doctrine rayonna tout alentour.

Le succès de la prédication nouvelle parmi les païens acheva de mettre les juifs en fureur. Une pieuse intrigue se forma contre les missionnaires. Quelques-unes des dames les plus considérables de la ville avaient embrassé le judaïsme ; les juifs orthodoxes les engagèrent à parler à leurs maris pour obtenir l'expulsion de Paul et de Barnabé. Les deux apôtres, en effet, furent bannis par arrêté municipal de la ville et du territoire d'Antioche de Pisidie [1].

Suivant l'usage apostolique, ils secouèrent sur la ville la poussière de leurs pieds [2]. Puis ils se dirigèrent vers la Lycaonie et atteignirent, au bout d'une marche d'environ cinq jours à travers un pays fertile [3], la ville d'Iconium. La Lycaonie était, comme

---

1. *Act.*, XIII, 14 et suiv.; II Tim., III, 11.
2. *Act.*, XIII, 51. Cf. Matth., x, 14; Marc, VI, 11; Luc, IX, 5; *Act.*, XVIII, 6.
3. Laborde, *Voy. de l'Asie Min.*, p. 115 et suiv.; Sperling,

la Pisidie, un pays ignoré, peu en vue, et qui avait conservé ses anciennes coutumes. Le patriotisme y était assez vif encore [1] ; les mœurs y étaient pures, les esprits sérieux et honnêtes [2]. Iconium était une ville de vieux cultes et de vieilles traditions [3], traditions qui par beaucoup de points se rapprochaient même de celles des Juifs [4]. La ville, jusque-là très-petite [5], venait de recevoir ou était à la veille de recevoir de Claude, quand Paul y arriva, le titre de colonie. Un haut fonctionnaire romain, Lucius Pupius Præsens, procurateur de Galatie, s'en faisait appeler le second fondateur, et la ville changeait son nom antique pour celui de *Claudia* ou de *Claudiconium* [6].

Les juifs, sans doute par suite de cette circon-

---

dans la *Zeitschrift für allgemeine Erdkunde*, 1864, p. 10 et suiv.

1. *Corp. inscr. gr.*, n⁰ˢ 3993, 4385.
2. *Corp. inscr. gr.*, n⁰ˢ 3995 *b*, 4389.
3. Remarquez la forme barbare des noms propres. *Corp. inscr. gr.*, n⁰ 3987 et suiv.
4. Ch. Müller, *Fragm. hist. gr.*, III, p. 524. Comparez les médailles d'Apamée Kibotos, en rapprochant les mythes bibliques d'Hénoch et de Noé.
5. Strabon, XII, vi, 1.
6. *Corp. inscr. gr.*, n⁰ˢ 3991, 3993 (voir les *addenda*); Le Bas, III, 1385 *bis;* Eckhel, *D. n. v.*, III, 31-33. Iconium (Konieh) a encore aujourd'hui de l'importance.

stance, y étaient nombreux [1] et y avaient gagné beaucoup de partisans. Paul et Barnabé parlèrent dans la synagogue ; une Église s'organisa. Les missionnaires firent d'Iconium un second centre d'apostolat très-actif, et y demeurèrent longtemps [2]. C'est là que, selon un roman très-populaire dès la première moitié du IIIe siècle [3], Paul aurait conquis la plus belle de ses disciples, la fidèle et touchante Thécla [4]. Cette histoire ne repose sur aucune réalité. On se demande pourtant si c'est par un choix arbitraire que le prêtre d'Asie, auteur du roman, a choisi pour théâtre de son récit la ville d'Iconium. Aujourd'hui encore, les femmes grecques de ce pays sont célèbres par leurs séductions et offrent des phénomènes d'hystérie endémique que les médecins attribuent au climat [5]. Quoi qu'il en soit, le succès des apôtres fut très-grand. Beaucoup de juifs se convertirent [6] ; mais les

---

1. Sur l'existence des juifs en ces parties centrales de l'Asie, voir *Corp. inscr. gr.*, 4129, et peut-être 4087 (corrigé par Perrot, *Exploration de la Galatie*, p. 207 et suiv.); *Act.*, XVI, 3 ; I Petri, I, 1 ; l'Épître aux Galates, supposant des juifs parmi les convertis : II, 15 ; III, 2, 7-8, 13, 23-24, 28 ; IV, 3, 21, 31.
2. *Act.*, XIV, 3.
3. Tertullien, *De baptismo*, 17.
4. Voir *Acta apost. apocr.*, de Tischendorf, p. 40 et suiv.
5. Sperling, dans le journal cité, p. 23-24.
6. Gal., II, 15 ; III, 2, 7-8, 13, 23-24, 28 ; IV, 3, 21.

apôtres firent plus de prosélytes encore hors de la synagogue[1], au milieu de ces populations sympathiques, que les vieux cultes ne satisfaisaient plus. La belle morale de Paul ravissait les bons Lycaoniens[2]; leur crédulité, d'ailleurs, les disposait à accueillir avec admiration ce qu'ils prenaient pour des miracles et des dons surnaturels de l'Esprit[3].

L'orage qui avait forcé les prédicateurs de quitter Antioche de Pisidie se renouvela à Iconium. Les juifs orthodoxes cherchèrent à animer la population païenne contre les missionnaires. La ville se divisa en deux partis. Il y eut une émeute; on parlait de lapider les deux apôtres. Ils s'enfuirent et quittèrent la capitale de la Lycaonie[4].

Iconium est situé près d'un lac temporaire, à l'entrée du grand steppe qui forme le centre de l'Asie Mineure et qui a été jusqu'ici rebelle à toutes les civilisations. La route vers la Galatie proprement dite et la Cappadoce était fermée. Paul et Barnabé se mirent à contourner le pied des montagnes arides qui forment un demi-cercle autour de la plaine du

1. Gal., IV, 8 ; V, 2 ; VI, 12. Sur l'application que nous faisons ici de l'Épître aux Galates, voir ci-dessous, p. 48-51.
2. Gal., V, 21.
3. Gal., III, 2-5.
4. *Act.*, XIV et suiv.; II Tim., III, 11.

côté du sud. Ces montagnes ne sont autre chose que le revers septentrional du Taurus; mais la plaine centrale étant très-élevée au-dessus du niveau de la mer, le Taurus a de ce côté une médiocre élévation. Le pays est froid et monotone; le sol, tantôt marécageux, tantôt sablonneux ou fendillé par la chaleur, est d'une morne tristesse. Seul, le massif du volcan éteint nommé maintenant Karadagh [1] forme comme une île au milieu de cette mer sans fin [2].

Deux petites villes obscures, et dont la position est incertaine, devinrent alors le théâtre de l'activité des apôtres. Ces deux petites villes s'appelaient Lystres et Derbé [3]. Égarées dans les vallées du Ka-

---

1. « Montagne noire ». On ignore son nom antique.

2. Strabon, XII, vi, 1; Hamilton, *Res.*, II, 310 et suiv.; Laborde, *Voy. de l'Asie Min.*, p. 119 et suiv., 122; Texier, *Asie Min.*, p. 651 et suiv.; Conybeare et Howson, I, p. 199 et suiv.

3. Lystres est probablement Madenscher ou Binbir-kilissé, dans le Karadagh (Hamilton, II, 316 et suiv., et son inscription n° 423; comp. Laborde, p. 120 et suiv.; Conybeare et Howson, I, p. 200 et suiv., 211-212, 281 et suiv.; voir cependant Texier, *Descr. de l'Asie Min.*, 132-133). Il ne faut pas confondre Lystres avec Ilistra, aujourd'hui *Ilisra* (*Synecdème* d'Hiéroclès, p. 675, Wesseling; *Notitiæ episcop.*, p. 70, 115, 157-158, 177, 193-194, 212-213, 254-255, Parthey; cartes de Bolotoff et de Kiepert, d'après Tchihatchef; Texier, *l. c.*; Hamilton, II, 325). Derbé est peut-être Divlé, dans une vallée du versant du Taurus, position confirmée par Strabon (XII, vi, 2 et 3) et par Étienne de Byzance (au mot Δέρβη). Cf. Texier, *Asie Min.*, p. 658. Divlé, en effet, a fourni deux inscrip-

radagh ou au milieu de populations pauvres adonnées à l'élève des troupeaux, au pied des plus obstinés repaires de brigands que l'antiquité ait connus [1], ces deux villes étaient restées tout à fait provinciales. Un Romain civilisé s'y croyait parmi des sauvages [2].

tions (*Corpus inscr. gr.*, 4009 c², 4009 c³; Le Bas, III, 1807, 1808). Cependant, comme Étienne de Byzance place près de Derbé un λιμήν (lisez λίμνη), on peut aussi identifier Derbé avec les ruines d'une ville antique qu'Hamilton a trouvée près du lac Ak-Ghieul (voir la carte d'Asie Mineure de Kiepert; Hamilton, II, p. 313, 319 et suiv., et son inscription n° 424). De la sorte, Lystres et Derbé seraient à environ huit lieues l'une de l'autre et tout à fait dans le même canton géographique. La façon dont ces deux villes sont d'ordinaire accouplées (*Act.*, XIV, 6; XVI, 1) prouve qu'elles étaient voisines. En tout cas, l'orientation des deux localités est déterminée par *Act.*, XIV, 21; XVI, 1-2, et on ne peut guère hésiter pour elles qu'entre les différentes traces de villes qui s'échelonnent sur la route du Karadagh à l'Ak-Ghieul. Derbé était considérée par les anciens géographes comme faisant partie de l'Isaurie. Les limites de l'Isaurie et de la Lycaonie étaient fort indécises à l'époque romaine. Cf. Strabon, XII, VI, 2; Pline, V, 23, 25.

1. Les Isauriens, les Clites, les Homonades. Strabon, XII, VI, 2-5; Tacite, *Ann.*, III, 48; VI, 41; XII, 55. Les Isauriens gardent leur rôle jusqu'en plein moyen âge. Ils ne furent jamais complétement domptés que par les Sedjoukides. Trébellius Pollion, *les Trente tyrans*, 25; Vopiscus, *Probus*, 19; Ammien Marcellin, XIV, 2; XXVII, 9; Jean Chrysostome, *Epist.*, p. 522, 570, 593, 596 et suiv., 599, 606, 630, 631, 633 et suiv., 656, 661, 673, 676, 679, 682, 683, 708 (édit. Montfaucon).

2. C'est l'impression de Cicéron, qui campa quinze jours à Cybistra, près de Derbé; il parle de tout ce pays avec un

On y parlait lycaonien[1]. Il s'y trouvait peu de juifs[2]. Claude, par l'établissement de colonies dans les inaccessibles régions du Taurus[3], donnait à ces cantons déshérités plus d'ordre et de sécurité qu'ils n'en avaient jamais eu.

Lystres fut évangélisée d'abord[4]. Il s'y passa un incident singulier. Dans les premiers temps du séjour des apôtres en cette ville, le bruit se répandit que Paul avait fait la guérison miraculeuse d'un boiteux. Ces populations crédules et amies du merveilleux furent dès lors saisies d'une imagination singulière. On crut que c'étaient deux divinités qui avaient pris la forme humaine pour se promener parmi les mortels. La croyance à ces descentes des dieux était fort répandue, surtout en Asie Mineure. La vie d'Apollonius de Tyane sera bientôt tenue pour le voyage d'un dieu sur la terre[5]; Tyane est

---

profond dédain (Lettres *ad fam.* et *ad Att.*, datées de Cilicie).

1. *Act.*, XIV, 11; Étienne de Byz., au mot Δέρϐη ou Δελϐεία.
2. Cela résulte de *Act.*, XIV, 19 (texte grec). Il y en avait cependant. *Act.*, XVI, 3.
3. Claudiopolis = Mout sur le Calycadnus (Hieroclès, *Synecdème*, p. 709, Wess.; *Notitiæ episc.*, p. 85, 129, 224, édit. Parthey); Claudiconium, etc. Le Bas, III, 1385 *bis*.
4. D'Iconium à Lystres (si Lystres est Madenscher), la route est de treize heures. Laborde, p. 119.
5. Eunape, *Vies des Sophistes*, p. 454, 500 (édit. Didot).

peu éloignée de Derbé. Comme une ancienne tradition phrygienne, consacrée par un temple, une fête annuelle et de jolis récits [1], faisait voyager ainsi de compagnie Zeus et Hermès, on appliqua aux apôtres les noms de ces deux divins voyageurs. Barnabé, qui était plus grand que Paul, fut Zeus; Paul, qui était le chef de la parole, fut Hermès. Il y avait justement en dehors de la porte de la ville un temple de Zeus [2]. Le prêtre, averti qu'une manifestation divine s'était produite et que son dieu était apparu dans la ville, se mit en mesure de faire un sacrifice. Les taureaux étaient déjà amenés et les guirlandes apportées devant le fronton du temple [3], quand Barnabé et Paul arrivent en déchirant leurs vêtements et en protestant qu'ils ne sont que des hommes. Ces races païennes, comme nous l'avons déjà dit, attachaient au miracle un tout autre sens que les juifs. Pour ceux-ci, le miracle était un argument doctrinal; pour ceux-là, c'était la révéla-

---

1. Ovide, *Métam.*, VIII, 624-726.
2. Ζεὺς πρόπυλος. Cf. *Corp. inscr. gr.*, n° 2963 c.
3. Πυλῶνας ne peut guère se rapporter qu'au temple. Ἀκούσαντες suppose aussi que la scène se passe loin de l'endroit où était Paul. Enfin l'idée de venir faire un sacrifice à la porte de la maison de Paul est exagérée et contraire aux usages de l'antiquité. On sait que les sacrifices se faisaient devant le temple et non dedans.

tion immédiate d'un dieu. L'effort des apôtres, quand ils prêchaient à des populations de ce genre, était moins de prêcher Jésus que de prêcher Dieu; leur prédication redevenait purement juive ou plutôt déiste [1]. Les juifs portés au prosélytisme ont toujours senti que ce qui dans leur religion convient à l'universalité des hommes est seulement le fond monothéiste, que tout le reste, institutions mosaïques, idées messianiques, etc., forme comme un second degré de croyances, constituant l'apanage particulier des enfants d'Israël, une sorte d'héritage de famille, qui n'est pas transmissible.

Comme Lystres n'avait que peu ou point de juifs d'origine palestinienne, la vie de l'apôtre y fut longtemps fort tranquille. Une famille de cette ville était le centre et l'école de la plus haute piété. Elle se composait d'une aïeule nommée Loïs, d'une mère nommée Eunice [2] et d'un jeune fils nommé Timothée [3]. Les deux femmes professaient sans doute la religion juive comme prosélytes. Eunice avait été mariée à un païen [4], qui probablement était mort lors de l'arri-

1. *Act.*, xiv, 15-17.
2. Ce nom de femme se retrouve à Chypre. V. Pape, *s. h. v.*
3. II Tim., i, 5; iii, 15. Cette épître est apocryphe, mais il est difficile que les noms des deux femmes soient inventés.
4. *Act.*, xvi, 1. Voir ci-dessous, p. 68.

vée de Paul et de Barnabé. Timothée grandissait, entre ces deux femmes, dans l'étude des lettres sacrées et dans les sentiments de la plus vive dévotion ; mais, comme il arrivait fréquemment chez les prosélytes les plus pieux, ses parents ne le firent pas circoncire [1]. Paul convertit les deux femmes. Timothée, qui pouvait avoir une quinzaine d'années, fut initié à la foi chrétienne par sa mère et son aïeule.

Le bruit de ces conversions se répandit à Iconium et à Antioche de Pisidie, et ranima les colères des juifs de ces deux villes. Ils envoyèrent à Lystres des émissaires, qui provoquèrent une émeute. Paul fut pris par les fanatiques, traîné hors de la ville, accablé de coups de pierres et laissé pour mort [2]. Les disciples vinrent à son secours ; ses blessures n'étaient point graves ; il rentra dans la ville, probablement de nuit, et le lendemain il partit avec Barnabé pour Derbé.

Ils y firent encore un long séjour et y gagnèrent beaucoup d'âmes. Ces deux Églises de Lystres et de Derbé furent les deux premières Églises composées presque uniquement de païens. On conçoit quelle différence il devait y avoir entre de telles

---

1. *Act.,* xvi, 3.
2. *Act.,* xiv, 6 et suiv.; II Tim., iii, 11. Comp. II Cor., xi, 25.

Églises et celles de Palestine, formées au sein du judaïsme pur, ou même celle d'Antioche, formée autour d'un levain juif et dans une société déjà judaïsée. Ici, c'étaient des sujets tout à fait neufs, de bons provinciaux très-religieux, mais d'un tour d'imagination bien différent de celui des Syriens. Jusque-là, la prédication chrétienne n'avait fructifié que dans de grandes villes, où existait une nombreuse population exerçant des métiers. Désormais il y eut des Églises de petites villes. Ni Iconium, ni Lystres, ni Derbé, n'étaient assez considérables pour constituer une Église mère à la façon de Corinthe, d'Éphèse. Paul s'habitua à désigner ses chrétiens de Lycaonie par le nom de la province qu'ils habitaient. Or cette province, c'était la « Galatie », en entendant ce mot dans le sens administratif que les Romains lui avaient attribué.

La province romaine de Galatie, en effet, était loin de renfermer uniquement cette contrée peuplée d'aventuriers gaulois dont la ville d'Ancyre était le centre [1]. C'était une agglomération artificielle, correspondant à la réunion passagère de provinces qui s'était faite

---

1. Voir Perrot, *De Gal. prov. rom.*, p. 33 et suiv.; *Explor. de la Gal.*, p. 194 et suiv.; Waddington, *Explic. des Inscr.* de Le Bas, III, p. 337, 349; Robiou, *Hist. des Gaulois d'Orient*, p. 259 et suiv. et la carte.

en la main du roi galate Amyntas. Ce personnage, après la bataille de Philippes, et la mort de Déjotare, reçut d'Antoine la Pisidie[1], puis la Galatie, avec une partie de la Lycaonie et de la Pamphylie[2]. Il fut confirmé par Auguste dans cette possession[3]. A la fin de son règne (25 ans avant J.-C.), Amyntas, outre la Galatie proprement dite, possédait la Lycaonie et l'Isaurie, jusqu'à Derbé inclusivement, le sud-est et l'est de la Phrygie, avec les villes d'Antioche et d'Apollonie, la Pisidie et la Cilicie Trachée[4]. Tous ces pays, à sa mort, formèrent une seule province romaine[5], à l'exception de la Cilicie Trachée[6] et des villes pamphyliennes[7]. La province qui portait le nom de Galatie dans la nomenclature officielle, au moins sous les premiers césars, comprenait donc certainement : 1° la Galatie proprement dite, 2° la Lycaonie[8], 3° la Pisidie[9], 4° l'Isau-

---

1. Appien, *Bell. civ.*, V, 75.
2. Dion Cassius, XLIX, 32.
3. Dion Cassius, LI, 2.
4. Strabon, XII, v, 4; vi, 1, 3, 4; vii, 3; XIV, v, 6.
5. Strabon, XII, v, 1; vi, 5; vii, 3; XVII, iii, 25; Dion Cassius, LIII, 26.
6. Strabon, XIV, v, 6.
7. Dion Cassius, LIII, 26.
8. Dion Cassius, LIII, 26; Cf. Pline, *H. N.*, V, 25, 42.
9. Strabon, XII, vi, 5. Cf. Mommsen, *Res gestæ divi Aug.*, p. vii.

rie¹, 5° la Phrygie Montagneuse, avec ses villes d'Apollonie et d'Antioche². Cet état de choses dura longtemps³. Ancyre était la capitale de ce grand ensemble, comprenant presque toute l'Asie Mineure centrale⁴. Les Romains n'étaient pas fâchés, pour décomposer les nationalités et dérouter les souvenirs,

1. Pline, V, 23; Le Bas, *Inscr.*, III, 1385 *bis*, et la note de Waddington. Elle fit partie du royaume d'Amyntas; or, après la mort d'Amyntas, elle ne fut ni rendue à la liberté ni réunie à une autre province.

2. Henzen, n° 6912. Cf. Perrot, *De Gal. prov. rom.*, p. 39 et suiv., 46 et suiv.; Mommsen, *Res gestæ divi Aug.*, p. VII. Pour Apollonie, cependant, voir Le Bas, III, n° 1192.

3. Ainsi la ville d'Iconium honore comme son bienfaiteur un procurateur de Galatie (*Corp. inscr. gr.*, n° 3991). Cf. Le Bas, III, 1335 *bis*. Pline (*H. N.*, V, 42) indique les *Lystreni* parmi les populations de la Galatie. Ce qu'il dit des frontières de la Galatie (V, 25 et 42) est confus, mais ne contredit pas essentiellement notre thèse. Ptolémée (V, IV, 1, 10, 11) entend la Galatie comme Strabon. Cf. Henzen, n° 6940; Le Bas, III, 1794; Capitolin, *Maximin et Balbin*, 7; I Petri, I, 1. Les inscriptions qui, comme celles de Henzen, 6912, 6913; Marini, *Atti*, p. 766; Le Bas, III, 176, 627, 1816; Perrot, *De Gal.*, p. 102, énumèrent à côté de la Galatie ses provinces annexes, prouvent seulement que les vieux noms subsistaient. Du reste, ces agglomérations de provinces varièrent souvent, surtout à partir de Vespasien. Cf. Le Bas et Waddington, III, 1480; Perrot, *De Gal.*, p. 134-136.

4. *Corp. inscr. gr.*, 4011, 4020, 4030, 4032, 5896; Henzen, 6912, 6013; Marini, *Atti*, p. 766; Perrot, *De Gal.*, p. 102; Eckhel, *D. n. v.*, III, 177-178.

de changer ainsi les anciennes acceptions géographiques et de créer des groupes administratifs arbitraires, analogues à nos départements [1].

Paul avait l'habitude de se servir, pour désigner chaque pays, du nom administratif [2]. Le pays qu'il avait évangélisé depuis Antioche de Pisidie jusqu'à Derbé s'appela pour lui « Galatie »; les chrétiens de ce pays furent pour lui « les Galates [3] ». Ce nom

---

1. Strabon, XII, iv, 6; XVII, iii, 25. La même politique est bien sensible dans la Gaule. Mais au-dessous de la province, dont les limites étaient très-variables, se conservaient les divisions antiques du canton et de la cité.

2. *Asie, Macédoine, Achaïe,* désignent pour lui les provinces qui portaient ces noms, et non les pays qui les avaient portés d'abord.

3. Par là on s'explique cette particularité unique de l'Épître aux Galates, qu'elle ne porte pas d'adresse à une Église déterminée. Par là on s'explique aussi une des singularités apparentes de la vie de saint Paul. L'Épître aux Galates suppose que Paul avait fait chez ceux à qui cette lettre est adressée un long séjour, qu'il avait eu avec eux des rapports intimes, au moins autant qu'avec les Corinthiens, les Thessaloniciens. Or les *Actes* ne font aucune mention de l'évangélisation de la Galatie proprement dite. Dans son second voyage, Paul « traverse le pays galatique » (*Act.,* xvi, 6); nous verrons qu'on ne peut supposer à ce moment-là qu'un très-court temps d'arrêt; il n'est nullement probable que l'évangélisation profonde et suivie que suppose l'Épître aux Galates ait eu lieu dans un aussi rapide voyage. Au contraire, ce qui frappe en la première mission, c'est sa longue durée comparée au peu d'étendue de l'itinéraire et à ce que les résultats auraient de secon-

lui resta extrêmement cher. Les Églises de Galatie comptèrent entre celles pour lesquelles l'apôtre eut le plus de tendresse et qui eurent pour lui le plus d'attachement personnel. Le souvenir de l'amitié et du dévouement qu'il avait trouvés chez ces bonnes âmes fut une des impressions les plus fortes de sa

daire si on n'y rattachait pas la fondation des Églises de Galatie. En y plaçant l'évangélisation des Galates, nous lui donnons une sorte de poids nécessaire à l'équilibre de la vie de saint Paul. En comparant *Act.*, XVI, 6 à *Act.*, XVIII, 23, on se persuade que, pour l'auteur des *Actes*, Γαλατικὴ χώρα signifie la province romaine de Galatie, et que la partie qu'il veut désigner à ces deux endroits est la Lycaonie. N'objectez pas qu'en racontant au chapitre XIV l'évangélisation d'Iconium, de Lystres et Derbé, l'auteur des *Actes* ne prononce pas le nom de Galatie. Il procède là en détail, tandis que dans *Actes*, XVI, 6 ; XVIII, 23, il procède par masses. La preuve, c'est que dans un des cas il intervertit l'ordre de Φρυγία et de Γαλατικὴ χώρα. Dans la pensée de l'auteur des *Actes*, ces deux voyages à travers l'Asie Mineure sont des voyages de confirmation et non de conversion (*Act.*, XV, 36, 41; XVI, 5, 6; XVIII, 23). Enfin, dans l'un des voyages, l'objectif de saint Paul étant Troas, et dans l'autre Éphèse, l'itinéraire de *Act.*, XVI, 6 et de *Act.*, XVIII, 23, est inconcevable si Γαλατικὴ χώρα est la Galatie proprement dite. Pourquoi cet étrange détour vers le nord, surtout si l'on considère combien le steppe central est difficile à traverser? Il n'y avait probablement à cette époque aucune route d'Iconium à Ancyre (Perrot, *De Gal.*, p. 102-103). Combien il est invraisemblable aussi que les émissaires hiérosolymites (Gal., I, 7) aient fait un tel voyage! Ajoutons que les mentions de Barnabé dans l'Épître aux Galates portent à croire que les Galates le connaissaient ; ce qui reporte l'évangélisation des Galates à la première mission.

vie apostolique [1]. Quelques circonstances redoublèrent la vivacité de ces souvenirs. Il semble que, durant son séjour en Galatie, l'apôtre fut sujet aux accès de faiblesse ou de maladie qui l'atteignaient fréquemment. Les soins, les égards des fidèles prosélytes lui allèrent au cœur [2]. Les persécutions qu'ils eurent à souffrir ensemble [3] achevèrent de créer entre eux un lien profond. Ce petit centre lycaonien eut de la sorte beaucoup d'importance : saint Paul aimait à y revenir comme à sa première création ; c'est de là qu'il tira plus tard deux de ses plus fidèles compagnons, Timothée et Caïus [4].

Il y avait quatre ou cinq ans qu'il s'absorbait ainsi dans un cercle assez limité. Il songeait moins alors à ces grandes courses rapides qui, sur la fin de sa vie, devinrent pour lui une sorte de passion, qu'à fonder solidement des Églises qui pussent lui servir de point d'appui. On ne sait si pendant ce temps il eut des relations avec l'Église d'Antioche, dont il avait reçu sa mission. Le désir de revoir cette Église mère s'éveilla en lui. Il résolut d'y faire un voyage, et suivit à l'inverse l'itinéraire qu'il avait

---

1. Gal., IV, 14-15, etc.
2. Gal., IV, 13-14.
3. Gal., III, 4.
4. *Act.*, XVI, 1-2 ; XX, 4.

déjà parcouru. Les deux missionnaires visitèrent pour la seconde fois Lystres, Iconium, Antioche de Pisidie. Ils firent de nouveaux séjours dans ces villes, confirmant les fidèles dans la foi, les exhortant à la persévérance, à la patience, et leur apprenant que c'est par la tribulation qu'on entre dans le royaume de Dieu. La constitution de ces Églises écartées était, du reste, fort simple. Les apôtres choisissaient dans chacune d'elles des anciens, qui étaient après leur départ dépositaires de leur autorité. La cérémonie des adieux était touchante. Il y avait des jeûnes, des prières, après lesquelles les apôtres recommandaient les fidèles à Dieu et partaient.

D'Antioche de Pisidie, les missionnaires gagnèrent de nouveau Perge. Ils y firent cette fois, paraît-il, une mission couronnée de succès [1]. Les villes de processions, de pèlerinages et de grandes panégyries annuelles étaient souvent favorables à la prédication des apôtres. De Perge, ils se rendirent en un jour à Attalie, le grand port de la Pamphylie [2]. Là, ils s'embarquèrent pour Séleucie; puis ils regagnèrent la grande Antioche, où ils avaient

---

1. *Act.*, XIV, 25. Il y avait des juifs en Pamphylie. Philon, *Leg. ad Caium*, § 36; *Act.*, II, 10.

2. Aujourd'hui *Adalia*.

été livrés, cinq ans auparavant, à la grâce de Dieu.

Le champ de la mission avait été peu étendu. Il avait embrassé l'île de Chypre dans le sens de sa longueur, et en Asie Mineure une ligne brisée d'environ cent lieues. C'était le premier exemple d'une course apostolique de ce genre ; rien n'était organisé. Paul et Barnabé eurent à lutter avec de grandes difficultés extérieures. Il ne faut pas se représenter ces voyages comme ceux d'un François Xavier ou d'un Livingstone, soutenus par de riches associations. Les apôtres ressemblaient bien plus à des ouvriers socialistes, répandant leurs idées de cabaret en cabaret, qu'aux missionnaires des temps modernes. Leur métier était resté pour eux une nécessité ; ils étaient obligés de s'arrêter pour l'exercer et de se régler selon les localités où ils trouvaient de l'ouvrage. De là des retards, des mortes saisons, mille pertes de temps. Malgré d'énormes obstacles, les résultats généraux de cette première mission furent immenses. Quand Paul se rembarqua pour Antioche, il y avait des Églises de gentils. Le grand pas était franchi. Tous les faits de ce genre qui s'étaient produits antérieurement avaient été plus ou moins indécis. Pour tous, on avait pu faire une réponse plus ou moins plausible aux juifs purs de Jérusalem, qui soutenaient que la circoncision était le préliminaire obligé de la profession chrétienne. Cette fois, la question était engagée d'une façon directe. Un autre fait de la plus haute importance était encore mis en lumière : c'étaient les excellentes dispositions qu'on pouvait trouver chez certaines races, attachées aux cultes mythologiques, pour recevoir l'Évangile. La doctrine de Jésus allait évidemment profiter de l'espèce de charme que le judaïsme avait exercé jusque-là sur les païens pieux. L'Asie Mineure surtout était désignée pour devenir la seconde terre chrétienne. Après les désastres qui vont bientôt frapper les Églises de Palestine, elle sera le principal foyer de la foi nouvelle, le théâtre de ses plus importantes transformations.

CHAPITRE III.

PREMIÈRE AFFAIRE DE LA CIRCONCISION.

Le retour de Paul et de Barnabé fut salué dans l'Église d'Antioche par un cri de joie. Toute la rue de Singon[1] fut en fête; l'Église se rassembla. Les deux missionnaires racontèrent leurs aventures et les choses que Dieu avait faites par eux. « Dieu lui-même, dirent-ils, a ouvert aux gentils la porte de la foi. » Ils parlèrent des Églises de Galatie, presque toutes composées de païens. L'Église d'Antioche, qui depuis longtemps avait reconnu pour son compte la légitimité du baptême des gentils, approuva leur conduite. Ils restèrent là plusieurs mois, se reposant de leurs fatigues, et se retrempant à cette source de l'esprit apostolique[2]. C'est alors, ce semble, que Paul

---

1. Jean Malala, p. 242 (édit. de Bonn). Voir *les Apôtres*, p. 226-227.
2. *Act.*, XIV, 27-28.

convertit et s'adjoignit pour disciple, compagnon et collaborateur [1] un jeune homme incirconcis et né de parents païens, nommé Titus [2], qu'on voit désormais avec lui.

Un grave dissentiment, qui faillit anéantir l'œuvre de Jésus, éclata vers ce temps et mit l'Église naissante à deux doigts de sa perte. Ce dissentiment tenait à l'essence même de la situation; il était inévitable; c'était une crise que la religion nouvelle ne pouvait manquer de traverser.

Jésus, en portant la religion sur les plus hauts sommets où elle ait jamais été portée, n'avait pas dit bien clairement s'il entendait ou non rester juif. Il n'avait pas marqué ce qu'il voulait conserver du judaïsme. Tantôt, il soutenait qu'il était venu confirmer la Loi de Moïse, tantôt, la supplanter. A vrai dire, c'était là, pour un grand poëte comme lui, un détail insignifiant. Quand on est arrivé à connaître le Père céleste, celui qu'on adore en esprit et en vérité, on n'est plus d'aucune secte, d'aucune religion particulière, d'aucune école. On est de la religion vraie; toutes les pratiques deviennent indifférentes; on ne les méprise pas, car ce sont des signes qui ont été

1. II Cor., VIII, 23.
2. Gal., II, 1, 3; Tit, I, 4.

ou sont encore respectables; mais on cesse de leur prêter une vertu intrinsèque. Circoncision, baptême, pâque, azymes, sacrifices, tout cela devient également secondaire. On n'y pense plus. Aucun incirconcis, d'ailleurs, ne se mit nettement avec Jésus, de son vivant; la question n'eut donc pas l'occasion de se poser. Comme tous les hommes de génie, Jésus ne se souciait que de l'âme. Les questions pratiques les plus importantes, celles qui paraissent capitales aux esprits inférieurs, celles qui causent le plus de torture aux hommes d'application, n'existaient pas pour lui.

A sa mort, le désarroi avait été général. Abandonnés à eux-mêmes, privés de celui qui avait été pour eux toute une vivante théologie, ils revinrent aux pratiques de la piété juive. C'étaient des gens dévots au plus haut degré; or la dévotion du temps, c'était la dévotion juive. Ils gardèrent leurs habitudes, et retombèrent dans ces petites pratiques que les personnes ordinaires envisageaient comme l'essence du judaïsme. Le peuple les tenait pour de saintes gens; par un singulier revirement, les pharisiens, qui avaient servi de point de mire aux plus fines railleries de Jésus, se réconcilièrent presque avec ses disciples[1]. Ce furent les saddu-

---

1. *Act.*, v, 34; xv, 5; xxi, 20; xxiii, 9 et suiv.

céens qui se montrèrent les irréconciliables ennemis du mouvement nouveau[1]. L'observation minutieuse de la Loi paraissait la première condition pour être chrétien.

De bonne heure, on rencontra dans cette manière de voir de grandes difficultés. Car, dès que la famille chrétienne commença de s'élargir, ce fut justement chez des gens d'origine non israélite, chez des adhérents sympathiques du judaïsme, non circoncis, que la foi nouvelle trouva le plus d'accès. Les obliger de se faire circoncire était impossible. Pierre, avec un bon sens pratique admirable, le reconnut bien. D'un autre côté, les esprits timorés, tels que Jacques, frère du Seigneur, voyaient une suprême impiété à admettre des païens dans l'Église et à manger avec eux. Pierre ajourna le plus qu'il put toute solution.

Du reste, les juifs, de leur côté, s'étaient trouvés dans la même situation et avaient tenu une conduite analogue. Quand les prosélytes ou les partisans leur arrivèrent de toutes parts, la question s'était présentée à eux. Quelques esprits avancés, bons laïques sans science, soustraits à l'influence des docteurs, n'insistèrent pas sur la circoncision ; parfois même

---

1. *Act.*, IV, 5-6 ; XXIII, 6 et suiv.

ils détournèrent les nouveaux convertis de la pratiquer[1]. Ces simples et bons cœurs voulaient le salut du monde, et y sacrifiaient tout le reste. Les orthodoxes, au contraire, et à leur tête les disciples de Schammaï, déclarèrent la circoncision indispensable. Opposés au prosélytisme parmi les gentils, ils ne faisaient rien pour faciliter l'accès de la religion ; au contraire, ils montraient à l'égard des convertis une certaine roideur ; Schammaï les chassait, dit-on, de chez lui à coups de bâton[2]. Cette division se voit clairement à propos de la famille royale de l'Adiabène. Le juif nommé Ananie qui la convertit, et qui n'était nullement un savant, détourna fortement Izate de se faire circoncire : « On peut parfaitement, disait-il, vivre en juif sans la circoncision ; adorer Dieu est la chose vraiment importante. » La pieuse Hélène fut du même avis. Un rigoriste nommé Éléazar déclara, au contraire, que, si le roi ne se faisait pas circoncire, il était un impie ; qu'il ne servait de rien de lire la Loi, si on ne l'observait pas ; que le premier précepte était la circoncision. Le roi suivit cette opi-

---

1. On sent que c'était l'avis de Josèphe (*Ant.*, XX, II, 5 ; *Vita*, 23) et du juif dont les renseignements ont été recueillis par Strabon, XVI, II, 35-37.

2. Talm. de Bab., *Schabbath*, 31 *a*.

nion, au risque de perdre sa couronne [1]. Les petits rois qui embrassaient le judaïsme en vue des riches mariages que leur offrait la famille d'Hérode se soumettaient à la même cérémonie [2]. Mais la vraie piété était de moins facile composition que la politique et l'avidité. Beaucoup de pieux néophytes menaient la vie juive, sans s'être assujettis au rite qui était censé pour le vulgaire en ouvrir l'accès [3]. C'était là pour eux une cause de perpétuel embarras. Les sociétés bigotes et où les préjugés sont forts ont coutume d'ériger leurs pratiques religieuses en actes de bon ton, de bonne éducation [4]. Tandis qu'en France, l'homme dévot, pour avouer sa piété, est obligé de vaincre une sorte de honte, de respect humain, chez les musulmans, à l'inverse, l'homme qui pratique sa religion est le galant homme; celui qui n'est pas bon musulman ne saurait être une personne comme il faut; sa position est celle qu'a chez nous un manant grossier et de mauvaises façons. De même, en Angleterre et aux États-Unis, celui qui n'observe pas le dimanche se met au ban de la bonne société. Parmi

---

1. Jos., *Ant.*, XX, II, 5. Voir *les Apôtres*, p. 256.
2. Jos., *Ant.*, XVI, VII, 6; XX, VII, 1, 3. Cf. *Massékel Gérim*, édit. Kirchheim, c. I.
3. Suétone, *Domitien*, 12.
4. Voir ci-dessous, p. 312, 322-323.

les juifs, la position de l'incirconcis était pire encore. Le contact avec un tel être avait à leurs yeux quelque chose d'insupportable; la circoncision leur paraissait une obligation pour quiconque voulait vivre chez eux [1]. Celui qui ne s'y soumettait pas était une créature de bas étage, une sorte d'animal impur qu'on évitait, un malotru avec lequel un homme de bonne compagnie ne pouvait avoir de rapports.

La grande dualité qui est au sein du judaïsme se révélait en ceci. La Loi, essentiellement restrictive, faite pour isoler, était d'un tout autre esprit que les Prophètes, rêvant la conversion du monde, embrassant de si larges horizons. Deux mots empruntés à la langue talmudique rendent bien la différence que nous indiquons. L'*agada*, opposée à la *halaka*, désigne la prédication populaire, se proposant la conversion des païens, en opposition avec la casuistique savante, qui ne songe qu'à l'exécution stricte de la Loi, sans viser à convertir personne. Pour parler le langage du Talmud, les Évangiles sont des *agadas*; le Talmud, au contraire, est la dernière expression de la *halaka*. C'est l'*agada* qui a conquis le monde et fait le christianisme; la *halaka* est la

---

[1]. Josèphe, *Vita*, 23.

source du judaïsme orthodoxe, qui dure encore sans vouloir s'élargir. L'*agada* se présente comme une chose principalement galiléenne ; la *halaka*, comme une chose surtout hiérosolymitaine. Jésus, Hillel, les auteurs d'apocalypses et d'apocryphes sont des *agadistes*, élèves des Prophètes, héritiers de leurs aspirations infinies; Schammaï, les talmudistes, les juifs postérieurs à la destruction de Jérusalem sont des *halakistes*, des adhérents de la Loi, avec ses strictes observances. Nous verrons, jusqu'à la crise suprême de l'an 70, le fanatisme de la Loi grandir chaque jour, et, à la veille du grand désastre de la nation, aboutir, par une sorte de réaction contre les doctrines de Paul, à ces « dix-huit mesures » qui rendirent désormais impossible tout' commerce entre les juifs et les non-juifs et ouvrirent la triste histoire du judaïsme fermé, haineux et haï, qui fut le judaïsme du moyen âge et est encore le judaïsme de l'Orient.

Il est clair que, pour le christianisme naissant, c'était ici le point d'où dépendait l'avenir [1]. Le judaïsme imposerait-il ou non ses rites particuliers aux foules qui venaient à lui ? Une distinction s'établirait-elle entre le fond monothéiste qui constituait sa

---

1. Voir déjà *Act.*, x, 12-15.

nature et les observances qui le surchargeaient? Si le premier parti eût triomphé, comme le voulaient les schammaïtes, la propagande juive était chose finie. Il est bien certain que le monde ne se serait pas fait juif dans le sens étroit du mot. Ce qui composait l'attrait du judaïsme, ce n'étaient pas les rites, qui ne différaient pas en principe de ceux des autres religions, c'était sa simplicité théologique. On l'acceptait comme une sorte de déisme ou de philosophie religieuse ; et, en effet, dans la pensée d'un Philon par exemple, le judaïsme s'était très-bien associé aux spéculations philosophiques ; chez les esséniens, il avait revêtu la forme d'utopie sociale ; chez l'auteur du poëme attribué à Phocylide [1], il était devenu un simple catéchisme de bon sens et d'honnêteté ; chez l'auteur du traité « De l'empire de la raison [2] », une sorte de stoïcisme. Le judaïsme, comme toutes les religions fondées d'abord sur la caste et la tribu, était encombré de pratiques destinées à séparer le croyant du reste du monde. Ces pratiques n'étaient plus qu'un obstacle le jour où le judaïsme aspirait justement à devenir la religion universelle, sans exclusion ni séparation. C'est en tant que déisme, et

1. Jacob Bernays, *Ueber das phokylideische Gedicht* (Berlin, 1856).
2. Parmi les œuvres de Josèphe.

non en tant que mosaïsme, qu'il devait devenir la religion universelle de l'humanité. « Aime tous les hommes, disait Hillel, et rapproche-les de la Loi ; ne fais pas à autrui ce que tu ne voudrais pas qu'on te fît. Voilà toute la Loi ; le reste en est le commentaire[1]. » Qu'on lise les traités de Philon, intitulés « De la vie contemplative » ou « Que tout honnête homme est libre » ; qu'on lise même certaines parties des vers sibyllins écrites par des juifs[2], on est porté dans un ordre d'idées qui n'a rien de spécialement juif, dans un monde de mysticité générale qui n'est pas plus juif que bouddhiste ou pythagoricien. Le Pseudo-Phocylide va jusqu'à supprimer le sabbat ! On sent que tous ces hommes ardents pour l'amélioration de l'humanité voulaient réduire le judaïsme à une morale générale, le dégager de tout ce qu'il a de particulier, de tout ce qui fait de lui un culte limité.

Trois raisons capitales, en effet, faisaient du judaïsme quelque chose de très-fermé : c'étaient la circoncision, la défense des mariages mixtes et la

---

[1]. *Pirké Aboth*, I, 12; Talm. de Bab., *Schabbath*, 31 a.
[2]. *Carmina sibyll.*, III, 213 et suiv. Cf. Strabon, XVI, II, 35-37. Il est remarquable que le Pseudo-Phocylide, le Pseudo-Héraclite, la fausse sibylle ne se font aucun scrupule d'employer parfois des expressions païennes.

distinction des viandes permises ou défendues. La circoncision était pour les adultes une cérémonie douloureuse, non sans danger et désagréable au plus haut degré. C'était une des raisons qui interdisaient aux juifs la vie commune et faisaient d'eux une caste à part[1]. Aux bains et aux gymnases, parties si importantes des cités antiques, la circoncision exposait le juif à toutes sortes d'avanies. Chaque fois que l'attention des Grecs et des Romains était portée sur ce point, c'étaient des explosions de plaisanteries. Les juifs y étaient fort sensibles, et s'en vengeaient par de cruelles représailles[2]. Plusieurs, pour échapper au ridicule, et voulant se faire passer pour des Grecs, cherchaient à dissimuler leur marque originelle par une opération chirurgicale[3] dont Celse nous a conservé le détail[4]. Quant aux convertis qui acceptaient cette cérémonie d'initiation, ils n'avaient

---

1. Tac., *Hist.*, V, 5. Cf. Strabon, XVI, ii, 37.
2. Voir l'atroce punition qu'on prétendit être échue à Apion, parce qu'il s'était moqué de la circoncision. Josèphe, *Contre Ap.*, II, 13.
3. I Macch., i, 15; I Cor., vii, 18; Jos., *Ant.*, XII, v, 1; Martial, VII, xxix (xxx), 5; Talm. de Bab., *Jebamoth*, 72 a; Talm. de Jér., *Jebamoth*, viii, 1; Buxtorf, *Lex. chald., talm., rabb.*, au mot משך.
4. *De medic.*, VII, 25. Cf. Dioscoride, IV, 157; Épiphane, *De mensuris et ponderibus*, 16.

qu'un parti à prendre, c'était de se cacher pour fuir les sarcasmes. Jamais un homme du monde ne se fût résigné à une telle situation, et c'est là sans doute la raison pour laquelle les conversions au judaïsme étaient bien plus nombreuses parmi les femmes que parmi les hommes[1], celles-ci n'y trouvant pas dès l'abord une épreuve repoussante et choquante à tous égards. On a beaucoup d'exemples de juives mariées à des païens, et on n'a pas un seul exemple de juif marié avec une païenne. De là bien des tiraillements; le besoin se faisait sentir d'un casuiste large qui vînt mettre la paix dans ces ménages troublés.

Les mariages mixtes étaient l'origine de difficultés du même genre. Les juifs traitaient ces mariages de pure fornication[2]; c'était le crime que les *kanaïm* punissaient du poignard, justement parce que la Loi, ne le frappant d'aucune peine déterminée, en laissait la répression au bras des zélés[3]. Bien que

---

1. Josèphe, *B. J.*, II, xx, 2. Cf. Derenbourg, *Palestine d'après les Thalmuds*, I, p. 223, notes, et dans *Forschungen der wiss.-talm. Vereins*, n° 14, 1867 (Beilage zu *Ben Chananja*, n° 6), p. 190; *Act.*, xiii, 50; xvi, 1.

2. Genèse, xxxiv, 14 et suiv.; Exode, xxxiv, 16; Nombres, xxv; Deutér., vii, 3 et suiv.; 1 Rois, xi, 1 et suiv.; Esdras, x; Néhémie, xiii, 23 et suiv.; Talm. de Jér., *Megilla*, iv, 10.

3. Mischna, *Sanhédrin*, ix, 6. Cf. Nombres, xxv, 13.

liés par la foi et l'amour du Christ, deux chrétiens pouvaient ainsi être empêchés de contracter mariage. L'israélite converti à Jésus qui voulait épouser une sœur de race grecque entendait appeler cette union, sainte à ses yeux, des noms les plus outrageants [1].

Les prescriptions sur les viandes pures et impures n'avaient pas moins de conséquence. On en peut juger par ce qui se passe encore de nos jours. La nudité n'étant plus dans les mœurs modernes, la circoncision a perdu pour les israélites tous ses inconvénients. Mais la nécessité de boucheries séparées est restée pour eux fort gênante. Elle oblige ceux qui sont rigides à ne pas manger chez les chrétiens et par conséquent à se séquestrer de la société générale. Ce précepte est la cause principale qui tient encore, en beaucoup de pays, le judaïsme à l'état de secte cloîtrée. Dans les pays où les israélites ne sont pas séparés du reste de la nation, il est une pierre de scandale; pour le comprendre, il suffit d'avoir vu à quel point les juifs puritains, arrivant d'Allemagne ou de Pologne, sont blessés des licences que leurs coreligionnaires se permettent de ce côté du Rhin. Dans des villes comme Salonique, où la majorité de

---

1. Comp. I Cor., VII

la population est juive, et où la richesse est entre des mains juives, le commerce vivant de la société est par là rendu impossible. L'antiquité se plaignait déjà de ces entraves[1]. Une loi juive, reste des siècles reculés durant lesquels les soins de propreté furent une partie essentielle de la législation religieuse, frappait le porc d'une note d'infamie, qui n'avait aucune raison d'être en Europe. Cette vieille antipathie, trace d'une origine orientale, paraissait puérile aux Grecs et aux Romains[2]. Une foule d'autres prescriptions venaient d'un temps où l'une des préoccupations des civilisateurs fut d'empêcher leurs subordonnés de manger des choses immondes, de toucher des charognes. L'hygiène du mariage, enfin, avait donné lieu pour les femmes à un code d'impuretés légales assez compliqué. Le propre de ces sortes de prescriptions est de survivre au temps où elles ont eu raison d'être, et de devenir à la longue aussi gênantes qu'elles ont pu être à l'origine bonnes et salutaires.

Une circonstance particulière donnait aux prescriptions sur les viandes beaucoup de gravité. Les viandes provenant des sacrifices faits aux dieux

---

1. I Cor., x, 25 et suiv.; Tac., *Hist.*, V, 5.
2. Philon, *Leg. ad Caium*, § 45; Strabon, XVI, ii, 37.

étaient considérées comme impures[1]. Or ces viandes, après les sacrifices, étaient souvent portées au marché[2], où il devenait fort difficile de les distinguer. De là d'inextricables scrupules. Les juifs sévères ne regardaient pas comme licite de s'approvisionner indistinctement au marché; ils voulaient qu'on questionnât le vendeur sur l'origine de la viande et qu'avant d'accepter les mets on questionnât l'hôte sur la manière dont il s'était approvisionné[3]. Imposer ce fardeau de casuistique aux néophytes eût été évidemment tout gâter. Le christianisme n'eût pas été le christianisme, si, comme le judaïsme de nos jours, il eût été obligé d'avoir ses boucheries à part, si le chrétien n'eût pu sans violer ses devoirs manger avec les autres hommes. Quand on a vu dans quel réseau de difficultés les religions très-chargées de prescriptions de ce genre enserrent la vie[4]; quand on a vu en Orient le juif, le musulman séparés par leurs lois rituelles, comme par un mur, du monde euro-

---

1. Exode, xxxiv, 15; Mischna, *Aboda zara,* ii, 3.
2. Théophraste, *Caract.,* ix; Servius, *ad Æneid.,* VIII, 183.
3. I Cor., viii, 4 et suiv.; x, 25 et suiv.
4. Je citerai l'exemple des métualis de Syrie, réduits au fanatisme le plus sombre par l'obligation où ils sont de briser toute leur vaisselle et de bouleverser leur maison dès qu'un chrétien y a touché.

péen où ils pourraient prendre leur place, on comprend l'immense importance des questions qui se décidaient au moment où nous sommes. Il s'agissait de savoir si le christianisme serait une religion formaliste, rituelle; une religion d'ablutions, de purifications, de distinctions entre les choses pures et les choses impures, ou bien la religion de l'esprit, le culte idéaliste qui a tué ou tuera peu à peu le matérialisme religieux, toutes les pratiques, toutes les cérémonies. Pour mieux dire, il s'agissait de savoir si le christianisme serait une petite secte ou une religion universelle, si la pensée de Jésus sombrerait par l'incapacité de ses disciples, ou si cette pensée, par sa force première, triompherait des scrupules de quelques esprits étroits et arriérés qui étaient en train de se substituer à elle et de l'oblitérer.

La mission de Paul et de Barnabé avait posé la question avec une telle force, qu'il n'y avait plus moyen de reculer devant une solution. Paul, qui, dans la première période de sa prédication, avait, ce semble, prêché la circoncision [1], la déclarait maintenant inutile. Il avait admis d'emblée des païens dans

---

[1]. Cela semble résulter de II Cor., v, 16; Gal., v, 11, en observant la force de ἔτι.

l'Église; il avait formé des Églises de gentils; Titus, son ami intime, n'était pas circoncis. L'Église de Jérusalem ne pouvait plus fermer les yeux sur des faits aussi notoires. En général, cette Église était, sur le point qui nous occupe, hésitante ou favorable au parti le plus arriéré. Le sénat conservateur était là. Voisins du temple, en contact perpétuel avec les pharisiens, les vieux apôtres, esprits étroits et timides, ne se prêtaient pas aux théories profondément révolutionnaires de Paul. Beaucoup de pharisiens, d'ailleurs, avaient embrassé le christianisme, sans renoncer aux principes essentiels de leur secte [1]. Pour de telles personnes, supposer qu'on pouvait être sauvé sans la circoncision était un blasphème. La Loi leur paraissait subsister dans son entier. On leur disait que Jésus était venu y mettre le sceau, non l'abroger. Le privilége des enfants d'Abraham leur paraissait intact; les gentils ne pouvaient entrer dans le royaume de Dieu sans s'être préalablement affiliés à la famille d'Abraham; avant d'être chrétien, en un mot, il fallait se faire juif. Jamais, on le voit, le christianisme n'eut à résoudre un doute plus fondamental. Si l'on eût voulu croire le parti juif, l'agape même, le repas en commun, eût été

---

1. *Act.*, xv, 5; xxi, 20.

impossible; les deux moitiés de l'Église de Jésus n'eussent pu communier l'une avec l'autre. Au point de vue théologique, la question était plus grave encore : il s'agissait de savoir si l'on était sauvé par les œuvres de la Loi ou par la grâce de Jésus-Christ.

Quelques membres de l'Église de Judée, étant venus à Antioche, sans mission, à ce qu'il paraît, du corps apostolique [1], provoquèrent le débat [2]. Ils déclarèrent hautement qu'on ne pouvait être sauvé sans la circoncision. Il faut se rappeler que les chrétiens, qui avaient à Antioche un nom et une individualité particulière, n'en avaient pas à Jérusalem; ce qui n'empêchait pas que ce qui venait de Jérusalem n'eût dans toute l'Église beaucoup de force, car le centre de l'autorité était là. On fut fort ému. Paul et Barnabé résistèrent de la façon la plus énergique. Il y eut de longues disputes. Pour y mettre un terme, il fut décidé que Paul et Barnabé iraient à Jérusalem s'entendre avec les apôtres et les anciens sur ce sujet.

L'affaire avait pour Paul une importance personnelle. Son action jusque-là avait été presque abso-

1. *Act.*, xv, 24. Le soin avec lequel on insiste sur ce point prouve qu'au moins on les soupçonnait fort d'en avoir une.
2. *Act.*, xv, 1-2.

lument indépendante. Il n'avait passé que quinze jours à Jérusalem depuis sa conversion et depuis onze ans il n'y avait pas mis le pied[1]. Aux yeux de plusieurs il était une sorte d'hérétique, enseignant pour son propre compte et à peine en communion avec le reste des fidèles. Il déclarait fièrement qu'il avait eu sa révélation, son Évangile. Aller à Jérusalem, c'était, du moins en apparence, renoncer à sa liberté, soumettre son Évangile à celui de l'Église mère, apprendre d'autrui ce qu'il savait par une révélation propre et personnelle. Il ne niait pas les droits de l'Église mère ; mais il s'en défiait, parce qu'il connaissait l'obstination de quelques-uns de ses membres. Il prit donc ses précautions pour ne pas trop s'engager. Il déclara qu'en allant à Jérusalem, il ne cédait à aucune injonction ; il feignit même, selon une prétention qui lui était habituelle[2], d'obéir en cela à un ordre du ciel, et d'avoir eu à ce sujet une révélation[3]. Il prit avec lui son disciple Titus, qui partageait toutes ses idées, et

---

1. Gal., II, 1. Il semblerait plus naturel de dire « quatorze » ans. Mais, si l'on ne compte pas les quatorze ans à partir du moment de la conversion (cf. *ibid.*, I, 17-18), on tombe dans des difficultés de chronologie presque insolubles.

2. Comp. *Act.*, XXVI, 16, etc.

3. Gal., II, 2.

qui, comme nous l'avons dit, n'était pas circoncis [1].

Paul, Barnabé et Titus se mirent en route. L'Église d'Antioche leur fit la conduite sur la route de Laodicée-sur-la-Mer [2]. Ils suivirent la côte de Phénicie, puis traversèrent la Samarie, trouvant à chaque pas des frères et leur racontant les merveilles de la conversion des gentils. La joie était partout. Ils arrivèrent ainsi à Jérusalem. C'est ici une des heures les plus solennelles de l'histoire du christianisme. La grande équivoque va être tranchée ; les hommes sur lesquels repose tout l'avenir de la religion nouvelle vont se trouver face à face. De leur grandeur d'âme, de leur droiture de cœur dépend l'avenir de l'humanité.

Dix-huit ans s'étaient écoulés depuis la mort de Jésus. Les apôtres avaient vieilli ; un d'eux avait souffert le martyre ; d'autres peut-être étaient morts. On sait que les membres défunts du collége apostolique n'étaient pas remplacés, qu'on laissait ce collége s'éteindre au fur et à mesure. A côté des apôtres, s'était formé un collége d'anciens, qui partageaient leur autorité [3]. L' « Église », censée dépositaire du Saint-Esprit, était composée des apôtres, des

1. Gal., II, 1-3.
2. Aujourd'hui *Lattakié*.
3. *Act.*, XV, 2, 22, 23 ; XXI, 18.

anciens et de toute la confrérie[1]. Parmi les simples frères eux-mêmes, il y avait des degrés[2]. L'inégalité était parfaitement admise ; mais cette inégalité était toute morale ; il ne s'agissait ni de prérogatives extérieures ni d'avantages matériels. Les trois principales « colonnes », comme l'on disait, de la communauté étaient toujours Pierre, Jacques, frère du Seigneur, et Jean, fils de Zébédée[3]. Plusieurs Galiléens avaient disparu ; ils avaient été remplacés par un certain nombre de personnes appartenant au parti des pharisiens. « Pharisien » était synonyme de « dévot » ; or, tous ces bons saints de Jérusalem étaient fort dévots aussi. N'ayant pas l'esprit, la finesse, l'élévation de Jésus, ils étaient tombés après sa mort dans une sorte de bigoterie pesante, analogue à celle que leur maître avait si fortement combattue. Ils étaient incapables d'ironie ; ils avaient presque oublié les éloquentes invectives de Jésus contre les hypocrites. Quelques-uns étaient devenus des espèces de talapoins juifs, à la manière de Jean-Baptiste et de Banou, des santons tout adonnés aux pratiques et contre lesquels certainement Jésus, s'il avait vécu encore, n'eût pas eu assez de sarcasmes.

1. *Act.*, xv, 4, 22.
2. *Act.*, xv, 22.
3. Gal., ii, 9 ; Clem. Rom., *Epist. I ad Cor.*, 5.

Jacques, en particulier, surnommé le Juste[1] ou « frère du Seigneur », était un des plus exacts observateurs de la Loi qu'il y eût.[2] Selon certaines traditions, fort douteuses, il est vrai, c'était même un ascète, pratiquant toutes les abstinences naziréennes, gardant le célibat[3], ne buvant aucune liqueur enivrante, s'abstenant de chair, ne coupant jamais ses cheveux, s'interdisant les onctions et les bains, ne portant jamais de sandales ni d'habits de laine, vêtu de simple toile[4]. Rien, on le voit, n'était plus contraire à la pensée de Jésus, qui, au moins depuis la mort de Jean-Baptiste, avait déclaré les simagrées de ce genre parfaitement vaines. Les abstinences, déjà en faveur dans certaines branches

---

1. Il est possible que ce nom ne lui ait été donné qu'après sa mort, par allusion au verset d'Isaïe, III, 10, tel que le présentent les Septante, et à son nom d'*Obliam*. Hégésippe, en effet, indique le rapprochement, et, mettant en connexion intime ses noms de Δίκαιος et d'Ὠβλίας, ajoute ὡς οἱ προφῆται δηλοῦσι περὶ αὐτοῦ.

2. Jos., *Ant.*, XX, IX, 1.

3. Ceci semble en contradiction avec I Cor., IX, 5, et montre bien que tout ce portrait conservé par Hégésippe et par saint Épiphane est en partie composé de traits *a priori*.

4. Hégésippe, dans Eusèbe, *Hist. eccl.*, II, 23; Eusèbe, *H. E.*, II, 1; Épiph., hær. LXXVIII, 7, 13-14; saint Jérôme, *De viris ill.*, 2; *Comm. in Gal.*, I, 19; *Adv. Jovin.*, I, col. 182 (Martianay); Pseudo-Abdias, *Hist. apost.*, VI, 5. Cf. Évangile des Nazaréens, dans saint Jérôme, *De viris illustr.*, 2. On sent dans ces

du judaïsme¹, devenaient à la mode et formaient le trait dominant de la fraction de l'Église qui plus tard devait être rattachée à un prétendu Ébion². Les juifs purs étaient opposés à ces abstinences³; mais les prosélytes, surtout les femmes, y inclinaient beaucoup⁴. Jacques ne bougeait pas du temple; il y restait, dit-on, seul de longues heures en prières, si bien que ses genoux avaient contracté des calus comme ceux des chameaux. On croyait que là il passait son temps, à la façon de Jérémie, pénitent pour le peuple, à pleurer les péchés de la nation et à détourner les châtiments qui la menaçaient. Il lui suffisait de lever les mains au ciel pour faire des

---

curieux passages l'écho et souvent des extraits textuels d'une légende judéo-chrétienne, cherchant à exagérer le rôle de Jacques et à le transformer en un grand prêtre juif. Du reste, le passage *Act.*, XXI, 23 et suiv. montre bien le goût de Jacques pour les vœux et pour les pratiques extérieures. L'épître qu'on lui attribue offre aussi un certain caractère ascétique.

1. Daniel, I, 8, 12; Tobie, I, 12 et suiv.; Josèphe, *Vita,* 2-3. Voir surtout ce qui concerne les esséniens et les prétendus thérapeutes dans Philon et dans Josèphe, et les réflexions d'Eusèbe sur ce sujet (*Hist. eccl.,* II, 17).

2. Épiph., hær. xxx, 15-16; Homil. pseudo-clem., VIII, 15; XII, 1, 6; XIV, 1; XV, 6. Cf. Rom., ch. XIV; Clément d'Alexandrie, *Pædag.,* II, 1.

3. Talm. de Jér., *Nazir,* I, 6.

4. Mischna, *Nazir,* III, 6; VI, 11; Jos., *B. J.,* II, XV, 1.

miracles[1]. On l'avait surnommé le Juste et aussi *Obliam*, c'est-à-dire « rempart du peuple [2] », parce qu'on supposait que c'étaient ses prières qui empêchaient la colère divine de tout emporter [3]. Les juifs l'avaient, à ce qu'on assure, presque en la même vénération que les chrétiens [4]. Si cet homme singulier fut réellement le frère de Jésus, ce dut être au moins un de ces frères ennemis qui le renièrent et voulurent l'arrêter [5], et c'est peut-être à de tels souvenirs que Paul, irrité d'un esprit si borné, faisait allusion quand il s'écriait à propos de ces colonnes de l'Église de Jérusalem : « Ce qu'ils ont été autrefois, peu m'importe ! Dieu ne fait pas acception de personnes [6]. » Jude, frère de Jacques,

---

1. Epiph., hær. LXXVIII, 14.

2. Ou peut-être « lien du peuple » (הבלעם). Il est possible que ce titre ait exprimé d'abord son rôle dans la société chrétienne; puis la légende judéo-chrétienne aura prêté à Jacques un rôle dans la nation juive tout entière.

3. Hégésippe, *loc. cit.;* Epiph., hær. LXXVIII, 14.

4. Hégésippe, *loc. cit.;* Josèphe, *Ant.*, XX, IX, 1, passage qui semble bien authentique. Ce qu'y ajoutent Origène (*Comm. in Matth.*, tomus X, § 17, et *Contre Celse*, I, § 47; II, § 13), Eusèbe (*H. E.*, II, 23; *Dem. év.*, III, 23), saint Jérôme (*De viris illustr.*, 2; *Adv. Jovin.*, l. c.), au contraire, est le résultat d'une erreur d'Origène ou d'une interpolation.

5. Voir *Vie de Jésus*, p. 134.

6. Gal., II, 6.

était, ce semble, en entière conformité d'idées avec lui [1].

En résumé, l'Église de Jérusalem s'était de plus en plus éloignée de l'esprit de Jésus. Le poids de plomb du judaïsme l'avait entraînée. Jérusalem était pour la foi nouvelle un milieu malsain et qui aurait fini par la perdre. Dans cette capitale du judaïsme, il était fort difficile de cesser d'être juif. Aussi, les hommes nouveaux comme saint Paul évitaient-ils presque systématiquement d'y résider. Forcés maintenant, sous peine de se séparer de l'Église primitive, de venir conférer avec leurs anciens, ils se trouvaient dans une position pleine de malaise, et l'œuvre, qui ne pouvait vivre qu'à force de concorde et d'abnégation, courait un immense danger.

L'entrevue, en effet, fut singulièrement tendue et embarrassée [2]. On écouta d'abord avec faveur le

---

1. Jud., 1 et toute l'épître. Cf. Matth., XIII, 55; Marc, VI, 3.
2. L'histoire de cet épisode capital nous est connue par deux récits, *Act.*, XV et *Gal.*, II. Ces deux récits offrent des divergences très-graves. Naturellement, pour l'exactitude des faits matériels, c'est celui de Paul qui doit être préféré. L'auteur des *Actes* écrit sous le coup d'une forte préoccupation politique. Il est, pour la doctrine, du parti favorable aux païens; mais, dans les questions de personnes, il est bien plus mou que Paul; il veut effacer la trace des dissentiments qui ont existé; enfin, il veut donner une base à la théorie qui tendait à prévaloir sur le pouvoir de l'Église assem-

récit que Paul et Barnabé firent de leurs missions : car tous, même les plus judaïsants, étaient d'avis que la conversion des gentils était le grand signe du Messie [1]. La curiosité de voir l'homme dont on parlait tant, et qui avait engagé la secte dans une voie si nouvelle, fut d'abord très-vive. On glorifiait Dieu d'avoir fait un apôtre avec un persécuteur [2]. Mais, quand on en vint à la circoncision et à l'obligation de pratiquer la Loi, le dissentiment éclata dans toute sa force. Le parti pharisien éleva ses prétentions de la façon la plus absolue. Le parti de l'émancipation répondait avec une vigueur triomphante. Il citait plusieurs cas où des incirconcis avaient reçu le Saint-Esprit. Si Dieu ne faisait pas la distinction des païens et des juifs, comment avait-on l'audace de la faire pour lui? Comment tenir pour souillé ce que

---

blée. Il prête ainsi à l'entrevue un air de concile qu'elle n'eut pas à ce degré, et à Paul une docilité contre laquelle il proteste lui-même (comp. *Act.*, xv, 41; xvi, 4, à Gal., ch. I et II). D'un autre côté, Paul est préoccupé de deux idées fixes : d'abord maintenir le droit des Églises païennes hors de contestation; en second lieu, bien établir qu'il n'a rien reçu ni appris des apôtres. Or, le seul fait d'être venu à Jérusalem était une reconnaissance de l'autorité de l'Église de Jérusalem. Les deux récits demandent donc à être combinés, modifiés et conciliés.

1. *Act.*, xv, 4, 14-18.
2. Gal., I, 23-24.

Dieu a purifié? Pourquoi imposer aux néophytes un joug que la race d'Israël n'avait pu porter? C'est par Jésus qu'on est sauvé et non par la Loi[1]. Paul et Barnabé racontaient à l'appui de cette thèse les miracles que Dieu avait faits pour la conversion des gentils[2]. Mais les pharisiens objectaient avec non moins de force que la Loi n'était pas abolie, qu'on ne cessait jamais d'être juif, que les obligations du juif restaient toujours les mêmes. Ils refusaient d'avoir des rapports avec Titus, qui était incirconcis; ils traitaient ouvertement Paul d'infidèle et d'ennemi de la Loi.

Le trait le plus admirable de l'histoire des origines du christianisme est que cette division profonde, radicale, portant sur un point de première importance, n'ait pas occasionné dans l'Église un schisme complet, qui eût été sa perte. L'esprit cassant et exagéré de Paul avait ici une redoutable occasion de se montrer; son bon sens pratique, sa sagesse, son jugement remédièrent à tout. Les deux partis furent vifs, animés, presque durs l'un pour l'autre; personne ne renonça à son avis, la question ne fut pas résolue, on resta uni dans l'œuvre commune. Un

---

1. *Act.*, xv, 7 et suiv.
2. *Act.*, xv, 12.

lien supérieur, l'amour que tous avaient pour Jésus, le souvenir dont tous vivaient, fut plus fort que les divisions. Le dissentiment le plus fondamental qui se soit jamais produit au sein de l'Église n'amena pas d'anathème. Grande leçon que les siècles suivants ne sauront guère imiter !

Paul comprit que, dans des assemblées nombreuses et passionnées, il ne réussirait jamais, que les esprits étroits y auraient toujours le dessus, que le judaïsme était trop fort à Jérusalem pour qu'on pût espérer de lui une concession de principes. Il alla voir séparément tous les personnages considérables, en particulier Pierre, Jacques et Jean [1]. Pierre, comme tous les hommes qui vivent surtout d'un sentiment élevé, était indifférent aux questions de parti. Ces disputes l'affligeaient ; il eût voulu l'union, la concorde, la paix. Son esprit timide et peu étendu se détachait difficilement du judaïsme ; il eût préféré que les nouveaux convertis eussent accepté la circoncision, mais il voyait l'impossibilité d'une telle solution. Les natures profondément bonnes sont toujours indécises ; parfois même elles sont en-

---

1. Gal., II, 2 et suiv. Le récit de Paul n'exclut pas la possibilité d'assemblées ; mais il exclut l'idée que l'affaire ait été traitée principalement dans une assemblée et ait été résolue par une assemblée.

traînées à un peu de dissimulation : elles veulent contenter tout le monde; aucune question de principe ne leur paraissant valoir le bien de la paix, elles se laissent aller avec les différents partis à des paroles et à des engagements contradictoires. Pierre commettait quelquefois cette faute bien légère. Avec Paul, il était pour les incirconcis; avec les juifs sévères, il était partisan de la circoncision. L'âme de Paul était si grande, si ouverte, si pleine du feu nouveau que Jésus était venu apporter sur la terre, que Pierre ne pouvait manquer de sympathiser avec lui. Ils s'aimaient, et, quand ils étaient ensemble, c'était le monde entier que ces souverains de l'avenir se partageaient entre eux.

Ce fut sans doute à la fin d'une de leurs conversations que Paul, avec l'exagération de langage et la verve qui lui étaient habituelles, dit à Pierre : « Nous pouvons nous entendre : à toi l'Évangile de la circoncision, à moi l'Évangile du prépuce. » Paul releva plus tard ce mot comme une sorte de convention régulière et qui aurait été acceptée de tous les apôtres [1]. Il est difficile de croire que Pierre et Paul aient osé répéter hors de leur tête-à-tête un mot qui eût blessé au plus haut degré les prétentions de Jac-

---

1. Gal., II, 7-9; II Cor., x, 13-16; Rom., XI, 13; XV, 14-16.

ques et peut-être même de Jean. Mais le mot fut prononcé. Ces horizons larges, qui n'étaient guère ceux de Jérusalem, frappèrent beaucoup l'âme enthousiaste de Pierre. Paul fit sur lui la plus grande impression et le gagna complétement. Jusque-là, Pierre avait peu voyagé ; ses visites pastorales ne s'étaient pas étendues, ce semble, hors de la Palestine. Il devait avoir environ cinquante ans. L'ardeur voyageuse de Paul, les récits de ses courses apostoliques, les projets qu'il lui communiquait pour l'avenir allumaient son ardeur. C'est à partir de ce temps qu'on voit Pierre s'absenter de Jérusalem et mener à son tour la vie errante de l'apostolat.

Jacques, avec sa sainteté d'un goût si équivoque, était le coryphée du parti judaïsant[1]. C'était par lui que s'étaient faites presque toutes les conversions de pharisiens[2] ; les exigences de ce parti[3] s'imposaient à lui. Tout porte à croire qu'il ne fit aucune concession sur le principe dogmatique[4] ; mais une opinion modérée et conciliatrice commença bientôt à se faire

---

1. *Act.*, XXI, 18 et suiv. ; Gal., II, 12.
2. Hégésippe, dans Eus., *H. E.*, II, 23.
3. Ce sont là sans doute les παρείσακτοι ψευδάδελφοι de Gal., II, 4.
4. Les *Actes* prétendent le contraire. Mais Gal., II, 12, prouve qu'il ne modifia pas son opinion.

jour. On admit la légitimité de la conversion des gentils; on déclara qu'il était inutile de les inquiéter en ce qui concerne la circoncision, qu'il fallait seulement maintenir quelques prescriptions intéressant la morale ou dont la suppression eût trop vivement choqué les juifs[1]. Pour rassurer le parti des pharisiens, on faisait remarquer que l'existence de la Loi n'était pas pour cela compromise, que Moïse avait depuis un temps immémorial et aurait toujours des gens pour le lire dans les synagogues[2]. Les juifs convertis restaient ainsi soumis à toute la Loi, et l'exemption ne regardait que les païens convertis[3]. Dans la pratique, d'ailleurs, on devait éviter de choquer ceux qui avaient des idées plus étroites. Ce furent probablement les esprits modérés, auteurs de cette transaction passablement contradictoire[4], qui conseillèrent à Paul de porter Titus à se laisser circoncire. Titus, en effet, était devenu une des principales difficultés de la situation. Les pharisiens con-

---

1. *Act.*, xv, 13-21.

2. C'est là le sens du verset xv, 21. Les pharisiens n'envisageaient pas la Loi comme devant s'appliquer au genre humain tout entier; ce qui était essentiel à leurs yeux, c'est qu'il y eût toujours une tribu sainte qui l'observât et offrît une réalisation vivante de l'idéal révélé.

3. Comp. *Act.*, xxi, 20 et suiv.

4. Comp. *Act.*, xxi, 20-25.

vertis de Jérusalem supportaient volontiers l'idée que, bien loin d'eux, à Antioche ou au fond de l'Asie Mineure, il y avait des chrétiens incirconcis. Mais en voir à Jérusalem, être réduit à les fréquenter et à commettre ainsi une flagrante violation de cette Loi à laquelle ils tenaient par le fond de leurs entrailles, voilà ce à quoi ils ne se résignaient pas.

Paul accueillit une telle demande avec infiniment de précautions. Il fut bien convenu que ce n'était pas comme une nécessité qu'on demandait la circoncision de Titus, que Titus restait chrétien dans le cas où il n'accepterait pas cette cérémonie, mais qu'on la lui demandait comme une marque de condescendance pour des frères dont la conscience était engagée et qui autrement ne pourraient pas avoir de rapports avec lui. Paul consentit, non sans quelques paroles dures contre les auteurs d'une telle exigence, contre « ces intrus qui n'étaient entrés dans l'Église que pour diminuer la somme des libertés créées par Jésus [1] ». Il protesta qu'il ne soumettait en rien son opinion à la leur, que la concession qu'il faisait n'était que pour cette fois seulement et en vue du bien de la paix. Avec de telles réserves, il donna son consentement, et Titus fut circoncis. Cette transaction

---

1. Gal., II, 4.

coûta beaucoup à Paul, et la phrase dans laquelle il en parle est une des plus originales qu'il ait écrites. Le mot qui lui coûte semble ne pouvoir couler de sa plume. La phrase, au premier coup d'œil, paraît dire que Titus ne fut pas circoncis, tandis qu'elle implique qu'il le fut[1]. Le souvenir de ce moment pénible lui revenait souvent ; cette apparence de retour au judaïsme lui semblait parfois un reniement de Jésus ; il se rassurait en disant : « J'ai été juif avec les juifs pour gagner les juifs[2]. » Comme tous les hommes qui tiennent beaucoup aux idées, Paul tenait peu aux formes. Il voyait la vanité de tout ce qui n'est pas chose de l'âme, et, quand les intérêts suprêmes de la conscience étaient en jeu, lui, d'ordinaire si roide, abandonnait tout le reste[3].

1. Gal., II, 3-5. Le sens est : « Si Titus fut circoncis, ce n'est pas qu'on l'y eût forcé. Il le fut à cause des faux frères,... auxquels nous pûmes céder un moment, mais non nous soumettre en principe. » Ce jeu de négations est conforme à l'usage hébraïque. Comp. Rom., xv, 18. L'opposition de πρὸς ὥραν et de διαμείνῃ confirme notre explication. Si on ne l'adopte pas, le verset 5 reste un non-sens. Cf. Tertullien, *Contre Marcion*, V, 3. La conduite de Paul en cette circonstance, si elle fut telle que nous le supposons, répond bien à *Act.*, XVI, 3 ; XXI, 20 et suiv., à I Cor., IX, 20 et suiv., et à Rom., XIV ; XV, 1 et suiv.

2. I Cor., IX, 20.

3. Voir surtout sa réponse en ce qui concerne les viandes sacrifiées aux idoles. I Cor., VIII, 4 et suiv. ; X, 19 et suiv.

La concession capitale qu'impliquait la circoncision de Titus désarma bien des haines. On convint que, dans les pays éloignés où les nouveaux convertis n'avaient pas de rapports journaliers avec les juifs, il suffirait qu'ils s'abstinssent du sang, ainsi que des viandes offertes en sacrifice aux dieux ou suffoquées, et qu'ils observassent les mêmes lois que les juifs sur le mariage et les rapports des deux sexes[1]. L'usage de la viande de porc, dont l'interdiction était partout le signe du judaïsme, fut laissé libre. C'était à peu près l'ensemble des préceptes *noachiques*, c'est-à-dire qu'on supposait avoir été révélés

---

1. *Act.*, xv, 28 et suiv. Comp. *Act.*, xxi, 25 ; *Apoc.*, ii, 14, 20 ; Pseudo-Phocylide, vers 175 et suiv.; Pseudo-Héraclite, 7ᵉ lettre (d'une main juive ou chrétienne), ligne 85 (édition de Bernays); Pseudo-Clément, *Homil.*, vii, 4, 8; *Recogn.*, I, 30; IV, 36; VI, 10; IX, 29; *Constit. apost.*, VI, 12; *Canones apost.*, canon 63 (Lagarde); lettre des Églises de Lyon et de Vienne, dans Eusèbe, *H. E.*, V, 1; Tertullien, *Apol.*, 9; Minutius Felix, 30. Sur le sens du mot πορνεία, comp. I Cor., v, 1, et Lévit., xviii. Ce mot ne peut signifier seulement les mariages mixtes; cf. I Cor., vii. L'interdiction de manger du sang tomba vite en désuétude chez les Latins (saint Aug., *Contra Faustum*, XXXII, 13). Mais elle se conserva chez les Grecs (conc. de Gangres, canon 18; Novelles de Léon le Philosophe, const. 58; Harménopule, *Epitome canonum*, sect. V, tit. v, n° 14, p. 65-66 (Freher); Cotelier, *Eccl. græcæ monum.*, t. III, p. 504-505, 668-669; *De Sᵗᵒ Theodoro*, vers 253, dans Wernsdorf, *Manuelis Philæ carmina græca*, p. 46.

à Noé, et qui étaient imposés à tous les prosélytes [1]. L'idée que la vie est dans le sang, que le sang c'est l'âme même, inspirait aux juifs une extrême horreur pour les viandes non saignées. S'en abstenir était pour eux un précepte de religion naturelle [2]. On supposait les démons particulièrement avides de sang, en sorte qu'en mangeant de la viande non saignée, on risquait d'avoir pour compagnon de bouchée un démon [3]. Un homme qui, vers le même temps, écrivit sous le nom usurpé du célèbre moraliste grec Phocylide un petit cours de morale naturelle juive, simplifiée à l'usage des non-juifs [4], s'arrêtait à des solutions analogues. Cet honnête faussaire n'essaye nullement de convertir son lecteur au judaïsme; il cherche seulement à lui inculquer les « préceptes noachiques » et quelques règles juives bien adoucies sur les viandes et sur le mariage. Les premières de ces règles se réduisent pour lui à des

1. Talm. de Bab., *Sanhédrin*, 56 b.
2. Genèse, IX, 4; Lévit., XVII, 14; Livre de jubilés, c. 7 (Ewald, *Jahrb.*, années 2 et 3).
3. Origène, *Contre Celse*, VIII, 30.
4. *Poema* νουθετικόν, vers 139, 145, 147, 148 (Bernays, *Ueber das phokyl. Gedicht*). La correspondance apocryphe d'Héraclite, composée en grande partie au Ier siècle de notre ère, montre par moments une tendance analogue. Cf. J. Bernays, *Die heraklitischen Briefe* (Berlin, 1869), p. 26 et suiv., 68, 72 et suiv.

conseils d'hygiène et de convenance alimentaire, à l'abstinence de choses repoussantes ou malsaines ; les secondes portent sur la régularité et la pureté des rapports sexuels[1]. Tout le reste du rituel juif est réduit à néant.

Du reste, ce qui sortit de l'assemblée de Jérusalem ne fut convenu que de vive voix et même ne fut pas libellé d'une manière bien stricte, car nous y verrons déroger fréquemment[2]. L'idée de canons dogmatiques émanant d'un concile n'était pas encore de ce temps. Avec un bon sens profond, ces gens simples atteignirent le plus haut degré de la politique. Ils virent que le seul moyen d'échapper aux grandes questions est de ne pas les résoudre, de

---

1. *Poema* νουθετικόν, vers 175 et suiv.
2. Comp. surtout *Act.*, xv, 20, et I Cor., viii-x. Il est impossible d'admettre l'authenticité textuelle du décret rapporté *Act.*, xv, 23-29, d'abord, parce que saint Paul, Gal., ii, invoquerait un tel décret s'il avait existé ; 2° parce que Gal., ii, 12 et suiv., n'a plus de sens si un tel décret eût été porté ; 3° parce que le récit *Act.*, xxi, 18 et suiv. et même xvi, 3, ne s'expliquent pas davantage en cette hypothèse ; 4° parce que la doctrine de Paul sur les viandes immolées (I Cor., viii-x) est en contradiction avec le décret ; 5° parce que le parti judéo-chrétien nia toujours la légitimité de toute abrogation d'une partie de la Loi, ce qui ne se concevrait pas si la question avait été canoniquement réglée par des personnes telles que Jacques et Pierre, dont le parti judéo-chrétien proclamait la suprême autorité.

prendre des moyens termes qui ne contentent personne, de laisser les problèmes s'user et mourir faute de raison d'être.

On se sépara content. Paul exposa à Pierre, Jacques et Jean l'Évangile qu'il prêchait aux gentils; ceux-ci l'approuvèrent complétement, n'y trouvèrent rien à reprendre, n'essayèrent non plus d'y rien ajouter[1]. On donna hautement la main à Paul et à Barnabé, on admit leur droit divin immédiat à l'apostolat du monde païen; on leur reconnut une sorte de grâce particulière pour ce qui était l'objet spécial de leur vocation. Le titre d'apôtre des gentils, que saint Paul s'attribuait déjà, lui fut, à ce qu'il assure[2], officiellement confirmé, et sans doute on lui accorda, au moins par aveu tacite, le fait auquel il tenait le plus, savoir qu'il avait eu sa révélation spéciale aussi directement que ceux qui avaient vu Jésus, en d'autres termes, que sa vision du chemin de Damas valait les autres apparitions du Christ ressuscité. On ne demanda en retour aux trois repré-

---

1. Gal., II, 2, 6 et suiv. Cf. le κήρυγμα Παύλου, cité par l'auteur du *De non iterando baptismo*, à la suite des Œuvres de saint Cyprien, édit. Rigault, Paris, 1648, append., p. 139.

2. Gal., II, 7-9. Il est probable que la mémoire de Paul le servait ici conformément aux intérêts de sa thèse et l'induisait en quelque exagération.

sentants de l'Église d'Antioche que de ne pas oublier les pauvres de Jérusalem. L'Église de cette ville, en effet, par suite de son organisation communiste, de ses charges particulières et de la misère qui régnait en Judée, continuait d'être aux abois. Paul et son parti accueillirent avec empressement cette idée. Ils espérèrent par une sorte de contribution fermer la bouche au parti hiérosolymite intolérant et le réconcilier avec la pensée qu'il existait des Églises de gentils. Au moyen d'un léger tribut, on achetait la liberté de l'esprit et l'on restait en communication avec l'Église centrale, hors de laquelle on n'osait espérer de salut [1].

Pour qu'aucun doute ne restât sur la réconciliation, on voulut que Paul, Barnabé et Titus, retournant à Antioche, fussent accompagnés de deux des principaux membres de l'Église de Jérusalem, Juda Bar-Saba et Silvanus ou Silas, chargés de désavouer les frères de Judée qui avaient jeté le trouble dans l'Église d'Antioche, et de rendre témoignage à Paul et à Barnabé, dont on reconnaissait les services et le dévouement. La joie à Antioche fut très-grande. Juda et Silas avaient le rang de prophètes; leur parole inspirée fut extrêmement goûtée de

---

1. Gal., II, 2.

l'Église d'Antioche. Silas se plut tant dans cette atmosphère de vie et de liberté qu'il ne voulut plus retourner à Jérusalem. Juda revint seul vers les apôtres, et Silas s'attacha à Paul par des liens, chaque jour plus intimes, de confraternité [1].

1. *Act.,* xv, 22 et suiv.

CHAPITRE IV.

**PROPAGATION SOURDE DU CHRISTIANISME.
— SON INTRODUCTION A ROME.**

Une imagination dont il faut se défaire avant tout, quand il s'agit de la propagation du christianisme, c'est que cette propagation se soit faite par des missions suivies et par des prédicateurs analogues aux missionnaires des temps modernes, ayant pour état d'aller de ville en ville. Paul, Barnabé et leurs compagnons furent les seuls qui parfois procédèrent de la sorte. Le reste se fit par des ouvriers dont les noms sont restés inconnus. A côté des apôtres qui arrivèrent à la célébrité, il y eut ainsi un autre apostolat obscur, dont les agents ne furent pas des dogmatistes de profession, mais qui n'en fut que plus efficace. Les juifs de ce temps étaient extrêmement nomades. Marchands, domestiques, gens de petits métiers, ils couraient toutes les grandes villes du littoral, excrçant leur état. Actifs, laborieux, honnêtes[1], ils portaient avec eux leurs idées, leurs bons exemples, leur exaltation, et dominaient ces populations, abaissées sous le rapport religieux, de toute la supériorité qu'a l'homme enthousiaste au milieu des indifférents. Les affiliés de la secte chrétienne voyageaient comme les autres juifs et portaient la bonne nouvelle avec eux. C'était une sorte de prédication intime, et bien plus persuasive que toute autre. La douceur, la gaieté, la bonne humeur, la patience des nouveaux croyants[2] les faisaient partout accueillir et leur conciliaient les cœurs.

Rome fut un des premiers points atteints de la sorte. La capitale de l'empire entendit le nom de Jésus bien avant que tous les pays intermédiaires eussent été évangélisés, de même qu'un haut sommet est éclairé quand les vallées situées entre lui et le soleil sont encore obscures. Rome était, en effet, le rendez-vous de tous les cultes orientaux[3], le point de la Méditerranée avec lequel les Syriens avaient le plus de rapports. Ils y arrivaient par bandes énormes. Comme toutes les populations pauvres, montant à

---

1. Josèphe, *Contre Apion*, II, 39.
2. *Act.*, XIII, 52, etc.
3. Urbem... quo cuncta undique atrocia aut pudenda confluunt celebranturque. Tacite, *Ann.*, XV, 44.

l'assaut des grandes villes où elles viennent chercher fortune, ils étaient serviables et humbles. Avec eux débarquaient des troupes de Grecs, d'Asiates, d'Égyptiens, tous parlant grec. Rome était à la lettre une ville bilingue [1]. La langue du monde juif et du monde chrétien de Rome fut pendant trois siècles le grec [2]. Le grec était à Rome la langue de tout ce qu'il y avait de plus méchant et de plus honnête, de meilleur et de plus bas. Rhéteurs, grammairiens, philosophes, dignes pédagogues, précepteurs, domestiques, intrigants, artistes, chanteurs, danseurs, proxénètes, artisans, prédicateurs de sectes nouvelles, héros religieux, tout ce monde parlait grec. L'ancienne bourgeoisie romaine perdait chaque jour du terrain, noyée qu'elle était dans ce flot d'étrangers.

Il est infiniment probable que, dès l'an 50, quelques juifs de Syrie, déjà chrétiens, entrèrent dans la capitale de l'empire et y semèrent leurs idées. En

---

1. L'épigraphie de la ville de Rome en fait foi; la littérature, plus encore.

2. Pour les juifs, voir Garrucci, *Cimitero degli antichi Ebrei*, p. 63; *Dissert. arch.*, II, p. 176-177, etc. Le quart seulement des inscriptions juives de Rome est en latin. — Pour les chrétiens, voir de Rossi, *Inscr. christ. urbis Romœ*, I. — Juifs et chrétiens écrivaient souvent le latin en caractères grecs. Garrucci, *Cim.*, p. 67, et *Dissert.*, II, p. 164, 176, 180, 181, 183, 184.

effet, parmi les bonnes mesures administratives de Claude, Suétone place la suivante : « Il chassa de Rome les juifs, qui se livraient à de fréquents tumultes sous l'impulsion de Chrestus [1]. » Certainement, il est possible qu'il y ait eu à Rome un juif du nom de Chrestus [2], qui ait excité des troubles parmi ses coreligionnaires et amené leur expulsion. Mais il est bien plus vraisemblable [3] que ce nom de *Chrestus* n'est autre chose que le nom du Christ lui-même [4]. L'introduction de la foi nouvelle provoqua

---

1. Suétone, *Claude*, 25; *Act.*, XVIII, 2. Les mesures de précaution que Claude prit contre les juifs d'après Dion Cassius, LX, 6, n'ont rien de commun, ce semble, avec le fait rapporté par Suétone. Elles paraissent se rapporter à une date antérieure.

2. Ce nom est assez commun, surtout comme nom d'esclave ou d'affranchi; Orelli, 2414, etc.; Cic., *Epist. fam.*, II, 8. Voir van Dale, *De orac.*, p. 604-605 (2ᵉ édit.). Il était particulièrement porté par les juifs : *Corp. inscr. gr.*, 2114 bb; Lévy, *Epigr. Beitr.*, p. 304, 313; *Ant. du Bosph. cimm.*, inscr. n° 22; *Mél. gréco-rom.* de l'Acad. de Saint-Pétersbourg, I, p. 98. Cf. Martial, VII, LIV; de Rossi, *Roma sott.*, I, tav. XXI, n° 4.

3. Ce qui fait de cette hypothèse presque une certitude, c'est la comparaison de *Act.*, XVIII, 2, et de Tacite, *Ann.*, XV, 44. Tacite, en effet, suppose que les chrétiens avaient été réprimés avant Néron. Il est vrai que Tacite (*ibid.*) et Suétone lui-même ailleurs (*Néron*, 16) parlent plus exactement des chrétiens. Mais on peut supposer que Suétone copie, dans la vie de Claude, une relation ou un rapport de police du temps.

4. Le mot χριστιανός, antérieurement formé (voir *les Apôtres*,

sans doute dans le quartier juif de Rome des rixes, des querelles, des scènes analogues, en un mot, à celles qui s'étaient déjà passées à Damas, à Antioche de Pisidie, à Lystres. Voulant mettre fin à ces désordres, la police put prendre un arrêté pour l'expulsion des perturbateurs. Les chefs de la police se seront enquis superficiellement de l'objet de la querelle, qui les intéressait assez peu; un rapport adressé au gouvernement aura constaté que les agitateurs s'appelaient *christiani* [1], c'est-à-dire partisans d'un certain *Christus*; ce nom étant inconnu, on l'aura changé en *Chrestus,* par suite de l'habitude qu'ont les personnes peu lettrées de donner aux noms étrangers une forme appropriée à leurs habitudes [2]. De là

p. 234), prouve que, dès cette époque, le nom le plus ordinaire pour désigner Jésus était Χριστός. Cf. Pline, *Epist.,* X, 97. Saint Paul, en ses épîtres, réunit d'ordinaire les deux noms; quelquefois il se sert isolément de chacun d'eux.

1. Voir *les Apôtres,* p. 234-235.

2. La confusion des deux noms s'explique, d'ailleurs, par la prononciation iotaciste de χρηστός. Cette confusion était fréquente. Voir Tertullien, *Apol.,* 3; Lactance, *Instit.,* IV, vii, 5. Parmi les inscriptions antérieures à Constantin où se trouve le nom des chrétiens, trois sur quatre portent χρηστιανός (*Corpus inscr. gr.,* nᵒˢ 2883 *d,* 3857 *g,* 3857 *p*). La substitution de l'*e* à l'*i* est d'ailleurs un trait d'orthographe romaine très-commun. Quintilien, I, iv, 7; vii, 22. Orose (VII, 6) a lu *Christus* dans le passage de Suétone.

pour en venir à conclure qu'il existait un homme de ce nom, lequel avait été le provocateur et le chef des émeutes [1], il n'y avait qu'un pas à faire; les inspecteurs de police l'auront franchi, et, sans plus d'enquête, ils auront prononcé le bannissement des deux partis [2].

Le principal quartier juif de Rome était situé au delà du Tibre [3], c'est-à-dire dans la partie de la ville la plus pauvre et la plus sale [4], probablement aux environs de la *porta Portese* actuelle [5]. Là se trou-

---

1. Comp. *Act.*, XVI, 7.
2. Suétone ne dit pas en quelle année eut lieu ce bannissement. Orose le place en la neuvième année du règne de Claude (49-50). *Hist.*, VII, 6. Mais Orose en appelle à l'autorité de Josèphe, dans les ouvrages duquel nous ne retrouvons rien sur ce fait. Le verset *Act.*, XVIII, 2, établit clairement que, lors du passage de Paul à Corinthe (52), l'édit était récent.
3. Philon, *Leg. ad Caium*, § 23; Martial, I, XLII (XXXV), 3. Les juifs continuèrent d'habiter le Transtévère jusqu'au XVe ou au XVIe siècle (Bosio, *Roma sott.*, liv. II, ch. XXII; cf. *Corp.*, n° 9907). Il est certain toutefois que, sous les empereurs, ils habitèrent bien d'autres quartiers et particulièrement le Champ de Mars (*Corp.*, n°s 9905, 9906; Orelli, 2522; Garrucci, *Dissert. arch.*, II, p. 163), les dehors de la porte Capène (Juv., Sat. III, 14 et suiv.; Garrucci, *Cimitero*, p. 4; renseignements archéologiques particuliers), l'île du Tibre et le pont des mendiants (Juv., IV, 116; V, 8; XIV, 134; Martial, X, V, 3), et peut-être la Subure (*Corp.*, n° 6447).
4. Martial, I, XLII, 3; VI, XCIII, 4; Juvénal, XIV, 201 et suiv.
5. Le principal cimetière juif de Rome fut trouvé près de là par

vait, autrefois comme de nos jours, le port de Rome, l'endroit où se débarquaient les marchandises amenées d'Ostie sur des chalands. C'était un quartier de Juifs et de Syriens, « nations nées pour la servitude, » comme dit Cicéron[1]. Le premier noyau de la population juive de Rome, en effet, avait été formé d'affranchis[2], descendant pour la plupart de ceux que Pompée amena prisonniers à Rome. Ils avaient traversé l'esclavage sans rien changer à leurs habitudes religieuses[3]. Ce qu'il y a d'admirable dans le judaïsme, c'est cette simplicité de foi qui fait que le juif, transporté à mille lieues de sa patrie, au bout

Bosio, en 1602. Bosio, op. cit., l. II, ch. XXII; Aringhi, *Roma sott.*, t. I, l. II, c. 23. Cf. *Corp. inscr. gr.*, nos 9904 et suiv., inscriptions trouvées pour la plupart dans ce cimetière et restées en grand nombre dans le quartier. La trace de cette catacombe est perdue; le P. Marchi l'a en vain cherchée. Deux catacombes juives ont depuis été trouvées à Rome, toutes deux voisines l'une de l'autre, sur la voie Appienne, près de Saint-Sébastien : Garrucci, *Cimitero degli antichi Ebrei* (Roma, 1862); *Dissert. arch.*, II, Roma, 1866), p. 150 et suiv.; de Rossi, *Bull. di arch. crist.*, 1867, p. 3, 16.

1. *Provinc. cons.*, 5.
2. Philon, *l. c.;* Tacite, *Ann.*, II, 85. Les inscriptions le confirment. Lévy, op. cit., p. 287. Cf. Mommsen, *Inscr. regni Neap.*, n° 6467 (*captiva* est douteux); de Rossi, *Bull.*, 1864, p. 70, 92-93. Cf. *Act.*, VI, 9.
3. Comp. Wescher et Foucart, *Inscr. recueillies à Delphes,* nos 57 et 364.

de plusieurs générations est toujours un juif très-pur. Les rapports des synagogues de Rome avec Jérusalem étaient continuels[1]. La première colonie avait été renforcée de nombreux émigrants[2]. Ces pauvres gens débarquaient par centaines à la *Ripa*, et vivaient entre eux, dans le quartier adjacent du Transtévère, servant de portefaix, faisant le petit commerce, échangeant des allumettes contre des verres cassés et offrant aux fières populations italiotes un type qui plus tard devait leur être trop familier, celui du mendiant consommé dans son art[3]. Un Romain qui se respectait ne mettait jamais le pied dans ces quartiers abjects. C'était comme une banlieue sacrifiée à des classes méprisées et à des besognes infectes; les tanneries, les boyauderies, les pour-

---

1. Cicéron, *Pro Flacco*, 28.
2. Jos., *Ant.*, XVII, III, 5; XI, 1; Dion Cassius, XXXVII, 17; Tacite, *Ann.*, II, 85; Suétone, *Tib.*, 36; Mommsen, *Inscr. regni Neap.*, n° 6467. Il y avait à Rome au moins quatre synagogues, dont deux portaient les noms d'Auguste et d'Agrippa (Hérode Agrippa?) : *Corp. inscr. gr.*, 6447, 9902, 9903, 9904, 9905, 9906, 9907, 9909; Orelli, 2522; Garrucci, *Cimitero*, p. 38-40; *Dissert. arch.*, II, p. 161, 162, 163, 185; de Rossi, *Bull.*, 1867, p. 16.
3. Philon, *Leg. ad Caium*, § 23; Juvénal, III, 14, 296; VI, 542; Martial, I, XLII, 3 et suiv.; X, III, 3-4; XII, LVII, 13-14; Stace, *Silves*, I, VI, 72-74. Les sépultures juives de Rome témoignent d'une grande pauvreté. Bosio, *Roma sotter.*, p. 190 et suiv.; Lévy, *Epigraph. Beiträge zur Gesch. der Juden*, p. 283.

rissoirs y étaient relégués[1]. Aussi les malheureux vivaient-ils assez tranquilles, dans ce coin perdu, au milieu des ballots de marchandises, des auberges infimes et des porteurs de litière (*Syri*), qui avaient là leur quartier général[2]. La police n'y entrait que quand les rixes étaient sanglantes ou se répétaient trop souvent. Peu de quartiers de Rome étaient aussi libres; la politique n'avait rien à y voir. Non-seulement le culte en temps ordinaire s'y pratiquait sans obstacle, mais encore la propagande s'y faisait avec toute facilité[3].

Protégés par le dédain qu'ils inspiraient, peu sensibles d'ailleurs aux railleries des gens du monde, les juifs du Transtévère avaient ainsi une vie religieuse et sociale fort active. Ils possédaient des écoles de *hakamim*[4]; nulle part la partie rituelle et cérémonielle de la loi n'était observée avec plus de scrupule[5]; les synagogues offraient l'organisation la

---

1. Nardini, *Roma antica*, III, p. 328-330 (4ᵉ édit.); Martial, VI, xciii, 4.

2. *Castra lecticariorum*, dans les traités *De regionibus urbis Romœ*, regio xiv : Canina, *Roma antica*, p. 553-554. Cf. Forcellini, au mot *lecticarius*. Le *Syrus* des comédies latines est d'ordinaire un *lecticarius*.

3. Josèphe, *Ant.*, XIV, x, 8; *Act.*, xxviii, 31.

4. *Corp. inscr. gr.*, n° 9908; Garrucci, *Cimitero*, p. 57-58.

5. Cf. Hor., *Sat.*, I, ix, 69 et suiv.; Suétone, *Aug.*, 76; Sénèque,

plus complète que l'on connaisse¹. Les titres de
« père et de mère de synagogue² » étaient fort pri-
sés. De riches converties prenaient des noms bibliques; elles convertissaient leurs esclaves avec elles,
se faisaient expliquer l'Écriture par les docteurs,
bâtissaient des lieux de prière et se montraient fières
de la considération dont elles jouissaient dans ce
petit monde³. La pauvre juive trouvait moyen,
en mendiant d'une voix tremblante, de glisser à
l'oreille de la grande dame romaine quelques mots

Epist., xcv, 47; Perse, v, 179 et suiv.; Juvénal, xiv, 96 et suiv.; Martial, IV, iv, 6. L'épigraphie juive de Rome atteste une population très-exacte en fait de pratiques. Lévy : *Epigr. Beytr.,* p. 285 et suiv. Notez les épithètes φιλέντολος (*Corp.,* n° 9904; Garrucci, *Dissert.,* II, p. 180, 185, 191-192), répondant à Ps. cxix, 48 ou à tout autre passage semblable. Comp. Mommsen, *Inscr. regni Neap.,* n° 6467 (nonobstant Garrucci, *Cim.,* p. 24-25). Les juifs évitaient soigneusement les pierres sépulcrales portant *D. M.* Ils avaient aussi en Italie des fabriques de lampes à leur usage (lampe juive du musée Parent, trouvée à Baïa).

1. *Corp. inscr. gr.,* nᵒˢ 9902 et suiv.; Garrucci, *Cimitero,* p. 35 et suiv., 51 et suiv., 67 et suiv.; *Dissert. arch.,* II, p. 161 et suiv., 177 et suiv., 184 et suiv.

2. *Corp. inscr. gr.,* nᵒˢ 9904, 9905, 9908, 9909 (cf. Renier, *Inscr. de l'Algérie,* n° 3340); Orelli, n° 2522 (cf. Gruter, p. 323, 3); Garrucci, *Cimitero,* p. 52-53.

3. Orelli, 2522; 2523; Lévy, p. 285, 311-313; Garrucci, *Dissert. arch.,* II, p. 166; Grætz, *Gesch. der Juden,* IV, p. 123, 506-507.

de la Loi, et gagnait souvent la matrone qui lui ouvrait sa main pleine de petite monnaie[1]. Pratiquer le sabbat et les fêtes juives est pour Horace le trait qui classe un homme parmi les esprits faibles, c'est-à-dire dans la foule, *unus multorum*[2]. La bienveillance universelle, le bonheur de reposer avec les justes, l'assistance du pauvre, la pureté des mœurs, la douceur de la vie de famille, la suave acceptation de la mort considérée comme un sommeil, sont des sentiments qui se retrouvent dans les inscriptions juives avec cet accent particulier d'onction touchante, d'humilité, d'espoir certain, qui caractérise les inscriptions chrétiennes[3]. Il y avait bien des juifs hommes du monde, riches et puissants, tels que ce Tibère Alexandre, qui arriva aux plus grands honneurs de

---

1. Juvénal, VI, 542 et suiv.
2. Hor., *Sat.*, I, IX, 71-72.
3. *Corp. inscr. gr.*, 9904 et suiv.; Garrucci, *Cimitero*, 31 et suiv., 67 et suiv., surtout p. 68; *Dissert.*, II, 153 et suiv. Remarquez, en particulier, les belles expressions, φιλοπένης (Garrucci, *Dissert.*, II, 185; cf. *les Apôtres*, p. 320, note 4), φιλόλαος (*Corp.*, n° 9904; Garrucci, *Diss.*, p. 185; cf. II Macch., XV, 14), *concresconius, conlaboronius* (Garr., *Diss.*, II, p. 160-161). Les formules de l'épigraphie juive et de l'épigraphie chrétienne ont entre elles la plus grande analogie. Il est vrai que la plupart des inscriptions juives que nous venons de citer sont bien postérieures au règne de Claude. Mais l'esprit de la colonie juive de Rome ne dut pas beaucoup changer.

l'empire, exerça deux ou trois fois une influence de premier ordre sur les affaires publiques, eut même, au grand dépit des Romains, sa statue sur le forum[1]; mais ceux-là n'étaient plus de bons juifs. Les Hérodes, quoique pratiquant leur culte à Rome avec fracas[2], étaient loin aussi, ne fût-ce que par leurs relations avec les païens, d'être de vrais israélites. Les pauvres restés fidèles tenaient ces mondains pour des renégats; de même que nous voyons, de nos jours, les juifs polonais ou hongrois traiter avec sévérité les israélites français haut placés qui abandonnent la synagogue et font élever leurs enfants dans le protestantisme, pour les tirer d'un cercle trop étroit.

Un monde d'idées s'agitait ainsi sur le quai vulgaire où s'entassaient les marchandises du monde entier; mais tout cela se perdait dans le tumulte d'une ville grande comme Londres et Paris[3]. Sûrement, les orgueilleux patriciens qui, en leurs promenades sur

---

1. Voir *les Apôtres*, p. 252. M. Renier pense que c'est de Tibère Alexandre qu'il est question dans Juvénal, I, 129-131 : *arabarches* pour *alabarches*. *Mém. de l'Acad. des inscr.*, t. XXVI, 1re part., p. 294 et suiv.

2. Perse, v, 179 et suiv. Il s'agit là de la *hanucca*.

3. Platner et Bunsen, *Beschreibung der Stadt Rom*, I, p. 183-185. Les excavations récemment exécutées près de l'*agger* de Servius Tullius prouvent une agglomération de population vraiment incroyable.

l'Aventin, jetaient les yeux de l'autre côté du Tibre, ne se doutaient pas que l'avenir se préparait dans ce tas de pauvres maisons, au pied du Janicule[1]. Le jour où, sous le règne de Claude, quelque juif initié aux croyances nouvelles mit pied à terre vis-à-vis de l'*emporium*, ce jour-là, personne ne sut dans Rome que le fondateur d'un second empire, un autre Romulus, logeait au port sur de la paille[2]. Près du port était une sorte de garni, bien connu du peuple et des soldats, sous le nom de *Taberna meritoria*. On y montrait, pour attirer les badauds, une prétendue source d'huile sortant du rocher. De très-bonne heure, cette source d'huile fut tenue par les chrétiens pour symbolique : on prétendit que son apparition avait coïncidé avec la naissance de Jésus[3]. Il semble que plus tard on fit une église de la *Taberna*[4]. Qui sait si les plus anciens souvenirs du christianisme ne se rattachaient pas à cette auberge? Sous Alexandre Sévère, nous voyons les chrétiens et les aubergistes

---

1. Cf. Tacite, *Hist.*, V, 5.
2. Cf. Juvénal, III, 14; VI, 542.
3. Orose, VI, 18, 20; Petit martyrologe romain (édit. Rosweyde), au 9 juillet. Voir Forcellini, au mot *meritorius*.
4. La tradition romaine veut que l'église Sainte-Marie du Transtévère ait succédé à la *Taberna*. Voir Nardini, *Roma antica*, III, 336-337; Platner et Bunsen, III, 3ᵉ partie, p. 659-660.

en contestation pour un certain lieu qui autrefois avait été public, et que ce bon empereur fit adjuger aux chrétiens[1]. On sent qu'on est ici sur le sol natal d'un vieux christianisme populaire. Claude, vers ce temps, frappé du « progrès des superstitions étrangères », avait cru faire un acte de bonne politique conservatrice en rétablissant les aruspices. Dans un rapport fait au sénat, il s'était plaint de l'indifférence du temps pour les anciens usages de l'Italie et les bonnes disciplines. Le sénat avait invité les pontifes à voir celles qu'on pourrait rétablir de ces vieilles pratiques. Tout allait bien, par conséquent, et l'on croyait ces respectables impostures sauvées pour l'éternité.

La grosse affaire du moment était l'arrivée d'Agrippine au pouvoir, l'adoption de Néron par Claude et sa fortune toujours croissante. Nul ne pensait au pauvre juif qui prononçait pour la première fois le nom de Christus dans la colonie syrienne, et communiquait la foi qui le rendait heureux à ses compagnons de chambrée. D'autres survinrent bientôt; des lettres de Syrie, apportées par les nouveaux arrivants,

---

[1]. Lampride, *Vie d'Alex. Sév.*, 49. Rapprochez Anastase le Bibl., *Vitæ Pontif. rom.*, xvii (édit. de Bianchini), en tenant compte des observations de Platner.

parlaient du mouvement qui grandissait sans cesse. Un petit groupe se forma. Tout ce monde sentait l'ail[1]; ces ancêtres des prélats romains étaient de pauvres prolétaires, sales, sans distinction, sans manières, vêtus de fétides souquenilles, ayant l'haleine mauvaise des gens qui mangent mal[2]. Leurs réduits présentaient cette odeur de misère qu'exhalent des personnes vêtues et nourries grossièrement, réunies dans une chambre étroite[3]. On fut bientôt assez nombreux pour parler haut; on prêcha dans le *ghetto;* les juifs orthodoxes résistèrent. Que des scènes tumultueuses se soient produites alors, que ces scènes se soient renouvelées plusieurs soirs de suite, que la police romaine soit intervenue, que, peu soucieuse de savoir de quoi il s'agissait, elle ait adressé son rapport à l'autorité supérieure et mis les troubles sur le compte d'un certain Chrestus, dont on n'avait pu se saisir, que l'expulsion des agitateurs ait été décidée, il n'y a rien dans cela que de très-plausible. Le passage de Suétone et plus encore celui des *Actes* sembleraient impliquer que tous les juifs furent chassés à cette occasion; mais cela n'est pas à sup-

---

1. *Fœtentes judœi.* Ammien Marcellin, XXII, 5.
2. Voir *les Apôtres,* p. 290 et suiv.
3. Juvénal, III, 14; Martial, IV, IV, 7.

poser. Il est vraisemblable que les chrétiens, les partisans du séditieux Chrestus, furent seuls expulsés. Claude, en général, était favorable aux juifs, et il n'est même pas impossible que l'expulsion des chrétiens dont nous venons de parler ait eu lieu à l'instigation des juifs, des Hérodes par exemple. Ces expulsions, d'ailleurs, n'étaient jamais que temporaires et conditionnelles[1]. Le flot un moment arrêté revenait toujours[2]. La mesure de Claude eut, en tout cas, peu de conséquence ; car Josèphe n'en parle pas, et, en l'an 58, Rome avait déjà une nouvelle Église chrétienne[3].

Les fondateurs de cette première Église de Rome, détruite par l'arrêté de Claude, sont inconnus. Mais nous savons les noms de deux juifs qui furent exilés à la suite des émeutes de la *porta Portese*. C'était un couple pieux composé d'Aquila, juif originaire du Pont, professant le même métier que saint Paul, celui de tapissier[4], et de Priscille sa femme. Ils se

---

1. Voir Suétone, *Tib.*, 36.
2. Dion Cassius, XXXVII, 17. Comparez Tacite, *Ann.*, XII, 52; *Hist.*, I, 22.
3. C'est la date de l'Épître aux Romains. Cf. *Act.*, xxviii, 15 et suiv.
4. *Act.*, xviii, 2, 3. L'expression Ἰουδαῖον ne prouve nullement qu'il ne fût pas chrétien. Comparez, par exemple, Gal., ii, 13.

réfugièrent à Corinthe, où bientôt nous allons les voir en rapport avec saint Paul, dont ils deviendront les amis intimes et les collaborateurs zélés. Aquila et Priscille sont ainsi les deux plus anciens membres connus de l'Église de Rome[1]. Ils y ont à peine un souvenir[2]! La légende, toujours injuste, car toujours elle est dominée par les motifs politiques, a chassé du panthéon chrétien ces deux obscurs ouvriers, pour attribuer l'honneur de la fondation de l'Église de Rome à un nom plus illustre, répondant mieux aux orgueilleuses prétentions de domination universelle que la capitale de l'empire, devenue chrétienne,

---

1. Les *Actes* (xviii, 2) ne disent pas, il est vrai, qu'ils fussent chrétiens quand saint Paul les rencontra. Mais ils ne disent pas non plus que Paul les ait convertis, et le contraire paraît plutôt résulter du récit canonique. Il semble bien que l'édit de Claude s'appliqua à ceux-là seuls qui avaient pris part aux rixes; or, est-il admissible que ce couple apostolique ait fait partie des adversaires de « Chrestus » ? Impossible qu'ils fussent devenus chrétiens à Corinthe : ils venaient d'y arriver quand Paul les rencontra, et d'ailleurs il n'y avait pas d'Église à Corinthe avant l'arrivée de Paul (I Cor., iii, 6-10; iv, 14, 15; ix, 1, 2; II Cor., xi, 2, etc.

2. L'attribution de l'ancien « titre de sainte Prisque », sur l'Aventin, à Priscille, femme d'Aquila, est le résultat d'une confusion. V. de Rossi (*Bull. di arch. crist.*, 1867, p. 44 et suiv.), qui ne réussit à faire remonter cette identification que jusqu'au viiie siècle.

ne put abdiquer. Pour nous, ce n'est pas à la basilique théâtrale que l'on a consacrée à saint Pierre, c'est à la *porta Portese*, ce *ghetto* antique, que nous voyons vraiment le point d'origine du christianisme occidental. Ce seraient les traces de ces pauvres juifs vagabonds, qui apportaient avec eux la religion du monde, de ces hommes de peine rêvant dans leur misère le royaume de Dieu, qu'il faudrait retrouver et baiser. Nous ne contestons pas à Rome son titre essentiel : Rome fut probablement le premier point du monde occidental et même de l'Europe où le christianisme s'établit. Mais, au lieu de ces basiliques altières, au lieu de ces devises insultantes : *Christus vincit, Christus regnat, Christus imperat;* qu'il vaudrait mieux élever une pauvre chapelle aux deux bons juifs du Pont qui furent chassés par la police de Claude pour avoir été du parti de Chrestus !

Après l'Église de Rome (si même elle ne fut pas antérieure), la plus ancienne Église de l'Occident fut celle de Pouzzoles. Saint Paul y trouve des chrétiens vers l'an 61[1]. Pouzzoles était en quelque sorte le port de Rome[2] ; c'était au moins le lieu de débar-

---

1. *Act.*, xxviii, 14.
2. Paul Diacre, *Epitome* de Festus, au mot *Minorem Delum;* Dion Cassius, XLVIII, 49 et suiv.; LXVII, 14; Suétone, *Aug.,*

quement des Juifs et des Syriens qui venaient à Rome [1]. Ce sol étrange miné par le feu, ces champs Phlégréens, cette solfatare, ces cavernes pleines de vapeur brûlante, qui semblaient des soupiraux de l'enfer, ces eaux sulfureuses, ces mythes de géants et de démons ensevelis dans des vallées ardentes, sortes de géhennes [2], ces bains qui paraissaient aux juifs austères et ennemis de toute nudité le comble de l'abomination, frappaient beaucoup les vives imaginations des nouveaux débarqués, et ont laissé une trace profonde dans les compositions apocalyptiques du temps [3]. Les folies de Caligula [4], dont les traces se voyaient encore, faisaient aussi planer sur ces lieux de terribles souvenirs.

98; *Néron*, 31 ; Tacite, *Ann.*, XV, 42, 43, 46; Pline, *Hist. nat.*, XIV, 8 (6); Sénèque, *Epist.*, LXXVII, 1-2; Stace, *Silves*, IV, III, 26-27. Ostie ne prit toute son importance qu'à partir de Trajan. Elle eut cependant des juifs dès le temps de Claude. De Rossi, *Bull.*, 1866, p. 40.

1. Philon, *In Flaccum*, § 5 ; Jos., *Ant.*, XVII, XII, 1 ; XVIII, VI, 4; VII, 2; *Vita*, 3; *Corp. inscr. gr.*, n° 5853; lampe juive trouvée à Baïa (musée Parent).

2. Strabon, V, IV, 6.

3. Livre d'Hénoch, ch. LXVII; Vers sibyllins, IV, 130 et suiv.; Apoc., IX, 1 et suiv.

4. Dion Cassius, LIX, 17; Suét., *Caius*, 37; Tacite, *Ann.*, XIV, 4; Jos., *Ant.*, XIX, I, 1; Sénèque, *De brevit. vitæ*, 18. Cf. Philon, *Leg.*, § 44.

Un trait capital, en tout cas, qu'il importe déjà de noter, c'est que l'Église de Rome ne fut pas, comme les Églises d'Asie Mineure, de Macédoine et de Grèce, une fondation de l'école de Paul. Ce fut une création judéo-chrétienne, se rattachant directement à l'Église de Jérusalem[1]. Paul ici ne sera jamais sur son terrain ; il sentira dans cette grande Église bien des faiblesses qu'il traitera avec indulgence, mais qui blesseront son idéalisme exalté[2]. Attachée à la circoncision et aux pratiques extérieures[3], ébionite[4] par son goût pour les abstinences[5] et par sa doctrine, plus juive que chrétienne, sur la personne et la mort de Jésus[6], fortement attachée au millénarisme[7], l'Église romaine offre dès

---

1. *Act.*, XVIII, 2; Comment. [du diacre Hilaire] sur les Épîtres de saint Paul, à la suite des OEuvres de saint Ambroise, édition des bénédictins, t. II, 2ᵉ partie (Paris, 1686), col. 25 et 30. Ce commentaire est d'un homme fort au courant des traditions de l'Église romaine.
2. Rom., XIV (?), XV, 1-13.
3. Rom., XIV (?), XV, 8. Cf. Tacite, *Hist.*, V, 5.
4. Épiph., hær. XXX, 18. Comp. XXX, 2, 15, 16, 17.
5. Rom., XIV (?), Homél. pseudo-clément., XIV, 1.
6. Commentaire [d'Hilaire] précité, *ibid.* Comp. l'allégation d'Artémon, dans Eusèbe, *H. E.*, V, 28; Homél. pseudo-clém. (ouvrage d'origine romaine), XVI, 14 et suiv.
7. Voilà pourquoi la littérature judéo-chrétienne et millénariste s'est mieux conservée en latin qu'en grec (4ᵉ livre d'Esdras, Petite

ses premiers jours les traits essentiels qui la distingueront dans sa longue et merveilleuse histoire. Fille directe de Jérusalem, l'Église romaine aura toujours un caractère ascétique, sacerdotal, opposé à la tendance protestante de Paul. Pierre sera son véritable chef; puis, l'esprit politique et hiérarchique de la vieille Rome païenne la pénétrant, elle deviendra vraiment la nouvelle Jérusalem, la ville du pontificat, de la religion hiératique et solennelle, des sacrements matériels qui justifient par eux-mêmes, la ville des ascètes à la façon de Jacques Obliam, avec ses callosités aux genoux et sa lame d'or sur le front. Elle sera l'Église de l'autorité. A l'en croire, le signe unique de la mission apostolique sera de montrer une lettre signée des apôtres, de produire un certificat

---

Genèse, Assomption de Moïse). Les Pères grecs du IVe et du Ve siècle furent fort hostiles à cette littérature, même à l'Apocalypse. L'Église grecque relève plus directement de Paul que l'Église latine; en Orient, Paul a vraiment détruit ses ennemis. Notez l'accueil favorable que le montanisme (hérésie qui a des liens avec le judéo-christianisme) et les autres sectes du même genre trouvèrent à Rome. Tertullien, *Adv. Prax.*, 1; saint Hippolyte (?) *Philosophum.*, IX, 7, 12, 13 et suiv. Voir surtout, dans Eus., *H. E.*, V, 28, ce qui concerne l'hérésie d'Artémon et de Théodote, en remarquant le principe des artémonites, selon lequel la doctrine traditionnelle de l'Église de Rome avait été altérée à partir de Zéphyrin.

d'orthodoxie [1]. Le bien et le mal que l'Église de Jérusalem fit au christianisme naissant, l'Église de Rome le fera à l'Église universelle. C'est en vain que Paul lui adressera sa belle épitre pour lui exposer le mystère de la croix de Jésus et du salut par la foi seule. Cette épître, l'Église de Rome ne la comprendra guère. Mais Luther, quatorze siècles et demi plus tard, la comprendra et ouvrira une ère nouvelle dans la série séculaire des triomphes alternatifs de Pierre et de Paul.

1. Voir les Homélies pseudo-clémentines (écrit romain), surtout homélie XVII.

CHAPITRE V.

DEUXIÈME VOYAGE DE SAINT PAUL. — NOUVEAU SÉJOUR EN GALATIE.

A peine retourné à Antioche, Paul se mit à former de nouveaux projets. Son âme ardente ne pouvait supporter le repos. D'une part, il songeait à élargir le champ assez étroit de sa première mission. D'une autre part, le désir de revoir ses chères Églises de Galatie, pour les confirmer en la foi[1], le travaillait incessamment. La tendresse, dont cette nature étrange paraissait à quelques égards dépourvue, s'était transformée en une faculté puissante d'aimer les communautés qu'il avait fondées. Il avait pour ses Églises les sentiments que les

---

1. La προσκαρτέρησις ou confirmation des prosélytes (voyez Schleusner, aux mots στηρίζω, et ἐπιστηρίζω) était aussi une des préoccupations des juifs. Voir *Antiq. du Bosph. cimm.*, II, inscr. 22.

autres hommes ont pour ce qu'ils affectionnent le plus[1]. C'était là un don spécial des Juifs. L'esprit d'association qui les remplissait leur faisait donner à l'esprit de famille des applications toutes nouvelles. La synagogue, l'église, étaient alors ce que le couvent sera au moyen âge, la maison aimée, le foyer des grandes affections, le toit où l'on abrite ce que l'on a de plus cher.

Paul communiqua son dessein à Barnabé. Mais l'amitié des deux apôtres, qui jusque-là avait résisté aux plus fortes épreuves, qu'aucune susceptibilité d'amour-propre, aucun travers de caractère n'avait pu diminuer, reçut cette fois une atteinte cruelle. Barnabé proposa à Paul d'emmener Jean-Marc avec eux ; Paul s'emporta. Il ne pardonnait point à Jean-Marc d'avoir abandonné la première mission à Perge, au moment où elle entrait dans la partie la plus périlleuse du voyage. L'homme qui avait une fois refusé d'aller à l'ouvrage lui paraissait indigne d'être enrôlé de nouveau. Barnabé défendait son cousin, dont il est probable, en effet, que Paul jugeait les intentions avec trop de sévérité. La querelle en vint à beaucoup de vivacité ; il fut impossible de s'entendre[2]. Cette vieille amitié, qui avait

---

1. II Cor., xi, 2.
2. *Act.*, xv, 37-39.

été la condition de la prédication évangélique, céda pour quelque temps à une misérable question de personnes. A vrai dire, il est permis de supposer que la rupture eut des raisons plus profondes. C'est un miracle que les prétentions toujours croissantes de Paul, son orgueil, son besoin d'être chef absolu n'eussent pas déjà vingt fois rendu impossibles les rapports de deux hommes dont la situation réciproque était toute changée. Barnabé n'avait pas le génie de Paul; mais qui peut dire si, dans la vraie hiérarchie des âmes, laquelle se règle par ordre de bonté, il n'occupe pas un rang plus élevé? Quand on se rappelle ce que Barnabé avait été pour Paul, quand on songe que ce fut lui qui, à Jérusalem, fit taire les défiances assez bien fondées dont le nouveau converti était l'objet, qui alla chercher à Tarse le futur apôtre, encore isolé et incertain sur sa voie, qui l'amena dans le monde jeune et actif d'Antioche, qui le fit apôtre en un mot, on ne peut s'empêcher de voir en cette rupture acceptée pour un motif d'importance secondaire un grand acte d'ingratitude de la part de Paul. Mais les exigences de son œuvre s'imposaient à lui. Quel est l'homme d'action qui une fois en sa vie n'a pas commis un grand crime de cœur!

Les deux apôtres se séparèrent donc. Barnabé, avec Jean-Marc, s'embarqua à Séleucie pour Chypre¹. L'histoire désormais perd de vue son itinéraire. Pendant que Paul marche à la gloire, son compagnon, devenu obscur dès qu'il a quitté celui qui l'éclairait de ses rayons, s'use dans les travaux d'un apostolat ignoré. L'injustice énorme qui souvent régit les choses de ce monde préside à l'histoire comme à tout le reste. Ceux qui prennent le rôle du dévouement et de la douceur sont d'ordinaire oubliés. L'auteur des *Actes*, avec sa naïve politique de conciliation, a sans le vouloir sacrifié Barnabé au désir qu'il avait de réconcilier Pierre et Paul. Par une sorte de besoin instinctif de compensation, diminuant Paul d'un côté et le subordonnant, il l'a grandi de l'autre aux dépens d'un collaborateur modeste, qui n'eut pas de rôle tranché et qui ne pesait pas sur l'histoire du poids inique qui résulte des arrangements de partis. De là vient l'ignorance où nous sommes sur ce qui concerne l'apostolat de Barnabé. Nous savons seulement que cet apostolat continua d'être actif. Barnabé demeura fidèle aux grandes règles que lui et Paul avaient établies dans leur première mission. Il ne prit pas de compagne de ses pérégrinations, il vécut toujours de son travail sans rien accepter des Églises². Il se rencontrera encore avec Paul à Antioche. L'humeur

---

1. *Act.*, xv, 39.
2. I Cor., ix, 6.

altière de Paul fera de nouveau lever entre eux plus d'un discord[1]; mais le sentiment de l'œuvre sainte l'emportera sur tout; la communion entre les deux apôtres sera entière. Travaillant chacun de leur côté, ils resteront en relations l'un avec l'autre, s'informeront mutuellement de leurs travaux[2]. Malgré les plus grands dissentiments, Paul continuera toujours de traiter Barnabé en confrère et de le considérer comme partageant avec lui l'œuvre de l'apostolat des gentils[3]. Vif, emporté, susceptible, Paul oubliait vite, quand les grands principes auxquels il dévouait sa vie n'étaient pas en question.

A la place de Barnabé, Paul prit pour compagnon Silas, le prophète de l'Église de Jérusalem qui était resté à Antioche. Il n'était peut-être pas fâché, à défaut de Jean-Marc, d'avoir avec lui un autre membre de l'Église de Jérusalem, lequel, ce semble, touchait de près à Pierre[4]. Silas possédait, dit-on, le titre de citoyen romain[5]; ce qui, joint à son nom de Silvanus, ferait croire qu'il n'était pas de Judée,

---

1. Gal., II, 13.
2. Cela résulte de I Cor., IX, 6.
3. Gal., II, 9-10.
4. I Petri, V, 12. Il reste des doutes sur l'identité des deux personnages.
5. *Act.*, XVI, 37, 38.

ou qu'il avait déjà eu l'occasion de se familiariser avec le monde des gentils. Tous deux partirent, recommandés par les frères à la grâce de Dieu. Les formes n'étaient pas vaines alors : on croyait que le doigt de Dieu était partout, que chaque pas des apôtres du royaume nouveau était dirigé par l'inspiration immédiate du ciel.

Paul et Silas firent le voyage par terre[1]. Prenant au nord, à travers la plaine d'Antioche, ils traversèrent le défilé de l'Amanus, les « Portes syriennes[2] » ; puis, contournant le fond du golfe d'Issus, franchissant la branche septentrionale de l'Amanus par les « Portes amanides[3] », ils traversèrent la Cilicie, passèrent peut-être à Tarse, franchirent le Taurus sans doute par les célèbres « Portes ciliciennes[4] », l'un des passages de montagnes les plus effrayants du monde, pénétrèrent ainsi en Lycaonie, et atteignirent Derbé, Lystres et Iconium.

Paul retrouva ses chères Églises dans l'état où il les avait laissées. Les fidèles avaient persévéré ; leur nombre s'était augmenté. Timothée, qui n'était qu'un enfant lors de son premier voyage, était devenu un

---

1. *Act.*, xv, 41.
2. Passage de Beylan.
3. *Demir-Kapu* ou *Kara-Kapu* d'aujourd'hui.
4. *Külek-Boghaz* d'aujourd'hui.

sujet excellent. Sa jeunesse, sa piété, son intelligence plurent à Paul. Tous les fidèles de Lycaonie rendaient le meilleur témoignage de lui. Paul se l'attacha, l'aima tendrement et trouva toujours en lui un collaborateur zélé[1], ou plutôt un fils (c'est Paul lui-même qui se sert de cette expression[2]). Timothée était un homme d'une grande candeur, modeste, timide[3]. Il n'avait pas assez d'assurance pour affronter les premiers rôles ; l'autorité lui manquait, surtout dans les pays grecs, où les esprits étaient futiles et légers[4] ; mais son abnégation faisait de lui un diacre et un secrétaire sans égal pour Paul. Aussi Paul déclare-t-il qu'il n'eut pas d'autre disciple aussi complétement selon son cœur[5]. L'histoire impartiale est obligée de retirer, au profit de Timothée et de Barnabé, quelque chose de la gloire accaparée par la personnalité trop absorbante de Paul.

Paul, en s'attachant Timothée, prévit de graves

---

1. *Act.*, xvi, 1, 3 ; I Cor., iv, 17 ; xvi, 10-11 ; Phil., ii, 20, 22 ; I Tim., i, 2 ; II Tim., ii, 22 ; iii, 10-11. On ne peut prendre à la rigueur les témoignages de ces deux dernières épîtres, lesquelles sont fabriquées. Ces témoignages cependant ne sauraient être tout à fait sans valeur.
2. Phil., ii, 22. Cf. I Tim., i, 2.
3. I Cor., xvi, 10-11.
4. *Ibid.*
5. Phil., ii, 20.

embarras. Il craignit que, dans les rapports avec les juifs, l'état d'incirconcis où était Timothée ne fût une cause de répulsion et de trouble. On savait en effet partout que son père était païen. Une foule de personnes timorées ne voudraient pas avoir de commerce avec lui; les querelles qu'avait à peine assoupies l'entrevue de Jérusalem pouvaient renaître. Paul se rappela les difficultés qu'il avait éprouvées à propos de Titus; il résolut de les prévenir, et, pour éviter d'être amené à faire plus tard une concession à des principes qu'il repoussait, il circoncit lui-même Timothée[1]. Cela était tout à fait conforme aux principes qui l'avaient guidé dans l'affaire de Titus[2] et qu'il pratiqua toujours[3]. On ne l'eût jamais amené à dire que la circoncision était nécessaire au salut; à ses yeux, c'eût été là une erreur de foi. Mais, la circoncision n'étant pas une chose mauvaise, il pensait qu'on pouvait la pratiquer pour éviter le scandale et le schisme. Sa grande règle était que l'apôtre doit se faire tout à tous, et se plier aux préjugés de ceux qu'il veut gagner, quand ces préjugés en eux-mêmes ne sont que frivoles et n'ont rien d'absolument repré-

1. *Act.*, XVI, 3. Ceci montre bien ce qu'il y a d'exagéré et de convenu en XV, 41 et XVI, 4.
2. *Gal.*, II, 3-5. Voir ci-dessus, p. 87 et suiv.
3. *I Cor.*, IX, 20 et suiv.; *Rom.*, XV, 1 et suiv.

hensible. Mais, en même temps, comme s'il eût eu un pressentiment des épreuves que la foi des Galates allait bientôt avoir à souffrir, il leur fit promettre de ne jamais écouter d'autre docteur que lui, de réprouver par l'anathème tout autre enseignement que le sien [1].

D'Iconium, Paul vint probablement à Antioche de Pisidie [2], et acheva ainsi la visite des principales Églises de Galatie fondées lors de son premier voyage. Il résolut [3] alors d'aborder des terres nouvelles ; mais de grandes hésitations le prirent. La pensée d'attaquer l'ouest de l'Asie Mineure, c'est-à-dire la province d'Asie [4], lui vint à l'esprit. C'était la partie la plus vivante de l'Asie Mineure. Éphèse en était la capitale ; là étaient ces belles et florissantes villes de Smyrne, de Pergame, de Magnésie, de Thyatires, de Sardes, de Philadelphie, de Colosses, de Laodicée, d'Hiérapolis, de Tralles, de Milet, où le christianisme allait bientôt établir son centre. On

---

1. Gal., I, 9.

2. Cela semble résulter de *Act.*, xv, 36, et de *Act.*, xvi, 6, en tenant compte de ce que nous avons dit sur le sens du mot Γαλατική.

3. *Act.*, xvi, 6, suivant la leçon du *Codex Vaticanus* et du *Codex Sinaiticus*.

4. Comp. *Act.*, II, 9 ; VI, 9 ; XX, 16 ; I Petri, I, 1 ; Apocal., I, 4, expliqué par II, III. Comp. Ptolémée, V, II ; Strabon., XII, VIII, 15 ; Pline, V, 28.

ne sait ce qui détourna saint Paul de porter ses efforts de ce côté. « Le Saint-Esprit, dit le narrateur des *Actes*, l'empêcha d'aller prêcher en Asie. » Les apôtres, il faut se le rappeler, étaient censés obéir, dans la direction de leurs courses, à des inspirations d'en haut. Tantôt c'étaient des motifs réels, des réflexions ou des indications positives qu'ils dissimulaient sous ce langage; tantôt aussi c'était l'absence de motifs. L'opinion que Dieu fait connaître à l'homme ses volontés par les songes était fort répandue [1], comme elle l'est encore de nos jours en Orient. Un rêve, une impulsion soudaine, un mouvement irréfléchi, un bruit inexpliqué (*bath kôl*) [2], leur paraissaient des manifestations de l'Esprit, et décidaient de la marche de la prédication [3].

Ce qu'il y a de certain, c'est que, d'Antioche de Pisidie, au lieu de se porter vers les brillantes provinces du sud-ouest de l'Asie Mineure, Paul et ses compagnons s'enfoncèrent de plus en plus vers le centre de la presqu'île, formé de provinces bien moins célèbres et moins civilisées. Ils traversèrent la

---

1. Même Galien y croit. *De libris propriis*, ch. II (Opp., t. XIX, p. 18-19, édit. Kühn).

2. Voir Buxtorf, *Lex. chald., talm., rabb.*, au mot בת קול.

3 *Act.*, VIII, 26, 28, 39, 40; XVI, 6, 7, 9.

Phrygie Épictète[1], en passant probablement par les villes de Synnades et d'Æzanes, et arrivèrent aux confins de la Mysie. Là, leurs indécisions recommencèrent. Tourneraient-ils au nord vers la Bithynie, ou continueraient-ils vers l'ouest et entreraient-ils en Mysie? Ils essayèrent d'abord d'entrer en Bithynie; mais il survint des incidents contraires, qu'ils prirent pour des indices de la volonté du ciel. Ils s'imaginèrent que l'esprit de Jésus ne voulait pas qu'ils entrassent en ce dernier pays[2]. Ils traversèrent donc la Mysie d'un bout à l'autre, et arrivèrent à Alexandria Troas[3], port considérable, situé à peu près vis-à-vis de Ténédos, et non loin de l'emplacement de l'ancienne Troie. Le groupe apostolique fit ainsi presque d'une seule traite un voyage de plus de cent lieues, à travers un pays peu connu et qui, faute de colonies romaines et de synagogues juives, ne leur présentait aucune des facilités qu'ils avaient trouvées jusque-là.

Ces longs voyages d'Asie Mineure, pleins de doux ennuis et de rêveuse mysticité, sont un mélange singulier de tristesse et de charme. Souvent la route

---

1. *Act.*, XVI, 6.
2. *Act.*, XVI, 7.
3. Il en reste des ruines assez importantes. Texier, *Asie Min.*, p. 194 et suiv.; Conybeare et Howson, I, p. 300 et suiv.

est austère; certains cantons sont singulièrement âpres et pelés. D'autres parties, au contraire, sont pleines de fraîcheur, et ne répondent nullement aux idées qu'on s'est habitué à renfermer sous ce mot vague d'Orient. L'embouchure de l'Oronte marque, sous le rapport de la nature, ainsi que sous le rapport des races, une ligne profonde de démarcation. L'Asie Mineure, pour l'aspect et pour le ton du paysage, rappelle l'Italie ou notre Midi à la hauteur de Valence et d'Avignon. L'Européen n'y est nullement dépaysé, comme il l'est en Syrie et en Égypte. C'est, si j'ose le dire, un pays aryen, non un pays sémitique, et il n'est pas douteux qu'un jour il ne soit occupé de nouveau par la race indo-européenne (Grecs et Arméniens). L'eau y est abondante; les villes en sont comme inondées; certains points, tels que Nymphi, Magnésie du Sipyle, sont de vrais paradis. Les plans étagés de montagnes qui forment presque partout l'horizon présentent des variétés de formes infinies et parfois des jeux bizarres, qu'on prendrait pour des rêves si un artiste osait les imiter: sommets dentelés comme une scie, flancs déchirés et déchiquetés, cônes étranges et murs à pic, où s'étalent avec éclat toutes les beautés de la pierre. Grâce à ces nombreuses chaînes de montagnes, les eaux sont vives et légères. De longues files de peupliers, de petits platanistes dans les larges lits des torrents d'hiver, de superbes cépées d'arbres dont le pied plonge dans les fontaines et qui s'élancent en touffes sombres du bas de chaque montagne, sont le soulagement du voyageur. A chaque source, la caravane s'arrête et boit. La marche durant des jours et des jours sur ces lignes étroites[1] de pavés antiques, qui depuis des siècles ont porté des voyageurs si divers, est parfois fatigante; mais les haltes sont délicieuses. Un repos d'une heure, un morceau de pain mangé sur le bord de ces ruisseaux limpides, courant sur des lits de cailloux, vous soutient pour longtemps.

A Troas, Paul, qui, en cette partie de son voyage, semble n'avoir pas suivi un plan bien sûr, retomba dans de nouvelles incertitudes sur la route qu'il devait choisir. La Macédoine lui parut promettre une belle moisson. Il semble qu'il fut confirmé dans cette idée par un Macédonien qu'il rencontra à Troas. C'était un médecin, prosélyte incirconcis[2], nommé Lucanus ou Lucas[3]. Ce nom latin porterait à croire

---

1. Elles ont environ deux mètres de largeur.

2. Cela résulte de Col., IV, versets 11, 14, comparés entre eux. Par là s'expliquent bien les partis pris généraux qui dominent le livre des *Actes*, surtout le ch. xv.

3. Ce n'est ici qu'une hypothèse vraisemblable. Nous admettons

que le nouveau disciple appartenait à la colonie romaine de Philippes[1] ; ses rares connaissances en fait

que le narrateur qui, à partir de *Act.*, xvi ; 10, dit « nous » est bien l'auteur du troisième Évangile et des *Actes* (Irénée, *Adv. hær.*, III, xiv, 1), et nous ne voyons pas de raison suffisante pour ne pas l'identifier avec le Lucas, compagnon de Paul, cité dans Col., iv, 14; Philem., 24 ; II Tim., iv, 11. Dès lors, il faut supposer que Luc joignit Paul à Troas, puisque c'est à partir de cette ville que le « nous » commence. Mais Troas n'avait pas de juiverie. Comme, d'un autre côté, 1° le narrateur qui dit « nous » semble être resté à Philippes à partir de xvi, 17; 2° que les versets xvi, 9-10, ont une physionomie qui donne à réfléchir; 3° que les versets 12 et suivants semblent, malgré la légère erreur impliquée dans πρώτη (erreur qui peut même se justifier), venir de quelqu'un qui connaissait le pays; 4° que le narrateur (*Act.*, xix, 22, et xx, 1) est bien plus occupé de la Macédoine que de Corinthe, et est par là induit en erreur; 5° que le narrateur qui dit « nous » rentre en scène au ch. xx, v. 5, au moment où Paul passe à Philippes pour la dernière fois et regagne Troas, on est amené à supposer que le narrateur qui dit « nous » était un Macédonien. Deux circonstances frappantes sont, d'une part, le détail et l'exactitude du récit en ce qui touche la mission de Macédoine et les derniers voyages de Paul (à partir de xx, 5); de l'autre, la connaissance des termes techniques de la navigation qui se montre dans toutes les parties où l'auteur dit « nous ». Ajoutons que le narrateur des *Actes* connaît assez mal le judaïsme, et qu'au contraire il connaît un peu la Grèce et la philosophie grecque (*Act.*, xvii, 18 et suiv.). Peut-être est-ce par un sentiment d'admiration pour les voies de la Providence qu'il insiste tant, xvi, 6-7, sur les révélations qui imposèrent à Paul l'itinéraire qui devait les faire rencontrer à Troas.

1. La plupart des noms qu'on trouve sur les inscriptions de

de géographie nautique et de navigation inviteraient cependant plutôt à penser qu'il était de Néapolis; les ports et tout le cabotage de la Méditerranée paraissent lui avoir été remarquablement familiers.

Cet homme, à qui était réservé un rôle si capital dans l'histoire du christianisme, puisqu'il allait être l'historien des origines chrétiennes, et que ses jugements devaient, en s'imposant à l'avenir, régler les idées qu'on se fait sur les premiers temps de l'Église, avait reçu une éducation juive et hellénique assez soignée. C'était un esprit doux, conciliant, une âme tendre, sympathique, un caractère modeste et porté à s'effacer. Paul l'aima beaucoup, et Luc, de son côté, fut toujours fidèle à son maître[1]. Comme Timothée, Luc semblait avoir été créé exprès pour être compagnon de Paul[2]. La soumission et la confiance aveugles, l'admiration sans bornes, le goût de l'obéissance, le dévouement sans réserve, étaient ses sentiments habituels. On dirait déjà l'abdication absolue de lui-même que faisait le moine hibernais entre les

---

Philippes et de Néapolis sont latins. Cf. Heuzey, *Miss. de Macéd.*, première partie. Le nom de Lucanus ou Lucas, du reste, n'était pas très-rare en Orient. Cf. *Corp. inscr. gr.*, n°s 3829, 4700 *k*, 4759 (cf. add.).

1. Col., iv, 14; II Tim., 4, 11.
2. Cf. Phil., ii, 20 et suiv.

mains de son abbé[1]. L'idéal du « disciple » n'a jamais été si parfaitement réalisé : Luc est à la lettre fasciné par l'ascendant de Paul. Sa bonhomie d'homme du peuple éclate sans cesse; son rêve lui présente toujours comme modèle de perfection et de bonheur un brave homme, bien maître dans sa famille dont il est comme le père spirituel, juif de cœur, se convertissant avec toute sa maison[2]. Il aimait les officiers romains et volontiers les croyait vertueux : une des choses qu'il admire le plus est un bon centurion, pieux, bienveillant pour les juifs, bien servi, bien obéi[3]; il avait probablement étudié l'armée romaine à Philippes, et en avait été très-frappé; il supposait naïvement que la discipline et la hiérarchie sont choses d'un ordre moral. Son estime pour les fonctionnaires romains est grande aussi[4]. Son titre de médecin[5] suppose qu'il avait des connaissances, ce que ses écrits prouveraient du reste,

---

1. Comparez le récit *Act.*, XXVII-XXVIII, surtout XXVII, 11, 21 et suiv., aux récits relatifs à saint Brandan.

2. *Act.*, X, 2, 24; XVI, 15, 33, 34; XVIII, 8.

3. *Act.*, IX, 1 et suiv.; Luc, VII, 4-5. Comp. *Act.*, XXVII, 3 et suiv.

4. Voir *les Apôtres*, p. XXII et suiv.; 203, note 1; et ci-dessus, p. 16, note 1. Son système est de montrer toujours Paul sauvé des mains des juifs par les Romains. *Act.*, XXI, XXII, XXIII, etc.

5. Col., IV, 14.

mais n'implique pas une culture scientifique et rationnelle, que peu de médecins possédaient alors. Ce que Luc est par excellence, c'est « l'homme de bonne volonté », le vrai israélite de cœur, celui auquel Jésus apporte la paix. C'est lui qui nous a transmis, et qui probablement a composé ces délicieux cantiques de la naissance et de l'enfance de Jésus, ces hymnes des anges, de Marie, de Zacharie, du vieillard Siméon, où éclatent en sons si clairs et si joyeux le bonheur de la nouvelle alliance, l'*Hosanna* du pieux prosélyte, l'accord rétabli entre les pères et les fils dans la famille agrandie d'Israël [1].

Tout porte à croire que Luc fut touché de la grâce à Troas, qu'il s'attacha dès lors à Paul et lui persuada qu'il trouverait en Macédoine un champ excellent. Ses paroles firent beaucoup d'impression sur l'apôtre. Celui-ci crut voir en rêve un Macédonien debout qui l'invitait et lui disait : « Viens à notre aide. » Il fut reçu dans la troupe apostolique que l'ordre de Dieu était qu'on allât en Macédoine, et l'on n'attendit plus qu'une occasion favorable pour partir [2].

---

[1]. Luc, I, 46 et suiv., 68 et suiv.; II, 14, 29 et suiv., et en général les ch. I et II. Comp. *Vie de Jésus*, p. LXXXIII et suiv. (13ᵉ édit.).

[2]. *Act.*, XVI, 9-10.

CHAPITRE VI.

SUITE DU DEUXIÈME VOYAGE DE SAINT PAUL.
— MISSION DE MACÉDOINE.

La mission abordait ici des terres toutes nouvelles. C'était ce qu'on appelait la province de Macédoine ; mais ces pays n'avaient fait partie du royaume macédonien que depuis Philippe. C'étaient en réalité des parties de la Thrace, anciennement colonisées par les Grecs, puis absorbées par la forte monarchie dont le centre fut à Pella, et englobées depuis deux cents ans dans la grande unité romaine. Peu de pays au monde étaient plus purs en fait de race que ces contrées situées entre l'Hæmus et la Méditerranée. Des rameaux, divers, il est vrai, mais tous très-authentiques de la famille indo-européenne, s'y étaient superposés. Si l'on excepte quelques influences phéniciennes, venant de Thasos et de Samothrace, presque rien d'étranger n'avait pénétré dans l'intérieur. La Thrace, en grande partie celtique[1], était restée fidèle à la vie aryenne; elle gardait les anciens cultes sous une forme qui paraissait barbare aux Grecs et aux Romains, mais qui, en réalité, n'était que primitive. Quant à la Macédoine, c'était peut-être la région la plus honnête, la plus sérieuse, la plus saine du monde antique. Ce fut à l'origine un pays de *burgs* féodaux, non de grandes villes indépendantes : or, c'est là, de tous les régimes, celui qui conserve le mieux la moralité humaine et met le plus de forces en réserve pour l'avenir. Monarchiques par solidité d'esprit et par abnégation, pleins d'antipathie pour le charlatanisme et l'agitation souvent stérile des petites républiques, les Macédoniens offrirent à la Grèce le type d'une société analogue à celle du moyen âge, fondée sur le *loyalisme*, sur la foi en la légitimité et l'hérédité, et sur un esprit conservateur, également éloigné du despotisme ignominieux de l'Orient et de cette fièvre démocratique

---

1. Remarquez les noms de Sadoc, Sparadoc, Médoc, Amadoc, Olorus, Lutarius, Leonorius, Comontorius, Lomnorius, Luarius, Cavarus, Bithocus ou Bituitus (comp. *Revue num.*, nouv. série, t. I, 1856; monnaies arvernes, n°s 5-6), Rabocentus, Bithicenthus, Zipacenthus (Heuzey, *Miss. de Mac.* p. 149 et suiv.; *Art de vérif. les dates*, av. J.-C., t. III, p. 106-132). Le penchant à l'ivrognerie, si fort chez les Thraces, est en général un indice de race gauloise ou germanique.

qui, brûlant le sang d'un peuple, use si vite ceux qui s'y abandonnent. Ainsi débarrassés des causes de corruption sociale que la démocratie amène presque toujours avec elle, et pourtant libres des chaînes de fer que Sparte avait inventées pour se prémunir contre la révolution, les Macédoniens furent le peuple de l'antiquité qui ressembla le plus aux Romains. Ils rappellent à quelques autres égards les barons germains, braves, ivrognes, rudes, fiers, fidèles. S'ils ne réalisèrent qu'un moment ce que les Romains surent fonder d'une manière durable, ils eurent du moins l'honneur de survivre à leur tentative. Le petit royaume de Macédoine, sans factions ni séditions, avec sa bonne administration intérieure, fut la plus solide nationalité que les Romains eurent à combattre en Orient. Un fort esprit patriotique et légitimiste y régnait, à tel degré qu'après leurs défaites on vit les habitants prendre feu avec une facilité singulière pour des imposteurs prétendant continuer leur vieille dynastie.

Sous les Romains, la Macédoine resta un sol digne et pur. Elle fournit à Brutus deux excellentes légions [1]. On ne vit pas les Macédoniens comme les Syriens, les Égyptiens, les Asiates, ac-

---

1. Appien, *Guerres civ.*, III, 79.

courir à Rome pour s'enrichir du fruit de leurs mauvaises pratiques. Malgré les terribles substitutions de races qui suivirent[1], on peut dire que la Macédoine a encore conservé le même caractère. C'est un pays placé dans les conditions normales de la vie européenne, boisé, fertile, arrosé par de grands cours d'eau, ayant des sources intérieures de richesses, tandis que la Grèce, maigre, pauvre, singulière en tout, n'a que sa gloire et sa beauté. Terre de miracles, comme la Judée et le Sinaï, la Grèce a fleuri une fois, mais n'est pas susceptible de refleurir; elle a créé quelque chose d'unique, qui ne saurait être renouvelé; il semble que, quand Dieu s'est montré dans un pays, il le sèche pour jamais. Terre de klephtes et d'artistes, la Grèce n'a plus de rôle original le jour où le monde entre dans la voie de la richesse, de l'industrie, de l'ample consommation; elle ne produit que le génie; on s'étonne en la parcourant qu'une race puissante ait pu vivre sur ce tas de montagnes arides, au milieu desquelles un fond de vallée qui a quelque humidité, une petite plaine d'un kilomètre font crier au miracle; jamais on ne vit si bien l'opposition qu'il y a entre l'opulence et le grand art. La Macédoine, au contraire,

---

1. L'élément slave domine maintenant en Macédoine.

ressemblera un jour à la Suisse ou au sud de l'Allemagne. Ses villages sont des touffes d'arbres gigantesques; elle a tout ce qu'il faut pour devenir un pays de grande culture et de grande industrie, des plaines vastes, de riches montagnes, des prairies vertes, de larges aspects, bien différents de ces charmants petits dédales du site grec. Triste et grave, le paysan macédonien n'a rien non plus de la vantardise et de la légèreté du paysan hellène. Les femmes, belles et chastes, travaillent aux champs comme les hommes. On dirait un peuple de paysans protestants; c'est une bonne et forte race, laborieuse, sédentaire, aimant son pays, pleine d'avenir.

Embarqués à Troas, Paul et ses compagnons (Silas, Timothée et probablement Luc) naviguèrent vent arrière, touchèrent le premier soir à Samothrace, et le lendemain abordèrent à Néapolis[1], ville

---

1. Aujourd'hui Cavala, échelle maritime importante. Voir Heuzey, *Miss. de Macéd.*, p. 11 et suiv. Cependant, on a quelquefois supposé que la ville antique était située à Lefthéro-Limani ou Eski-Cavala (le vieux Cavala), à 10 kilomètres au S.-O. de Cavala, où il y a un très-bon port. Voir Tafel, *De via Egnatia*, II, p. 12 et suiv. Il est plus probable que Lefthéro-Limani est l'ancien *Daton,* qui aura été peu à peu abandonné pour la « nouvelle ville », *Néapolis* ou *Néopolis.* Voir Perrot, dans la *Revue arch.*, juillet 1860, p. 45 et suiv. En effet, Lefthéro est loin de la voie Egnatienne et plus éloignée de Philippes que Cavala.

située sur un petit promontoire en face de l'île de Thasos. Néapolis était le port de la grande ville de Philippes, située à trois lieues de là dans l'intérieur[1]. C'était le point où la voie Egnatienne, qui traversait d'occident en orient la Macédoine et la Thrace, touchait la mer. Prenant cette voie qu'ils ne devaient plus quitter jusqu'à Thessalonique, les apôtres montèrent la rampe pavée et taillée dans le roc qui domine Néapolis, franchirent la petite chaîne de montagnes qui forme la côte, et entrèrent dans la belle plaine au centre de laquelle se détache, sur un promontoire avancé de la montagne, la ville de Philippes [2].

Cette riche plaine, dont la partie la plus basse est occupée par un lac et des marécages, communique avec le bassin du Strymon par derrière le Pangée. Les mines d'or qui, à l'époque hellénique et macédonienne, avaient fait la célébrité de la contrée, étaient maintenant à peu près délaissées. Mais l'importance militaire de la position de Philippes[3], serrée entre la

---

1. Appien, *Guerres civ.*, IV, 106; Heuzey, p. 15 et suiv.
2. Aujourd'hui entièrement détruite. Belles ruines. Le nom même, qui s'était conservé dans celui du village de *Filibedjik*, a maintenant disparu. Voir Heuzey, *Miss. de Macéd.*, 1re partie.
3. Heuzey, *Miss. de Macéd.*, p. 33-34.

montagne et le marais, lui avait donné une nouvelle vie. La bataille qui, quatre-vingt-quatorze ans avant l'arrivée des missionnaires chrétiens, s'était livrée à ses portes fut pour elle la cause d'une splendeur inattendue[1]. Auguste y avait établi une colonie romaine des plus considérables, avec le *jus italicum*[2]. La ville était bien plus latine que grecque; le latin y était la langue commune; les religions du Latium semblaient y avoir été transportées de toutes pièces; la plaine environnante, semée de bourgs, était également à l'époque où nous sommes une sorte de canton romain jeté au cœur de la Thrace[3]. La colonie était inscrite dans la tribu Voltinia[4]; elle avait été formée principalement des débris du parti d'Antoine, qu'Auguste avait cantonnés en ces parages; il s'y mêlait des portions du vieux fond thrace[5]. C'était, en tout cas, une population très-laborieuse, vivant dans l'ordre et la paix, très-religieuse aussi[6]. Les con-

---

1. Strabon, VII, fragm. 41.
2. *Act.*, xvi, 12; Dion Cassius, LI, 4; Pline, *H. N.*, IV, 18; Digeste, L, xv, 6; les monnaies et les inscriptions : cf. Heuzey, p. 17-18, 72.
3. Heuzey, *Miss. de Macéd.*, toute la partie relative à Philippes et à ses environs. Plus tard, le grec reprit complétement le dessus.
4. Heuzey, p. 40, 41, 46, 140.
5. Heuzey, p. iv-v, 42, 137-138, etc.
6. Heuzey, p. 78 et suiv.

fréries y étaient florissantes, en particulier sous le patronage du dieu Sylvain[1], considéré comme une sorte de génie tutélaire de la domination latine[2]. Les mystères du Bacchus de Thrace[3] couvraient des idées élevées sur l'immortalité, et rendaient familières à la population des images de la vie future et d'un paradis idyllique fort analogues à celles que le christianisme devait répandre[4]. Le polythéisme était en ces contrées moins compliqué qu'ailleurs. Le culte de Sabazius, commun à la Thrace et à la Phrygie, en rapport étroit avec l'ancien orphisme, et rattaché encore par le syncrétisme du temps aux mystères dionysiaques, renfermait des germes de monothéisme[5]. Un certain goût de simplicité enfantine[6] préparait les voies à l'Évangile. Tout indique des habitudes honnêtes, sérieuses et douces. On se sent dans un milieu ana-

1. *Cultores sancti Silvani,* Heuzey, p. 69 et suiv.
2. Orelli, *Inscr. lat.,* n° 1800; Steiner, *Inscr. Germ.,* n° 1275.
3. Sur le culte de Bacchus à Philippes, voir Appien, *Guerres civ.,* IV, 106; Heuzey, p. 79-80.
4. Heuzey, p. 39. Voir surtout la belle inscription de Doxato : Heuzey, p. 128 et suiv. Cf. *Comptes rendus de l'Acad. des inscr.,* juillet 1868, p. 249 et suiv. Comparez le tombeau sabazien de Vibia, à Rome (Garrucci, *Tre sepolcri,* etc., Napoli, 1852).
5. Strabon, X, III, 16; Schol. d'Arist., in *Vesp.,* 9; Macrobe, *Saturn.,* I, 18; Heuzey, p. 28-31, 80; Wagener, *Inscr. d'Asie Min.,* p. 3 et suiv.
6. Inscription de Doxato.

logue à celui où naquit la poésie agronomique et sentimentale de Virgile. La plaine toujours verdoyante offrait des cultures variées de légumes et de fleurs[1]. D'admirables sources, jaillissant du pied de la montagne de marbre doré qui couronne la ville, répandaient, quand elles étaient bien dirigées, la richesse, l'ombrage et la fraîcheur. Des massifs de peupliers, de saules, de figuiers, de cerisiers, de vignes sauvages, exhalant l'odeur la plus suave, dissimulent les ruisseaux qui coulent de toutes parts. Ailleurs, des prairies inondées ou couvertes de grands roseaux montrent des troupeaux de buffles à l'œil blanc mat, aux cornes énormes, la tête seule hors de l'eau, tandis que des abeilles et des essaims de papillons noirs et bleus tourbillonnent sur les fleurs. Le Pangée, avec ses sommets majestueux, couverts de neige jusqu'au mois de juin, s'avance comme pour rejoindre la ville à travers le marais. De belles lignes de montagnes terminent l'horizon de tous les autres côtés, ne laissant qu'une ouverture par laquelle le ciel fuit et laisse pressentir dans un lointain clair le bassin du Strymon.

1. Théophraste, *Hist. plant.*, II, 2; IV, 14 (16), 16 (19); VI, 6; VIII, 8; *De causis plant.*, IV, 12 (13); Pline, *Hist. nat.*, XXI, 10. Encore aujourd'hui, près du *Dekili-tasch*, il y a de beaux jardins maraîchers.

Philippes offrait à la mission un champ des mieux appropriés. Nous avons déjà vu qu'en Galatie les colonies romaines d'Antioche de Pisidie, d'Iconium, avaient accueilli très-favorablement la bonne doctrine; nous observerons la même chose à Corinthe, à Alexandria Troas. Les populations depuis longtemps assises, ayant de longues traditions locales, se montraient moins portées aux nouveautés. La juiverie de Philippes, s'il y en avait une, était peu considérable : tout se bornait peut-être à des femmes célébrant le sabbat; même dans les villes où il n'y avait pas de juifs, le sabbat était d'ordinaire célébré par quelques personnes[1]. En tout cas, il semble bien qu'il n'y avait pas ici de synagogue[2]. Quand la troupe apostolique entra dans la ville, on était aux premiers jours de la semaine. Paul, Silas, Timothée et Luc restèrent quelques jours renfermés chez eux, attendant, selon l'usage, le jour du sabbat. Luc, qui connaissait le pays, se rappela que les personnes gagnées aux coutumes juives avaient l'usage de se réunir ce jour-là hors des faubourgs, sur le bord d'une petite rivière très-encaissée, qui sort de terre

---

1. Voir *les Apôtres*, p. 294-295.

2. Cela résulte de *Act.*, xvi, 13 et suiv., comparé à *Act.*, xvii, 1, 10.

à une lieue et demie de la ville par une énorme source bouillonnante, et qu'on appelait *Gangas* ou *Gangitès* [1]. Peut-être était-ce là l'antique nom aryen des fleuves sacrés (*Ganga*) [2]. Ce qu'il y a de sûr, c'est que la scène pacifique racontée par les *Actes*, et qui marqua le premier établissement du christianisme en Macédoine, eut lieu à l'endroit même où, il y avait un siècle, s'était décidé le sort du monde [3]. Le Gangitès marqua, dans la grande bataille de l'an 42 avant Jésus-Christ, le front de bandière de Brutus et de Cassius.

Dans les villes où il n'y avait pas de synagogue, les réunions des affiliés au judaïsme se faisaient

---

[1]. Appien, *Guerres civ.*, IV, 106-107; Dion Cassius, XLVII, 47. Aujourd'hui rivière de Bounarbachi. Voir le plan de Philippes de M. Heuzey, et le texte, p. 97, 106, 120. Hérodote (VII, 113) parle d'une rivière Angitès (l'*Angista* actuel), qui, dit-il, se jette dans le Strymon à l'occident du Pangée. C'est peut-être le même nom que *Gangitès* ; la rivière de Bounarbachi est, en effet, le plus fort affluent du marais central de la plaine de Philippes, lequel se décharge dans l'Angista, puis dans le Strymon. Voir la carte de Turquie de Kiepert, et Cousinéry, *Voy. dans la Macéd.*, II, p. 45 et suiv.

[2]. Cette masse d'eau provenant d'une seule source, comme le Loiret, devait en effet inspirer aux anciens des idées religieuses.

[3]. L'arc appelé *Kiémer*, situé vers l'endroit mentionné par les *Actes*, peut avoir été élevé en souvenir de la bataille. Heuzey, p. 118-120.

dans de petites constructions hypèthres, ou souvent simplement en plein air dans des espaces à peine clos, qu'on appelait *proseuchœ*[1]. On aimait à établir ces oratoires près de la mer ou des rivières, afin d'avoir des facilités pour les ablutions[2]. Les apôtres se rendirent à l'endroit indiqué. Plusieurs femmes y vinrent, en effet, pour faire leurs dévotions. Les apôtres leur parlèrent et leur annoncèrent le mystère de Jésus. Ils furent bien écoutés. Une femme surtout fut touchée : « Le Seigneur, dit le narrateur des *Actes*, ouvrit son cœur. » On l'appelait *Lydia* ou « la Lydienne », parce qu'elle était de Thyatires[3]; elle faisait le commerce d'un des principaux produits de l'industrie lydienne[4], la pourpre. C'était une personne

---

1. Inscr. dans les *Antiquités du Bosphore cimmérien*, n° 22 ; *Mél. gréco-rom.* de l'Acad. de Saint-Pétersb., II, p. 200 et suiv.; Épiph., *Contra hær.*, hær. LXXX, 1. Comp. Juvénal, III, 296.

2. Jos., *Ant.*, XIV, x, 23 ; Pseudo-Aristeas, p. 67 (édit. Moriz Schmidt); Philon, *In Flaccum*, § 14 ; Tertullien, *De jej.*, 16.

3. Comparez comme analogue Κοριvθία, *Corp. inscr. gr.*, n° 3847 n; Le Bas, III, n° 1022 ; *Miss. de Phén.*, inscr. de Sidon.

4. Pline, *H. N.*, VII, 57 ; Maxime de Tyr, XL, 2 ; Valerius Flaccus, IV, 368-369 ; Claudien, *Rapt. Proserp.*, I, 276 ; Élien, *Anim.*, IV, 46 ; Strabon, XIII, IV, 14. Comp. *Corpus i. g.*, n°ˢ 3496, 3497, 3498, 3924, 3938 ; Le Bas, III, 1687 ; Wagener, dans la *Revue de l'instr. publ. en Belgique*, 1868, p. 1 et suiv. Les juifs paraissent avoir été particulièrement adonnés à cette industrie (Wagener, *l. c.*).

pieuse, de l'ordre de celles qu'on appelait « craignant Dieu », c'est-à-dire païenne de naissance, mais observant les préceptes dits « de Noé[1] ». Elle se fit baptiser avec toute sa maison, et n'eut de cesse que quand elle eut obtenu, à force d'instances, des quatre missionnaires qu'ils demeurassent chez elle. Ils y restèrent quelques semaines, enseignant chaque samedi à la place des prières, sur le bord du Gangitès.

Une petite Église, presque toute composée de femmes[2], se forma, très-pieuse, très-obéissante, très-dévouée à Paul[3]. Outre Lydie, cette Église comptait dans son sein Évodie et Syntyché[4], qui combattirent vaillamment avec l'apôtre pour l'Évangile, mais qui se disputaient quelquefois à propos de leur ministère de diaconesses[5]; Épaphrodite, homme courageux, que Paul traite de frère, de collaborateur, de compagnon d'armes[6]; Clément et d'autres encore que Paul appelle « ses collaborateurs, et dont les noms,

---

1. Voir Lévy, *Epigr. Beiträge,* p. 342-343.
2. *Act.*, XVI, 13 et suiv.; Phil., IV, 2-3.
3. Phil., I, 3 et suiv.; II, 12.
4. Pour ce nom, voir *Corp. inscr. gr.,* n° 2264 *m;* Perrot, *Expl. de la Gal.,* p. 88; Le Bas (Waddington), III, n° 722.
5. Phil., IV, 2-3.
6. Phil., II, 25 et suiv.

dit-il, sont écrits dans le livre de vie[1] ». Timothée était aussi fort aimé des Philippiens et avait pour eux un grand dévouement[2]. Ce fut la seule Église dont Paul accepta des secours pécuniaires[3], parce qu'elle était riche et peu chargée de pauvres juifs. Lydie fut sans doute le principal auteur de ces dons; Paul acceptait d'elle, car il se la savait fort attachée. La femme donne avec son cœur; on n'a pas à craindre de sa part de reproches ni de retour intéressé. Paul aimait mieux sans doute devoir à une femme (probablement veuve) dont il était sûr, qu'à des hommes envers lesquels il eût été moins indépendant, s'il leur avait eu quelque reconnaissance.

La pureté absolue des mœurs chrétiennes écartait tout soupçon. Peut-être, d'ailleurs, n'est-il pas trop hardi de supposer que c'est Lydie que Paul, dans son épître aux Philippiens, appelle « ma chère épouse[4] ». Cette expression sera, si l'on veut, une

1. Phil., IV, 3.
2. Phil., II, 19-23
3. Phil., IV, 10 et suiv Cf. I Thess., II, 5, 7, 9 ; II Cor., XI, 8 et suiv.
4. Γνήσιε σύζυγε. Phil., IV, 3. Clément d'Alexandrie (*Strom.*, III, 6) et Eusèbe (*Hist. eccl.*, III, 30) entendent σύζυγε dans le sens d'épouse. Il est bien remarquable que Lydie n'est pas nommée dans l'Épître aux Philippiens; l'omission totale d'une personne si importante serait singulière. Le rôle que Paul prête à la γνήσιος

simple métaphore¹. Est-il cependant absolument impossible que Paul ait contracté avec cette sœur une union plus intime? On ne saurait l'affirmer. La seule chose qui soit sûre, c'est que Paul ne menait pas avec lui de sœur dans ses voyages. Toute une branche de la tradition ecclésiastique a prétendu, nonobstant cela, qu'il était marié².

Le caractère de la femme chrétienne se dessinait de plus en plus. A la femme juive, parfois si forte, si dévouée, à la femme syrienne, qui doit à la molle langueur d'une organisation malade des éclairs d'enthousiasme et d'amour, à Tabithe, à Marie de Magdala, succède la femme grecque, Lydie, Phœbé, Chloé, vives, gaies, actives, douces, distinguées, ouvertes à tout et cependant discrètes, laissant faire leur maître, se subordonnant à lui, capables de ce qu'il y a de plus grand, parce qu'elles se contentèrent d'être les collaboratrices des hommes et leurs sœurs, de les aider quand ils faisaient de belles et

---

σύζυγος (v. 3) convient aussi très-bien à la riche Lydie (συλλαμβάνου). Quelques-uns prennent Σύζυγος comme un nom propre; mais on n'a pas ailleurs un seul exemple d'un tel nom.

1. Comparez γνησίῳ τέκνῳ, I Tim., I, 2; Tit., I, 4. Paul appelait de même la mère de Rufus « ma mère » (Rom., XVI, 13).

2. Outre Clément d'Alexandrie et Eusèbe, précités, voir Pseudo-Ignace, *Ad Philad.*, 4 (Dressel). Cf. *les Apôtres*, p. 172.

bonnes choses. Ces femmes grecques, de fine et forte race, éprouvent sur le retour de l'âge un changement qui les transforme. Elles deviennent pâles, leur œil s'égare légèrement; couvrant alors d'un voile noir les bandeaux de cheveux plats qui encadrent leurs joues, elles se vouent aux soins austères; elles y portent une vive et intelligente ardeur. La « servante » ou diaconesse grecque surpassa encore celle de Syrie et de Palestine en courage. Ces femmes, gardiennes des secrets de l'Église, couraient les plus grands dangers, supportaient tous les tourments plutôt que de rien divulguer[1]. Elles créèrent la dignité de leur sexe, justement parce qu'elles ne parlèrent pas de leurs droits; elles firent plus que les hommes, en ayant l'air de se borner à les servir.

Un incident vint hâter le départ des missionnaires. La ville commençait à s'entretenir d'eux, et les imaginations travaillaient déjà sur les vertus merveilleuses qu'on leur attribuait, surtout pour les exorcismes. Un jour qu'ils se rendaient à l'endroit des prières, ils rencontrèrent une jeune esclave, probablement ventriloque[2], qui passait pour une pythonisse annonçant l'avenir. Ses maîtres tiraient beau-

---

1. Pline, *Epist.*, X, 97.
2. Plutarque, *De defectu orac.*, 9; Hesychius, au mot Πύθων; Scoliaste d'Aristophane, ad *Vesp.*, v. 1019.

coup d'argent de cette ignoble exploitation. La pauvre fille, soit qu'elle eût vraiment l'esprit exalté, soit qu'elle fût lasse de son infime métier, n'eut pas plus tôt aperçu les missionnaires qu'elle se mit à les suivre avec de grands cris. Les fidèles prétendaient qu'elle rendait hommage à la foi nouvelle et à ceux qui la prêchaient. Cela se renouvela plusieurs fois. Un jour enfin, Paul l'exorcisa ; la fille, calmée, prétendit être délivrée de l'esprit qui l'obsédait. Mais le dépit de ses maîtres fut extrême ; par la guérison de la fille, ils perdaient leur gagne-pain. Ils intentèrent un procès à Paul, auteur de l'exorcisme, et à Silas, comme son complice [1], et les amenèrent à l'*agora*, devant les duumvirs [2].

Il eût été difficile de fonder une demande d'indemnité sur une raison aussi singulière. Les plaignants relevèrent surtout le fait de trouble causé dans la cité et de prédication illicite : « Ils prêchent des coutumes, disaient-ils, qu'il ne nous est pas permis de suivre, puisque nous sommes Romains. » La ville, en effet, était de droit italique, et la liberté des cultes devenait d'autant moindre que les personnes tenaient

1. Timothée et Luc n'étaient sans doute pas présents à l'acte de l'exorcisme.
2. C'était le nom qu'on donnait aux premiers magistrats des colonies.

de plus près à la cité romaine. La populace superstitieuse, excitée par les maîtres de la pythonisse, faisait en même temps une manifestation hostile aux apôtres. Ces sortes de petites émeutes étaient fréquentes dans les villes antiques; les nouvellistes, les désœuvrés, les « piliers de l'*agora* », comme les appelait déjà Démosthènes, en vivaient[1]. Les duumvirs, croyant qu'il s'agissait de juifs ordinaires, sans information ni enquête sur la qualité des personnes[2], condamnèrent Paul et Silas à recevoir la bastonnade. Les licteurs arrachèrent aux apôtres leurs vêtements et les frappèrent cruellement devant le public[3]. On les traîna ensuite en prison[4]; on les mit dans un des

1. Voir les dictionnaires grecs au mot ἀγοραῖος.
2. *Act.,* xvi, 37.
3. *Act.,* xvi, 22-23, 37; I Thess., ii, 2; II Cor., i, 25. Phil., i, 30.
4. Le récit du témoin oculaire, tout à l'heure si net, s'embrouille ici par le désir qu'il a de trouver partout des miracles et des conversions de pécheurs ou de gens de profession infime s'opérant subitement par des coups de la grâce. Quoi de surprenant qu'un disciple de Paul crût que son maître faisait des miracles, quand Paul lui-même déclare en avoir fait? Porphyre n'attribue-t-il pas des miracles à Plotin, son maître, avec lequel il avait vécu des années? Les délivrances miraculeuses de prison étaient un des thèmes les plus ordinaires des miracles apostoliques : *Act.,* v, xii. La préoccupation du geôlier se trouve même dans le récit du ch. xii, qui, du reste, comme celui que nous discutons en ce moment, vient presque d'un témoin oculaire.

cachots les plus reculés et on engagea leurs pieds dans les ceps.

Soit que la parole ne leur eût pas été accordée pour se défendre[1], soit qu'à dessein ils eussent recherché la gloire de souffrir des humiliations pour leur maître[2], ni Paul ni Silas ne s'étaient prévalus de leur titre de citoyens devant le tribunal[3]. Ce fut pendant la nuit, dans la prison, qu'ils déclarèrent leur qualité. Le geôlier fut fort ému; jusque-là, il avait traité les deux juifs avec dureté; maintenant, il se trouvait en présence de deux Romains, *Paulus* et *Silvanus*, indûment condamnés. Il lava leurs plaies et leur donna à manger. Il est probable que les duumvirs furent prévenus en même temps, car de grand matin ils envoyèrent les licteurs donner ordre au geôlier de relâcher les captifs. La loi *Valeria* et la loi *Porcia* étaient formelles; l'application de la bastonnade à un citoyen romain constituait pour le magistrat un délit grave[4]. Paul, profitant de ses avantages, refusa de sortir ainsi en cachette; il exigea, dit-on, que les duumvirs vinssent eux-mêmes

---

1. *Act.*, XVI, 37.
2. *Act.*, v, 41 ; II Cor., XI, 23 et suiv.
3. Pour les doutes que cet épisode soulève, voir ci-dessous, p. 526-527, note.
4. Cic., *In Verrem*, II, v, 62 et suiv.

procéder à son élargissement. L'embarras de ceux-ci était assez grand ; ils vinrent, et décidèrent Paul à quitter la ville.

Les deux prisonniers, une fois délivrés, se rendirent chez Lydie. On les reçut comme des martyrs; ils adressèrent aux frères les dernières paroles d'exhortation et de consolation, et ils partirent. Dans aucune ville encore Paul n'avait été si aimé et n'avait tant aimé. Timothée, qui ne s'était pas vu impliqué dans la poursuite, et Luc, qui jouait un rôle secondaire, restèrent à Philippes[1]. Luc ne devait revoir Paul que cinq ans après.

Paul et Silas, sortis de Philippes, suivirent la voie Egnatienne et se dirigèrent sur Amphipolis. Ce fut une des plus belles journées de voyage de Paul. En sortant de la plaine de Philippes, la voie s'engage dans une vallée riante, dominée par les hautes masses du Pangée[2]. On y cultive le lin et les plantes

---

1. Pour Timothée, cela résulte de *Act.*, XVII, 4, 10, 14, 15. Pour Luc, cela résulte de ce que le « nous » ne reparaît plus avant *Act.*, XX, 5, au moment de la troisième mission où Paul revient dans les parages de la Macédoine et de la Troade.

2. On pourrait supposer que Paul prit par le nord du Pangée (Leake, *Travels in northern Greece*, III, p. 179-180; Conybeare et Howson, I, p. 340); mais, outre que des traces qui peuvent être celles de la voie Egnatienne se voient au sud, je me suis assuré qu'aujourd'hui, pour aller du *Dekili-tasch* (le khan de Philippes) à

des pays les plus tempérés. De grands villages se montrent dans tous les plis de la montagne. La voie romaine est formée de dalles de marbre. A chaque pas, presque sous chaque platane, des puits profonds, remplis d'une eau venant directement des neiges voisines et filtrée par d'épaisses couches de terrains perméables, s'offrent au voyageur. Des rochers de marbre blanc donnent ouverture à de petites rivières d'une limpidité incomparable. C'est là qu'on apprend à placer l'eau parfaite au premier rang entre les dons de la nature. Amphipolis était une grande ville, capitale de la province[1], à une heure environ de l'embouchure du Strymon. Les apôtres paraissent ne s'y être point arrêtés[2], peut-être parce que c'était une ville purement hellénique.

D'Amphipolis, les apôtres, après être sortis de l'estuaire du Strymon, s'engagèrent entre la mer et la montagne, au travers de bois épais et de prairies qui s'avancent jusqu'au sable du rivage. La première

---

Iénikeui, on passerait par la vallée qui s'étend de Pravista à Orfani.

1. Tite-Live, XLV, 29 (cf. Pline, IV, 17); nonobstant *Act.*, vi, 12. Voir cependant Strabon, VII, fragment 21. Amphipolis a presque entièrement disparu. Un village assez actif, Iénikeui, s'est formé sur son emplacement.

2. *Act.*, xvii, 1.

halte, sous des platanes, près d'une source très-froide qui sort du sable, à deux pas de la mer, est un endroit délicieux. Les apôtres entrèrent ensuite dans l'Aulon d'Aréthuse, déchirure profonde, sorte de Bosphore taillé à pic, qui sert d'émissoire aux eaux des lacs intérieurs vers la mer [1]; ils passèrent, probablement distraits, à côté du tombeau d'Euripide [2]. La beauté des arbres, la fraîcheur de l'air, la rapidité des eaux, la vigueur des fougères et des arbustes de toute sorte rappellent un site de la Grande Chartreuse ou du Grésivaudan, jeté au seuil d'une fournaise. Le bassin des lacs de la Mygdonie, en effet, est torride; on dirait des surfaces de plomb fondu; les couleuvres, nageant la tête hors de l'eau et cherchant l'ombre, y tracent seules quelques rides. Les troupeaux, vers midi, serrés au pied des arbres, semblent atterrés; n'était le bourdonnement des insectes et le chant des oiseaux, qui seuls dans la création résistent à ces accablements, on se croirait au règne de la mort.

1. Voir Cousinéry, *Voy. en Mac.*, I, 116 et suiv.; Clarke, *Travels*, IV, p. 381 et suiv.; Leake, III, 170 et suiv, 461.
2. Plutarque, *Vie de Lycurgue*, 31; Vitruve, VIII, III, 16; Pline, *H. N.*, XXXI, 19; Aulu-Gelle, XV, 20; Ammien Marcellin, XXVII, 4; *Itin. de Bordeaux*, p. 604 (Wesseling); *Anthol. palat.*, VII, 51; Clarke, *l. c.*

Traversant, sans s'y arrêter, la petite ville d'Apollonie[1], Paul contourna les lacs par le sud, et, suivant presque jusqu'au fond la plaine dont ils occupent la dépression centrale, il arriva au pied de la petite chaîne de hauteurs qui ferme du côté de l'est le golfe de Thessalonique. Quand on atteint le sommet de ces collines, on voit à l'horizon l'Olympe dans toute sa splendeur. Le pied et la région moyenne de la montagne se confondent avec l'azur du ciel; les neiges du sommet semblent une demeure éthérée suspendue dans l'espace. Mais, hélas! déjà la montagne sainte était dévastée. Les hommes y étaient montés et avaient bien vu que les dieux n'y habitaient plus. Quand Cicéron, de son exil à Thessalonique, voyait ces blancs sommets, il savait qu'il n'y avait là que de la neige et des rochers. Paul, sans doute, n'eut pas un regard pour ces lieux enchantés d'une autre race. Une grande ville était

---

[1]. Pline, IV, 17; *Itin. Ant.*, p. 320 (Wesseling); Étienne de Byzance, *s. h. v.* Identique sans doute à un site de ruines du nom de Pollina, situé au sud de l'extrémité orientale du lac Betschik-Gueul. (Voir la carte de Turquie de Kiepert; Cousinéry, I, 115-116 et la carte; Leake, III, p. 457 et suiv.; Conybeare et Howson, I, p. 343-344.) Ce nom est maintenant presque inconnu dans le pays. Ne pas confondre l'Apollonie dont il s'agit avec l'Apollonie située sur la côte, entre Néapolis et l'embouchure du Strymon.

devant lui, et il devinait par son expérience qu'il trouverait là une base excellente pour fonder quelque chose de grand.

Depuis la domination romaine, Thessalonique était devenue un des ports les plus commerçants de la Méditerranée. C'était une ville très-riche et très-peuplée [1]. Elle avait une grande synagogue, servant de centre religieux au judaïsme de Philippes, d'Amphipolis et d'Apollonie, qui n'avaient que des oratoires [2]. Paul suivit ici sa constante pratique. Durant trois sabbats consécutifs, il parla dans la synagogue, répétant son uniforme discours sur Jésus, prouvant qu'il était le Messie, que les Écritures avaient trouvé en lui leur réalisation, qu'il avait dû souffrir, qu'il était ressuscité. Quelques juifs se convertirent; mais les conversions furent nombreuses surtout parmi les Grecs « craignant Dieu ». C'était toujours cette classe qui fournissait à la foi nouvelle ses plus zélés adhérents.

Les femmes venaient en foule. Tout ce qu'il y avait de meilleur dans la société féminine de Thessalonique observait déjà depuis longtemps le sabbat

---

1. Strabon, VII, vii, 4; Lucien, *Lucius*, 46; Appien, *Guerres civ.*, IV, 118.

2. *Act.*, xvii, 1. La leçon ἡ συναγωγή paraît la bonne. Cf. Philon, *Leg.*, § 36.

et les cérémonies juives ; l'élite de ces pieuses dames accourut aux nouveaux prédicateurs [1]. Beaucoup de païens se convertirent aussi [2]. Les phénomènes ordinaires de thaumaturgie, de glossolalie, de dons du Saint-Esprit, d'effusions mystiques et d'extases se produisirent [3]. L'Église de Thessalonique rivalisa bientôt avec celle de Philippes en piété, en attentions délicates pour l'apôtre [4]. Paul ne dépensa nulle part plus d'ardeur, de tendresse, de grâce pénétrante [5]. Cet homme, naturellement vif, emporté, était dans ses missions d'une douceur, d'un calme surprenants : c'était un père, une mère, une nourrice, comme il le dit lui même [6] ; son austérité, sa laideur même, ne faisaient qu'ajouter à son charme. Les roides et âpres natures ont, quand elles veulent être onctueuses, des séductions sans pareilles. Un langage sévère, jamais flatteur [7], a bien plus de chance de se faire agréer, des femmes en particulier, qu'une

---

1. *Act.*, XVII, 4.
2. I Thess., I, 9.
3. I Thess., I, 5. Pour l'intelligence de ce passage, comparez *Act.*, VI, 8 ; X, 38 ; I Cor., V, 4 ; XII, 28 ; Col., I, 11.
4. Voir les deux Épîtres aux Thessaloniciens.
5. I Thess., II, 7 et suiv.
6. I Thess., II, 1-12.
7. I Thess., II, 5.

mollesse qui est souvent l'indice de vues faibles ou intéressées.

Paul et Silas demeuraient chez un certain Jésus, israélite de race[1], qui, selon l'usage des Juifs, avait grécisé son nom en celui de Jason; mais ils n'acceptaient rien que le logis. Paul travaillait nuit et jour de son état pour ne rien coûter à l'Église[2]. La riche marchande de pourpre de Philippes et ses consœurs auraient, d'ailleurs, été affligées que d'autres qu'elles fournissent à l'apôtre les choses nécessaires à la vie. A deux reprises, durant son séjour à Thessalonique[3], Paul reçut de Philippes une offrande, qu'il accepta. Cela était tout à fait contre ses principes: sa règle était de se suffire à lui-même sans rien recevoir des Églises; mais il se serait fait scrupule de refuser ce présent du cœur; la peine qu'il eût faite aux pieuses femmes l'arrêta. Peut-être, d'ailleurs, comme nous l'avons déjà dit, préférait-il contracter des obligations envers des femmes, qui ne gêneraient jamais son action, qu'envers des hommes comme Jason, à l'égard desquels il voulait conserver son autorité.

---

1. Rom., XVI, 21. Sur le sens de συγγενής, voir *les Apôtres*, p. 108, note 6.

2. I Thess., II, 9; II Thess., III, 8 et suiv.

3. Phil., IV, 16; I Thess., II, 5, 7, 9.

Nulle part, ce semble, autant qu'à Thessalonique, Paul ne réussit à satisfaire son idéal. La population à laquelle il s'adressait était surtout composée d'ouvriers laborieux; Paul entra dans leur esprit, leur prêcha l'ordre, le travail, la bonne tenue vis-à-vis des païens. Toute une série nouvelle de préceptes s'ajouta à ses leçons : l'économie, l'application à sa besogne, l'honneur industriel fondé sur l'aisance et l'indépendance[1]. Par un contraste qui ne doit plus nous surprendre[2], il leur révélait en même temps les plus bizarres mystères de l'Apocalypse, tels qu'on se les figurait[3]. L'Église de Thessalonique devint un modèle que Paul se plut à citer[4], et dont la bonne odeur se répandit partout comme un parfum d'édification[5]. On nommait, outre Jason, parmi les notables de l'Église, Caïus, Aristarque et Secundus[6]; Aristarque était circoncis[7].

Ce qui s'était déjà passé vingt fois se passa encore à Thessalonique[8] : les juifs mécontents suscitèrent

---

1. I Thess., IV, 11; II Thess., III, 10-12.
2. Voir *Vie de Jésus,* p. 126, note.
3. II Thess., II, 5.
4. I Thess., I, 7.
5. I Thess., I, 8-9.
6. *Act.,* XIX, 29; XX, 4. Cf. *Corp. inscr. gr.,* n° 1967.
7. Col., IV, 10-11.
8. *Act.,* XVII, 5 et suiv.; I Thess., I, 6; II, 2, 14 et suiv.; III, 4.

des troubles. Ils recrutèrent une bande d'oisifs, de vagabonds, de ces badauds de toute sorte qui, dans les villes antiques, passaient le jour et la nuit sous les colonnes des basiliques, prêts à faire du bruit pour qui les payait. Tous ensemble allèrent assaillir la maison de Jason. On demanda Paul et Silas à grands cris ; comme on ne les trouva pas, les émeutiers garrottèrent Jason, avec lui quelques-uns des fidèles, et les menèrent aux politarques[1] ou magistrats. On entendait les cris les plus confus : « Les révolutionnaires sont dans la ville, disaient les uns, et Jason les a reçus. » — « Tous ces gens-là, disaient d'autres, sont en révolte contre les édits de l'empereur. » — « Ils ont un roi qu'ils appellent Jésus, » disait un troisième. Le trouble était grand, et les politarques n'étaient pas sans crainte. Ils forcèrent Jason et les fidèles qui avaient été arrêtés avec lui à donner caution, et les renvoyèrent. La nuit suivante, les frères menèrent Paul et Silas hors de la ville, et les firent conduire à Bérée[2]. Les vexations des juifs continuèrent contre la petite Église, mais ne firent que la consolider[3].

---

1. Comp. l'inscription de Thessalonique, *Corp. i. gr.*, n° 1967.
2. Existe encore aujourd'hui sous son nom (*Véria* ou *Kara-Verria*). Cf. Cousinéry, 1, 57 et suiv.; Leake, III, 290 et suiv.
3. I Thess., ii, 14; iii, 3, 5; II Thess., i, 4 et suiv.

Les juifs de Bérée étaient plus libéraux et mieux élevés que ceux de Thessalonique[1]. Ils écoutèrent volontiers, et laissèrent Paul exposer tranquillement ses idées à la synagogue. Pendant plusieurs jours, ce fut chez eux un vif accès de curiosité. Ils passaient le temps à feuilleter les Écritures pour y trouver les textes cités par Paul, et voir s'ils étaient exacts. Beaucoup se convertirent, entre autres un certain juif nommé Sopatros ou Sosipatros, fils de Pyrrhus[2]. Ici néanmoins, comme dans toutes les autres Églises de la Macédoine, les femmes furent en majorité. Les converties appartenaient toutes à la race grecque, à cette classe de dévotes personnes qui, sans être juives, pratiquaient les cérémonies du judaïsme. Beaucoup de Grecs et de prosélytes se convertirent aussi, et la synagogue par exception resta paisible. L'orage vint de Thessalonique. Les juifs de cette ville, ayant appris que Paul avait prêché avec succès à Bérée, vinrent dans cette dernière ville, et y renouvelèrent leur manœuvre. Paul fut encore obligé de partir à la hâte et sans emmener Silas. Plusieurs des frères de Bérée l'accompagnèrent pour le conduire.

L'éveil était tellement donné dans les synagogues

---

1. *Act.*, XVII, 11.
2. *Act.*, XX, 4; *Rom.*, XVI, 21 (cf. *Corp. inscr. gr.*, n° 1967). Sur le sens de συγγενής, voir ci-dessus, p. 160, note 1.

de la Macédoine, que le séjour en ce pays semblait devenu impossible à Paul. Il se voyait traqué de ville en ville, et les émeutes naissaient en quelque sorte sous ses pas. La police romaine ne lui était pas très-hostile ; mais elle agissait dans ces circonstances selon les principes habituels de la police. Dès qu'il y avait trouble dans la rue, elle donnait tort à tout le monde, et, sans s'inquiéter du bon droit de celui qui servait de prétexte à l'agitation, elle le priait de se taire ou de s'en aller. C'était au fond donner raison à l'émeute et établir en principe qu'il suffit de quelques fanatiques pour priver un citoyen de ses libertés. Le gendarme ne s'est jamais piqué de beaucoup de philosophie. Paul résolut donc de partir et de se rendre dans un pays assez éloigné pour que la haine de ses adversaires fût dépistée. Laissant Silas et Timothée en Macédoine, il se dirigea avec les Béréens vers la mer [1].

Ainsi finit cette brillante mission de Macédoine, la plus féconde de toutes celles que Paul avait jusqu'ici accomplies. Des Églises composées d'éléments tout nouveaux étaient formées. Ce n'était plus la légèreté syrienne, la bonhomie lycaonienne ; c'étaient des races fines, délicates, élégantes, spirituelles,

---

[1]. *Act.*, XVII, 14-15. Lisez ἕως.

qui, préparées par le judaïsme, venaient maintenant au culte nouveau. La côte de Macédoine était toute couverte de colonies grecques; le génie grec y avait porté ses meilleurs fruits. Ces nobles Églises de Philippes et de Thessalonique, composées des femmes les plus distinguées de chaque ville [1], étaient sans comparaison les deux plus belles conquêtes que le christianisme eût encore faites. La Juive est dépassée : soumise, retirée, obéissante, participant peu au culte, la Juive ne se convertissait guère. C'était la femme « craignant Dieu [2] », la Grecque, fatiguée de ces déesses brandissant des lances au haut des acropoles, l'épouse vertueuse tournant le dos à un paganisme usé et cherchant le culte pur, qui était célestement attirée. Voilà les secondes fondatrices de notre foi. Après les Galiléennes qui suivaient Jésus et le servaient, Lydie, Phœbé, les pieuses dames inconnues de Philippes et de Thessalonique sont les vraies saintes auxquelles la foi nouvelle dut ses plus rapides progrès.

1. *Act.,* xvi, 13; xvii, 4.
2. Σεβόμεναι ou εὐσχήμονες.

CHAPITRE VII.

SUITE DU DEUXIÈME VOYAGE DE PAUL. — PAUL A ATHÈNES.

Paul, toujours accompagné des fidèles Béréens, fit voile vers Athènes [1]. Du fond du golfe Thermaïque à Phalère ou au Pirée, la route est de trois ou quatre journées de petite navigation. On passe au pied de l'Olympe, de l'Ossa, du Pélion; on contourne les sinuosités de la mer intérieure que l'Eubée sépare du reste de la mer Égée [2]; on franchit le

---

1. Que Paul ait fait ce voyage par mer, c'est ce qui résulte de *Act.*, XVII, 14, 15. Pour aller de Bérée à Athènes par terre, en effet, il n'était pas nécessaire de venir à la côte; la route de terre ainsi entendue eût été pleine de détours et de difficultés; de la sorte, d'ailleurs, il eût été plus naturel que Paul vînt à Corinthe avant d'aller à Athènes. Paul s'embarqua probablement vers Alorus ou Méthone. (Voir Strabon, VII, fragm. 20, 22; Leake, III, 435 et suiv.)

2. C'est la route suivie aujourd'hui; mais il est fort possible

singulier détroit de l'Euripe. A chaque bordée, on effleure cette terre vraiment sainte, où la perfection s'est une fois dévoilée, où l'idéal a réellement existé, cette terre qui a vu la plus noble des races fonder en même temps l'art, la science, la philosophie, la politique. Paul n'éprouva pas sans doute en y abordant l'espèce de sentiment filial que les hommes cultivés éprouvaient dès lors en touchant ce sol vénérable [1]. Il était d'un autre monde ; sa terre sainte était ailleurs.

La Grèce ne s'était pas relevée des coups terribles qui l'avaient frappée dans les derniers siècles. Comme les fils de la Terre, ces tribus aristocratiques s'étaient déchirées les unes les autres ; les Romains avaient achevé de les exterminer ; les anciennes familles avaient à peu près disparu. Les antiques villes de Thèbes, d'Argos étaient devenues de pauvres villages ; Olympie et Sparte étaient humiliées ; Athènes et Corinthe avaient seules survécu. La campagne était presque un désert : l'image de désolation qui résulte

que saint Paul ait passé au large de l'Eubée, ainsi que l'a voulu M. Kiepert.

1. Cicéron, *Epist. ad Quintum fratrem*, I, 1 ; Sulpicius à Cic., *Epist. fam.*, IV, 5 ; *Ad Att.*, V, 10 ; VI, 1 ; Tacite, *Ann.*, II, 53 ; Pline le Jeune, *Epist.*, VIII, 24 ; Philostrate, *Vie d'Apoll.*, V, 41 ; *Vie des soph.*, II, 1, 27 ; Spartien, *Vie de Sept. Sév.*, 3.

des peintures de Polybe, de Cicéron, de Strabon et de Pausanias est navrante[1]. Les apparences de liberté que les Romains avaient laissées aux villes, et qui ne devaient disparaître que sous Vespasien[2], n'étaient guère qu'une ironie. La mauvaise administration des Romains avait tout ruiné[3]; les temples n'étaient plus entretenus; à chaque pas, c'étaient des piédestaux dont les conquérants avaient volé les statues ou que l'adulation avait consacrés aux nouveaux dominateurs[4]. Le Péloponèse surtout était frappé de mort. Sparte l'avait tué; brûlé par le voisinage de cette folle utopie, ce pauvre pays ne renaquit jamais[5]. A l'époque romaine, d'ailleurs, le régime des grandes

---

1. Polybe, XXXVII, 4; XL, 3; Cicéron, *In Pisonem*, 40; Lettre de Sulpicius à Cicéron, *Ad fam.*, IV, 5; Strabon, VIII, viii, 1; IX, ii, 5, 25; iii, 8; v, 15; Plutarque, *De def. orac.*, 5, 8; Pausanias, II, xviii, 3; xxxviii, 2; VII, xvii, 1; Jos., *B. J.*, I, xxi, 11-12.

2. Pour les traces postérieures, voir Tillemont, *Hist. des emp.*, II, p. 317.

3. Cicéron, *In Pis.*, 40. Cf. Tacite, *Ann.*, I, 76, 80.

4. De telles mentions sont fréquentes dans Pausanias. Auguste fit enlever un grand nombre de statues, surtout pour le temple d'Apollon Palatin.

5. Des ruines comme celles de Tirynthe, de Mycènes, d'Ithome, suffiraient pour le prouver. On ne voit de telles ruines que dans les pays qui, après un désastre ancien, n'ont pas eu de renaissance.

villes absorbantes avait succédé aux petits centres multipliés; Corinthe attirait toute la vie.

La race, si l'on excepte Corinthe, était restée assez pure cependant; le nombre des juifs, hors de Corinthe, était peu considérable[1]. La Grèce ne reçut qu'une seule colonie romaine; les envahissements de Slaves et d'Albanais, qui ont si profondément altéré le sang hellénique, n'eurent lieu que plus tard. Les vieux cultes étaient encore florissants[2]. Quelques femmes, à l'insu de leurs maris, pratiquaient bien en cachette, au fond du gynécée, des superstitions étrangères, surtout égyptiennes[3]; mais les sages protestaient: « Quel dieu, disaient-ils, que celui qui se plaît aux hommages furtifs d'une femme mariée! La femme ne doit avoir d'autres amis que ceux de son mari. Les dieux ne sont-ils pas nos premiers amis[4]? »

Il semble que, soit durant la traversée, soit au mo-

---

1. Voir cependant Wescher et Foucart, *Inscr. rec. à Delphes*, n°s 57 et 364 (inscriptions de l'an 180 avant J.-C. environ), et Philon, *Leg.*, § 36.

2. Plutarque, *Traités moraux*, en général; Dion Cassius, LXXIII, 14. Cf. *les Apôtres*, p. 338-339.

3. *Corpus inscr. gr.*, n° 120; *Arch. des miss. scient.*, 2e série, t. IV, p. 485 et suiv., 514; Aug. Mommsen, *Athenæ christianæ*, p. 120; Pausanias, I, XVIII, 4; Appien, *Bell. Mithrid.*, 27.

4. Plutarque, *Conjugalia præc.*, 19.

ment de son arrivée à Athènes, Paul regretta d'avoir laissé ses compagnons en Macédoine. Peut-être ce monde nouveau l'étonna-t-il et s'y trouva-t-il trop isolé. Ce qu'il y a de sûr, c'est que, congédiant les fidèles de Bérée, il les chargea de mander à Silas et à Timothée de venir le rejoindre le plus tôt possible[1].

Paul à Athènes se trouva donc seul quelques jours. Cela ne lui était point arrivé depuis fort longtemps; sa vie avait été comme un tourbillon, et jamais il n'avait voyagé sans deux ou trois compagnons de route. Athènes était une chose unique au monde et en tout cas une chose totalement différente de ce que Paul avait vu jusqu'alors; aussi son embarras fut-il extrême. En attendant ses compagnons, il se contenta de parcourir la ville dans tous les sens[2]. L'Acropole, avec ce nombre infini de statues qui la couvrait et en faisait un musée comme il n'y en eut jamais[3], dut surtout être l'objet de ses plus originales réflexions.

Athènes, bien qu'ayant beaucoup souffert de Sylla, bien que pillée comme toute la Grèce par les admi-

---

1. *Act.,* xvii, 15.

2. *Act.,* xvii, 16, 23.

3. Pausanias, I, xxii et suiv.; Beulé, *l'Acropole d'Athènes,* I, p. 272 et suiv.

nistrateurs romains [1] et déjà dépouillée en partie par l'avidité grossière de ses maîtres, se montrait encore ornée de presque tous ses chefs-d'œuvre. Les monuments de l'Acropole étaient intacts. Quelques maladroites additions de détail, d'assez nombreuses œuvres médiocres qui s'étaient déjà glissées dans le sanctuaire du grand art, d'impertinentes substitutions qui avaient placé des Romains sur les piédestaux des anciens Grecs [2], n'avaient pas altéré la sainteté de ce temple immaculé du beau. Le *Pœcile*, avec sa brillante décoration, était frais comme au premier jour. Les exploits de l'odieux Secundus Carinas, le pourvoyeur de statues pour la Maison dorée, ne commencèrent que quelques années après, et Athènes en souffrit moins que Delphes et Olympie [3]. Le faux goût des Romains pour les villes à colonnades n'avait point pénétré ici ; les maisons étaient pauvres et à peine commodes. Cette ville exquise était en même temps une ville irrégulière, à rues étroites,

---

[1]. Cic., *In Verr.*, II, 1, 17 ; *In Pisonem*, 40.

[2]. Beulé, *l'Acropole d'Ath.*, I, p. 135, 336 et suiv., 345 ; II, 28-29, 206 et suiv. Comp. Cicéron, *Ad. Att.*, VI, 1.

[3]. Dion Chrysostome, *Orat.* XXXI, p. 409-440 (Emperius). La description de Pausanias n'accuse pas de lacunes. Les enlèvements, du moins, ne portèrent pas, à Athènes, sur des statues d'un caractère religieux. Beulé, I, 320 et suiv., 337.

conservatrice de ses vieux monuments, préférant les souvenirs archaïques à des rues tirées au cordeau¹. Tant de merveilles touchèrent peu l'apôtre; il vit les seules choses parfaites qui aient jamais existé, qui existeront jamais, les Propylées, ce chef-d'œuvre de noblesse, le Parthénon, qui écrase toute autre grandeur que la sienne, le temple de la Victoire sans ailes, digne des batailles qu'il consacra, l'Érechthéum, prodige d'élégance et de finesse, les Errhéphores, ces divines jeunes filles, au port si plein de grâce; il vit tout cela, et sa foi ne fut pas ébranlée; il ne tressaillit pas. Les préjugés du juif iconoclaste, insensible aux beautés plastiques, l'aveuglèrent; il prit ces incomparables images pour des idoles : « Son esprit, dit son biographe, s'aigrissait en lui-même, quand il voyait la ville remplie d'idoles ². » Ah! belles et chastes images, vrais dieux et vraies déesses, tremblez; voici celui qui lèvera contre vous le marteau. Le mot fatal est prononcé : vous êtes des idoles; l'erreur de ce laid petit Juif sera votre arrêt de mort.

Entre tant de choses qu'il ne comprit pas, il y en

---

1. *Fragm. hist. græc.* de Ch. Müller, II, p. 254; Philostrate, *Apoll.*, II, 23.

2. *Act.*; XVII, 16. Sur le sens de κατείδωλος, voir Schleusner, *s. h. v.*

eut deux qui frappèrent beaucoup l'apôtre : d'abord, le caractère très-religieux des Athéniens[1], qui se manifestait par une multitude de temples, d'autels, de sanctuaires de toute sorte[2], signes de l'éclectisme tolérant qu'ils portaient en religion; en second lieu, certains autels anonymes ou élevés à des « dieux inconnus[3] ». Ces autels étaient assez nombreux à Athènes et dans les environs[4]. D'autres villes de la

---

1. *Act.*, XVII, 22. Comp. les inscriptions du théâtre de Dionysos, et Isocrate, *Panégyr.*, 33; Platon, *Deuxième Alcib.*, 12; Thucydide, II, 38; Pausanias, I, XVII, 1; XXIV, 3; X, XXVIII, 6; Strabon, IX, 1, 16; X, III, 18; Josèphe, *Contra Apionem*, II, 37; Denys d'Halic., *De Thucydide*, 40; Pline le Jeune, *Epist.*, VIII, 24; Philostrate, *Vie d'Apollonius*, IV, XIX; VI, III, 5; le même, *Epist.*, 47; Élien, *Variæ hist.*, V, 17; Julien, *Misopogon*, p. 348 (Spanheim); Himérius, dans Photius, cod. CCXLIII, p. 356 (Bekker), p. 9, édit. Didot.

2. Tite-Live, XLV, 27; Pétrone, *Sat.*, c. 17.

3. *Act.*, XVII, 23.

4. Pausanias, I, 1, 4; Philostrate, *Vie d'Apoll.*, VI, III, 5; Diogène Laërte, I, x; 110; Œcuménius, *In Act. apost.* (Paris, 1631), p. 136-137; Isidore de Péluse, dans la *Catena in Act. apost.* de Cramer (Oxford, 1844), p. 292; saint Jérôme, *In Tit.*, I, 12 (col. 420, Martianay). Les passages du faux Lucien, *Philopatris*, 9, 29, ne sont qu'une allusion au passage des *Actes*. On peut comparer les inscriptions de Rome : *Sei deo, sei deæ* (Orelli, n°ˢ 964, 1798, 2135, 2136, 2137, 2270, 2271, 5054, 5952). Cf. Aulu-Gelle, II, 28. La question qui s'éleva à la fin du XVIIe siècle sur le culte des saints inconnus répondait au même ordre de scrupules religieux.

Grèce en avaient aussi [1]. Ceux du port de Phalère (Paul avait pu les voir en débarquant) étaient célèbres ; on les rattachait aux légendes de la guerre de Troie [2]. Ils portaient pour inscription :

ΑΓΝΩΣΤΟΙΣΘΕΟΙΣ

« A des dieux inconnus »; quelques-uns même pouvaient porter :

ΑΓΝΩΣΤΩΙΘΕΩΙ

« A un dieu inconnu [3] ». Ces autels devaient leur existence au scrupule extrême des Athéniens en fait de choses religieuses et à leur habitude de voir en chaque objet la manifestation d'une puissance mys-

1. Pausanias, V, xiv, 8.
2. Pausanias, I, i, 4; Pollux, *Onom.*, VIII, 10; Hésychius, au mot Ἀγνῶτες θεοί.
3. On n'a jamais trouvé d'inscription ainsi conçue. L'inscription au Dieu Inconnu que les capucins, vers 1670, déclarent avoir vue au Parthénon, est une imposture (Spon la chercha vainement en 1676; *Voy.*, II, p. 88, édit. de La Haye, 1724), à moins qu'en effet les chrétiens n'aient mis une telle inscription à quelque chapelle. On sait que, depuis le xve siècle au moins, le Parthénon passa pour le temple du Dieu Inconnu. Voir Laborde, *Athènes aux* xve, xvie *et* xviie *siècles*, I, 24, notes, 50, note, 78, notes, 247, note, 233 et suiv., note; II, 33 et suiv.; Ross, *Archæol. Aufsœtze*, I, 253, 273 et suiv.; Aug. Mommsen, *Athenæ christianæ*, p. 33 et suiv.

térieuse et spéciale. Craignant de blesser sans le savoir quelque dieu dont ils ignoraient le nom ou de négliger un dieu puissant, ou bien voulant obtenir une faveur qui pouvait dépendre de certaine divinité qu'ils ne connaissaient pas, ils érigeaient des autels anonymes ou avec les inscriptions susdites. Peut-être aussi ces inscriptions bizarres venaient-elles d'autels primitivement anonymes[1], auxquels, dans une opération générale de recensement, on aura mis une telle épigraphe faute de savoir à qui ils appartenaient. Paul fut très-surpris de ces dédicaces. Les interprétant avec son esprit juif, il leur supposa un sens qu'elles n'avaient pas. Il crut qu'il s'agissait d'un dieu appelé par excellence « le Dieu Inconnu[2] ». Il vit dans ce Dieu Inconnu le dieu des Juifs, le dieu unique, vers lequel le paganisme lui-même aurait eu quelque mystérieuse aspiration[3]. Cette idée était d'autant plus naturelle qu'aux yeux des païens ce qui caractérisait surtout le dieu des Juifs, c'est

---

1. Voir le passage de Diogène Laërte, précité.

2. Saint Justin, *Apol. II*, 10, paraît faire allusion à la même idée, et il est douteux qu'il la prenne dans les *Actes*. Cf. Irénée, *Adv. hær.*, I, xx, 3. Si tel avait été le sens, l'inscription eût offert : Θεῷ ἀγνώστῳ, et non Ἀγνώστῳ θεῷ. Cf. saint Jérôme, *In Tit.*, I, 12.

3. *Act.*, xvii, 27. Comparez Rom., i, 20 et suiv.; Justin, *Apol. II*, 10.

que c'était un dieu sans nom, un dieu incertain[1]. Peut-être fut-ce aussi dans quelque cérémonie religieuse ou dans quelque discussion philosophique que Paul entendit l'hémistiche

Τοῦ γὰρ καὶ γένος ἐσμέν,

emprunté à l'hymne de Cléanthe à Jupiter ou aux *Phénomènes* d'Aratus[2], et qui était d'un usage fréquent dans les hymnes religieux[3]. Il groupait dans son esprit ces traits de couleur locale, et cherchait à en composer un discours approprié à son nouvel auditoire, car il sentait qu'il faudrait ici modifier profondément sa prédication.

Certes, il s'en fallait beaucoup qu'Athènes fût alors ce qu'elle avait été durant des siècles, le centre du progrès humain, la capitale de la république des esprits. Fidèle à son ancien génie, cette mère divine de tout art fut un des derniers asiles du libéralisme et de l'esprit républicain. C'était ce qu'on peut appeler une ville d'opposition. Athènes fut toujours pour les causes perdues; elle se déclara énergiquement pour

---

1. Lucain, II, 592-93. Cf. Philon, *Leg. ad Caium*, § 44.
2. *Act.*, xvii, 23, 28. Voir ci-dessous, p. 196.
3. Il est probable, en effet, que Cléanthe et Aratus l'empruntèrent eux-mêmes à des hymnes plus anciens, et qui étaient dans toutes les bouches.

l'indépendance de la Grèce et pour Mithridate contre les Romains, pour Pompée contre César, pour les républicains contre les triumvirs, pour Antoine contre Octave[1]. Elle éleva des statues à Brutus et à Cassius à côté de celles d'Harmodius et d'Aristogiton[2]; elle honora Germanicus jusqu'à se compromettre; elle mérita les injures de Pison[3]. Sylla la saccagea d'une atroce manière[4] et porta le dernier coup à sa constitution démocratique. Auguste, quoique clément pour elle, ne lui fut pas favorable. On ne lui ôta jamais son titre de ville libre[5]; mais les priviléges des villes libres allèrent toujours diminuant sous les Césars et les Flaviens. Athènes fut ainsi à l'état de ville suspecte, disgraciée, mais ennoblie justement par sa disgrâce. A l'avénement de Nerva, commence

1. Tacite, *Ann.*, II, 55.
2. Dion Cassius, XLVII, 20; Plutarque, *Brutus*, 24.
3. Tacite, *Ann.*, II, 53 et 55. Voir Velleius Paterculus, II, 23.
4. Appien, *Bell. Mithrid.*, 38 et suiv.; Plutarque, *Vie de Sylla,* 14; Velleius Paterculus, II, 23.
5. Strabon, IX, 1, 20; Cic., *In Pis.*, 16; Tacite, *Ann.*, II, 53; Pline, *Hist. nat.*, IV, 11; Pline, *Epist.*, VIII, 24; Dion Chrys., *Orat.*, XXXI, p. 396 (Emperius); Ælius Aristide, *Romæ encomium*, p. 363-364 (Dindorf); *Panathen.*, p. 298. L'an 66, Néron donna à tous les Grecs la liberté. L'an 73, Vespasien réduisit l'Achaïe en province romaine; Athènes conserva néanmoins, ce semble, ses immunités de ville libre.

pour elle une seconde vie[1]. Le monde, revenu à la raison et à la vertu, reconnaît sa mère. Nerva, Hérode Atticus, Adrien, Antonin, Marc-Aurèle la restaurent, la dotent à l'envi de monuments et d'institutions nouvelles. Athènes redevient pour quatre siècles la ville des philosophes, des artistes, des beaux esprits, la ville sainte de toute âme libérale, le pèlerinage de ceux qui aiment le beau et le vrai.

Mais ne devançons pas les temps. Au triste moment où nous sommes, la vieille splendeur avait disparu, et la nouvelle n'avait pas commencé. Ce n'était plus « la ville de Thésée », et ce n'était pas encore « la ville d'Adrien ». Au Ier siècle avant notre ère, l'école philosophique d'Athènes avait été fort brillante : Philon de Larisse, Antiochus d'Ascalon y avaient continué ou modifié l'Académie[2]; Cratippe y enseigna le péripatétisme, et sut être à la fois l'ami, le maître, le consolateur ou le protégé de Pompée, de César, de Cicéron, de Brutus. Les Romains les plus célèbres et les plus affairés, entraînés en Orient par leur ambition, s'arrêtaient tous à Athènes pour y entendre les philosophes en vogue. Atticus, Crassus,

---

1. Voir surtout la lettre de Pline le Jeune à Maximus, partant pour l'Achaïe (*Epist.*, VIII, 24).

2. Cf. *Corpus inscr. gr.*, n° 3831.

3. Cic., *De oratore*, I, 11 ; *Acad. priorum*, II entier.

Cicéron, Varron, Ovide, Horace, Agrippa, Virgile, y avaient étudié ou résidé en amateurs. Brutus y passa son dernier hiver, partageant son temps entre le péripatéticien Cratippe et l'académicien Théomneste [1]. Athènes fut, à la veille de la bataille de Philippes, un centre d'opinion de la plus haute importance. L'enseignement qui s'y donnait était tout philosophique [2] et bien supérieur à la fade éloquence de l'école de Rhodes. Ce qui nuisit vraiment à Athènes, ce fut l'avénement d'Auguste et la pacification universelle; l'enseignement de la philosophie alors devint suspect [3] : les écoles perdirent de leur importance et de leur activité [4]. Rome, d'ailleurs, par la brillante évolution littéraire qu'elle achevait, devenait pour quelque temps à demi indépendante de la Grèce quant aux choses de l'esprit. D'autres centres s'étaient formés : comme école d'instruction variée, on préférait Marseille [5]. La philosophie originale des quatre grandes sectes était finie; l'éclectisme, une sorte de façon molle de philosopher sans système, commençait. Si

1. Plutarque, *Vie de Brutus*, 24.
2. Horace, *Epist.*, II, ii, 44-45; Cic., *Ad fam.*, XVI, 21.
3. Suétone, *Néron*, 52.
4. Le recueil [encore inédit] d'inscriptions éphébiques formé par M. Wescher offre une lacune complète pour le premier siècle Voir cependant le Φιλίστωρ, t. IV, p. 332.
5. Strabon, IV, 1, 5.

l'on excepte Ammonius d'Alexandrie, le maître de Plutarque[1], qui fondait vers ce temps à Athènes l'espèce de philosophie littéraire qui devait devenir à la mode à partir du règne d'Adrien, personne n'illustre, vers le milieu du Ier siècle, la ville du monde qui a produit ou attiré le plus d'hommes célèbres. Les images que l'on consacre maintenant avec une déplorable prodigalité sur l'Acropole sont celles de consuls, de proconsuls, de magistrats romains, de membres de la famille impériale[2]. Les temples qu'on y élève sont dédiés à la déesse Rome et à Auguste[3]; Néron même y eut ses statues[4]. Les artistes de talent ayant été attirés à Rome, les ouvrages athéniens du Ier siècle sont pour la plupart d'une médiocrité qui surprend[5]. Encore ces monuments, comme l'horloge d'Andronicus Cyrrheste, le portique d'Athéné Archégète, le temple de Rome et d'Auguste, le mausolée de Philopappus, sont-ils un peu antérieurs ou pos-

---

1. Plut., *De EI apud Delphos*, 1 et suiv.; Eunape, *Vitæ soph.*, prœm., p. 5 (Boissonade).

2. Beulé, I, 322, 340 et aux environs; II, 206 et suiv., 301, 305. Cf. *Corp. inscr. gr.*, 309 et suiv., 363 et suiv.; *Berichte der sæchs. Gesell.*, philol. Classe, XII, p. 218 et suiv.

3 Beulé, II, p. 206 et suiv.

4. N°s 99 et 381 de Pittakis, Ἐφημερὶς ἀρχαιολογική, 1838, p. 240, et 1840, p. 318.

5. Beulé, II, p. 207.

térieurs au temps où Paul vit Athènes. Jamais la ville, dans sa longue histoire, n'avait été plus muette et plus silencieuse.

Elle gardait cependant encore une grande partie de sa noblesse; elle était toujours placée en première ligne dans l'attention du monde. Malgré la dureté des temps, le respect pour Athènes était profond, et tous le subissaient [1]. Sylla, quoique si terrible pour sa rébellion, eut pitié d'elle [2]. Cicéron mettait sa vanité à y avoir une statue [3]. Pompée et César, avant la bataille de Pharsale, firent proclamer par un héraut que les Athéniens seraient tous épargnés, comme prêtres des déesses thesmophores [4]. Pompée donna une grande somme d'argent pour orner la ville [5]; César refusa de se venger d'elle [6] et contribua à l'érection d'un de ses monuments [7]. Brutus et Cassius s'y comportèrent en personnes privées, reçus et

1. Un grand nombre d'offrandes et d'inscriptions de l'Acropole sont de ce temps. Beulé, I, 322, 339 et suiv.; I, 206 et suiv., 304, 305.
2. Strabon, IX, I, 20; Plut., *Vie de Sylla*, 14; Florus, *Epitome*, II, 39.
3. Cicéron, *Ad Att.*, VI, 1.
4. Appien, *Guerres civ.*, II, 70.
5. Plut., *Vie de Pompée*, 42.
6. Appien, *Guerres civ.*, II, 88.
7. *Corp. inscr. gr.*, nos 312, 477.

choyés comme des héros. Antoine aimait Athènes et y demeurait volontiers¹. Après la bataille d'Actium, Auguste pardonna pour la troisième fois; son nom comme celui de César resta attaché à un monument considérable ²; sa famille et son entourage passèrent à Athènes pour des bienfaiteurs ³. Les Romains tenaient beaucoup à constater qu'ils laissaient Athènes libre et honorée ⁴. Enfants gâtés de la gloire, les Grecs vivaient dès lors des souvenirs de leur passé. Germanicus ne voulut, pendant qu'il demeura dans Athènes, être précédé que d'un seul licteur⁵. Néron, qui pourtant n'était pas superstitieux ⁶, n'osa point y entrer, par crainte des Furies qui demeuraient sous l'Aréopage, de ces terribles « Semnes », que les parricides redoutaient; le souvenir d'Oreste le faisait trembler; il n'osa pas non plus affronter les mystères d'Éleusis, au début desquels le héraut criait que les scélérats et les impies n'eussent garde d'approcher⁷.

1. Appien, *Guerres civ.*, V, 7, 76; Plut., *Vie d'Antoine*, 33, 34.
2. *Corp. inscr. gr.*, nos 312, 477.
3. *Corp. inscr. gr.*, no 309 et suiv., 365 et suiv.
4. Strabon, IX, i, 20.
5. Tacite, *Ann.*, II, 53.
6. Suétone, *Néron*, 56.
7. Suétone, *Néron*, 34; Dion Cassius, LXIII, 14. Cf. Pausanias, I, xxviii, 6.

De nobles étrangers, des descendants de rois détrônés[1], venaient dépenser leur fortune à Athènes, et aimaient à se voir décorés des titres de choréges et d'agonothètes. Tous les petits rois barbares mettaient leur émulation à rendre service aux Athéniens, à restaurer leurs monuments[2].

La religion était une des causes de ces faveurs exceptionnelles. Essentiellement municipale et politique à son origine, ayant pour base les mythes relatifs à la fondation de la ville et à ses divins protecteurs, la religion d'Athènes ne fut d'abord que la consécration religieuse du patriotisme et des institutions de la cité. C'était le culte de l'Acropole; « Aglaure » et le serment que prêtaient sur son autel les jeunes Athéniens n'ont pas d'autre sens; à peu près comme si la religion consistait chez nous à tirer à la conscription, à faire l'exercice et à honorer le drapeau. Cela devait bientôt devenir assez fade; cela n'avait rien d'infini, rien qui touchât l'homme par sa destinée, rien d'universel; les railleries d'Aristophane contre ces dieux de l'Acropole[3] prouvent qu'à eux seuls ils n'auraient point captivé toutes les races. Les

---

1. *Corp. inscr. gr.*, n° 362. Cf. Plut., *Quæst. symp.*, I, x, 1.
2. *Corp. inscr. gr.*, n°⁵ 265, 357-362; Jos., *B. J.*, I, xxi, 11; Vitruve, V, ix, 1; Suétone, *Aug.*, 60.
3. Voir surtout *Lysistrata*, 750 et suiv.

femmes se tournèrent de bonne heure vers de petites dévotions étrangères comme celle d'Adonis ; les mystères surtout firent fortune ; la philosophie, entre les mains de Platon, était à sa manière une délicieuse mythologie, tandis que l'art créait pour la foule des images vraiment adorables. Les dieux d'Athènes devinrent les dieux de la beauté. La vieille Athéné Poliade n'était qu'un mannequin sans bras apparents, emmaillotté d'un péplos, comme est la vierge de Lorette. La toreutique réalisa un miracle sans exemple : elle fit des statues réalistes à la façon des madones italiennes et byzantines, chargées d'ornements appliqués, qui furent en même temps de merveilleux chefs-d'œuvre. Athènes arriva de la sorte à posséder un des cultes les plus complets de l'antiquité. Ce culte subit une sorte d'éclipse lors des malheurs de la cité ; les Athéniens furent les premiers à souiller leur sanctuaire : Lacharès vola l'or de la statue d'Athéné ; Démétrius Poliorcète fut installé par les habitants eux-mêmes dans l'opisthodome du Parthénon ; il y logea ses courtisanes près de lui, et l'on plaisanta du scandale qu'un tel voisinage dut causer à la chaste déesse[1] ; Aristion, le dernier défenseur de l'indépendance d'Athènes, laissa s'éteindre la lampe immor-

---

1. Plutarque, *Vie de Démétrius*, 23-24.

telle d'Athéné Poliade[1]. Telle était cependant la gloire de cette ville unique, que l'univers sembla prendre à cœur d'adopter sa déesse, au moment où elle la délaissait. Le Parthénon, par le fait des étrangers, retrouva ses honneurs ; les mystères d'Athènes furent un attrait religieux pour le monde païen tout entier [2].

Mais c'était principalement comme ville d'école qu'Athènes exerçait un singulier prestige. Cette nouvelle destinée, qui par les soins d'Adrien et de Marc-Aurèle devait avoir un caractère si tranché, était commencée depuis deux siècles [3]. La ville de Miltiade et de Périclès s'était transformée en une ville d'université, une sorte d'Oxford, rendez-vous de toute la jeune noblesse, qui y répandait l'or à pleines mains [4]. Ce n'étaient que professeurs, philosophes, rhéteurs, pédagogues de tout genre,

---

1. Plut., *Vie de Sylla*, 13.
2. Lettre de Marc-Aurèle à Fronton, III, 9 (Maï, p. 73); Dion Cassius, LXXII, 31; Jules Capitolin, *Vie de Marc-Aurèle*, 27; Philostr., *Vies des soph.*, II, x, 7; Spartien, *Vie de Sept. Sév.*, 3.
3. Plut., *Vie de Sylla*, 13; Cornelius Népos, *Atticus*, 2, 4; Horace, *Epist.*, II, ii, 43 et suiv.; Cicéron, *In Cæcil.*, 12. Cf. Athénée, XII; 69; Wescher, dans *le Moniteur universel*, 13 avril 1861.
4. Cicéron, *Ad Att.*, XII, 32; *Ad fam.*, XII, 16; XVI, 21; *De off.*, I, 1; Dion Cassius, XLV, 15; Ovide, *Trist.*, I, ii, 77.

sophronistes, maîtres des éphèbes, gymnasiarques, pædotribes, hoplomaques, maîtres d'escrime et d'équitation [1]. Depuis Adrien, les cosmètes ou préfets des étudiants prennent dans une certaine mesure l'importance et la dignité des archontes; on date par eux les années; la vieille éducation grecque, destinée dans son principe à former le citoyen libre, devient la loi pédagogique du genre humain [2]. Hélas! elle ne forme plus guère que des rhéteurs; les exercices du corps, autrefois vraie occupation de héros sur les bords de l'Ilissus, sont maintenant une affaire de pose. Une grandeur de cirque, des allures de Franconi ont remplacé la solide grandeur [3]. Mais c'est le propre de la Grèce d'avoir ennobli toute chose; même la besogne de l'homme d'école devint chez elle un ministère moral; la dignité du pro-

---

1. Cicéron, *Ad fam.*, XVI, 21 ; Lucien, *Nigrinus*, 13 et suiv.; *Dialogues des morts*, xx, 5 ; Philostrate, *Apoll.*, IV, 17.

2. *Corp. inscr. gr.*, nos 246, 248, 254, 255, 258, 261, 262, 263, 265, 266, 268, 269, 270, 271, 272, 275, 276, 277, 279, 280, 281, 282, 286 ; Ἐφημερὶς ἀρχαιολογική de Pittakis, 1860, nos 4041 et suiv., 4097 et suiv.; 1862 (nouv. série), nos 199-204, 214-217; Φιλίστωρ (journal littéraire d'Athènes), t. III, p. 60, 150, 277, 350, 444, 549; t. IV, p. 73, 164, 171, 265, 392, 458, 545 et suiv., surtout 332 et suiv.; Wescher, aux *Comptes rendus de l'Acad. des inscr.*, 5 avril 1861, et au *Moniteur univ.*, 13 avril 1861.

3. Voir les bas-reliefs éphébiques du musée de la Société d'archéologie, dans les bâtiments de l'université d'Athènes.

fesseur, malgré plus d'un abus, fut une de ses créations[1]. Cette jeunesse dorée savait parfois se souvenir des beaux discours de ses maîtres[2]. Elle était républicaine comme toute jeunesse : elle vola sur l'appel de Brutus; elle se fit tuer à Philippes[3]. Le jour s'usait à déclamer sur le tyrannicide et la liberté, à célébrer la noble mort de Caton, à faire l'éloge de Brutus.

La population était toujours vive, spirituelle, curieuse. Chacun passait sa vie en plein air, en contact perpétuel avec le reste du monde, au sein d'un air léger, sous un ciel plein de sourires. Les étrangers, nombreux et avides de savoir, entretenaient une grande activité d'esprit. La publicité, le journalisme du monde antique, s'il est permis de se servir d'une telle expression, avait son centre à Athènes. La ville n'étant pas devenue commerçante, tout le monde n'avait qu'un souci, c'était d'apprendre des nouvelles, de se tenir au courant de ce qui se disait et se faisait dans l'univers[4]. Il est bien remarquable que le

---

1. Cic., *Ad fam.*, XVI, 21. Se rappeler le rôle de Polybe dans la société romaine de son temps.

2. Par exemple, Cicéron fils. Voir Brut. ad Cic., II, 3.

3. Plutarque, *Vie de Brutus*, 24; Horace, *Carm.*, II, VII, 9-10; *Epist.*, II, II, 46 et suiv.; Brut. ad Cic., II, 3.

4. *Act.*, XVII, 21. Comp. Démosth., *I Phil.*, 4; *XI Phil.* (in

grand développement de la religion ne nuisait pas à la culture rationnelle. Athènes pouvait être à la fois la ville la plus religieuse du monde, le Panthéon de la Grèce, et la ville des philosophes. Quand on voit au théâtre de Dionysos les fauteuils de marbre qui entourent l'orchestre portant tous le nom du sacerdoce dont le titulaire devait y siéger, on dirait que ce fut ici une ville de prêtres; et pourtant ce fut avant tout la ville des libres penseurs. Les cultes dont il s'agit n'avaient ni dogmes ni livres sacrés; ils n'avaient pas pour la physique l'horreur que le christianisme a toujours eue et qui l'a porté à persécuter la recherche positive. Le prêtre et l'épicurien atomiste, sauf quelques brouilles[1], faisaient ensemble assez bon ménage. Les vrais Grecs se contentaient parfaitement de ces accords fondés, non sur la logique, mais sur une tolérance mutuelle et sur de mutuels égards.

C'était là pour Paul un théâtre d'un genre tout nouveau. Les villes où il avait prêché jusqu'alors étaient pour la plupart des villes industrielles, des espèces de Livourne ou de Trieste, ayant de grandes juiveries, plutôt que des centres brillants, des villes de

epist. Phil.), 17 (Vœmel); Élien, *V. H.*, V, 13; Scoliaste de Thucydide, III, 38; Scol. d'Aristophane, *Plutus*, 338.

1. Himerius, Ecloga III ex Photio, cod. CCXLIII (p. 8-11, édit. Didot).

grand monde et de grande culture. Athènes était profondément païenne; le paganisme y était lié à tous les plaisirs, à tous les intérêts, à toutes les gloires de la cité. Paul hésita beaucoup. Timothée arriva enfin de Macédoine; Silas, pour des raisons qu'on ignore, n'avait pu venir [1]. Paul alors résolut d'agir.

Il y avait une synagogue à Athènes [2], et Paul y parla pour les juifs et les gens « craignant Dieu [3] »; mais dans une telle ville des succès de synagogue étaient peu de chose. Cette brillante *agora* où se dépensait tant d'esprit, ce portique *Pœcile*, où s'agitaient toutes les questions du monde, le tentaient. Il y parla, non en prédicateur s'adressant à la foule assemblée, mais en étranger qui s'insinue, répand timidement son idée et cherche à se créer quelque point d'appui. Le succès fut médiocre. « Jésus et la résurrection » (*anastasis*) parurent des mots étranges, dénués de sens [4]. Plusieurs, à ce qu'il paraît, prirent *anastasis* pour un nom de déesse, et crurent que *Jésus* et *Anastasis* étaient quelque nouveau couple

1. Cela résulte de *Act.*, XVII, 14; XVIII, 5; I Thess., III, 1-2.
2. *Act.*, XVII, 17. Cf. Philon, *Leg.*, § 36; *Corp. inscr. gr.*, n° 9900.
3. *Act.*, XVII, 17.
4. *Act.*, XVII, 19-20. Au IIe siècle, la résurrection est encore à Athènes la grosse objection contre le christianisme. Voir Athénagore (d'Athènes), *De la résurrection des morts*.

divin que ces rêveurs orientaux venaient prêcher [1]. Des philosophes épicuriens et stoïciens, dit-on, s'approchèrent et écoutèrent.

Ce premier contact du christianisme et de la philosophie grecque fut peu bienveillant. On ne vit jamais mieux combien les gens d'esprit doivent se défier d'eux-mêmes et se garder de rire d'une idée, quelque folle qu'elle leur paraisse. Le mauvais grec que parlait Paul, sa phrase incorrecte et haletante, n'étaient pas faits pour l'accréditer à Athènes. Les philosophes tournèrent le dos dédaigneusement à ces paroles barbares. «C'est un radoteur (*spermologos*[2]),» disaient les uns. — « C'est un prêcheur de nouveaux dieux, » disaient les autres. Nul ne se doutait que ce radoteur les supplanterait un jour, et que 474 ans après[3], on supprimerait leurs chaires tenues pour inutiles et nuisibles par suite de la prédication de Paul. Grande leçon ! Fiers de leur supériorité, les philosophes d'Athènes dédaignaient les questions de religion populaire. A côté d'eux, la superstition florissait; Athènes égalait presque sous ce rapport les villes les plus religieuses de l'Asie Mineure. L'aris-

---

1. C'est ainsi que les interprètes grecs, Chrysostome, Théophylacte, Œcuménius, ont entendu le verset 18.
2. Cf. H. Étienne, *Thes.*, à ce mot.
3. Édit de Justinien.

tocratie des penseurs se souciait peu des besoins sociaux qui se faisaient jour sous le couvert de tant de cultes grossiers. Un tel divorce est toujours puni. Quand la philosophie déclare qu'elle ne s'occupe pas de religion, la religion lui répond en l'étouffant, et c'est justice, car la philosophie n'est quelque chose que si elle montre à l'humanité sa voie, si elle prend au sérieux le problème infini qui est le même pour tous.

L'esprit libéral qui régnait à Athènes assurait à Paul une pleine sécurité. Ni juifs ni païens ne tentèrent rien contre lui; mais cette tolérance même était pire que la colère. Ailleurs, la doctrine nouvelle produisait une vive réaction, au moins dans la société juive; ici, elle ne trouvait que des auditeurs curieux et blasés. Il paraît qu'un jour les auditeurs de Paul, voulant obtenir de lui une exposition en quelque sorte officielle de sa doctrine, le conduisirent à l'Aréopage, et, là, le sommèrent de dire quelle religion il prêchait. Certes, il est possible que ce soit ici une légende, et que la célébrité de l'Aréopage ait porté le narrateur des *Actes,* qui n'avait pas été témoin oculaire, à choisir cet auditoire illustre pour y faire prononcer à son héros un discours d'apparat, une harangue philosophique[1]. Cependant, cette hypothèse

---

1. Voir ci-dessous, p. 526, 545.

n'est pas nécessaire. L'Aréopage avait conservé sous les Romains son ancienne organisation[1]. Il avait même vu ses attributions s'accroître par suite de la politique qui porta les conquérants à supprimer en Grèce les anciennes institutions démocratiques et à les remplacer par des conseils de notables. L'Aréopage avait toujours été le corps aristocratique d'Athènes; il gagna ce que perdit la démocratie. Ajoutons qu'on était à une époque de dilettantisme littéraire et que ce tribunal, par sa célébrité classique, exerçait un grand prestige. Son autorité morale était reconnue du monde entier[2]. L'Aréopage redevint ainsi, sous la domination romaine, ce qu'il avait été à diverses reprises dans l'histoire de la république athénienne, un corps politique, presque dégagé de fonctions judiciaires, le vrai sénat d'Athènes, n'intervenant qu'en certains cas et constituant une noblesse conservatrice de fonctionnaires retraités[3]. A partir du Ier siècle de notre ère, l'Aréopage figure dans les inscriptions en tête des pou-

1. Val. Max., II, vi, 3; Tacite, *Ann.*, II, 55; Aulu-Gelle, XII, 7; Ammien Marcellin, XXIX, ii, 19.

2. Val. Max., VIII, i, amb., 2; Aulu-Gelle, XII, 7; Cic., *Pro Balbo*, 12; Ælius Aristide, *Panathen.*, p. 314 (Dindorf).

3. Cicéron, *De nat. deorum*, II, 29; Pausanias, I, xxviii, 5-8; Plutarque, *An seni sit ger. resp.*, 20; *Corp. inscr. gr.*, n°s 480, 3831.

voirs d'Athènes, supérieur au conseil des Six-Cents et au peuple. Les érections de statues, en particulier, se font par lui ou du moins avec son autorisation[1]. Dans les années mêmes où nous sommes, il venait de décerner une statue à la reine Bérénice, fille d'Agrippa Ier, avec lequel nous verrons bientôt Paul en rapport[2]. Il semble que l'Aréopage exerçait aussi une certaine intendance sur l'enseignement[3]. C'était un haut conseil de censure religieuse et morale, auquel ressortissait tout ce qui concernait les lois, les mœurs, la médecine, le luxe, l'édilité, les

---

1. Ἡ βουλὴ ἡ ἐξ Ἀρείου πάγου, ἡ βουλὴ τῶν ἑξακοσίων, ὁ δῆμος. Voir *Corp. inscr. gr.*, nᵒˢ 263, 313, 315, 316, 318, 320, 361, 370, 372, 377, 378, 379, 380, 384, 397, 400, 402, 406, 415, 416, 417, 420, 421, 422, 426, 427, 433, 438, 444, 445, 446, 480, 3831; les nᵒˢ 84, 104, 146, 149, 333, 363, 726 et 729 (cf. 727 et 728), 1008, 1010, de Pittakis, dans l'Ἐφημερὶς ἀρχαιολογικὴ d'Athènes, 1838, 1839, 1840, 1841, 1842. Le nᵒ 726 est antérieur à l'ère chrétienne ; l'Aréopage seul y érige la statue. Les nᵒˢ 333 et 726 sont antérieurs à la domination romaine, et prouvent que l'Aréopage, dès une époque ancienne, eut le droit d'élever des statues. Voir aussi Rangabé, *Antiquités helléniques*, II, nᵒ 1178 ; Ross, *Demen*, inscr. nᵒˢ 141, 163, 165 ; *Berichte der sächs. Gesellschaft der Wiss.*, philol. Cl., XII, p. 218 ; Φιλίστωρ, t. III, p. 60, 363, 364, 463, 564, 565 ; t. IV, p. 83, 171 ; *Ann. de l'Inst. arch.*, t. XXXIV, p. 139, sans parler d'une ou deux inscriptions inédites.

2. *Corp. inscr. gr.*, nᵒ 361.

3. Plutarque, *Vie de Cic.*, 24 ; Himérius, dans Photius, cod. CCXLIII, p. 365, 366, édit. Bekker ; Quintilien, V, IX, 13.

cultes de la cité¹, et il n'y a rien d'invraisemblable à ce qu'une doctrine nouvelle se produisant, on ait invité le prédicateur à venir en quelque sorte faire sa déclaration à un tel tribunal, ou du moins à l'endroit où il tenait ses séances². Paul, dit-on, debout au milieu de l'assemblée, parla de la sorte³ :

1. Lysias, *Areopagitica or. pro sacra olea* entier; Démosth.(?), *Contre Néère*, § 80 et suiv.; Eschine, *Contre Timarque*, 81 et suiv., 92; Diogène Laërte, II, viii, 15; xi, 5; VII, v, 2; Xénophon, *Mém.*, III, v, 20; Cic., *Epist. ad fam.*, XIII, 1; *Ad Att.*, V, 11; *De divin.*, I, 25; Athénée, IV, 64, 65; VI, 46; XIII, 21; Plut., *De plac. phil.*, I, vii, 2; *Corp. inscr. gr.*, n° 123; Ross, *Demen*, inscr. n° 163.

2. Comp. Josèphe, *Contre Apion*, II, 37, et Lysias, fragm. 175 (*Orat. attici* de Didot). Rien, dans le récit des *Actes*, n'indique que Paul ait été l'objet d'une action judiciaire devant le tribunal. Cependant, les mots ἐπιλαβόμενοι... ἤγαγον du v. 19 indiquent bien que, dans l'intention du narrateur, la mention de l'Aréopage n'est pas une simple indication de lieu. Du reste, il est probable qu'à l'époque romaine, le nom d' « Aréopage » n'avait plus de force topographique. L'étroit rocher en plein air qui portait ce nom dut sembler bien incommode; on y substitua quelque édifice (Vitruve, II, i, 5), ou plutôt on transféra l'institution au Portique Royal, à la Basilique (Démosth. (?), *I contre Aristog.*, § 23), située près de la colline. Malgré cette translation, le nom d' « Aréopage » put rester, comme il reste encore de nos jours à Athènes pour désigner un tribunal qui ne siège nullement sur la colline; de même, les noms de « tribunal de la Rote », de « cour des Arches », etc., ont été autrefois justifiés, mais ne le sont plus.

3. Luc, qui n'est pas étranger à toute rhétorique, a probable-

« Athéniens,

« En tout je vous trouve le plus religieux des peuples[1]. Passant, en effet, dans vos rues et regardant vos objets sacrés, j'ai trouvé un autel sur lequel était écrit : Au Dieu inconnu. Ce que vous honorez sans le connaître, moi, je viens vous le révéler.

« Le dieu qui a fait le ciel et la terre et tout ce qu'ils renferment, étant le maître du ciel et de la terre, n'habite pas dans des temples faits de main d'homme, et ne saurait être honoré par des mains humaines, comme s'il avait besoin de rien, lui qui donne à tous la vie, le souffle et toute chose. C'est lui qui a tiré d'un seul homme toutes les nations et

---

ment disposé un peu la mise en scène et l'attitude de son orateur. Le discours ne peut être considéré comme authentique à la façon d'un discours sténographié par un auditeur ou écrit après coup par celui qui l'a prononcé. On sent chez le narrateur un juste sentiment d'Athènes, qui lui dicte quelques traits appropriés à l'auditoire; mais, après tout, il n'est pas impossible que Paul lui-même ait obéi aux nécessités oratoires du moment. Le trait du « Dieu inconnu » et la citation d'Aratus pouvaient être familiers à l'apôtre. Timothée, d'ailleurs, était à Athènes avec Paul, et a pu garder la mémoire de tout ceci. Le style du morceau n'est pas sans analogie avec celui de Paul. Pour les idées, comparez Rom., I.

1. Comp. Jos., *Contre Apion*, I, 12. Δεισιδαιμονεστέρους doit se prendre en bonne part, comme l'a bien vu saint Jean Chrysostome. Cf. Pollux, I, 21. Voir Schleusner, *s. h. v.*

les a fait habiter sur la face de la terre, marquant à chacune d'elles la durée de son existence et les limites de ses domaines. [C'est lui qui a mis en elles l'instinct de] chercher Dieu, pour voir si elles sauraient le toucher et le trouver; [ce qu'elles n'ont pas su faire,] quoiqu'il ne soit pas loin de chacun de nous. Car c'est en lui que nous vivons, que nous nous mouvons, que nous existons, et, comme l'ont dit quelques-uns de vos poëtes :

..... De sa race nous sommes [1].

« Etant de la race de Dieu, nous ne devons point nous imaginer que le divin ressemble à l'or, à l'argent, à la pierre, sculptés par l'art et le génie de l'homme.

« Oubliant donc des siècles d'ignorance, Dieu maintenant ordonne partout à tous les hommes de venir à résipiscence; car il a fixé le jour où il doit juger le monde avec justice par l'homme qu'il a désigné pour cela et qu'il a accrédité auprès de tous, en le ressuscitant d'entre les morts... »

A ces mots, selon le narrateur, Paul fut interrompu. Entendant parler de la résurrection des morts,

---

[1]. Cet hémistiche se trouve dans Aratus, *Phœnom.*, 5, et dans Cléanthe, *Hymne à Jupiter*, 5.

les uns se mirent à plaisanter, les plus polis dirent : « Nous t'écouterons là-dessus une autre fois. »

Si le discours que nous venons de rapporter a été réellement prononcé, il dut causer en effet une impression bien singulière sur les esprits cultivés qui l'entendirent. Cette langue tantôt barbare, incorrecte, sans construction, tantôt pleine de justesse; cette éloquence inégale, semée de traits heureux et de chutes désagréables; cette philosophie profonde aboutissant aux croyances les plus étranges, durent sembler d'un autre monde. Immensément supérieure à la religion populaire de la Grèce, une telle doctrine restait en bien des choses au-dessous de la philosophie courante du siècle. Si, d'un côté, elle tendait la main à cette philosophie par la haute notion de la Divinité et la belle théorie qu'elle proclamait de l'unité morale de l'espèce humaine [1], de l'autre, elle enfermait une part de croyances surnaturelles qu'aucun esprit positif ne pouvait admettre. En tout cas, il n'est pas surprenant qu'elle n'ait eu aucun succès à Athènes. Les motifs qui devaient faire le succès du christianisme étaient ailleurs que dans des cercles de lettrés. Ils étaient

---

1. Comparez Sénèque, *Epist.*, xcv, 51 et suiv.; *De beneficiis*, IV, 19; Dion Chrysostome, orat. xii, p. 231-232 (édit. Emperius); Porphyre, *Ad Marcellam*, ch. 11, 18.

dans le cœur de pieuses femmes, dans les aspirations intimes des pauvres, des esclaves, des patients de toute sorte. Avant que la philosophie se rapproche de la doctrine nouvelle, il faudra et que la philosophie se soit fort affaiblie, et que la doctrine nouvelle ait renoncé à la grande chimère du prochain jugement, c'est-à-dire aux imaginations concrètes qui furent l'enveloppe de sa première formation.

Qu'il soit de Paul ou d'un de ses disciples, ce discours, en tout cas, nous montre une tentative, à peu près unique au premier siècle, pour concilier le christianisme avec la philosophie et même, en un sens, avec le paganisme. Faisant preuve d'une largeur de vues très-remarquable chez un juif, l'auteur reconnaît dans toutes les races une sorte de sens intérieur du divin, un instinct secret de monothéisme qui aurait dû les porter à la connaissance du vrai Dieu. A l'en croire, le christianisme n'est pas autre chose que la religion naturelle, à laquelle on arrive en consultant simplement son cœur et en s'interrogeant de bonne foi : idée à double face qui devait tantôt rapprocher le christianisme du déisme, tantôt lui inspirer un orgueil déplacé. C'est ici le premier exemple de la tactique de certains apologistes du christianisme, faisant des avances à la philosophie, prenant ou feignant de prendre le langage scientifique, parlant avec complaisance ou politesse de la raison, qu'ils décrient d'un autre côté, voulant faire croire par des citations habilement groupées qu'au fond on peut s'entendre entre gens lettrés, mais amenés à d'inévitables malentendus dès qu'ils s'expliquent clairement et parlent de leurs dogmes surnaturels. On sent déjà l'effort pour traduire dans le langage de la philosophie grecque les idées juives et chrétiennes ; on entrevoit Clément d'Alexandrie et Origène. Les idées bibliques et celles de la philosophie grecque aspirent à s'embrasser ; mais elles auront pour cela bien des concessions à se faire ; car ce Dieu dans lequel nous vivons et nous nous mouvons est fort loin du Jéhovah des prophètes et du Père céleste de Jésus.

Il s'en faut que les temps soient déjà mûrs pour une telle alliance ; d'ailleurs, ce n'est pas à Athènes qu'elle se fera. Athènes, au point où l'avaient amenée les siècles, cette ville de grammairiens, de gymnastes et de maîtres d'armes, était aussi mal disposée qu'on pouvait l'être à recevoir le christianisme. La banalité, la sécheresse de cœur de l'homme d'école, sont des péchés irrémissibles aux yeux de la grâce. Le pédagogue est le moins convertissable des hommes ; car il a une religion à lui, qui est sa routine, la foi en ses vieux auteurs, le goût de ses exercices littéraires ; cela le contente et éteint chez lui tout autre besoin. On a trouvé à Athènes une série d'*hermès-portraits* de cosmètes[1] du second siècle. Ce sont de beaux hommes, graves, majestueux, à l'air noble et encore hellénique. Des inscriptions nous apprennent les honneurs et les pensions qui leur furent conférés[2] ; les vrais grands hommes de l'ancienne démocratie n'en eurent jamais autant. Certainement, si saint Paul rencontra quelqu'un des prédécesseurs de ces superbes pédants, il n'eut pas auprès de lui beaucoup plus de succès que n'en aurait eu du temps de l'Empire un romantique imbu de néo-catholicisme essayant de convertir à ses idées un universitaire attaché à la religion d'Horace, ou que n'en aurait de nos jours un socialiste humanitaire déclamant contre les préjugés anglais devant les fellows d'Oxford ou de Cambridge.

Dans une société aussi différente de celle où il avait vécu jusque-là, au milieu de rhéteurs et de professeurs d'escrime, Paul se trouvait bien dé-

---

[1]. Maintenant déposée au musée de la Société d'archéologie, dans les bâtiments de l'université d'Athènes. Voir Ἀρχαιολογικὴ ἐφημερίς, 1862, pl. XXX, XXXI, XXXIII.

[2]. Voir surtout le Φιλίστωρ, IV, p. 332 et suiv. Comp. d'autres inscriptions, *ibid.*, et ci-dessus, p. 186, note 2.

paysé. Sa pensée se reportait sans cesse vers ses chères Églises de Macédoine et de Galatie, où il avait trouvé un sentiment religieux si exquis. Il songea plusieurs fois à repartir pour Thessalonique[1]. Un vif désir l'y portait, d'autant plus qu'il avait reçu la nouvelle que la foi de la jeune Église était soumise à beaucoup d'épreuves; il craignait que ses néophytes n'eussent cédé aux tentations[2]. Des obstacles qu'il attribue à Satan l'empêchèrent de suivre ce projet. N'y tenant plus, comme il le dit lui-même, il se priva encore une fois de Timothée, l'envoya à Thessalonique pour confirmer, exhorter et consoler les fidèles, et resta de nouveau seul à Athènes[3].

Il y travailla derechef, mais le sol était trop ingrat. L'esprit éveillé des Athéniens était le contraire de cette disposition religieuse tendre et profonde qui faisait les conversions et prédestinait au christianisme. Les terres vraiment helléniques se prêtaient peu à la doctrine de Jésus. Plutarque, vivant dans une atmosphère purement grecque, n'en a pas encore le moindre vent dans la première moitié du IIe siècle. Le patriotisme, l'atta-

---

1. I Thess., II, 17 et suiv.
2. I Thess., III, 3, 5.
3. I Thess., III, 1 et suiv.

chement aux vieux souvenirs du pays, détournaient les Grecs des cultes exotiques. « L'hellénisme » devenait une religion organisée, presque raisonnable, admettant une large part de philosophie; les « dieux de la Grèce » semblaient vouloir être des dieux universels pour l'humanité.

Ce qui caractérisait la religion du Grec autrefois, ce qui la caractérise encore de nos jours, c'est le manque d'infini, de vague, d'attendrissement, de mollesse féminine; la profondeur du sentiment religieux allemand et celtique manque à la race des vrais Hellènes. La piété du Grec orthodoxe consiste en pratiques et en signes extérieurs. Les églises orthodoxes, parfois très-élégantes, n'ont rien des terreurs qu'on ressent dans une église gothique[1]. En ce christianisme oriental, point de larmes, de prières, de componction intérieure. Les enterrements y sont presque gais; ils ont lieu le soir, au soleil couchant, quand les ombres sont déjà longues, avec des chants à mi-voix et un déploiement de couleurs voyantes. La gravité fanatique des Latins déplaît à ces races vives, sereines, légères. L'infirme n'y est pas abattu : il voit doucement venir la mort; tout sourit autour

---

[1]. Se rappeler surtout les délicieuses petites églises byzantines d'Athènes.

de lui. Là est le secret de cette gaieté divine des poëmes homériques et de Platon : le récit de la mort de Socrate dans le *Phédon* montre à peine une teinte de tristesse. La vie, c'est donner sa fleur, puis son fruit; quoi de plus? Si, comme on peut le soutenir, la préoccupation de la mort est le trait le plus important du christianisme et du sentiment religieux moderne, la race grecque est la moins religieuse des races. C'est une race superficielle, prenant la vie comme une chose sans surnaturel ni arrière-plan. Une telle simplicité de conception tient en grande partie au climat, à la pureté de l'air, à l'étonnante joie qu'on respire, mais bien plus encore aux instincts de la race hellénique, adorablement idéaliste. Un rien, un arbre, une fleur, un lézard, une tortue, provoquant le souvenir de mille métamorphoses chantées par les poëtes; un filet d'eau, un petit creux dans le rocher, qu'on qualifie d'antre des nymphes; un puits avec une tasse sur la margelle, un pertuis de mer si étroit que les papillons le traversent et pourtant navigable aux plus grands vaisseaux, comme à Poros; des orangers, des cyprès dont l'ombre s'étend sur la mer, un petit bois de pins au milieu des rochers, suffisent en Grèce pour produire le contentement qu'éveille la beauté. Se promener dans les jardins pendant la nuit, écouter les cigales, s'asseoir au clair de lune en jouant de la flûte; aller boire de l'eau dans la montagne, apporter avec soi un petit pain, un poisson et un lécythe de vin qu'on boit en chantant; aux fêtes de famille, suspendre une couronne de feuillage au-dessus de sa porte, aller avec des chapeaux de fleurs; les jours de fêtes publiques, porter des thyrses garnis de feuillages; passer des journées à danser, à jouer avec des chèvres apprivoisées, voilà les plaisirs grecs, plaisirs d'une race pauvre, économe, éternellement jeune, habitant un pays charmant, trouvant son bien en elle-même et dans les dons que les dieux lui ont faits [1]. La pastorale à la façon de Théocrite fut dans les pays helléniques une vérité; la Grèce se plut toujours à ce petit genre de poésie fin et aimable, l'un des plus caractéristiques de sa littérature, miroir de sa propre vie, presque partout ailleurs niais et factice. La belle humeur, la joie de vivre sont les choses grecques par excellence. Cette race a toujours vingt ans : pour elle, *indulgere genio* n'est pas la pesante ivresse de l'Anglais, le grossier ébattement du Français; c'est tout simplement penser que la nature est bonne, qu'on peut et qu'on doit y

---

[1]. Voir, comme type de ceci, la description des fêtes du 1ᵉʳ mai, qui paraît annuellement dans les journaux d'Athènes; par exemple, la Παλιγγενεσία et l'Ἐθνοφύλαξ de l'année 1865.

céder. Pour le Grec, en effet, la nature est une conseillère d'élégance, une maîtresse de droiture et de vertu; la « concupiscence », cette idée que la nature nous induit à mal faire, est un non-sens pour lui. Le goût de la parure qui distingue le palicare, et qui se montre avec tant d'innocence dans la jeune Grecque, n'est pas la pompeuse vanité du barbare, la sotte prétention de la bourgeoise, bouffie de son ridicule orgueil de parvenue; c'est le sentiment pur et fin de naïfs jouvenceaux, se sentant fils légitimes des vrais inventeurs de la beauté.

Une telle race, on le comprend, eût accueilli Jésus par un sourire. Il était une chose que ces enfants exquis ne pouvaient nous apprendre : le sérieux profond, l'honnêteté simple, le dévouement sans gloire, la bonté sans emphase. Socrate est un moraliste de premier ordre; mais il n'a rien à faire dans l'histoire religieuse. Le Grec nous paraît toujours un peu sec et sans cœur : il a de l'esprit, du mouvement, de la subtilité; il n'a rien de rêveur, de mélancolique. Nous autres, Celtes et Germains, la source de notre génie, c'est notre cœur. Au fond de nous est comme une fontaine de fées, une fontaine claire, verte et profonde, où se reflète l'infini. Chez le Grec, l'amour-propre, la vanité se mêlent à tout; le sentiment vague lui est inconnu ; la réflexion sur sa propre destinée lui paraît fade. Poussée à la caricature, une façon si incomplète d'entendre la vie donne, à l'époque romaine, le *græculus esuriens,* grammairien, artiste, charlatan, acrobate, médecin, amuseur du monde entier, fort analogue à l'Italien des XVIe et XVIIe siècles; à l'époque byzantine, le théologien sophiste faisant dégénérer la religion en subtiles disputes; de nos jours, le Grec moderne, quelquefois vaniteux et ingrat, le *papas* orthodoxe, avec sa religion égoïste et matérielle. Malheur à qui s'arrête à cette décadence! Honte à celui qui, devant le Parthénon, songe à remarquer un ridicule! Il faut le reconnaître pourtant : la Grèce ne fut jamais sérieusement chrétienne; elle ne l'est pas encore. Aucune race ne fut moins romantique, plus dénuée du sentiment chevaleresque de notre moyen âge. Platon bâtit toute sa théorie de la beauté en se passant de la femme. Penser à une femme pour s'exciter à faire de grandes choses! un Grec eût été bien surpris d'un pareil langage; il pensait, lui, aux hommes réunis sur l'*agora*, il pensait à la patrie. Sous ce rapport, les Latins étaient plus près de nous. La poésie grecque, incomparable dans les grands genres tels que l'épopée, la tragédie, la poésie lyrique désintéressée, n'avait pas, ce semble, la douce note élégiaque de Tibulle, de Virgile, de Lucrèce, note si bien en harmonie avec nos sentiments, si voisine de ce que nous aimons.

La même différence se retrouve entre la piété de saint Bernard, de saint François d'Assise et celle des saints de l'Église grecque. Ces belles écoles de Cappadoce, de Syrie, d'Égypte, des Pères du désert, sont presque des écoles philosophiques. L'hagiographie populaire des Grecs est plus mythologique que celle des Latins. La plupart des saints qui figurent dans l'iconostase d'une maison grecque et devant lesquels brûle une lampe ne sont pas de grands fondateurs, de grands hommes, comme les saints de l'Occident; ce sont souvent des êtres fantastiques, d'anciens dieux transfigurés, ou du moins des combinaisons de personnages historiques et de mythologie, comme saint Georges. Et cette admirable église de Sainte-Sophie! c'est un temple arien; le genre humain tout entier pourrait y faire sa prière. N'ayant pas eu de pape, d'inquisition, de scolastique, de moyen âge barbare, ayant toujours gardé un levain d'arianisme, la Grèce lâchera plus facilement qu'aucun autre pays le christianisme surnaturel, à peu près comme ces Athéniens d'autrefois étaient en même temps, grâce à une sorte de légèreté mille fois plus profonde que le sérieux de nos lourdes races, le plus superstitieux des peuples et le plus voisin du rationalisme. Les chants populaires grecs sont encore aujourd'hui pleins d'images et d'idées païennes[1]. A la grande différence de l'Occident, l'Orient garda durant tout le moyen âge et jusqu'aux temps modernes de vrais « hellénistes », au fond plus païens que chrétiens, vivant du culte de la vieille patrie grecque et des vieux auteurs[2]. Ces hellénistes sont, au xve siècle, les agents de la renaissance de l'Occident, auquel ils apportent les textes grecs, base de toute civilisation. Le même esprit a présidé[3] et présidera aux destinées de la Grèce nouvelle. Quand on a bien étudié ce qui fait de nos jours le fond d'un Hellène cultivé, on voit qu'il y a chez lui très-peu de christianisme : il est chrétien de forme, comme un Persan est musulman; mais au fond il est « helléniste ». Sa religion, c'est l'adoration de l'ancien génie grec. Il pardonne toute hérésie au philhellène, à celui qui admire son passé; il est bien moins disciple de Jésus et de saint Paul que de Plutarque et de Julien.

Fatigué de son peu de succès à Athènes, Paul, sans attendre le retour de Timothée[4], partit pour

---

[1] Voir le recueil de Fauriel et celui de Passow. Notez en particulier le rôle de Charon, du Tartare, etc.

[2]. Au xve siècle, Gémiste Pléthon ; de nos jours, Théophile Caïri.

[3]. Se rappeler Coraï.

[4]. I Thess., III, 6.

Corinthe. Il n'avait pas formé à Athènes d'Église considérable [1]. Quelques personnes isolées seulement, entre autres un certain Denys, qui faisait, dit-on, partie de l'Aréopage [2], et une femme nommée Damaris [3], avaient adhéré à ses doctrines. Ce fut là, dans sa carrière apostolique, son premier et presque son seul échec.

Même au second siècle, l'Église d'Athènes est peu solide [4]. Athènes fut une des villes qui se convertirent les dernières [5]. Après Constantin, elle est le

1. Il n'y a pas d'épître de Paul « aux Athéniens », ni de mention de l'Église d'Athènes dans les épîtres aux Corinthiens. Dans son troisième voyage, Paul ne touche pas à Athènes.

2. *Act.*, XVII, 34; Denys de Corinthe, dans Eusèbe, *H. E.*, IV, 23. Le caractère un peu légendaire de ce que les *Actes* racontent sur le séjour de Paul à Athènes laisse planer des doutes sur tout ceci. Ἀρεοπαγείτης désigne toujours un membre du tribunal, un personnage de haute dignité. *Areopagita* était un titre considéré et recherché dans le monde entier (voir les textes précités, surtout Cic., *Pro Balbo*, 12; Trebellius Pollion, *Gallienus*, 11; *Corpus inscr. gr.*, n° 372). On a peine à croire qu'un personnage de ce rang se soit converti.

3. Nom singulier, peut-être pour Δάμαλις, nom porté par des femmes athéniennes. Pape, *Wœrt. der griech. Eigennamen*, s. h v. Cf. Horace, *Carm.*, I, XXXVI, 13 et suiv.; Heuzey, *Miss. de Macéd.*, p. 136. Peut-être aussi *Damaris* est-il un nom sémitique. On a trouvé plusieurs inscriptions phéniciennes à Athènes et au Pirée.

4. Denys de Corinthe, *l. c.*

5. Voir le discours de Julien *Ad S. P. Q. Atheniensem*, et le *Misopogon*, p. 348 (Spanheim).

centre de l'opposition contre le christianisme, le boulevard de la philosophie [1]. Par un rare privilége, elle garda ses temples intacts. Ces monuments prodigieux, conservés à travers les âges grâce à une sorte de respect instinctif, devaient venir jusqu'à nous comme une leçon éternelle de bon sens et d'honnêteté, donnée par des artistes de génie. Aujourd'hui encore, on sent que la couche chrétienne qui recouvre le vieux fond païen est là très-superficielle. A peine a-t-on besoin de modifier les noms actuels des églises d'Athènes pour retrouver les noms des temples antiques [2].

1. Saint Grégoire de Naz., *Orat.*, XLIII, 14, 15, 21, 23, 24; *Carm.*, p. 634-636, 1072 (Caillau); Synesius, *Epist.*, LIV (p. 190, Petau); Marinus, *Vie de Proclus*, 10; Malala, XVIII, p. 451 (Bonn).

2. *Aïa Vasili* est la *Stoa Vasilios*; l'église des douze apôtres, le temple des douze dieux; Aïa Paraskévi, le Pompéion. Rangabé, dans les *Memorie dell' Instituto di corr. arch.*, t. II (1865), p. 346 et suiv.; Aug. Mommsen, *Athenæ christianæ*, p. 4-5, 50-51, 61, 99, 145. Comme contraste, comparez le Liban, où la destruction du paganisme fut violente et instantanée. Quoique les débris de temples antiques s'y rencontrent à chaque pas, on n'y trouve pas d'exemples de telles superpositions.

CHAPITRE VIII.

SUITE DU DEUXIÈME VOYAGE DE PAUL. — PREMIER SÉJOUR A CORINTHE.

Paul, parti de Phalère ou du Pirée, aborda à Kenchrées, qui était sur la mer Égée le port de Corinthe. C'est un assez bon petit havre, entouré de collines verdoyantes et de bois de pins [1], au fond du golfe Saronique. Une belle vallée ouverte de près de deux lieues [2] mène de ce port à la grande ville bâtie au pied du dôme colossal d'où l'on voit les deux mers.

Corinthe [3] offrait une place bien mieux préparée

---

1. L'endroit est aujourd'hui presque désert. Il y a quelques restes des ouvrages du port. Le vieux nom (*Kechriæs*) s'est conservé. Cf. Curtius, *Peloponnesos*, p. 537 et suiv.
2. La vallée actuelle d'Hexamili.
3. Le site de la vieille Corinthe est aujourd'hui presque abandonné. La ville se rebâtit à une lieue et demie de là, sur le golfe de Patras.

qu'Athènes à recevoir la semence nouvelle. Ce n'était pas comme Athènes une sorte de sanctuaire de l'esprit, une ville sacrée et unique au monde ; c'était même à peine une ville hellénique [1]. La vieille Corinthe avait été détruite de fond en comble par Mummius ; pendant cent ans, le sol de la capitale de la ligue achéenne fut désert [2]. L'an 44 avant J.-C., Jules César releva la ville et en fit une importante colonie romaine, qu'il peupla surtout d'affranchis [3]. C'est dire assez que la population en était fort hétérogène [4]. Elle se composait d'un ramassis de ces gens de toute sorte et de toute origine qui aimaient César. Les nouveaux Corinthiens restèrent longtemps étrangers à la Grèce, où on les regardait comme des intrus [5]. Ils avaient pour spectacles les jeux brutaux des Romains, repoussés par les véritables Grecs [6]. Corinthe devint ainsi une ville comme tant d'autres des bords de la Méditerranée,

---

1. Plutarque ne l'envisage pas comme telle. *De def. orac.,* 8.
2. Strabon, VIII, vi, 22, 23 ; Pausanias, II, i, 2. Corinthe ne présente qu'un seul débris de construction hellénique.
3. Strabon, VIII, vi, 23 ; Aristide, Or. iii, p. 37 et suiv., édit. Dindorf.
4. Voir les inscriptions de Corinthe, dans le *Corp. inscr. gr.,* n° 1104 et suiv.
5. Pausanias, II, i, 2 ; V, i, 2.
6. Lucien, *Démonax,* 57 ; *Corp. inscr. gr.,* n° 1106.

très-peuplée¹, riche, brillante, fréquentée par de nombreux étrangers, centre d'un commerce actif, une de ces villes mêlées, enfin, qui n'étaient plus des patries. Le trait dominant qui rendit son nom proverbial était l'extrême corruption de mœurs qui s'y faisait remarquer². En cela encore, elle constituait une exception parmi les cités helléniques. Les vraies mœurs grecques étaient simples et gaies, elles ne pouvaient nullement passer pour luxueuses et débauchées³. L'affluence des marins attirés par les deux ports avait fait de Corinthe le dernier sanctuaire du culte de la Vénus Pandémos, reste des anciens établissements phéniciens⁴. Le grand temple de Vénus avait plus de mille courtisanes sacrées; la ville entière était comme un vaste mauvais lieu, où

---

1. Athénée (VI, 103) y compte 460,000 esclaves.

2. Aristoph., *Plutus,* v. 149; Horace, *Ep.,* I, xvii, 36; Juvénal, *Sat.,* viii, 113; Maxime de Tyr, Dissert. iii, 10; Dion Chrysost., orat. xxxvii, p. 530-534 (Emp.); Athénée, VII, 13; XIII, 21, 32, 54; Cic., *De rep.,* II, 4; Alciphron, *Epist.,* III, 60; Strabon, VIII, vi, 20-21; XII, iii, 36; Horace, *Sat.,* I, xvii, 36; Eustathe, *Ad Iliad.,* II, v. 570; Élien, *Hist. var.,* I, 49; Aristide, op. cit., p. 39; Hésychius, au mot κορινθιάζειν.

3. C'est ce qui résulte bien des traités moraux de Plutarque, surtout de *Præc. ger. reip., An seni sit ger. resp., Consolatio ad uxorem, Conjugalia præc., Amatorius, De frat. amore.*

4. L'Acrocorinthe a beaucoup de ressemblance avec le mont Éryx en Sicile.

de nombreux étrangers, des marins surtout, venaient follement dépenser leurs richesses [1].

Il y avait à Corinthe une colonie de juifs [2], probablement établie à Kenchrées, celui des ports qui servait au commerce avec l'Orient [3]. Très-peu de temps avant l'arrivée de Paul, était débarquée une troupe de juifs chassés de Rome par l'édit de Claude, au nombre desquels étaient Aquila et Priscille, qui déjà, ce semble, à cette époque professaient la foi du Christ [4]. Il résultait de tout cela un concours de circonstances très-favorable. L'isthme formé entre les deux masses du continent grec a toujours été le centre d'un commerce universel. C'était encore ici un de ces *emporia* [5], en dehors de toute idée de race et de nationalité, désignés pour être les bureaux, si j'ose le dire, du christianisme naissant. La nouvelle Corinthe, justement par son peu de noblesse hellénique, était une ville déjà à demi chrétienne. Avec Antioche, Éphèse, Thessalonique, Rome, elle sera métropole ecclésiastique du rang le

1. Strabon, VIII, vi, 20, 21.
2. Philon, *Leg.*, § 36.
3. Strabon, VIII, vi, 22.
4. *Act.*, xviii, 2.
5. Strabon, VIII, vi, 22, 23, Aristide, op. cit., p. 38 : Κοινὴ πάντων καταφυγή,... ὁδὸς καὶ διέξοδος ἁπάντων ἀνθρώπων.

plus élevé. Mais l'immoralité qui y régnait pouvait en même temps faire présager que les premiers abus de l'histoire de l'Église se produiraient là. Dans quelques années, Corinthe nous donnera le spectacle de chrétiens incestueux, et de gens ivres assis à la table du Christ.

Paul vit promptement qu'un long séjour à Corinthe lui serait nécessaire. Il résolut donc d'y prendre un établissement fixe et d'y exercer son état de tapissier. Or, justement, Aquila et Priscille étaient du même métier que lui. Il alla donc demeurer chez eux, et tous les trois établirent un petit magasin, qu'ils fournissaient d'articles confectionnés par eux [1].

Timothée, qu'il avait envoyé d'Athènes à Thessalonique, le rejoignit bientôt. Les nouvelles de l'Église de Thessalonique étaient excellentes. Tous les fidèles persévéraient dans la foi et la charité, dans l'attachement à leur maître; les vexations de leurs concitoyens ne les ébranlaient pas [2]; leur action bienfaisante s'étendait sur toute la Macédoine [3]. Silas, que Paul n'avait pas revu depuis sa fuite de Bérée, se joignit probablement à Timothée et revint avec ce dernier. Ce qu'il y a de sûr, c'est que les trois

---

1. *Act.*, XVIII, 2-3.
2. I Thess., II, 14; III, 6-7; II Thess., I, 4 et suiv.
3. I Thess., IV, 10.

compagnons se trouvèrent réunis à Corinthe et y vécurent longtemps ensemble [1].

L'effort de Paul, comme d'habitude, tomba d'abord sur les juifs. Chaque sabbat, il parla à la synagogue [2]. Il y trouva des dispositions fort diverses. Une famille, celle de Stéphanéphore ou Stéphanas, se convertit, et fut tout entière baptisée par Paul [3]. Les orthodoxes résistèrent énergiquement; on en vint aux injures et aux anathèmes. Un jour, enfin, la rupture fut ouverte. Paul secoua sur les incrédules de l'assemblée la poussière de ses habits, les rendit responsables des suites, et leur déclara que, puisqu'ils fermaient l'oreille à la vérité, il allait passer aux gentils. En disant ces mots, il sortit de la salle. Il enseigna désormais dans la maison d'un certain Titius Justus [4], homme craignant Dieu, dont la maison était contiguë à la synagogue. Crispus, le chef de la communauté juive, fut du parti de Paul; il se convertit avec toute sa maison, et Paul le baptisa lui-même, ce qu'il faisait rarement [5].

---

1. *Act.*, XVIII, 5; I Thess., I, 1; III, 6; II Thess., I, 1; II Cor., I, 19.
2. *Act.*, XVIII, 4 et suiv.
3. I Cor., I, 16; XVI, 15, 17.
4. Comparez *Act.*, XIX, 9.
5. I Cor., I, 14-16.

Bien d'autres, soit juifs, soit païens, soit « craignant Dieu », se firent baptiser. Le nombre des païens convertis paraît avoir été ici relativement considérable[1]. Paul déploya un zèle prodigieux. Des visions divines venaient pendant la nuit le fortifier[2]. Le bruit des conversions qu'il avait faites à Thessalonique l'avait, du reste, devancé et avait favorablement disposé la société pieuse en sa faveur[3]. Les phénomènes surnaturels ne manquèrent pas[4] ; il y eut des miracles[5]. L'innocence n'était pas ici la même qu'à Philippes, qu'à Thessalonique. Les mauvaises mœurs de Corinthe franchissaient quelquefois le seuil de l'église ; au moins tous ceux qui y entraient n'étaient-ils pas également purs. Mais, en revanche, peu d'Églises furent plus nombreuses ; la communauté de Corinthe rayonna dans toute la province d'Achaïe[6], et devint le foyer du christianisme dans la péninsule hellénique. Sans parler d'Aquila et de Priscille, presque passés au rang d'apôtres, de Titius Justus, de Crispus, de Stéphanas, déjà men-

---

1. I Cor., xii, 2.
2. *Act.*, xviii, 9-10.
3. I Thess., i, 7-9.
4. I Cor., ii, 4-5.
5. II Cor., xii, 12.
6. II Cor., i, 1.

tionnés, l'Église comptait dans son sein Caïus, qui fut, lui aussi, baptisé par Paul, et qui donna l'hospitalité à l'apôtre lors du second séjour de celui-ci à Corinthe, Quartus, Achaïcus, Fortunat, Éraste, personnage assez important, qui était trésorier de la ville, une dame nommée Chloé, qui avait une maison nombreuse [1]. On n'a que des notions vagues et incertaines sur un certain Zénas, docteur en loi juive [2]. Stéphanas et sa maison formaient le groupe le plus influent, celui qui avait le plus d'autorité [3]. Tous les convertis, du reste, si l'on excepte peut-être Éraste, étaient gens simples, sans grande instruction, sans distinction sociale, des rangs les plus humbles en un mot [4].

Le port de Kenchrées eut aussi son Église. Kenchrées était peuplé en grande partie d'Orientaux [5]; on y révérait Isis et Eschmoun; la Vénus phénicienne n'était pas négligée [6]. C'était, comme Kalamaki de

---

1. I Cor., I, 11, 14; XVI, 17; Rom., XVI, 23; II Tim., IV, 20.
2. Tit., III, 13. Zénas y est associé à Apollos. Il semble que la lettre à Tite est censée écrite de Corinthe.
3. I Cor., XVI, 15-16, 18.
4. I Cor., I, 20, 26 et suiv.
5. Strabon, VIII, VI, 22.
6. Pausanias, II, II, 3; Curtius, *Peloponnesos*, p. 538, 594; Millingen, *Rec. de quelques médailles grecques*, p. 47-48, pl. II, n° 19.

nos jours, moins une ville qu'un amas de magasins et d'auberges pour les mariniers. Au milieu de la corruption de ces taudis de gens de mer, le christianisme fit son miracle. Kenchrées eut une diaconesse admirable, qui, un jour, nous le verrons plus tard, cacha sous les plis de son vêtement de femme tout l'avenir de la théologie chrétienne, l'écrit qui devait régler la foi du monde. Elle se nommait Phœbé : c'était une personne active, allante, toujours empressée à rendre service et qui fut très-précieuse à Paul [1].

Le séjour de Paul à Corinthe fut de dix-huit mois [2]. Le beau rocher de l'Acrocorinthe, les sommets neigeux de l'Hélicon et du Parnasse, reposèrent longtemps ses regards. Paul contracta dans cette nouvelle famille religieuse de profondes amitiés, bien que le goût des Grecs pour la dispute lui déplût, et que plus d'une fois sa timidité naturelle eût été augmentée par la disposition de ses auditeurs à la subtilité [3]. Il ne pouvait se détacher de Thessalonique, de la simplicité qu'il y avait trouvée, des vives affections qu'il y avait laissées. L'Église de Thessalo-

1. Rom., XVI, 1-2.
2. Act., XVIII, 4 et suiv. Peut-être même fut-il plus long, si le laps de temps mentionné au verset 18 doit être ajouté à celui qui est indiqué v. 11.
3. I Cor., II, 3.

nique était le modèle qu'il ne cessait de prêcher [1] et vers lequel il se reportait toujours. L'Église de Philippes, avec ses femmes pieuses, sa riche et bonne Lydienne, ne se laissait pas non plus oublier. Cette Église, ainsi qu'on l'a vu, jouissait d'un privilége singulier, c'était de nourrir l'apôtre, quand son travail n'y suffisait pas. A Corinthe, il reçut d'elle de nouveaux secours. Comme si la nature un peu légère des Corinthiens, et en général des Grecs, lui avait inspiré de la défiance, il ne voulut leur rien devoir sous ce rapport, quoique plus d'une fois il se fût trouvé dans le besoin durant son séjour parmi eux [2].

Il était difficile cependant que la colère des juifs orthodoxes, toujours si active, ne suscitât pas quelque orage. Les prédications de l'apôtre aux gentils, ses larges principes sur l'adoption de tous ceux qui croient et leur incorporation en la famille d'Abraham, irritaient au plus haut degré les partisans du privilége exclusif des enfants d'Israël. L'apôtre, de son côté, ne leur épargnait guère les paroles dures : il leur annonçait que la colère de Dieu allait éclater contre eux [3]. Les juifs eurent recours à l'autorité

1. I Thess., I, 7 et suiv.; II Thess., I, 4.
2. I Cor., IX, 4 et suiv.; II Cor., XI, 8 et suiv.; XII, 13, 14, 16; Phil., IV, 15.
3. I Thess., II, 14-16; II Thess., I, 6-8; II Cor., III, 14-16.

romaine. Corinthe était la capitale de la province d'Achaïe, comprenant toute la Grèce, et qui d'ordinaire était réunie à la Macédoine. Les deux provinces avaient été rendues par Claude sénatoriales [1], et, comme telles, elles avaient un proconsul. Cette fonction était remplie, à l'heure où nous sommes, par un des personnages les plus aimables et les plus instruits du siècle, Marcus Annæus Novatus, frère aîné de Sénèque, qui avait été adopté par le rhéteur L. Junius Gallion, l'un des littérateurs de la société des Sénèques [2]; Marcus Annæus Novatus prit de là le nom de Gallion. C'était un bel esprit et une âme noble, un ami des poëtes et des écrivains célèbres [3]. Tous ceux qui le connaissaient l'adoraient; Stace l'appelait *dulcis Gallio*, et peut-être est-il l'auteur de quelques-unes des tragédies qui sortirent de ce cénacle littéraire. Il écrivit, ce semble, sur les questions naturelles [4]; son frère lui dédia ses livres *de la*

---

1. Suétone, *Claude*, 25.

2. Sénèque le rhéteur, *Controv.*, II, 11, etc.; préfaces des livres I, III, V; Ovide, *Pont.*, IV, xi.

3. Sénèque, *De ira*, init.; *De vita beata*, init.; *Quæst. natur.*, IV, præf.; V, 11; *Epist.*, civ; *Consol. ad Helviam*, 16; Stace, *Silves*, II, vii, 32; Pline, *Hist. nat.*, XXXI, 33; Tac., *Ann.*, VI, 3; XV, 73; XVI, 17; Dion Cassius, LX, 35; LXI, 20; Eusèbe, *Chron.*, à l'année 10 de Néron.

4. Sénèque, *Quæst. natur.*, V, 11.

Colère et *de la Vie heureuse;* on lui prêta un des mots les plus spirituels du temps [1]. Il semble que ce fut sa haute culture hellénique qui le fit choisir, sous le lettré Claude, pour l'administration d'une province que tous les gouvernements un peu éclairés entouraient d'attentions délicates [2]. Sa santé l'obligea d'abandonner ce poste. Comme son frère, il eut l'honneur, sous Néron, d'expier par la mort sa distinction et son honnêteté [3].

Un tel homme devait être peu porté à accueillir les réclamations de fanatiques venant demander à la puissance civile, contre laquelle ils protestent en secret, de les débarrasser de leurs ennemis. Un jour, Sosthène, le nouveau chef de la synagogue, qui avait succédé à Crispus, amena Paul devant le tribunal, l'accusant de prêcher un culte contraire à la loi [4]. Le judaïsme, en effet, qui avait ses vieilles autorisations et toutes sortes de garanties, prétendait que la secte dissidente, dès qu'elle faisait schisme avec la synagogue, ne jouissait plus des chartes de la synagogue. La situation était celle qu'auraient devant la loi française les protestants libéraux le jour où ils

---

1. Dion Cassius, LX, 35.
2. Pline le Jeune, *Épîtres,* VIII, 24.
3. Dion Cassius, LXII, 25; Eusèbe, *Chron.,* l. c.
4. *Act.,* XVIII, 12 et suiv.

se sépareraient du protestantisme reconnu. Paul allait répondre; mais Gallion l'arrêta, et, s'adressant aux juifs : « S'il s'agissait de quelque crime ou de quelque méfait, dit-il, je vous écouterais comme il convient; mais, s'il s'agit de vos disputes de doctrine, de vos querelles de mots, de controverses sur votre loi, voyez-y vous-mêmes. Je ne veux pas être juge en de pareilles matières[1]. » Admirable réponse, digne d'être proposée pour modèle aux gouvernements civils, quand on les invite à s'ingérer dans les questions religieuses ! Gallion, après l'avoir prononcée, donna ordre de chasser les deux parties. Il se fit un grand tumulte. Tout le monde comme à l'envi tomba sur Sosthène, et l'on se mit à le battre devant le tribunal; on ne sait pas de quel côté venaient les coups[2]. Gallion s'en soucia peu, et fit évacuer la place. Le sage politique avait évité d'entrer dans une querelle de dogme; l'homme bien élevé refusa de se mêler d'une querelle de gens grossiers, et, dès qu'il vit commencer les voies de fait, il renvoya tout le monde.

Certes, il eût été plus sage de ne pas se montrer si dédaigneux. Gallion fut bien inspiré en se

---

1. *Act.*, XVIII, 14-15.
2. *Act.*, XVIII, 17; les mots οἱ Ἕλληνες manquent dans les meilleurs manuscrits.

déclarant incompétent dans une question de schisme et d'hérésie; mais que les gens d'esprit ont parfois peu de prévoyance! Il s'est trouvé plus tard que la querelle de ces sectaires abjects était la grande affaire du siècle. Si, au lieu de traiter la question religieuse et sociale avec ce sans gêne, le gouvernement se fût donné la peine de faire une bonne enquête impartiale, de fonder une solide instruction publique, de ne pas continuer à donner une sanction officielle à un culte devenu complétement absurde; si Gallion eût bien voulu se faire rendre compte de ce que c'était qu'un juif et un chrétien, lire les livres juifs, se tenir au courant de ce qui se passait dans ce monde souterrain; si les Romains n'avaient pas eu l'esprit si étroit, si peu scientifique, bien des malheurs eussent été prévenus. Chose étrange! Voilà en présence, d'une part, un des hommes les plus spirituels et les plus curieux, de l'autre une des âmes les plus fortes et les plus originales de son temps, et ils passent l'un devant l'autre sans se toucher, et, sûrement, si les coups de poing fussent tombés sur Paul au lieu de tomber sur Sosthène, Gallion s'en serait également peu soucié. Une des choses qui font commettre le plus de fautes aux gens du monde est la superficielle répulsion que leur inspirent les gens mal élevés ou sans manières ; car les manières ne sont qu'affaire de forme, et ceux qui n'en ont pas se trouvent quelquefois avoir raison. L'homme de la société, avec ses dédains frivoles, passe presque toujours sans s'en apercevoir à côté de l'homme qui est en train de créer l'avenir : ils ne sont pas du même monde ; or l'erreur commune des gens de la société est de croire que le monde qu'ils voient est le monde entier.

Ces difficultés, du reste, n'étaient pas les seules que l'apôtre rencontrât. La mission de Corinthe fut traversée par des obstacles qu'il trouvait pour la première fois dans sa carrière apostolique, obstacles venant de l'intérieur de l'Église elle-même, d'hommes indociles qui s'y étaient introduits et qui lui résistaient, ou bien de juifs attirés vers Jésus, mais moins détachés que Paul des observances légales [1]. L'esprit faux du Grec dégénéré, qui, à partir du IVe siècle, altéra si fort le christianisme, se faisait déjà sentir. L'apôtre se rappelait alors ses chères Églises de Macédoine, cette docilité sans bornes, cette pureté de mœurs, cette cordialité franche qui lui avait procuré, à Philippes, à Thes-

---

1. II Thess., III, 1-2. Comp. les deux épîtres aux Corinthiens Voir ci-dessous, p. 371 et suiv.

salonique, de si bons jours. Il se prenait d'un vif
désir d'aller revoir ses fidèles du Nord, et, quand il
recevait d'eux l'expression des mêmes souhaits, il se
retenait à peine [1]. Pour se consoler des embarras,
des importunités du monde qui l'entourait, il se plaisait à leur écrire. Les épîtres datées de Corinthe
portent l'empreinte d'une certaine tristesse : louan-
geuses au plus haut degré pour ceux à qui Paul
écrit, ces lettres se taisent complétement ou renferment même quelques allusions défavorables [2] sur
ceux au milieu desquels il écrit.

1. I Thess., II, 17-18 ; III, 6, 10.
2. II Thess., III, 1-2.

CHAPITRE IX.

SUITE DU DEUXIÈME VOYAGE DE PAUL. — PREMIÈRES ÉPÎTRES.
ÉTAT INTÉRIEUR DES NOUVELLES ÉGLISES.

C'est à Corinthe que la vie apostolique de Paul atteignit son plus haut degré d'activité. Aux soins de la grande chrétienté qu'il était occupé à fonder venaient se joindre les préoccupations des communautés qu'il avait laissées derrière lui; une sorte de jalousie, comme il le dit lui-même [1], le dévorait. Il songeait moins en ce moment à fonder de nouvelles Églises qu'à veiller sur celles qu'il avait créées. Chacune de ses Églises était pour lui comme une fiancée qu'il avait promise au Christ et qu'il voulait garder pure [2]. Le pouvoir qu'il s'attribuait sur ces petites corporations était absolu. Un certain nombre de règles, qu'il regardait comme ayant été posées par

1. II Cor., XI, 2.
2. *Ibid.*

Jésus lui-même, était le seul droit canonique antérieur à lui qu'il connût. Il croyait avoir une inspiration divine pour ajouter à ces règles toutes celles que réclamaient les circonstances nouvelles que l'on avait à traverser[1]. Son exemple, d'ailleurs, n'était-il pas une règle suprême, à laquelle tous ses fils spirituels devaient se conformer[2]?

Timothée, qu'il employait à visiter les Églises dont il était éloigné, ne pouvait, eût-il été infatigable, satisfaire à l'immense ardeur de son maître. C'est alors que Paul eut l'idée de suppléer par la correspondance à ce qu'il lui était interdit de faire par lui-même ou par ses principaux disciples. Il n'existait dans l'empire romain rien qui ressemblât à notre établissement des postes pour les lettres privées : toute correspondance se faisait par occasion ou par exprès[3]. Saint Paul prit ainsi l'habitude de mener partout avec lui des personnes de second ordre, qui lui servaient de courriers. La correspondance entre synagogues existait déjà dans le judaïsme ; l'envoyé

---

1. I. Cor., vii, 10, 12, 25, 40.
2. I Thess., i, 6; Philipp., iii, 17; iv, 9.
3. Cicéron, *Ad famil.,* III, 9; XV, 17; XVI, 5, 21; *Ad Attic.,* I, 5; III, 7; Pline, *Epist.,* II, 12; VIII, 3; IX, 28; Sénèque, *Epist.,* L; Forcellini, au mot *tabellarius*; Naudet, dans les *Mém. de l'Acad. des inscr.,* t. XXIII, 2ᵉ partie, p. 166 et suiv.

chargé de porter les lettres était même un dignitaire attitré des synagogues. Le genre épistolaire formait, chez les juifs [1], un genre de littérature qui s'est continué parmi eux jusqu'en plein moyen âge [2], comme une conséquence de leur dispersion. Sans doute, dès l'époque où le christianisme se répandit dans toute la Syrie, des épîtres chrétiennes existèrent; mais entre les mains de Paul ces écrits, que jusqu'alors on n'avait pas conservés la plupart du temps, furent, à l'égal de la parole, l'instrument du progrès de la foi chrétienne. On tenait que l'autorité des épîtres égalait celle de l'apôtre lui-même [3]; chacune d'elles dut être lue devant l'Église assemblée [4]; quelques-unes même eurent le caractère de lettres circulaires, et furent communiquées successivement à plusieurs Églises [5]. La lecture de la correspondance devint ainsi une partie essentielle

1. Voir le 2ᵉ livre des *Macchabées*, I, 1 et suiv.; 10 et suiv.; Baruch, c. VI (apocr.).

2. Comp. les *iggéret* ou *risâlet*, que les synagogues s'adressaient entre elles à propos des divers points de doctrine ou de pratique qui étaient en discussion.

3. II Thess., II, 2, 14; III, 14.

4. I Thess., V, 27.

5. Col. IV, 16. Comp. I Cor., I, 2; II Cor., I, 1. Sur l'épître dite aux Éphésiens, et même sur celle aux Romains, voir ci-dessus, Introduction, p. XII et suiv., LXXII et suiv.

de l'office du dimanche. Et ce n'était pas seulement au moment de sa réception qu'une lettre servait ainsi à l'édification des frères; mise en dépôt dans les archives de l'Église, elle en était tirée les jours de réunion pour être lue comme un document sacré et un perpétuel enseignement [1]. L'épître fut ainsi la forme de la littérature chrétienne primitive, forme admirable, parfaitement appropriée à l'état du temps et aux aptitudes naturelles de Paul.

L'état de la secte nouvelle, en effet, ne comportait nullement des livres suivis. Le christianisme naissant fut tout à fait dégagé de textes [2]. Les hymnes eux-mêmes procédaient de chacun et ne s'écrivaient pas. On se croyait à la veille de la catastrophe finale. Les livres sacrés, ce qu'on appelait « les Écritures », c'étaient les livres de l'ancienne Loi; Jésus n'y avait pas ajouté de livre nouveau; il devait venir pour accomplir les Écritures antiques et ouvrir un âge où il serait lui-même le livre vivant. Des lettres de consolation et d'encouragement étaient tout ce qui pouvait se produire en un pareil état des esprits. Si déjà, vers l'époque où nous sommes arrivés, il y avait plus d'un petit livret, destiné à soulager la

---

[1]. Denys de Cor., dans Eus., *H. E.*, IV, 23.
[2]. Justin, *Apol. I*, 67, est d'un siècle plus avancé.

mémoire sur « les dits et faits » de Jésus, ces livrets avaient un caractère tout privé. Ce n'étaient pas des écritures authentiques, officielles, universellement reçues dans la communauté ; c'étaient des notes dont les personnes au courant des choses faisaient peu de cas et qu'elles jugeaient tout à fait inférieures comme autorité à la tradition [1].

Paul, de son côté, n'avait nullement l'esprit tourné à composer des livres. Il n'avait pas la patience qu'il faut pour écrire ; il était incapable de méthode ; le travail de la plume lui était désagréable, et il aimait à s'en débarrasser sur d'autres [2]. La correspondance, au contraire, si antipathique aux écrivains, habitués à exposer leurs idées avec art, allait bien à son activité fébrile, à son besoin d'exprimer sur-le-champ ses impressions. A la fois vif, rude, poli, malin, sarcastique, puis tout à coup tendre, délicat, presque mièvre et câlin, ayant l'expression heureuse et fine au plus haut degré, habile à semer son style de réticences, de réserves, de précautions infinies, de malignes allusions, d'ironies dissimulées, il devait exceller dans un genre qui exige avant tout du premier mouvement. Le style épistolaire de Paul est le

1. Papias, dans Eusèbe, *H. E.*, III, 39.
2. Rom., XVI, 22.

plus personnel qu'il y ait jamais eu. La langue y est, si j'ose le dire, broyée; pas une phrase suivie. Il est impossible de violer plus audacieusement, je ne dis pas le génie de la langue grecque, mais la logique du langage humain; on dirait une rapide conversation sténographiée et reproduite sans corrections. Timothée se forma vite à remplir auprès de son maître les fonctions de secrétaire, et, comme sa langue devait un peu ressembler à celle de Paul, il le remplaça fréquemment. Il est probable que dans les Épîtres et peut-être dans les *Actes* nous avons plus d'une page de Timothée : telle était la modestie de cet homme rare que nous n'avons aucun signe certain pour les retrouver.

Même quand Paul correspondait directement, il n'écrivait pas de sa propre main; il dictait[1]. Quelquefois, quand la lettre était finie, il la relisait; son âme impétueuse l'emportait alors; il y faisait des additions marginales, au risque de briser le contexte et de produire des phrases suspendues ou enchevêtrées[2]. Il envoyait la lettre ainsi raturée,

---

[1]. Rom., xvi, 22. Les passages Philémon, 19, et Gal., vi, 11, n'impliquent pas que ces deux lettres fussent entièrement autographes; ce seraient là, en tout cas, des exceptions.

[2]. Par exemple, Rom., ii, 14-15; I Cor., viii, 1-3; Gal., ii, 6-7; vi, 1. Cf. Cic., *Ad Att.*, V, 1. Pour se représenter l'aspect

sans se soucier des innombrables répétitions de mots et d'idées qu'elle contenait. Avec sa merveilleuse chaleur d'âme, Paul a une singulière pauvreté d'expression. Un mot l'obsède [1], il le ramène dans une page à tout propos. Ce n'est pas de la stérilité; c'est de la contention d'esprit et une complète insouciance de la correction du style. Pour éviter les fraudes nombreuses auxquelles donnaient lieu les passions du temps, l'autorité de l'apôtre et les conditions matérielles de l'épistolographie antique [2], Paul avait coutume d'envoyer aux Églises un spécimen de son écriture, qui était facilement reconnaissable [3]; après quoi, il lui suffisait, selon un usage alors général, de mettre à la fin de ses lettres quelques mots de sa main pour en garantir l'authenticité [4].

d'une lettre de Paul, voir *Papyrus grecs du Louvre et de la Bibl. imp.*, dans les *Notices et extraits*, t. XVIII, 2ᵉ partie, pl. VI et suiv., ou pl. XVII, ou pl. XXII (pap. 18 *bis*), ou pl. XLVI, ou pl. LII.

1. Par exemple, καυχάομαι et ses dérivés, dans les deux épîtres aux Corinthiens.
2. II Thess., II, 2; Denys de Cor., dans Eus., *H. E.*, IV, 23.
3. Gal., VI, 11.
4. II Thess., III, 17; I Cor., XVI, 21; Col., IV, 18. Comp. Gal., VI, 11. Cf. Cic., *Ad Att.*, VIII, 1; Suétone, *Tib.*, 21, 32; Dion Cassius, LVIII, 11; Cavedoni, *Le salut. delle Epist. di S. Paolo* (extrait du t. XVII de la 3ᵉ série des *Mem. di relig.*, etc., imprimés à Modène), p. 12 et suiv.

Nul doute que la correspondance de Paul n'ait été considérable, et que ce qui nous en reste n'en ait constitué qu'une petite partie [1]. La religion des Églises primitives était si détachée de toute matière, si purement idéaliste, qu'on ne songeait pas au prix immense de pareils écrits. La foi était tout; chacun la portait en son cœur, et se souciait peu de feuilles volantes de papyrus [2], qui d'ailleurs n'étaient pas autographes. Ces épîtres étaient pour la plupart des écrits de circonstance; personne ne se doutait qu'un jour elles deviendraient des livres sacrés. Ce n'est que vers la fin de la vie de l'apôtre qu'on s'avise de tenir à ses lettres pour elles-mêmes, de se les passer et de les conserver. Chaque Église alors garde précieusement les siennes, les consulte souvent [3], en fait des lectures régulières [4], en laisse

---

1. II Thess., II, 2, 14; III, 14, 17; I Cor., v, 9; XVI, 1, 3; II Cor., x, 9 et suiv.; XI, 28; Col., IV, 10, 16. La collection, l'édition, si l'on peut s'exprimer ainsi, des lettres de saint Paul ne se fit pas avant l'an 150 ou 160. Papias et saint Justin ne connaissent pas les Épitres de saint Paul.

2. Χάρτης, II Joh., 12. II Tim., IV, 13, ne prouve pas que les épîtres fussent écrites sur parchemin. Le parchemin servait surtout pour les livres.

3. Clém. Romain, *Epist. I ad Cor.*, 47; Polycarpe, *Ad Phil.*, 3; Ignace, *Ad Ephes.*, 12.

4. Denys de Cor., cité par Eus., *H. E.*, IV, 23.

prendre des copies[1]; mais une foule de lettres de la première période étaient perdues sans retour. Quant aux lettres ou réponses des Églises[2], toutes ont disparu, et il n'en pouvait être autrement; Paul, dans sa vie errante, n'eut jamais d'autres archives que sa mémoire et son cœur.

Deux lettres seulement de la seconde mission nous sont restées; ce sont les deux épîtres à l'Église de Thessalonique[3]. Paul les écrivit de Corinthe[4], et associa à son nom dans la suscription ceux de Silas et de Timothée. Elles durent être composées à peu d'intervalle l'une de l'autre[5]. Ce sont deux morceaux pleins

---

1. Saint Pierre ou l'auteur quel qu'il soit de la *I^a Petri* avait lu ou avait sous les yeux l'épître aux Romains, l'épître dite aux Éphésiens et d'autres épîtres de Paul. Les épîtres authentiques ou apocryphes de Clément Romain, d'Ignace, de Polycarpe, offrent aussi des réminiscences des épîtres de saint Paul. Clém. Rom., *Epist. I ad Cor.*, 24, 32, 34, 35, 37; Ignace, *Ad Magnes.*, 10; *Ad Ephes.*, 18; *Ad Rom.*, 3, 7; *Ad Philad.*, 1; *Ad Smyrn.*, 6; Polycarpe, *Ad Philipp.*, très-souvent.

2. I Cor., vii, 1; viii, 1; xvi, 17; Phil., iv, 10 et suiv.

3. Les suscriptions et le contenu des lettres ne permettent aucun doute sur ce point.

4. Cela est sûr pour la Ire. Comp. I Thess., i, 7, 8; iii, 6; *Act.*, xviii, 5. On a supposé quelquefois que la IIe fut écrite de Bérée. Mais des traits comme II Thess., i, 4; ii, 2; iii, 11, supposent que Paul avait quitté Thessalonique depuis assez longtemps, quand il écrivit cette épître.

5. La IIe paraît avoir été écrite la première. La règle suivie dans

d'onction, de tendresse, d'émotion et de charme. L'apôtre n'y cache pas sa préférence pour les Églises de Macédoine. Il se sert pour exprimer cet amour des expressions les plus vives, des images les plus caressantes : il se représente comme la nourrice réchauffant ses nourrissons en son sein [1], comme un père veillant sur ses enfants [2]. Voilà ce que Paul fut, en effet, pour les Églises qu'il avait fondées. Paul fut un admirable missionnaire, mais ce fut surtout un admirable directeur des consciences. Jamais on ne s'envisagea mieux comme ayant charge d'âmes; jamais on ne prit le problème de l'éducation de l'homme d'une façon plus vive, plus intime. Ne croyez pas que cet ascendant fût conquis par la flatterie, la mollesse [3]. Non, Paul était rude, laid, quelquefois colère. Il ne ressemblait nullement à Jésus; il n'avait pas son adorable indulgence, sa façon de tout excuser, sa divine incapacité de voir le mal. Souvent il était impérieux, et faisait sentir son autorité avec un ascendant qui nous choque [4]. Il com-

---

la classification des lettres de Paul portant la même adresse a toujours été de donner la première place à la plus longue.

1. I Thess., II, 7.
2. I Thess., II, 11.
3. I Thess., II, 5; III, 10.
4. II Thess., III, 4.

mande, il blâme durement; il parle de lui-même avec assurance [1], et se propose pour modèle sans hésiter [2]. Mais quelle hauteur! quelle pureté! quel désintéressement! Sur ce dernier point, il va jusqu'à la minutie. Dix fois il revient avec fierté sur ce détail, en apparence puéril, qu'il n'a rien coûté à personne, qu'il n'a mangé *gratis* le pain de personne, qu'il travaille jour et nuit comme un ouvrier, quoiqu'il eût bien pu faire comme les autres apôtres et vivre de l'autel. Le mobile de son zèle était un amour des âmes en quelque sorte infini.

Le bonheur, l'innocence, l'esprit fraternel, la charité sans bornes de ces primitives Églises sont un spectacle qui ne se reverra plus [3]. Tout cela était spontané, sans contrainte, et pourtant ces petites associations étaient solides comme le fer. Non-seulement elles résistaient aux perpétuelles tracasseries des juifs [4], mais leur organisation intérieure était d'une force surprenante. Pour se les figurer, il faut penser non à nos grandes églises, ouvertes à tous, mais à des ordres religieux ayant une vie propre très-in-

---

1. I Thess., ii, 4 et suiv.
2. I Thess., i, 6; II Thess., iii, 7, 9. Comp. Gal., iv, 12; I Cor., iv, 16; x, 33; xi, 1.
3. Justin, *Apol. I*, 67.
4. I Thess., i, 6; iii, 4; II Thess., i, 4 et suiv.

tense, à des confréries très-restreintes, où les membres se touchent, s'animent, se querellent, s'aiment, se haïssent à toute heure. Ces Églises avaient une certaine hiérarchie[1] : les membres les plus anciens, les plus actifs, ceux qui avaient été en rapport avec l'apôtre jouissaient d'une préséance[2]; mais l'apôtre lui-même était le premier à repousser tout ce qui eût ressemblé à une maîtrise; il tenait à n'être que « le promoteur de la commune joie[3] ».

Les « anciens[4] » étaient quelquefois élus aux voix, c'est-à-dire à la main levée[5], quelquefois établis par l'apôtre[6], mais toujours considérés comme choisis par le Saint-Esprit[7], c'est-à-dire par cet instinct supérieur qui dirigeait l'Église dans tous ses actes. On commençait déjà à les appeler « surveillants » (*episcopi*[8], mot qui, du langage politique, avait passé

---

1. Faible cependant; car, dans I Cor., XII, 28 et suiv., Paul ne connaît qu'un supérieur en titre, c'est « l'apôtre ». Les fidèles sont classés par le don spirituel qu'ils exercent.

2. I Thess., V, 12-13.

3. II Cor., I, 24.

4. Πρεσβύτεροι. Cf. les inscriptions juives, *Corp. inscr. gr.*, n° 9897, 9902 (γερουσιαρχης).

5. Χειροτονία. Voir surtout II Cor., VIII, 19.

6. *Act.*, XIV, 23.

7. *Act.*, XX, 28.

8. Ἐπίσκοποι. *Act.*, XX, 28; Philipp., I, 1 (et les explications de

dans les éranes)¹, et à les considérer comme des « pasteurs », chargés de conduire l'Église². Certains, d'ailleurs, étaient regardés comme ayant une sorte de spécialité pour l'enseignement : c'étaient les catéchistes, allant de maison en maison et transmettant la parole de Dieu dans des leçons privées. Paul établissait en règle, au moins dans certains cas³, que le catéchumène, durant son instruction, devait mettre tout ce qu'il possédait en commun avec son catéchiste.

L'autorité pleine appartenait à l'Église assemblée. Cette autorité s'étendait à ce qu'il y a de plus intime dans la vie privée. Tous les frères se surveillaient, se reprenaient. L'Église assemblée, ou du moins ceux qu'on appelait « les spirituels », réprimandaient ceux qui étaient en faute, consolaient les découragés, fai-

---

saint Jean Chrysostome et de Théodoret sur ce dernier passage); I Tim., III, 2; Tit., I, 5 (cf. saint Jérôme, sur ce passage), 7. Πρεσβύτερος et ἐπίσκοπος sont, au premier siècle, tout à fait synonymes. Traduire ces mots par « prêtre » ou « évêque » est aussi inexact que de traduire *imperator* par « empereur », quand il s'agit des temps de la république romaine. Comp. *Act.*, xx, 17, 28.

1. Voir *les Apôtres*, p. 352-353. Sur les *episcopi*, magistrats municipaux, voir Waddington, *Explic. des inscr.* de Le Bas, III, nᵒˢ 1989, 1990, 2298.

2. *Act.*, xx, 28. Cf. I Petr., II, 25.

3. Gal., VI, 6

saient l'office de directeurs habiles et versés dans la connaissance du cœur[1]. Les pénitences publiques n'étaient pas encore réglées; mais déjà sans doute elles existaient en germe[2]. Comme aucune force extérieure ne retenait les fidèles, ne les empêchait de se diviser ou d'abandonner l'Église, on pourrait croire qu'une telle organisation, qui nous semblerait insupportable, où nous ne verrions qu'un système organisé d'espionnage et de délation, aurait dû se détruire bien vite. Il n'en était rien. Nous ne voyons pas, au temps où nous sommes, un seul exemple d'apostasie[3]. Tous se soumettaient humblement à la sentence de l'Église. Celui dont la conduite était irrégulière, ou qui s'écartait de la tradition de l'apôtre, ou qui n'obéissait pas à ses lettres, était noté; on l'évitait, on n'avait aucun rapport avec lui. On ne le traitait pas en ennemi, mais on l'avertissait comme un frère[4]. Cet isolement le couvrait de honte, et il revenait[5]. La gaieté, dans ces petits comités de bonnes gens

---

1. I Thess., v, 14; Gal., v, 1 et suiv.
2. Cf. le *Pasteur* d'Hermas, vis. II; mand. IV; simil. VII, VIII, X.
3. Les épîtres à Timothée, qui en offrent, sont des pièces supposées et de date postérieure.
4. Comparez la *nezifa* ou admonition en synagogue, chez les juifs.
5. II Thess., III, 6, 14-15; Gal., VI, 1; I Cor., v, 13; II Cor., II, 6 et suiv.

vivant ensemble, toujours éveillés, occupés, passionnés, aimant et haïssant beaucoup, la gaieté, dis-je, était très-grande[1]. Vraiment la parole de Jésus était accomplie : le règne des doux et des simples était venu et se manifestait par une immense béatitude qui débordait de tous les cœurs.

On était plein d'horreur pour le paganisme[2], mais très-tolérant dans les formes pour les païens[3]. Loin de les fuir, on cherchait à les attirer et à les gagner[4]. Beaucoup de fidèles avaient été idolâtres ou avaient des parents idolâtres; ils savaient avec quelle bonne foi on peut être dans l'erreur. Ils se rappelaient leurs honnêtes ancêtres morts sans avoir connu la vérité qui sauve. Une pratique touchante, le baptême pour les morts, fut la conséquence de ce sentiment : on crut qu'en se faisant baptiser pour ceux de ses ascendants qui n'avaient pas reçu l'eau sainte, on leur conférait les mérites du sacrement[5]; on se

---

1. I Thess., v, 16 ; Phil., II, 1, 18; III, 1 ; IV, 4.
2. Rom., I, 18 et suiv.; Ephes., IV, 17-19; v, 12; I Petri, IV, 3.
3. Comp. Mischna, *Gittin*, v, 9, et les deux Gémares sur ce passage.
4. II Cor., VI, 14-VII, 1, exprime une pensée contraire. Mais ce passage, sans lien avec ce qui précède et ce qui suit, excite des soupçons. Ce pouvait être là, d'ailleurs, un précepte approprié à la situation particulière des Corinthiens.
5. I Cor., xv, 29; Tertullien, *De resurr. carnis*, 48; *Adv.*

permettait ainsi l'espoir de ne pas être séparé de ceux qu'on avait aimés. Une profonde idée de solidarité dominait tout le monde : le fils était sauvé par ses parents, le père par le fils, le mari par sa femme [1]. On ne pouvait se résigner à damner un homme de bonne volonté ou qui par un côté quelconque tenait aux saints.

Les mœurs étaient sévères [2], mais non tristes. Cette ennuyeuse vertu, que les rigoristes des temps modernes (jansénistes, méthodistes, etc.) prêchent comme la vertu chrétienne, n'était nullement celle d'alors. Les relations entre les hommes et les femmes, loin d'être interdites, étaient multipliées [3]. Une des railleries des païens était de présenter les chrétiens comme des efféminés, désertant la société commune pour des conciliabules de jeunes filles, de vieilles femmes et d'enfants [4]. Les nudités païennes

---

Marc., v, 10; Épiph., hær. xxviii, 7; Jean Chrys., in I Cor., xv, 29. Comparez, pour la pratique analogue des mormons, Remy, *Voy. au pays des mormons*, p. 37 et suiv.

1. I Cor. vii, 14. Comparez *Actes de sainte Perpétue*, 2ᵉ vision.

2. I Thess., iv, 1-8. Cf. le *Pasteur* d'Hermas, mand. iv.

3. Voir, par exemple, le *Pasteur* d'Hermas, vis. i et ii; simil. ix, 2. Comp. Eusèbe, *H. E.*, VII, 30.

4. Tatien, *Adv. Gr.*, 33; Minutius Félix, *Oct.*, 8, 9; Orig., *Contre Celse*, III, § 55; Cyrille, *Adv. Jul.*, VII, p. 229 (Paris, 1638). Cf. de Rossi, *Bull.*, 1864, p. 72.

étaient sévèrement condamnées; les femmes, en général, étaient étroitement voilées ; aucun des soucis d'une pudicité timide n'était omis[1]; mais la pudeur est aussi une volupté, et le rêve d'idéal qui est en l'homme est susceptible de mille applications. Qu'on lise les Actes de sainte Perpétue, la légende de sainte Dorothée, ce sont là des héroïnes d'une pureté absolue ; mais qu'elles ressemblent peu à une religieuse de Port-Royal ! Ici, une moitié des instincts de l'humanité est supprimée; là, ces instincts, que plus tard on devait tenir pour des suggestions sataniques, ont reçu seulement une direction nouvelle. On peut dire que le christianisme primitif fut une sorte de romantisme moral, une énergique révulsion de la faculté d'aimer. Le christianisme ne diminua pas cette faculté, il ne prit contre elle aucune précaution, il ne la mit pas en suspicion; il la nourrit d'air et de jour. Le danger de ces hardiesses ne se révélait pas encore. Le mal était, dans l'Église, en quelque sorte impossible; car la racine du mal, qui est le mauvais désir, était ôtée.

Le rôle de catéchiste était souvent rempli par des

---

1. Tertullien, *De cultu feminarum* entier, et surtout *Ad uxorem*, II, 3, et *De virginibus velandis*, 16, en tenant compte des exagérations d'austérité particulières à cet écrivain.

femmes[1]. La virginité était regardée comme un état de sainteté[2]. Cette préférence accordée au célibat n'était point une négation de l'amour et de la beauté, comme cela eut lieu dans le sec et inintelligent ascétisme des derniers siècles. C'était, chez la femme, ce sentiment juste et vrai que la vertu et la beauté valent d'autant plus qu'elles sont plus cachées, si bien que celle qui n'a pas trouvé cette perle rare du grand amour garde, par une sorte de fierté et de réserve, sa beauté et sa perfection morale pour Dieu seul, pour Dieu conçu comme jaloux, comme le copartageant des intimes secrets. Les secondes noces, sans être défendues, étaient regardées comme une imperfection[3]. Le sentiment populaire du siècle allait dans ce sens. La belle et touchante expression de σύμϐιος devenait le mot ordinaire pour « époux[4] ». Les mots de *Virginius, Virginia,* Παρθενικός, indiquant des époux qui n'ont pas eu d'autre alliance[5], deve-

---

1. Endroits cités de Tatien, d'Origène et de saint Cyrille. Cf. le *Pasteur* d'Hermas, vis. II, 4.

2. I Cor., VII, 1 et suiv.; Justin, *Apol. I*, 15; Athénagore, *Leg.*, 33; Tertullien, *Apol.*, 9; Orig., *Contre Celse*, I, § 26. Voir toute la légende de Thécla. Comparez les ἱεραὶ παρθένοι de l'antiquité.

3. I Tim., III, 2, 12; Athenag., *Leg.*, 33.

4. Cf. *Notices et extraits*, XVIII, 2ᵉ partie, p. 422, 425.

5. Voir les inscriptions : par exemple, Garrucci, *Cimitero degli*

naient des éloges et des termes de tendresse. L'esprit
de famille, l'union du mari et de la femme, leur
estime réciproque, la reconnaissance du mari pour les
soins et la prévoyance de sa femme, respirent d'une
manière touchante dans les inscriptions juives [1], qui
en ceci ne faisaient que refléter le sentiment des
classes humbles où la propagande chrétienne recrutait des adeptes. Chose singulière! les idées les
plus relevées sur la sainteté du mariage ont été répandues dans le monde par un peuple chez lequel
la polygamie n'a jamais été universellement interdite [2]. Mais il faut que, dans la fraction de la société
juive où se forma le christianisme, la polygamie fût
abolie de fait, puisque jamais on ne voit l'Église
songer qu'une telle énormité ait besoin d'être con-
damnée.

La charité, l'amour des frères était la loi suprême, commune à toutes les Églises et à toutes les

---

ant. Ebrei, p. 68, l'éloge d'une femme juive qui a vécu μόνανδρος
μετὰ παρθενικοῦ αὐτῆς. Cf. Corp. inscr. gr., n° 9905; de Rossi,
Roma sott., I, tav. XXIX, n° 1.

1. Voir les inscriptions juives publiées par Kirchhoff et Garrucci,
en particulier les deux belles inscriptions de Garrucci, Cimitero,
p. 68.

2. Voir *Code rabbinique* (de Joseph Karo), traduit par MM. Sau-
tayra et Charleville (Alger, 1868), I, p. 41 et suiv.

écoles[1]. La charité et la chasteté furent par excellence les vertus chrétiennes, celles qui firent le succès de la prédication nouvelle et convertirent le monde entier. Il était commandé de faire du bien à tous; cependant, les coreligionnaires étaient reconnus dignes d'une préférence[2]. Le goût du travail était tenu pour une vertu. Paul, en bon ouvrier, reprenait énergiquement la paresse et l'oisiveté, et répétait souvent ce naïf proverbe d'homme du peuple : « Que celui qui ne travaille pas ne mange pas[3]. » Le modèle qu'il concevait était un artisan rangé, paisible, appliqué à son travail, goûtant tranquillement et le cœur en repos le pain qu'il a gagné[4]. Que nous sommes loin de l'idéal primitif de l'Église de Jérusalem, toute communiste et cénobitique, ou même de celle d'Antioche, toute préoccupée de prophéties, de dons surnaturels, d'apostolat! Ici, l'Église est une association de bons ouvriers, gais, contents, ne jalousant pas les riches, parce qu'ils sont plus heureux qu'eux, parce qu'ils savent que Dieu ne juge pas comme les mondains, et préfère l'honnête main calleuse à la main

---

1. I Thess., iv, 9-10. Cf. Joann., xiii, 34; xv, 12, 17; I Jean, iii, 10; iv, 12.
2. Gal., vi, 10.
3. I Thess., iv, 11; II Thess., iii, 10-13.
4. I Thess., iv, 11; II Thess., iii, 12.

blanche de l'intrigant. Une des principales vertus est de bien conduire ses affaires, « afin que votre vie soit honorable aux yeux des gens du dehors et que vous ne manquiez de rien [1]. » Quelques membres de l'Église, dont saint Paul a entendu dire « qu'ils ne travaillent pas, ou qu'ils font autre chose que leurs propres affaires, » sont sévèrement repris [2]. Cette alliance de bon sens pratique et d'illuminisme ne doit jamais surprendre. La race anglaise, en Europe et en Amérique, ne nous offre-t-elle pas le même contraste : si pleine de bon sens dans les choses de la terre, si absurde dans les choses du ciel ? Le quakerisme, de même, commença par être un tissu d'absurdités jusqu'au jour où, par l'influence de Guillaume Penn, il devint quelque chose de pratiquement grand et fécond.

Les dons surnaturels du Saint-Esprit, tels que la prophétie, n'étaient pas négligés [3]. Mais on voit bien que, dans les Églises de Grèce, composées de non-juifs, ces exercices bizarres n'avaient plus beaucoup de sens, et on devine qu'ils tomberont bientôt en désuétude. La discipline chrétienne tournait à une sorte de piété déiste, consistant à servir le vrai Dieu, à

---

1. I Thess., iv, 11-12. Comp. Col., iv, 5.
2. II Thess., iii, 11-12.
3. I Thess., v, 19-21.

prier, à faire le bien¹. Une immense espérance donnait à ces préceptes de religion pure l'efficacité qu'ils n'ont jamais eue par eux-mêmes. Le rêve qui avait été l'âme du mouvement d'idées provoqué par Jésus continuait encore d'être le dogme fondamental du christianisme : tout le monde croyait à l'avénement prochain du royaume de Dieu, à la manifestation inopinée d'une grande gloire, au milieu de laquelle le Fils de Dieu apparaîtrait. L'idée qu'on se faisait de ce merveilleux phénomène était la même que du temps de Jésus. « Une grande colère », c'est-à-dire une catastrophe terrible, est près de venir; cette catastrophe frappera tous ceux que Jésus n'aura pas délivrés. Jésus se montrera dans le ciel, en « roi de gloire ² », entouré d'anges ³. Alors aura lieu le jugement. Les saints, les persécutés iront se ranger d'eux-mêmes autour de Jésus pour goûter avec lui un éternel repos. Les incrédules qui les ont persécutés (les juifs surtout) seront la proie du feu. Leur punition sera une mort éternelle; chassés de devant la face de Jésus, ils seront entraînés dans l'abîme de la destruction. Un feu destructeur, en

1. I Thess., I, 9; v, 15 et suiv.
2. I Cor., II, 8; Jac., II, 1.
3. I Thess., I, 10; II, 12, 16; III, 13; v, 23; II Thess., I, 5 et suiv.; II, 1 et suiv.

effet, s'allumera, consumera le monde et tous ceux qui auront repoussé l'Évangile de Jésus. Cette catastrophe finale sera une sorte de grande manifestation glorieuse de Jésus et de ses saints, un acte de justice suprême, une réparation tardive des iniquités qui ont été jusqu'ici la loi du siècle [1].

Des objections s'élevaient naturellement contre cette doctrine étrange. Une des principales venait de la difficulté de concevoir quelle serait la part des morts au moment de l'avénement de Jésus. Depuis le passage de Paul, il y avait eu quelques décès dans l'Église de Thessalonique; l'impression fut très-vive autour de ces premiers morts. Fallait-il plaindre et regarder comme exclus du royaume de Dieu ceux qui avaient ainsi disparu avant l'heure solennelle? Les idées sur l'immortalité individuelle et le jugement particulier étaient encore assez peu développées pour qu'on pût se faire une telle objection [2]. Paul y répond avec une remarquable netteté. La mort ne sera qu'un sommeil d'un moment.

« Nous voulons, frères, vous tirer d'ignorance touchant ceux qui se sont endormis, afin que vous ne soyez pas

---

1. II Thess., I, 5-10.
2. Comp. IVe livre d'Esdras, VI, versets 49 et suiv. des versions orientales, omis dans la Vulgate.

tristes, comme les autres qui n'ont pas d'espérance. Si nous croyons que Jésus est mort et qu'il est ressuscité, de même nous devons croire que Dieu réunira à Jésus ceux qui sont morts en lui. Ce que je vous dis, c'est comme si le Seigneur vous le disait : eh bien, nous qui vivons, qui sommes réservés pour voir l'apparition du Seigneur, nous ne devancerons pas ceux qui se sont endormis. Car le Seigneur lui-même, au milieu des acclamations, à la voix de l'archange, au son de la trompette de Dieu, descendra du ciel ; alors, ceux qui seront morts en Christ ressusciteront tout d'abord ; puis, nous autres, les vivants, les réservés, nous serons enlevés avec eux vers les nues pour aller au-devant du Seigneur dans l'air ; et ainsi, nous serons éternellement avec le Seigneur. Consolez-vous donc en ces pensées-là[1]. »

On cherchait à calculer le jour de cette grande apparition. Saint Paul blâme ces curieuses recherches et se sert pour en montrer l'inanité presque des paroles mêmes que l'on prête à Jésus[2].

« Quant au temps et au moment où s'accompliront ces mystères, vous n'avez pas besoin, frères, qu'on vous en écrive ; car vous savez bien que le jour du Seigneur viendra comme un voleur pendant la nuit. C'est quand on parlera

---

1. I Thess., IV, 12-17. Comp. IVᵉ livre d'Esdras, VII, 28 et suiv. Vulg. (voir les versions orientales publiées ou collationnées par Ewald, Volkmar, Ceriani).

2. Voir *Vie de Jésus*, p. 276 et suiv.

de paix, de sécurité, que subitement tombera sur les hommes la destruction, comme les douleurs tombent sur la femme enceinte, et ils n'y échapperont pas. Mais vous, frères, vous n'êtes pas dans les ténèbres pour que le jour vous surprenne comme des voleurs[1]. Vous êtes tous fils de la lumière et fils du jour; nous ne sommes pas gens de la nuit et des ténèbres. Ne dormons donc pas, comme les autres; mais veillons et soyons sobres[2]... »

La préoccupation de cette prochaine catastrophe était extrême. Des enthousiastes croyaient en connaître la date par des révélations particulières; il y avait déjà des apocalypses; on allait jusqu'à faire circuler de fausses lettres de l'apôtre, où cette fin était annoncée.

« Nous vous demandons, frères, en ce qui concerne l'apparition de Notre-Seigneur Jésus-Christ et notre réunion à lui, de ne pas vous monter trop promptement la tête et de ne vous laisser effrayer, ni par des manifestations de l'Esprit, ni par des paroles, ni par de prétendues lettres de nous, vous annonçant que le jour du Seigneur est proche. Que personne ne vous trompe : rien ne se fera avant qu'ait eu lieu la grande apostasie, et que se soit révélé l'homme de l'iniquité, le fils de la perdition, le grand opposant, s'élevant lui-même au-dessus de tout ce qui s'appelle

---

1. Il faut lire κλέπτας, avec le manuscrit du Vatican.
2. I Thess., v, 1 et suiv.

Dieu et de tout ce qu'on révère, jusqu'au point de s'asseoir dans le temple de Dieu et de se présenter comme étant Dieu lui-même[1]. Ne vous souvenez-vous pas qu'étant encore parmi vous, je vous disais ces choses? Et maintenant vous savez ce qui l'empêche de se révéler. Le mystère d'iniquité se prépare et n'attend pour éclater que la disparition de celui qui y fait obstacle. Alors se révélera l'impie, que le Seigneur tuera par le souffle de sa bouche, et anéantira par la manifestation de son avénement. Quant à l'avénement de l'impie, il aura lieu, grâce à la puissance de Satan, avec un accompagnement de toutes sortes de miracles, de signes, de prodiges menteurs, et un cortége de séductions coupables pour les hommes perdus chez lesquels l'amour de la vérité, qui les eût sauvés, n'a point de place. C'est à ceux-là que Dieu envoie un puissant agent d'erreur qui les fera croire au mensonge, afin que tous ceux qui n'auront pas cru à la vérité et qui auront accueilli l'iniquité tombent sous son jugement[2]. »

On voit que, dans ces textes écrits vingt ans après la mort de Jésus, un seul élément essentiel a été ajouté au tableau du jour du Seigneur tel que Jésus le concevait[3]; c'est le rôle d'un *anti-christ*[4], ou

---

1. Comparez Phil., II, 6.
2. II Thess., II, 4-11.
3. Voir *Vie de Jésus*, p. 272 et suiv.
4. Ce mot ne se trouve que dans le langage des épîtres attribuées à Jean. Mais l'idée est parfaitement caractérisée dans les épîtres de Paul et dans l'Apocalypse.

« faux Christ », qui doit s'élever avant la grande apparition de Jésus lui-même ; sorte de messie de Satan, qui accomplira des miracles et voudra se faire adorer. A propos de Simon le Magicien, nous avons déjà rencontré l'idée singulière que les faux prophètes font des miracles tout comme les vrais[1]. L'opinion que le jugement de Dieu serait précédé de catastrophes terribles, d'un débordement d'impiété et d'abominations, du triomphe passager de l'idolâtrie, de l'avénement d'un roi sacrilége, était d'ailleurs fort ancienne, et remontait à la première origine des doctrines apocalyptiques[2]. Peu à peu, ce règne éphémère du mal, annonçant la victoire définitive du bien, arriva chez les chrétiens à se personnifier dans un homme, que l'on conçut comme l'inverse exact de Jésus, comme une sorte de Christ de l'enfer.

Le type de ce futur séducteur se composa, en partie, de souvenirs d'Antiochus Épiphane tel que le présentait le livre de Daniel[3], combinés avec des réminiscences de Balaam, de Gog et Magog, de Nabuchodonosor, en partie, de traits empruntés aux

1. Cf. Matth., XXIV, 24.
2. Daniel, VII, 25 ; IX, 27 ; XI, 36. Cf. Targum de Jérus., Nombr., XI, 26, et Deutér., XXXIV, 2 ; Targ. de Jonathan, Is., XI, 4, etc.
3. Dan., XI, 36-39.

circonstances du temps. L'épouvantable tragédie que Rome jouait en ce moment à la face du monde ne pouvait manquer d'exalter beaucoup les imaginations. Caligula, l'anti-dieu, le premier empereur qui voulut être adoré de son vivant, inspira probablement à Paul cette circonstance que ledit personnage s'élèverait au-dessus de tous les prétendus dieux, de toutes les idoles, et s'assoirait dans le temple de Jérusalem, cherchant à se faire passer pour Dieu lui-même[1]. L'Antechrist est ainsi conçu, en l'an 54, comme un continuateur de la folie sacrilége de Caligula. La réalité ne donnera que trop d'ouvertures pour expliquer de tels présages. Peu de mois après que Paul écrivait cette page étrange, Néron arrivait à l'empire. C'est en lui que plus tard la conscience chrétienne verra le monstre précurseur de la venue du Christ. Quelle est cette cause ou plutôt quel est ce personnage qui seul, en l'an 54, empêchait encore, selon saint Paul, les temps de l'Antechrist d'arriver? C'est ce qui reste obscur. Il s'agit ici peut-être d'un secret mystérieux, non étranger à la politique, dont les fidèles parlaient entre eux, mais dont ils n'écrivaient pas, de peur de

---

1. Voir *les Apôtres*, p. 193 et suiv.; Philon, *Legatio ad Caium*, § 25 et suiv.; Jos., *Ant.*, XVIII, VIII.

se compromettre [1]. Une lettre saisie aurait suffi pour amener d'atroces persécutions. Ici, comme sur d'autres points, l'habitude qu'avaient les premiers chrétiens de ne pas écrire certaines choses nous crée d'irrémédiables obscurités. On a supposé que le personnage en question est l'empereur Claude, et l'on a vu dans l'expression de Paul un jeu de mots sur son nom (*Claudius = qui claudit =* ὁ κατέχων). A la date où cette lettre fut écrite, en effet, la mort du pauvre Claude, circonvenu de lacs mortels par la scélérate Agrippine, pouvait sembler n'être qu'une question de temps; tout le monde s'y attendait; l'empereur lui-même en parlait; de sombres pressentiments s'élevaient de toutes parts; des prodiges naturels, comme ceux qui, quatorze ans plus tard, frappèrent si fort l'auteur de l'Apocalypse, obsédaient l'imagination populaire. On parlait avec effroi de fœtus monstrueux, d'une truie qui avait mis bas un petit à ongles d'épervier [2]; tout cela faisait trembler pour l'avenir. Les chrétiens participaient comme gens du peuple à ces terreurs; les pronostics et la crainte superstitieuse des fléaux naturels sonnaient

---

1. L'Apocalypse est pleine de précautions semblables.
2. Tacite, *Ann.*, XII, 64; Suétone, *Claude,* 43 et suiv.; Dion Cassius, LX, 34-35.

des causes essentielles des croyances apocalyptiques[1].

Ce qui est clair, ce qui éclate encore pour nous dans ces inappréciables documents, ce qui explique le succès inouï de la propagande chrétienne, c'est l'esprit de dévouement, de haute moralité qui régnait dans ces petites Églises. On peut se les représenter comme des réunions de frères moraves ou de piétistes protestants adonnés à la plus haute dévotion, ou bien comme une sorte de tiers ordre et de congrégation catholique. La prière, le nom de Jésus étaient toujours sur les lèvres des fidèles[2]. Avant chaque action, avant le repas par exemple, ils prononçaient une bénédiction ou courte action de grâces[3]. On regardait comme une injure faite à l'Église de porter les procès devant les juges civils[4]. La persuasion d'un prochain anéantissement du monde enlevait au ferment révolutionnaire qui travaillait dans toutes les têtes une grande partie de son âcreté. La

---

1. Comparez l'Apocalypse et Virg., *Georg.*, I, 464 et suiv.; rapprochez les *Similitudes* du livre d'Hénoch, le IVe livre d'Esdras, le livre IV des Vers sibyllins, des phénomènes de l'éruption du Vésuve.

2. Col., III, 17; IV, 2; Éph., V, 20.

3. I Cor., X, 30, 31; Rom., XIV, 6; Col., III, 17; *Act.*, XXVII, 35; *Constit. apost.*, VII, 49; Tertullien, *Apolog.*, 39.

4. I Cor., VI, 1 et suiv.

règle constante de l'apôtre était qu'il faut rester dans l'état où l'on a été appelé : Est-on appelé circoncis, ne pas dissimuler la circoncision ; est-on appelé incirconcis, ne pas se faire circoncire ; est-on vierge, rester vierge ; est-on marié, rester marié ; est-on esclave, ne pas s'en soucier, et, même si l'on peut se libérer, rester esclave [1]. « L'esclave appelé est l'affranchi du Seigneur ; l'homme libre appelé est l'esclave de Christ [2]. » Une immense résignation s'emparait des âmes, rendait tout indifférent, répandait sur toutes les tristesses de ce monde l'amortissement et l'oubli.

L'église était une source permanente d'édification et de consolation. Il ne faut pas s'imaginer les réunions des chrétiens de ce temps sur le modèle de ces froides assemblées de nos jours, où l'imprévu, l'initiative individuelle n'ont aucune part [3]. C'est plutôt aux conventicules des quakers anglais, des shakers américains et des spirites français qu'il faut songer. Pendant la réunion, tous étaient assis, chacun parlait quand il se sentait inspiré. L'illuminé se

---

1. C'est le sens le plus probable de I Cor., VII, 21.
2. I Cor., VII, 17-24 ; Col., III, 22-25. Comparez la conduite de l'apôtre envers Onésime et Philémon.
3. I Cor., XII, XIV. Comp. Philon (ut fertur), *De vita contempl.*, § 10.

levait alors[1] et prononçait, par l'impulsion de l'Esprit, des discours de formes diverses, qu'il nous est difficile de distinguer aujourd'hui, psaumes, cantiques d'action de grâces, eulogies, prophéties, révélations, leçons, exhortations, consolations, exercices de glossolalie[2]. Ces improvisations, considérées comme des oracles divins[3], étaient tantôt chantées, tantôt prononcées d'une manière plane[4]. On s'y invitait réciproquement ; chacun excitait l'enthousiasme des autres ; c'était ce qu'on appelait « chanter à Dieu[5] ». Les femmes gardaient le silence[6]. Comme tous se croyaient sans cesse visités par l'Esprit, chaque image, chaque son qui traversait le cerveau des croyants paraissait renfermer un sens profond, et, avec la meilleure bonne foi du monde, ils tiraient une vraie nourriture de l'âme de pures illusions. Après chaque eulogie, chaque prière ainsi improvisée, la foule s'unissait à l'inspiré par le mot *Amen*[7]. Pour marquer les actes divers de la séance mystique, le président intervenait ou par l'invitation

1. I Cor., xiv, 30.
2. I Cor., xii, 8-10, 28-30 ; xiv, 6, 15, 16, 26 ; Col., iii, 16.
3. Λόγια θεοῦ. I Petri, iv, 11.
4. Tertullien, *Apol.*, 39 ; Clém. Alex., *Pœdag.*, II, 165.
5. Col., iii, 16 ; Eph., v, 19 ; Tertullien, *loc. cit.*
6. I Cor., xiv, 34.
7. I Cor., xiv, 16 ; Justin, *Apol. I*, 65, 67.

Oremus, ou par un soupir vers le ciel : *Sursum corda!* ou en rappelant que Jésus, selon sa promesse, était au milieu de l'assemblée : *Dominus vobiscum* [1]. Le cri *Kyrie eleïson* était aussi répété fréquemment sur un rhythme suppliant et plaintif [2].

La prophétie était un don hautement prisé [3]; quelques femmes en étaient douées [4]. Dans beaucoup de cas, surtout quand il s'agissait de glossolalie, on hésitait; on craignait même parfois d'être dupes d'une supercherie des esprits mauvais. Une classe particulière d'inspirés, ou, comme on disait, de « spirituels [5] », était chargée d'interpréter ces éructations bizarres, de leur trouver un sens, de discerner les esprits dont ils provenaient [6]. Ces phénomènes avaient une grande efficacité pour la conversion des païens, et étaient considérés comme les miracles les plus démonstratifs [7]. Les païens, en effet, au moins ceux

---

1. Messe latine.
2. Ce cri était en usage chez les païens. Arrien, *Epict. Dissert.,* II, 7.
3 I Cor., xiv, 1 et suiv.; Justin, *Dial. cum Tryph.,* 39, 82; Eusèbe, *H. E.,* V, 17. Cf. *Corp. inscr. gr.,* n° 6406.
4. *Act.,* xxi, 9; Eusèbe, *l. c.;* Maffei, *Mus. Veron.,* p. 179.
5. Πνευματικοί.
6. I Cor., xii, 3, 10, 28, 30; xiv, 5 et suiv.
7. I Cor., xiv, 22. Πνεῦμα est souvent rapproché de δύναμις. I Cor., ii, 4-5; Rom., xv, 19.

qu'on supposait bienveillants, entraient dans les assemblées[1]. Alors se passaient souvent des scènes étranges. Un ou plusieurs inspirés s'adressaient à l'intrus, lui parlaient avec des alternatives de rudesse et de douceur, lui révélaient des secrets intérieurs que lui seul croyait savoir, lui dévoilaient les péchés de sa vie passée. Le malheureux était étourdi, confondu. La honte de cette manifestation publique, le sentiment que dans cette assemblée il avait été vu en une sorte de nudité spirituelle, créait entre lui et les frères un lien profond, qu'on ne brisait plus[2]. Une sorte de confession était quelquefois le premier acte qu'on faisait en entrant dans la secte[3]. L'intimité, la tendresse que de tels exercices établissaient entre les frères et les sœurs étaient sans réserve ; tous formaient vraiment une seule personne. Il ne fallait pas moins qu'un parfait spiritualisme pour empêcher de telles relations d'aboutir à de choquants abus.

On conçoit l'immense attraction qu'une vie de cœur si active devait exercer au milieu d'une société

---

1. I Cor., XIV, 23-24.
2. I Cor., XIV, 24-25. Voir Jean, III, 20 ; *Vie de Jésus*, p. 162. Comparez l'usage analogue qui exista dans le saint-simonisme et qui amena les scènes les plus frappantes. *Œuvres de Saint-Simon et d'Enfantin*, V (Paris, 1866), p. 152 et suiv.
3. *Act.*, XIX, 18. Voir cependant ci-dessous, p. 348, note 4.

dépourvue de liens moraux, surtout parmi les classes populaires, que l'État et la religion négligeaient également. Là est la grande leçon qui sort de cette histoire pour notre siècle : les temps se ressemblent; l'avenir appartiendra au parti qui prendra les classes populaires et les élèvera. Mais, de nos jours, la difficulté est bien plus grande qu'elle ne l'a jamais été. Dans l'antiquité, sur les bords de la Méditerranée, la vie matérielle pouvait être simple; les besoins du corps étaient secondaires et facilement satisfaits. Chez nous, ces besoins sont nombreux et impérieux; les associations populaires sont attachées à la terre comme par un poids de plomb.

C'était surtout le festin sacré, le « repas du Seigneur[1] » qui avait une immense efficacité morale; on le considérait comme un acte mystique par lequel tous étaient incorporés au Christ et par conséquent réunis en un même corps. Il y avait là une perpétuelle leçon d'égalité, de fraternité. Les paroles sacramentelles que l'on rapportait à la dernière cène de Jésus étaient présentes à tous. On croyait que ce pain, ce vin, cette eau, c'était la chair et le sang de Jésus lui-même[2]. Ceux qui y participaient étaient censés

---

1. I Cor., XI, 20 et suiv.; épître de Jude, 12.
2. I Cor., XI, 23 et suiv.; Justin, *Apol. I,* 66.

manger Jésus, s'unir à lui et entre eux par un mystère ineffable. On y préludait en se donnant le « saint baiser », ou « baiser d'amour [1] », sans qu'aucun scrupule vînt troubler cette innocence d'un autre âge d'or. D'ordinaire, les hommes se le donnaient entre eux et les femmes se le donnaient entre elles [2]. Quelques Églises cependant poussaient la sainte liberté jusqu'à ne faire dans le baiser d'amour aucune distinction des sexes [3]. La société profane, peu capable de comprendre une telle pureté, prit occasion de là pour diverses calomnies. Le chaste baiser chrétien éveilla les soupçons des libertins, et de bonne heure

---

1. I Thess., v, 26; I Cor., xvi, 20; II Cor., xiii, 12; Rom., xvi, 16; I Petri, v, 14; Justin, *Apol. I*, 65; *Constit. apost.*, II, 57; VIII, 11; Clément d'Alex., *Pædag.*, III, 11; Tertullien, *De oratione*, 14; Lucien, *Lucius*, 17; Cyrille de Jérus., *Catech. myst.*, v, 3 (Paris, 1720, p. 326). Cf. Genes., xxxiii, 4; II Sam., xiv, 23; Luc, xv, 20, où le baiser implique l'idée de réconciliation. Cf. Suicer, *Thes. eccl.*, aux mots ἀσπάζομαι, ἀσπασμός, φίλημα; Renaudot, *Liturg. oriental. coll.*, I, p. 12, 26, 39, 60, 142, etc. L'Église latine transporta le baiser de paix après la communion, puis le supprima ou le transforma.

2. *Constit. apost.*, II, 57; VIII, 11; Concile de Laodicée, canon 19; traité *Ad virginem lapsam*, attribué à saint Ambroise, à saint Jérôme et à saint Augustin, ch. vi; Amalaire, *De eccl. offic.*, III, 32; livre *De offic. div.*, attribué à Alcuin, c. xxxix, xl; Haymon de Halberstadt, *In Rom.*, xvi, 16; G. Duranti, *Rationale*, l. IV, c. liii, n° 9.

3. Tertullien, *Ad uxorem*, II, 4.

l'Église s'astreignit sur ce point à de sévères précautions ; mais à l'origine ce fut là un rit essentiel, inséparable de l'Eucharistie et complétant la haute signification de ce symbole de paix et d'amour [1]. Quelques-uns s'en privaient les jours de jeûne, en signe de deuil et d'austérité [2].

La première Église cénobitique de Jérusalem rompait le pain tous les jours [3]. On en était venu, vingt ou trente ans après, à ne célébrer le festin sacré qu'une fois par semaine. Cette célébration avait lieu le soir [4], et, selon l'usage juif [5], à la clarté de nombreuses lampes [6]. Le jour choisi pour cela était le lendemain du sabbat, le premier jour de la semaine. On l'appelait le « jour du Seigneur » en souvenir de la résurrection [7], et aussi parce que l'on croyait qu'à

---

1. Dionys. Areop., *De eccl. hierarch.*, ch. III, contempl. 8.
2. Tertullien, *De orat.*, 14.
3. *Act.*, II, 46.
4. *Act.*, XX, 7 et suiv.; Tertullien, *Apolog.*, 39.
5. Usage actuel du vendredi soir.
6. *Act.*, XX, 8; Tertullien, *Apolog.*, 39. Il est probable que l'usage de célébrer les mystères avant le lever du soleil vint des persécutions. Tertullien, *Apolog.*, 2; *Ad uxorem*, II, 4; *De cor. mil.*, 3; *De fuga in persec.*, 14; Minutius Felix, *Oct.*, 8. Pline, *Epist.*, X, 97, distingue la réunion *ante lucem* de la réunion pour le repas.
7. Jean, XX, 26; *Apoc.*, I, 10; I Cor., XVI, 2; *Act.*, XX, 7, 11

pareil jour Dieu avait créé le monde [1]. Les aumônes, les collectes se faisaient ce jour-là [2]. Le sabbat, que tous les chrétiens probablement célébraient encore, d'une façon inégalement scrupuleuse, était distinct du jour du Seigneur [3]. Mais sans doute le jour du repos tendait de plus en plus à se fondre avec le jour du Seigneur, et il est permis de supposer que, dans les Églises de gentils, qui n'avaient pas de raison pour préférer le samedi, cette translation était déjà faite [4]. Les *ébionim* d'Orient, au contraire, se reposaient le samedi [5].

Peu à peu aussi le repas tendait à devenir purement symbolique dans la forme. A l'origine, c'était

---

(le fait dont il s'agit à cet endroit est de la première moitié de l'an 58); Justin, *Apol. I,* 67. Cf. Pline, *Epist.*, X, 97.

1. Justin, *Apol. I,* 67.

2. I Cor., xvi, 2; Justin, *Apol. I,* 67.

3. Il en est ainsi encore chez les chrétiens d'Abyssinie, lesquels ont gardé une forte teinte judéo-chrétienne. Voir Philoxène Luzzatto, *Mém. sur les Falashas,* p. 47. Le seul fait que le nom de *sabbat* resta dans le calendrier chrétien prouve bien que longtemps dans les Églises le jour de repos fut le samedi.

4. Cf. Justin, *Dial. cum Tryph.*, 10. Les deux usages se conservèrent simultanément en quelques endroits. Conc. de Laodicée, canons 16, 29; saint Aug., *Epist.* LIV, ad Januarium; Sozomène, *H. E.*, VII, 19.

5. Saint Jérôme, *In Matth.*, xii, init.

un vrai souper[1], où chacun mangeait selon sa faim, seulement avec une haute intention mystique. Le repas commençait par une prière[2]. Comme dans les dîners de confréries païennes[3], chacun arrivait avec sa sportule et consommait ce qu'il avait apporté[4]; l'Église fournissait sans doute les accessoires, tels que l'eau chaude, les sardines, ce qu'on appelait le *ministerium*[5]. On aimait à se figurer deux servantes invisibles, *Iréné* (la Paix) et *Agapé* (l'Amour), l'une versant le vin, l'autre y mêlant l'eau chaude, et peut-être, à certains moments du repas, entendait-on dire avec un léger sourire aux diaconesses

---

1. *Act.*, II, 46; xx, 7, 11; Pline, *Epist.*, X, 97; Tertullien, *Apolog.*, 39, et les anciennes représentations eucharistiques : Bosio, p. 364, 368; Bottari, tav. cxxvii (II, p. 168 et suiv.); tav. clxii (III, 107 et suiv.); Aringhi, II, p. 77, 83, 119, 123, 185, 199, 267; Boldetti, p. 45 et suiv.; Pitra, *Spicil. Solesm.*, III, planches; Martigny, *Dict. des ant. chrét.*, p. 245 et suiv., 401, 578 et suiv.; de Rossi, *Roma sott.*, vol. II, pl. 14, 15, 16, 18; *Bullettino di arch. crist.*, juin, août et oct. 1865.
2. Tertullien, *Apolog.*, 39.
3. Voir *les Apôtres*, p. 358, 359.
4. I Cor., XI, 20.
5. Comp. la fresque du cimetière des SS. Marcellin et Pierre (Bottari, tav. cxxvii), et une semblable trouvée par M. de Rossi (Martigny, p. 579-580), à l'inscription de Lanuvium, 2ᵉ col., lignes 15-17 (Mommsen, *De coll.*, 108-111). Cf. Martial, I, XII, 3; VIII, LXVII, 7; XIV, cv, 1.

(*ministræ* [1]), quels que fussent leurs noms : *Irene, da calda;* — *Agape, misce mi* [2]. Un esprit de douce réserve et de sobriété discrète présidait au festin [3]. La table où l'on s'asseyait avait la forme d'un demi-cercle évidé, ou d'un *sigma* lunaire; l'ancien était placé au centre [4]. Les patères ou soucoupes qui servaient à boire étaient l'objet d'un soin particulier [5]. On portait le pain et le vin bénits aux absents par le ministère des diacres [6].

Avec le temps, le repas en vint à n'être plus qu'une apparence. On soupa chez soi pour la faim; à l'assemblée, on ne mangea que quelques bouchées, on ne but que quelques gorgées, en vue du symbole [7].

1. Pline, *Epist.*, X, 97.
2. Aringhi, *Roma subt.*, II, p. 119; Bottari, tav. CXXVII.
3. Tertullien, *Apol.*, 39; Minutius Felix, *Oct.*, 31; Eusèbe, *Oratio Constantini*, 12.
4. Monum. figurés précités; Paulin de Périgueux, *Vie de saint Martin*, III, p. 1031 (Migne); Martial, X, XLVIII, 6; XIV, LXXXVII, 1; Lampride, *Héliog.*, 25, 29; saint Pierre Chrysologue, *Sermons*, XXIX.
5. Il reste un grand nombre de ces soucoupes, à partir du IIe siècle jusqu'au IVe. V. Filippo Buonarruoti, *Osservazioni sopra alcuni frammenti di vasi antichi di vetro*, Firenze, 1716; Garrucci, *Vetri ornati*, Roma, 1858; Martigny, *Dict.*, p. 19, 278 et suiv., 578.
6. Justin, *Apol. I*, 65, 67.
7. I Cor., XI, 22, 34.

On était conduit par une sorte de logique à distinguer le repas fraternel en commun de l'acte mystique, lequel consistait seulement dans la fraction du pain [1]. La fraction du pain devenait chaque jour plus sacramentelle; le repas, au contraire, à mesure que l'Église s'élargissait, devenait plus profane [2]. Tantôt le repas se réduisit à presque rien et, en se réduisant de la sorte, laissa toute l'importance à l'acte sacramentel [3]. Tantôt les deux choses subsistèrent en se scindant : le repas fut un prélude ou une suite de l'eucharistie; on dîna ensemble, avant ou après la communion [4]. Puis les deux cérémonies se séparèrent tout à fait; les repas pieux furent des actes de charité envers les pauvres, parfois des restes d'usages païens, et n'eurent plus de lien avec l'eucharistie [5]. Comme tels, ils furent en général supprimés

1. Voir saint Jean Chrys., *In I Cor.*, xi, homil. xxvii, et la fresque du cimetière de Saint-Calliste, dans Pitra, *Spic. Sol.*, III, tab. i, fig. 2.

2. Cf. Clém. Alex., *Pædag.*, II, 1.

3. C'est ce que veut saint Paul : I Cor., xi, 18 et suiv. Cf. Justin, *Apol. I*, 65, 67.

4. Troisième concile de Carthage, canons 24, 29, 30; saint Augustin, *Epist.* liv, ad Jan.; saint Jean Chrys., endroit cité; Théophylacte et Théodoret, *In I Cor.*, xi.

5. Tertullien, *Apolog.*, 39; le même, *De jejun.*, 17; *Constit. apost.*, II, 28, 57; III, 10; V, 19; Concile de Gangres, canon 11; etc.

au IVe siècle[1]. Les « eulogies » ou « pain bénit » restèrent alors le seul souvenir d'un âge où l'eucharistie avait revêtu des formes plus complexes et moins nettement analysées. Longtemps encore, cependant, on garda l'habitude d'invoquer le nom de Jésus en buvant[2], et on continua de considérer comme une eulogie l'action de rompre le pain et de boire ensemble[3] : c'étaient là les dernières traces, et des traces bien effacées, de l'admirable institution de Jésus.

Le nom que portèrent à l'origine les festins eucharistiques rendait admirablement tout ce qu'il y avait dans ce rite excellent d'efficacité divine et de salutaire moralité. On les appelait *agapœ,* c'est-à-dire « amitiés », ou « charités[4] ». Les juifs, les esséniens surtout, avaient déjà attaché des sens moraux au

---

1. Conc. de Laodicée, canon 28 ; troisième concile de Carthage, canons 24, 29, 30. Saint Augustin, saint Ambroise y sont fort contraires.

2. Saint Grégoire de Naz., *Orat.* IV (1 in Jul.), § 84 ; Sozomène, *H. E.,* V, 17, et les verres antiques décrits par Buonarruoti et Garrucci.

3. Grég. de Tours, *Hist. eccl. Fr.,* VI, 5 ; VIII, 2 ; *Vita S. Melanii,* c. 4 (*Acta SS.,* 6 jan.).

4. Épître de Jude, 12. Comp. II Petri, II, 13. Cf. Sancti Ignatii (ut fertur) *Epist. ad Smyrn.,* 8 (édit. Petermann) ; Clem. d'Alex., *Pædag.,* II, 1 ; Tertullien, *Apol.,* 39 ; le même, *De jejun.,* 17 ; *Constit. apost.,* II, 28.

festin religieux [1]; mais, en passant entre les mains d'une autre race, ces usages orientaux prenaient une valeur presque mythologique. Les mystères mithriaques, qui allaient bientôt se développer dans le monde romain, avaient pour rite principal l'oblation du pain et de la coupe, sur lesquels on prononçait certaines paroles [2]. La ressemblance était telle, que les chrétiens l'expliquèrent par une ruse du démon, qui aurait voulu se donner ainsi l'infernal plaisir de contrefaire leurs cérémonies les plus saintes [3]. Les liens secrets de tout cela sont fort obscurs. Il était facile de prévoir que des abus graves se mêleraient vite à de telles pratiques, qu'un jour le repas (l'agape proprement dite) tomberait en désuétude, et qu'il ne resterait que la bouchée eucharistique, signe et mémorial de l'institution primitive. On n'est pas surpris non plus d'apprendre que ce mystère étrange fut le prétexte de calomnies, et que la secte qui avait la prétention de manger sous forme de pain le corps et le sang de son fondateur fut accusée de renou-

---

1. Voir *Vie de Jésus*, 13ᵉ édition, p. 316; *les Apôtres*, p. 81-82.

2. Justin, *Apol. I*, 66; Garrucci, *Tre sepolcri*, Naples, 1852.

3. Justin, *l. c.* (cf. Tertullien, *De jej.*, 16). L'hésitation qui a pu se produire sur le tombeau de Vibia est le meilleur commentaire du passage de Justin.

veler les festins de Thyeste, de manger des enfants couverts de pâte, de pratiquer l'anthropophagie [1].

Les fêtes annuelles étaient toujours les fêtes juives, surtout Pâques et la Pentecôte [2]. La pâque chrétienne se célébrait en général le même jour que la pâque des juifs [3]. Cependant, la cause qui avait fait transférer le jour férié de chaque semaine du sabbat au dimanche portait aussi à régler la pâque non sur l'usage et les souvenirs juifs, mais sur les souvenirs de la passion et de la résurrection de Jésus [4]. Il n'est pas impossible que, du vivant de Paul, dans les Églises de Grèce et de Macédoine, ce transport se fût déjà effectué. En tout cas, la pensée de cette fête fondamentale était profondément modifiée. Le passage de la mer Rouge devint peu de chose

---

1. Justin, *Dial. cum Tryph.*, 10; Minutius Felix, 8, 9, 28, 30, 31; Athénagore, *Leg.*, 3 ; Théophile, *Ad Autol.*, III, 4-5 ; lettre des Églises de Vienne et de Lyon, dans Eus., *H. E.*, V, 1; Tertullien, *Apol.*, 2; *Ad uxorem*, II, 4. Cf. Juvénal, xv, 11-13.

2. I Cor., xvi, 8.

3. Cela résulte des *Act.*, xviii, 21 (selon Griesbach et le texte reçu).

4. Eusèbe, *Hist. eccl.*, IV, 26; V, 23-25 ; *Chronique pascale*, p. 6 et suiv., édit. Du Cange. On y rattachait aussi la création du monde, qu'on supposait avoir eu lieu à l'équinoxe du printemps. Murinus Alex., dans Pitra, *Spic. Sol.*, I, p. 14.

auprès de la résurrection de Jésus ; on n'y pensa plus si ce n'est pour y trouver une figure du triomphe de Jésus sur la mort. La vraie pâque, c'est désormais Jésus, qui a été immolé pour tous ; les vraies azymes, c'est la vérité, la justice ; le vieux levain est sans force et doit être rejeté[1]. Du reste, la fête de Pâque avait subi bien plus anciennement chez les Hébreux un changement de signification analogue. Ce fut sûrement à l'origine une fête du printemps, qu'on rattacha par une étymologie artificielle au souvenir de la sortie de l'Égypte.

La Pentecôte se célébrait aussi le même jour que chez les juifs[2]. Comme la pâque, cette fête prenait une signification toute nouvelle, qui repoussait dans l'ombre la vieille idée juive. A tort ou à raison, on se figurait que l'incident principal de la descente du Saint-Esprit sur les apôtres assemblés avait eu lieu le jour de la Pentecôte qui suivit la résurrection de Jésus[3]. L'antique fête de la moisson chez les Sémites devint ainsi dans la religion nouvelle la fête du Saint-Esprit. Vers le même temps, cette fête subissait chez les juifs une transformation analogue :

1. I Cor., v, 7-8. Cf. Gal., IV, 9-11 ; Rom., XIV, 5 ; Col., II, 16.
2. I Cor., XVI, 8 ; Act., XX, 16.
3. Act., II, 1.

elle devenait pour eux l'anniversaire de la promulgation de la loi sur le mont Sinaï[1].

Il n'y avait pas d'édifice bâti ou loué exprès pour les réunions : nul art, par conséquent, nulle image. Toute représentation figurée eût rappelé le paganisme et eût paru de l'idolâtrie[2]. Les assemblées avaient lieu chez les frères les plus connus, ou qui avaient une salle bien disposée[3]. On préférait pour cela les pièces qui, dans les maisons orientales, forment l'étage supérieur[4] et répondent à notre salon. Ces pièces sont hautes, percées de nombreuses fenêtres, très-fraîches, très-aérées : c'est là qu'on recevait ses amis, qu'on faisait les festins, qu'on priait, qu'on déposait les morts[5]. Les groupes ainsi formés constituaient autant d' « Églises domestiques », ou coteries pieuses, pleines d'activité morale et fort

---

1. Il n'y a pas de trace de cette interprétation avant le Talmud. Talm. de Bab., *Pesachim*, 68 *b*.

2. Voir Macarius Magnès, cité par Nicéphore, dans Pitra, *Spicil. Sol.*, I, 309 et suiv. Les peintures des catacombes, outre qu'elles sont bien postérieures au Iᵉʳ siècle, sont décoratives et n'ont pas la prétention d'offrir des objets de culte. L'Église orientale repousse encore la sculpture comme entachée d'idolâtrie.

3. I Cor., XVI, 19; Rom., XVI, 5, 14, 15, 23; Col., IV, 15; Philem., 2; *Act.*, XX, 8-9.

4. Ὑπερῷον. *Act.*, I, 13; IX, 37, 39; XX, 8, 9.

5. *Ibid.*

analogues à ces « colléges domestiques » dont on trouve vers le même temps des exemples au sein de la société païenne [1]. Sans doute, dans les grandes villes qui possédaient plusieurs de ces Églises domestiques, il y avait des Églises plénières où toutes les Églises partielles se réunissaient [2]; mais, en général, l'esprit du temps était porté vers les petites sociétés. Toutes les grandes choses se sont ainsi fondées dans des centres peu considérables, où l'on est étroitement serré l'un contre l'autre, et où les âmes sont échauffées par un puissant amour.

Le bouddhisme seul jusque-là avait élevé l'homme à ce degré d'héroïsme et de pureté. Le triomphe du christianisme est inexplicable, quand on ne l'étudie qu'au IVe siècle. Il arriva pour le christianisme ce qui arrive presque toujours dans les choses humaines : il réussit quand il commençait à décliner moralement ; il devint officiel quand il n'était déjà plus qu'un reste

---

1. Inscriptions dans Mommsen, *De coll. et sod. Rom.*, p. 78, note 25; 96; dans de Rossi, *Roma sott.*, p. 209; Fabretti, *Inscr. domest.*, p. 430 et suiv., p. 146, n° 178; Orelli, 2414, 4938; Gruter, 1117, 7; Amaduzzi, *Anecd. litt.*, I, p. 476, n°s 39, 40; Pline, *Epist.*, VIII, 16.

2. Ainsi Éphèse, qui avait au moins trois Églises particulières (Rom., XVI, 5, 14, 15), n'en constituait pas moins dans son ensemble une seule et même Église. Corinthe n'avait, ce semble, qu'une seule Église particulière (Rom., XVI, 23, texte grec).

de lui-même ; il eut de la vogue quand son vrai période d'originalité et de jeunesse était passé. Mais il n'en avait pas moins mérité sa haute récompense : il l'avait méritée par ses trois siècles de vertu, par la somme incomparable de goût pour le bien qu'il avait inspirée. Quand on songe à ce miracle, nulle hyperbole sur l'excellence de Jésus ne paraît illégitime. C'était lui, toujours lui qui était l'inspirateur, le maître, le principe de vie dans son Église. Son rôle divin grandissait chaque année, et c'était justice. Ce n'était plus seulement un homme de Dieu, un grand prophète, un homme approuvé et autorisé de Dieu, un homme puissant en œuvres et en paroles ; ces expressions, qui suffisaient à la foi et à l'amour des disciples des premiers jours [1], passeraient maintenant pour bien faibles. Jésus est le Seigneur, le Christ, un personnage entièrement surhumain, non Dieu encore, mais bien près de l'être. On vit en lui, on meurt en lui, on ressuscite en lui ; presque tout ce qu'on dit de Dieu, on le dit de lui. Il est bien déjà une sorte d'hypostase divine, et, quand on voudra l'identifier à Dieu, ce ne sera qu'une affaire de vocabulaire, une simple « communication d'idiomes », comme disent les théologiens. Nous verrons que Paul

---

[1] *Act.*, II, 22.

lui-même y arrivera : les formules les plus avancées que nous trouverons dans l'Épître aux Colossiens existent déjà en germe dans les épîtres plus anciennes. « Nous n'avons qu'un seul Dieu, le Père, d'où tout vient, et par lequel nous sommes ; nous n'avons qu'un seul Seigneur, Jésus-Christ, par lequel tout existe [1]. » Quelques mots de plus, et Jésus sera le *logos* créateur [2] ; les formules les plus exagérées des consubstantialistes du IVe siècle peuvent déjà être pressenties.

L'idée de la rédemption chrétienne subissait dans les Églises de Paul une transformation analogue. On connaissait peu les paraboles, les enseignements moraux de Jésus ; les Évangiles n'existaient pas encore. Christ, pour ces Églises, n'est presque pas un personnage réel, ayant vécu ; c'est l'image de Dieu [3], un ministre céleste, ayant pris sur lui les péchés du monde [4], chargé de réconcilier le monde avec Dieu ; c'est un rénovateur divin, recréant tout à nouveau et abrogeant le passé [5]. Il est mort pour tous ; tous sont morts par lui au monde et ne doivent plus vivre que

---

1. I Cor., VIII, 6.
2. Coloss., I, 16 ; Jean, I, 3. Cf. Philon, *De cherubim*, § 35.
3. II Cor., IV, 4.
4. II Cor., V, 18-21.
5. II Cor., V, 17.

pour lui [1]. Il était riche de toutes les richesses de la Divinité, et il s'est fait pauvre pour nous [2]. Toute la vie chrétienne doit donc être une contradiction du sens humain : la faiblesse, c'est la vraie force [3] ; la mort est la vraie vie ; la sagesse charnelle est folie [4]. Heureux celui qui porte en son corps l'état cadavérique de Jésus, celui qui est sans cesse exposé à la mort pour Jésus [5] ! Il revivra avec Jésus. Il contemplera sa gloire face à face, et se métamorphosera en lui, montant sans cesse de clarté en clarté [6]. Le chrétien vit ainsi dans l'attente de la mort et dans un perpétuel gémissement. A mesure que l'homme extérieur (le corps) tombe en ruine, l'homme intérieur (l'âme) se renouvelle. Un moment de tribulations lui vaut une éternité de gloire. Qu'importe que sa maison terrestre se dissolve ? Il a dans le ciel une maison éternelle, non faite de main d'homme. La vie terrestre est un exil ; la mort est le retour à Dieu et équivaut à l'absorption de tout ce qui est mortel par la vie [7].

---

1. II Cor., v, 14-15.
2. II Cor., viii, 9.
3. II Cor., xiii, 4.
4. II Cor., i, 12.
5. II Cor., iv, 10-12.
6. II Cor., iii, 18.
7. II Cor., iv, 16-v, 8.

Mais ce trésor d'espérance, le chrétien le porte dans un vase de terre[1]; jusqu'au grand jour où tout sera manifesté devant le tribunal de Christ[2], il doit trembler.

1. II Cor., IV, 7.
2. II Cor., I, 14; V, 10.

CHAPITRE X.

RETOUR DE PAUL A ANTIOCHE. — DISPUTE DE PIERRE ET DE PAUL. — CONTRE-MISSION ORGANISÉE PAR JACQUES, FRÈRE DU SEIGNEUR.

Paul, cependant, sentait le besoin de revoir les Églises de Syrie. Il y avait trois ans qu'il était parti d'Antioche : bien qu'elle eût duré moins de temps que la première, cette nouvelle mission avait été beaucoup plus importante. Les nouvelles Églises, recrutées parmi des populations vives, énergiques, apportaient aux pieds de Jésus des hommages d'un prix infini. Paul tenait à raconter tout cela aux apôtres et à se rattacher à l'Église mère, modèle des autres [1]. Malgré son goût de l'indépendance, il sentait bien que, hors de la communion avec Jérusalem, il n'y avait que schisme et dissension. L'admirable mélange de

---

1. I Thess., II, 14.

qualités opposées qui formait sa nature lui permettait d'allier de la façon la plus inattendue la docilité à la fierté, la révolte à la soumission, l'âpreté à la douceur. Paul choisit pour prétexte de son départ la célébration de la pâque de l'an 54[1]. Pour donner plus de solennité à sa résolution et s'ôter la possibilité de changer d'avis, il s'engagea par vœu à célébrer cette pâque à Jérusalem. La manière de contracter ces sortes de vœux était de se raser la tête et de s'obliger à certaines prières ainsi qu'à l'abstinence du vin pendant trente jours avant la fête[2]. Paul dit adieu à son Église, se fit raser la tête à Kenchrées[3], et s'embarqua pour la Syrie. Il était accompagné d'Aquila et de Priscille, qui devaient s'arrêter à Éphèse, peut-être aussi de Silas. Quant à

---

1. *Act.*, XVIII, 21, selon la leçon de Griesbach, qui est aussi celle du texte reçu. L'omission de ce passage s'explique; son interpolation ne s'explique pas aussi bien. Il est vrai que Gal., I et II, inclinerait à croire que Paul ne fit pas de voyage à Jérusalem entre sa deuxième et sa troisième mission. On peut à la rigueur douter de la réalité de ce voyage, comme de celui qui est rapporté *Act.*, XI, 30; XII, 25. Mais il semble bien que l'auteur des *Actes* y croit ou veut y faire croire. Comp. XVIII, 18.

2. Jos., *B. J.*, II, XV, 1.

3. *Act.*, XVIII, 18. Κειράμενος ne peut se rapporter qu'à Paul, si l'on adopte pour le v. 21 la leçon de Griesbach. Pourquoi Aquila ferait-il ce vœu, puisqu'il ne va pas à Jérusalem? Pourquoi du moins l'auteur des *Actes* en parlerait-il?

Timothée, il est probable qu'il ne s'éloigna pas de Corinthe ou des côtes de la mer Égée. Nous le retrouverons à Éphèse dans un an [1].

Le navire s'arrêta quelques jours à Éphèse. Paul eut le temps d'aller à la synagogue et de disputer avec les juifs. On le pria de rester ; mais il allégua son vœu et déclara qu'il voulait à tout prix célébrer la fête à Jérusalem ; il promit seulement de revenir. Il prit donc congé d'Aquila, de Priscille, et de ceux avec lesquels il avait déjà noué quelques relations, et se rembarqua pour Césarée de Palestine, d'où il fut bientôt rendu à Jérusalem [2].

Il y célébra la fête conformément à son vœu. Peut-être ce scrupule tout juif était-il une concession comme tant d'autres qu'il faisait à l'esprit de l'Église de Jérusalem. Il espérait par un acte de haute dévotion se faire pardonner ses hardiesses et se concilier la faveur des judaïsants [3]. Les discussions étaient à peine apaisées et la paix ne durait qu'à force de transactions. Il est probable qu'il profita de l'occasion

---

1. *Act.,* xviii, 21, leçon de Griesbach.
2. *Act.,* xviii, 22. C'est ce qui résulte de l'emploi des deux expressions ἀναβάς et κατέβη (cf. *Recognit.,* IV, 35), et surtout des versets 18 et 21.
3. L'auteur des *Actes* semble craindre d'insister. Le texte pour toute cette partie est plein d'ambiguïtés et de lacunes.

pour remettre aux pauvres de Jérusalem une aumône considérable[1]. Paul, selon son habitude, resta très-peu de temps dans la métropole[2]; il était ici en présence de susceptibilités qui n'eussent pas manqué d'amener des ruptures, s'il eût prolongé son séjour. Lui, habitué à vivre dans l'exquise atmosphère de ses Églises vraiment chrétiennes, ne trouvait ici, sous le nom de parents de Jésus, que des juifs. Il pensait qu'on ne faisait pas la place assez grande à Jésus; il s'indignait qu'après Jésus on attribuât encore une valeur quelconque à ce qui avait existé avant lui.

Le chef de l'Église de Jérusalem était maintenant Jacques, frère du Seigneur. Ce n'est pas que l'autorité de Pierre eût diminué, mais il n'était plus sédentaire dans la ville sainte. En partie à l'imitation de Paul, il avait embrassé la vie apostolique active[3]. L'idée que Paul était l'apôtre des gentils, et Pierre l'apôtre de la circoncision[4], était de plus en plus acceptée; conformément à cette idée, Pierre allait évangélisant les juifs dans toute la Syrie[5]. Il menait avec lui une sœur, comme épouse et diaco-

1. Gal., II, 10.
2. Cela résulte du silence que Paul garde sur ce voyage dans l'Épître aux Galates (voir surtout II, 10-14).
3. I Cor., IX, 5; Clém. Rom., *Epist. I ad Cor.*, 5.
4. Gal., II, 7 et suiv.
5. Gal., II, 7, 11 et suiv.

nesse [1], donnant ainsi le premier exemple d'apôtre marié, exemple que les missionnaires protestants devaient suivre plus tard. Jean-Marc paraît toujours aussi comme son disciple, son compagnon et son interprète [2], circonstance qui fait supposer que le premier des apôtres ne savait pas le grec : Pierre avait en quelque sorte adopté Jean-Marc et le traitait comme son fils [3].

Le détail des pérégrinations de Pierre nous est inconnu. Ce qu'on en raconta plus tard [4] est en grande partie fabuleux. Nous savons seulement que la vie de l'apôtre de la circoncision fut, comme celle de l'apôtre des gentils, une série d'épreuves [5]. On peut croire aussi que l'itinéraire qui sert de base aux Actes fabuleux de Pierre, itinéraire qui conduit l'apôtre de Jérusalem à Césarée, de Césarée, le long

---

1. I Cor., ix, 5 ; Clém. d'Alex., *Strom.*, VII, 11 ; Eus., *H. E.*, III, 30.

2. Papias, dans Eus., *H. E.*, III, 39 ; Irénée, *Adv. hær.*, III, 1, 1 ; x, 6 ; Clément d'Alex., cité par Eus., *H. E.*, II, 15 ; Tertullien, *Adv. Marc.*, IV, 5.

3. I Petri, v, 13. Si, comme on l'a supposé, le παροξυσμός de *Act.*, xv, 39, répond à l'incident rapporté Gal., II, 11 et suiv., il deviendrait d'autant plus naturel d'admettre que Pierre avait avec lui Jean-Marc à Antioche. C'est à Antioche d'ailleurs qu'un ἑρμηνευτής devait lui être le plus nécessaire.

4. *Homélies* ou *Récognitions* pseudo-clémentines.

5. Clém. Rom., *I ad Cor.*, 5.

de la côte, par Tyr, Sidon, Béryte, Byblos, Tripoli, Antaradus, à Laodicée-sur-la-mer, et, de Laodicée à Antioche, n'est pas imaginaire. L'apôtre a sûrement visité Antioche[1]; nous croyons même qu'il y fit sa résidence ordinaire, à partir d'une certaine époque[2]. Les lacs et les étangs formés par l'Oronte et l'Arkeuthas aux environs de la ville, et qui fournissaient à bon marché aux gens du peuple du poisson d'eau douce de qualité inférieure[3], lui offrirent peut-être l'occasion de reprendre son ancienne profession de pêcheur.

Plusieurs des frères du Seigneur et quelques membres du collége apostolique parcouraient de même les pays voisins de la Judée. Comme Pierre, et différents en cela des missionnaires de l'école de Paul, ils voyageaient avec leurs femmes et vivaient aux frais des Églises[4]. Le métier qu'ils avaient exercé en Galilée n'était pas, comme celui de Paul, de nature à les faire subsister, et ils l'avaient abandonné depuis longtemps. Les femmes qui les accompagnaient et qu'on appelait « sœurs » furent l'origine de ces « sous-introduites », sortes de diaconesses ou de reli-

---

1. Gal., II, 11.
2. En l'an 58, Pierre est absent de Jérusalem. *Act.*, XXI, 18.
3. Libanius, *Antiochicus*, p. 360-361 (Reiske).
4. I Cor., IX, 5 et suiv.

gieuses vivant sous la conduite d'un clerc, qui jouent dans l'histoire du célibat ecclésiastique un rôle important [1].

Pierre ayant cessé de la sorte d'être le chef résidant de l'Église de Jérusalem, plusieurs membres du conseil apostolique ayant de même embrassé la vie de voyage, le premier rang dans l'Église mère fut déféré à Jacques [2]. Il se trouva ainsi « évêque des Hébreux », c'est-à-dire de la partie des disciples qui parlait sémitique [3]. Cela ne le constituait pas chef de l'Église universelle : personne n'avait à la rigueur le droit de prendre un tel titre, lequel se trouvait partagé de fait entre Pierre et Paul [4] ; mais la présidence de l'Église de Jérusalem, jointe à sa qualité de frère du Seigneur, donnait à Jacques une autorité immense, puisque l'Église de Jérusalem restait toujours le centre de l'unité. Jacques était d'ailleurs fort

---

1. Cf. le *Pasteur* d'Hermas, vis. I et II; Eusèbe, *H. E.*, VII, 30; concile de Nicée, canon 3; loi d'Arcadius et d'Honorius, dans le Code Just., I, III, 19; saint Jérôme, Epist. ad Eustochium, *De cust. virg.*

2. *Constit. apost.*, VI, 14 ; Clément d'Alex., cité par Eus., *H. E.*, II, 1 ; Eus., *ibid.*; II, 23; III, 22; IV, 5; VII, 19; saint Jér., *In Gal.*, I, 19.

3. Lettre de Clément à Jacques, en tête des Homélies pseudo-clémentines, titre; homélie XI, 35.

4. Gal., II, 7 et suiv.

âgé¹ ; quelques mouvements d'orgueil, beaucoup de préjugés, un esprit opiniâtre étaient la conséquence d'une telle position. Tous les défauts qui devaient plus tard faire de la cour de Rome le fléau de l'Église et le principal agent de sa corruption se trouvaient déjà en germe dans cette primitive communauté de Jérusalem.

Jacques était un homme respectable à beaucoup d'égards, mais un esprit étroit, que sûrement Jésus eût percé de ses plus fines railleries, s'il l'eût connu, ou du moins s'il l'eût connu tel qu'on nous le représente. Était-il bien le frère ou même seulement le cousin germain de Jésus² ? Tous les témoignages à cet égard sont si concordants qu'on est forcé de le croire. Mais alors ce fut là un des jeux les plus bizarres de la nature. Peut-être ce frère, ne s'étant converti qu'après la mort de Jésus, possédait-il moins bien la vraie tradition du maître que ceux qui, sans être ses parents, l'avaient fréquenté de son vivant. Il reste au moins bien surprenant que deux enfants

---

1. Selon Épiphane (hær. LXXVIII, 14), Jacques aurait eu quatre-vingt-seize ans à sa mort; cette mort arriva l'an 62. Jacques serait donc né l'an 34 avant J.-C., ou trente ans environ avant Jésus, ce qui est bien difficile, si Jésus et lui étaient de la même mère.

2. Voir *Vie de Jésus*, p. 24-25, 153-154. J'incline maintenant à croire que les « frères du Seigneur » provenaient d'un premier mariage de Joseph.

sortis du même sein ou de la même famille aient été d'abord ennemis, puis se soient réconciliés, pour rester si profondément divers que le seul frère bien connu de Jésus aurait été une sorte de pharisien, un ascète extérieur, un dévot entaché de tous les ridicules que Jésus poursuivit sans relâche. Ce qu'il y a de sûr, c'est que le personnage qu'on nommait à cette époque. « Jacques, frère du Seigneur », ou « Jacques le Juste », ou « Rempart du peuple[1] », était, dans l'Église de Jérusalem, le représentant du parti juif le plus intolérant. Pendant que les apôtres actifs couraient le monde pour le conquérir à Jésus, le frère de Jésus, à Jérusalem, faisait tout ce qu'il fallait pour détruire leur ouvrage et contredire Jésus après sa mort d'une façon plus profonde peut-être qu'il ne l'avait fait de son vivant.

Cette société de pharisiens mal convertis, ce monde en réalité plus juif que chrétien, vivant autour du temple, conservant les vieilles pratiques de la piété

---

1. Nous laissons en suspens la question de savoir si ce Jacques est identique à Jacques, fils d'Alphée, ou le Mineur, l'un des Douze. La question n'est pas de première importance pour notre sujet actuel, puisque, dans l'hypothèse de la distinction des deux personnages, Jacques, fils d'Alphée, l'apôtre, reste un personnage tout à fait obscur. Quant à Jacques, fils de Zébédée, ou Jacques le Majeur, sa personne se détache de ses homonymes avec une parfaite clarté.

juive, comme si Jésus ne les eût pas déclarées vaines, formait une compagnie insupportable pour Paul. Ce qui devait particulièrement l'irriter, c'était l'opposition de tout ce monde à la propagande. Comme les juifs de la stricte observance [1], les partisans de Jacques ne voulaient pas qu'on fît de prosélytes. Les anciens partis religieux arrivent souvent à de telles contradictions. D'un côté, ils se proclament seuls en possession de la vérité ; de l'autre, ils ne veulent pas élargir leur horizon ; ils prétendent garder la vérité pour eux. Le protestantisme français présente de nos jours un phénomène semblable. Deux partis opposés, l'un voulant avant tout la conservation des vieux symboles, l'autre capable de gagner au protestantisme un monde d'adhérents nouveaux, s'étant produits dans le sein de l'Église réformée, le parti conservateur a fait au second une guerre acharnée. Il a repoussé avec scandale tout ce qui eût ressemblé à un abandon des traditions de famille, et il a préféré aux brillantes destinées qu'on lui offrait le plaisir de rester un petit cénacle, sans importance, fermé, composé de gens bien pensants, c'est-à-dire de gens partageant les mêmes préjugés, envisageant les mêmes choses comme aristocratiques. Le senti-

---

1. Voir ci-dessus, p. 60 et suiv.

ment de défiance qu'éprouvaient les membres du vieux parti de Jérusalem devant le hardi missionnaire qui leur amenait des nuées de confrères nouveaux, sans titres de noblesse juive, devait être quelque chose d'analogue. Ils se voyaient débordés, et, au lieu de tomber aux pieds de Paul et de le remercier, ils voyaient en lui un perturbateur, un intrus qui forçait les portes avec des gens recrutés de tous les bords. Plus d'une parole dure fut, ce semble, échangée[1]. Il est vraisemblable que c'est à ce moment même que Jacques, frère du Seigneur, conçut le projet qui faillit perdre l'œuvre de Jésus, je veux dire le projet d'une contre-mission chargée de suivre l'apôtre des gentils, de contredire ses principes, de persuader à ses convertis qu'ils étaient obligés à se faire circoncire et à pratiquer toute la Loi[2]. Les mouvements sectaires ne se produisent jamais sans des schismes de ce genre; qu'on se rappelle les chefs du saint-simonisme se reniant les uns les autres et néanmoins restant unis en Saint-Simon, puis récon-

1. Épître de Jude, 8 et suiv.
2. Gal., i, 7; ii, 12, etc. Comp. *Act.*, xv, 1; 24. On montrera plus tard la suite de cette contre-mission dans les deux épîtres aux Corinthiens, et dans le rôle que l'auteur des Homélies pseudoclémentines fait jouer à Pierre, rôle qui consiste à courir le monde sur les traces de Simon le Magicien pour contrecarrer sa prédication et réparer le mal qu'il fait. Voir surtout hom. ii, 17.

ciliés d'office par les survivants après leur mort[1].

Paul évita les éclats en partant le plus tôt qu'il put pour Antioche. Ce fut probablement alors que Silas le quitta. Ce dernier était originaire de l'Église de Jérusalem. Il y resta, et désormais s'attacha à Pierre[2]. Silas, comme le rédacteur des *Actes*, paraît avoir été un homme de conciliation[3], flottant entre les deux partis et attaché tour à tour aux deux chefs, vrai chrétien au fond, et de l'opinion qui, en triomphant, sauva l'Église. Jamais, en effet, l'Église chrétienne ne porta dans son sein une cause de schisme aussi profonde que celle qui l'agitait en ce moment. Luther et le scolastique le plus routinier différaient moins que Paul et Jacques. Grâce à quelques doux et bons esprits, Silas, Luc, Timothée, tous les chocs furent amortis, toutes les aigreurs dissimulées. Une belle narration, calme et digne[4], ne laissa voir qu'entente fraternelle en ces années qui furent travaillées de si terribles déchirements.

1. Voir, par exemple, *Œuvres de Saint-Simon et d'Enfantin*, VII, p. 178 et suiv.

2. C'est ce qu'on peut inférer de I Petri, v, 12. Mais l'identité du Silvain nommé à cet endroit et du compagnon de saint Paul est douteuse.

3. Notez son rôle, *Act.*, xv, 22 et suiv.

4. Voir *les Apôtres*, introd.

A Antioche, Paul respira librement. Il y rencontra son ancien compagnon Barnabé [1], et sans doute ils éprouvèrent une grande joie à se revoir ; car le motif qui les avait un moment séparés n'était pas une question de principe. Peut-être aussi Paul retrouva-t-il à Antioche son disciple Titus, qui n'avait pas fait partie du second voyage, et qui désormais devait s'attacher à lui [2]. Le récit des miracles de conversion opérés par Paul émerveilla cette Église jeune et active. Paul, de son côté, éprouvait un vif sentiment de joie à revoir la ville qui avait été le berceau de son apostolat, les lieux où il avait conçu, dix ans auparavant, en compagnie de Barnabé, ses immenses projets, l'Église qui lui avait conféré le titre de missionnaire des gentils. Un incident de la plus haute gravité vint bientôt interrompre ces douces effusions et faire revivre avec un degré de gravité qu'elles n'avaient pas eu jusque-là les divisions un moment assoupies.

Pendant que Paul était à Antioche, Pierre y

1. Gal., II, 13, dans l'hypothèse où la rencontre de Pierre et de Paul à Antioche eut lieu en ce voyage.
2. Titus disparaît après le retour de Paul à Antioche qui suivit le concile de Jérusalem. Il reparaît dans la troisième mission. Il est donc probable que Paul le reprit à Antioche en partant pour la troisième mission.

arriva[1]. Ce ne fut d'abord qu'un redoublement de joie et de cordialité. L'apôtre des juifs et l'apôtre des gentils s'aimaient, comme s'aiment toujours les natures très-bonnes et les natures très-fortes, quand elles se trouvent en rapport les unes avec les autres. Pierre communia sans réserve avec les païens convertis : violant même ouvertement les prescriptions juives, il ne fit pas difficulté de manger avec eux ; mais bientôt cette bonne entente fut troublée. Jacques avait exécuté son fatal projet. Des frères munis de lettres de recommandation signées de lui[2], comme

---

1. Gal., II, 11 et suiv. Cf. Homélies pseudo-clém., XVII, 19, et la lettre prétendue de Pierre à Jacques, en tête de ces homélies, 2. Il est plus naturel de placer l'incident en question à la présente date qu'au passage précédent de Paul à Antioche. L'arrangement de Jérusalem était alors trop récent. En outre, ce qui est dit au verset 13 semble supposer que Barnabé n'était plus sous l'influence de Paul, quand l'incident arriva. Des trois partis que l'on peut prendre pour accorder ici les *Actes* et l'Épître aux Galates : 1° transporter l'incident Gal., II, 11 et suiv., dans l'intervalle de la première à la deuxième mission ; 2° nier le voyage de Jérusalem après la deuxième mission, malgré *Actes,* XVIII, 18, 21, 22 ; 3° insérer ce voyage après Gal., II, 10, quoique Paul n'en parle pas, ce dernier parti est encore le moins embarrassant. Quant aux différents moyens que les Pères, depuis Clément d'Alexandrie, ont imaginés pour excuser ou atténuer l'épisode d'Antioche, ils sont tous absolument gratuits, ne se fondant ni sur les textes ni sur aucune tradition particulière.

2. Gal., II, 12 ; I Cor., IX, 2 ; II Cor., III, 1 et suiv. ; V, 12 ; X,

du chef des Douze et du seul qui eût le droit d'authentiquer une mission, partirent de Jérusalem. Leur prétention était qu'on ne pouvait se donner pour docteur du Christ, si on n'avait été à Jérusalem conférer sa doctrine avec celle de Jacques, frère du Seigneur[1], et si l'on n'apportait une attestation de ce dernier. Jérusalem était, selon eux, la source de toute foi, de tout mandat apostolique : les vrais apôtres résidaient là[2]. Quiconque prêchait sans lettre de créance du chef de l'Église mère, et sans lui avoir juré obéissance, devait être repoussé comme un faux prophète et un faux apôtre, comme un envoyé du démon[3]. Paul, qui n'avait pas de pareilles lettres, était un intrus, se targuant de révélations personnelles sans réalité et d'une mission dont il ne pouvait produire les titres[4]. Il alléguait ses visions, soutenant même

---

12, 18; xii, 11. Rapprochez τινὲς ἀπὸ Ἰακώβου;... χρῄζομεν ὥς τινες συστατικῶν ἐπιστολῶν;... τῶν ὑπερλίαν ἀποστόλων.

1. Comp. Gal., ii, 2.

2. Comp. Apoc., ii, 2; xxi, 14.

3. *Récognitions* pseudo-clém., IV, 34-35; comp. *Homél.*, xi, 35, et l'attestation de Jacques (en tête des Hom.), 1 et 2. Cf. *Act.*, xv, 22 et suiv., où l'auteur admet le principe de l'ἐπιστολὴ συστατική, et en fait bénéficier son parti. Cf. *Const. apost.*, II; 58.

4. II Cor., xi-xii; Apoc., ii, 2. Dans une rédaction des *Acta Petri et Pauli*, publiée par Thilo (Halle, 1837 et 1838), où la teinte ébionite est sensible encore, Pierre est informé par les évêques de la doctrine de Paul, et, reconnaissant que ce der-

que le fait d'avoir vu Jésus d'une façon surnaturelle valait mieux que le fait de l'avoir connu personnellement. « Quoi de plus chimérique? disaient les Hiérosolymites. Aucune vision n'atteint l'évidence des sens : les visions ne donnent pas la certitude; le spectre qu'on voit peut être un malin esprit; les idolâtres ont des visions tout comme les saints. Quand on interroge l'apparition, on se répond tout ce qu'on veut; le spectre brille un instant, disparaît vite; on n'a pas le temps de l'interroger à loisir. La pensée du rêveur ne lui appartient pas; dans cet état-là, on n'a nulle présence d'esprit. Voir le Fils hors de sa chair! mais cela est impossible; on en mourrait. L'éclat surhumain de cette lumière tuerait. Même un ange, pour se rendre visible, est obligé de revêtir un corps! »

Les émissaires citaient à ce propos une foule de visions qu'avaient eues des infidèles, des impies, et en concluaient que les apôtres-colonnes, ceux qui avaient vu Jésus, avaient une immense supériorité. Ils alléguaient même des textes de l'Écriture [1], prouvant que les visions venaient d'un Dieu irrité, tandis que le

---

nier a cessé d'être ennemi de la Loi, il lui donne son approbation (cf. Baur, *Paulus*, I, 260-264, 2ᵉ édit.). Dans la rédaction publiée par Tischendorf, § 60 (*Acta Ap. apocr.*), cette nuance est effacée.

1. Exode, XXXIII, 11 et suiv.; Nombres, XII, 6.

commerce face à face était le privilége des amis. « Comment Paul peut-il soutenir que, par un entretien d'une heure, Jésus l'a rendu capable d'enseigner? Il a fallu à Jésus une année entière de leçons pour former ses apôtres. Et, si Jésus lui est vraiment apparu, comment se fait-il qu'il enseigne le contraire de la doctrine de Jésus? Qu'il prouve la réalité de l'entretien qu'il a eu avec Jésus en se conformant aux préceptes de Jésus, en aimant ses apôtres, en ne déclarant pas la guerre à ceux que Jésus a choisis. S'il veut servir la vérité, qu'il se fasse le disciple des disciples de Jésus, et alors il pourra être un auxiliaire utile[1]. »

La question de l'autorité ecclésiastique et de la révélation individuelle, du catholicisme et du protestantisme se posait ainsi avec une véritable grandeur. Jésus n'avait rien décidé bien nettement à cet égard. Tant qu'il vécut et dans les premières années qui suivirent sa mort, Jésus fut si uniquement l'âme et la vie de sa petite Église, qu'aucune idée de gouvernement ni de constitution ne se présenta. Maintenant, au contraire, il s'agissait de savoir s'il y avait un pouvoir représentant Jésus ou si la conscience chrétienne restait libre, si pour prêcher Jésus il fallait des lettres

---

1. Homélies pseudo-clém., XVII, 13-20.

d'obédience ou si l'affirmation qu'on était éclairé de Jésus suffisait. Comme Paul ne donnait de sa mission immédiate d'autre preuve que son affirmation, sa situation à beaucoup d'égards était faible. Nous verrons par quels prodiges d'éloquence et d'activité le grand novateur, attaqué de toutes parts, fera face à toutes les attaques et maintiendra son droit, sans rompre absolument avec le collége apostolique, dont il reconnaissait l'autorité chaque fois que sa liberté n'en était pas gênée. Mais cette lutte même nous le rendra peu aimable. Un homme qui dispute, résiste, parle de lui-même, un homme qui maintient son opinion et sa prérogative, qui fait de la peine aux autres, qui les apostrophe en face, un tel homme nous est antipathique ; Jésus, en pareil cas, cédait tout et se tirait d'embarras par quelque mot charmant.

Les émissaires de Jacques arrivèrent à Antioche[1]. Jacques, tout en accordant que les gentils convertis pouvaient se sauver sans observer la loi de Moïse, n'admettait nullement qu'un vrai juif, un juif circoncis, pût sans crime violer la loi. Le scandale des disciples de Jacques fut au comble, quand ils virent le chef des Églises de la circoncision agir en vrai païen et déchirer ces pactes extérieurs qu'un juif

---

1. Gal., II, 11 et suiv.

respectable regardait comme ses titres de noblesse et les marques de sa supériorité. Ils parlèrent vivement à Pierre, qui fut fort effrayé. Cet homme, profondément bon et droit, voulait la paix avant tout; il ne savait contrarier personne. Cela le rendait versatile, du moins en apparence; il se déconcertait facilement et ne savait pas trouver vite une réponse. Déjà, du vivant de Jésus, cette espèce de timidité, venant de gaucherie plutôt que de manque de cœur, l'avait induit en une faute qui lui coûta bien des larmes[1]. Sachant peu discuter, incapable de tenir tête à des gens insistants, dans les cas difficiles il se taisait et atermoyait. Une telle disposition de caractère lui fit encore cette fois commettre un grand acte de faiblesse. Placé entre deux classes de personnes dont il ne pouvait contenter l'une sans froisser l'autre, il s'isola complétement et vécut à l'écart, refusant tout rapport avec les incirconcis. Cette manière d'agir blessa vivement les gentils convertis. Ce qu'il y eut de bien plus grave encore, c'est que tous les circoncis l'imitèrent; Barnabé lui-même se laissa gagner à leur exemple et évita les chrétiens incirconcis.

---

1. Voir *Vie de Jésus*, p. 395-396. Comparez la légende *Domine, quo vadis?* mentionnée pour la première fois d'une manière certaine par saint Ambroise, mais qui paraît bien plus ancienne. Cf. Origène, *Comment. in Joh.*, tomus XX, § 12, édit. de La Rue.

La colère de Paul fut extrême. Qu'on se rappelle la portée rituelle du repas en commun ; refuser de manger avec une fraction de la communauté, c'était l'excommunier. Paul éclata en reproches [1], traita cette conduite d'hypocrisie, accusa Pierre et ses imitateurs de fausser la droite ligne de l'Évangile. L'Église devait s'assembler peu après ; les deux apôtres s'y rencontrèrent. En face, et devant toute l'assemblée, Paul apostropha violemment Pierre, et lui reprocha son inconséquence. « Quoi ! lui dit-il, toi qui es Juif, tu ne vis pas en juif [2] ; dans la pratique, tu te comportes en vrai païen, et tu veux nous forcer à judaïser !... » Alors, il développa sa théorie favorite du salut s'opérant par Jésus et non par la Loi, de l'abrogation de la Loi par Jésus. Il est probable que Pierre ne lui répondit pas. Au fond, il était de l'avis de Paul ; comme tous les hommes qui cherchent par d'innocents artifices à sortir d'une difficulté, il ne prétendait pas avoir eu raison ; il voulait seulement satisfaire les uns et ne pas aliéner les autres. De la

---

1. Gal., II, 11 et suiv. Cf. le Κήρυγμα Παύλου cité par l'anonyme auteur du *De non iter. bapt.*, parmi les *Observationes* de Rigault, à la suite des Œuvres de saint Cyprien, p. 139.

2. Comp. Gal., VI, 13. Dans la pensée de saint Paul, personne n'est capable d'observer toute la Loi ; même ceux qui y sont le plus strictement attachés y manquent.

sorte on ne réussit d'ordinaire qu'à indisposer tout le monde.

L'éloignement des envoyés de Jacques mit seul une fin au dissentiment. Après leur départ, le bon Pierre recommença sans doute à manger avec les gentils comme auparavant. Ces alternatives singulières de violence et de fraternité sont un des traits du caractère juif. Les critiques modernes qui concluent de certains passages de l'Épître aux Galates[1] que la rupture de Pierre et de Paul fut absolue se mettent en contradiction, non-seulement avec les *Actes*, mais avec d'autres passages de l'Épître aux Galates[2]. Les hommes ardents passent leur vie à se disputer entre eux sans jamais se brouiller. Il ne faut pas juger ces caractères d'après la manière dont les choses arrivent de notre temps entre gens bien élevés et susceptibles sur le point d'honneur. Ce dernier mot, en particulier, n'a jamais guère eu de sens pour les juifs.

Il semble bien toutefois que la rupture d'Antioche laissa des traces profondes. La grande Église des bords de l'Oronte se divisa, s'il est permis de s'exprimer ainsi, en deux paroisses, d'une part, celle des circoncis, de l'autre, celle des incirconcis. La sépa-

---

1. Gal., ii, 11.
2. Gal., i, 18; ii, 2. Cf. le Κήρυγμα Παύλου, *l. c.*

ration de ces deux moitiés de l'Église se continua longtemps. Antioche, comme l'on dit plus tard, eut deux évêques, l'un institué par Pierre, l'autre par Paul. Evhode et Ignace sont désignés comme ayant rempli, après les apôtres, cette dignité [1].

Quant à l'animosité des émissaires de Jacques, elle ne fit qu'augmenter. La scène d'Antioche leur laissa un ressentiment dont, un siècle après, on trouve encore dans les écrits du parti judéo-chrétien l'expression indignée [2]. Cet éloquent adversaire qui, à lui seul, avait arrêté l'Église d'Antioche près de leur donner raison, devint leur grand ennemi. Ils lui vouèrent une inimitié qui déjà de son vivant lui suscitera des traverses sans nombre, qui après sa mort lui vaudra de toute une moitié de l'Église des anathèmes sanglants et d'atroces calomnies [3]. La passion et

1. *Constit. apost.*, VII, 46.
2. Homélies pseudo-clém., XVII, 19; Lettre de Pierre à Jacques, en tête de ces homélies, § 2.
3. Homélies pseudo-clém., XVII, 13-19 (voir ci-dessous, p. 303-304, note 8); Irénée, *Adv. hær.*, I, XXVI, 2; Clém. d'Alex., dans Eus., *H. E.*, VI, 14; Eusèbe, *Hist. eccl.*, III, 27; Épiphane, *Adv. hær.*, XXX, 16, 25; saint Jérôme, *De viris ill.*, 5; *In Matth.*, XII, init.; Primasius, dans la *Max. Bibl. Patrum* (Lugd.), X, p. 144. L'hostilité de Papias (Eus., *H. E.*, III, 39) et d'Hégésippe contre saint Paul se laisse entrevoir. Cf. Photius, cod. CCXXXII, p. 288 (Bekker), où Hégésippe, comme l'auteur des Homélies, semble réfuter les prétentions de Paul à une révélation particulière. Notez

l'enthousiasme religieux sont loin de supprimer les faiblesses humaines. En quittant Antioche, les agents du parti hiérosolymite jurèrent de bouleverser les fondations de Paul, de détruire ses Églises, de renverser ce qu'il avait édifié avec tant de labeurs[1]. Il semble qu'à cette occasion de nouvelles lettres furent expédiées de Jérusalem, au nom des apôtres. Il se peut même qu'un exemplaire de ces lettres haineuses nous ait été conservé dans l'Épître de Jude, frère de Jacques, et comme lui « frère du Seigneur », qui fait partie du canon. C'est un *factum* des plus violents contre des adversaires innomés, qui sont présentés comme des rebelles et des gens impurs[2]. Le style de ce morceau, qui se rapproche beaucoup plus du grec

---

cependant (dans Eus., *H. E.*, III, 32; IV, 22) le système d'Hégésippe sur l'Église vierge, non souillée avant la mort de Jacques par des ἀκοαῖς ματαίαις. Il est vrai qu'il apporte lui-même, par εἰ καί τινες ὑπῆρχον, une restriction où saint Paul peut être compris. — Saint Justin même paraît avoir été peu favorable au grand apôtre. Il ne le nomme pas, et attribue aux Douze l'évangélisation des gentils. En un endroit (*Dial. cum Tryph.*, 35; comp. I Cor., VIII, X), il contredit directemeut l'apôtre. — Polycrate d'Éphèse ne cite pas non plus saint Paul. Dans la controverse de la Pâque, la seule autorité apostolique alléguée est celle de saint Jean.

1. Voir l'épître aux Galates tout entière.

2. Jud., 4, 7, 8, 10, 23. Remarquez le reproche de πορνεία; c'est celui qui est toujours adressé à la doctrine de Paul. Comp. Jud., 7, et Apoc., II, 14, 20.

classique que celui de la plupart des écrits du Nouveau Testament, a beaucoup d'analogie avec le style de l'Épître de Jacques. Jacques et Jude ignoraient probablement le grec; l'Église de Jérusalem avait peut-être pour ces sortes de communications des secrétaires hellènes.

« Très-chers, pendant que j'employais tous mes soins à vous écrire concernant notre salut commun [1], je me suis vu forcé de vous adresser ce mot pour vous supplier de défendre la foi qui a été une fois pour toutes livrée aux saints. Car il s'est faufilé parmi nous certains hommes (impies prédestinés depuis longtemps à ce crime) qui changent la grâce de Dieu en orgie, et qui nient Jésus-Christ, notre seul maître et seigneur. Je veux vous rappeler, à vous qui savez tout, que Dieu, ayant sauvé le peuple de la terre d'Égypte, punit la seconde fois ceux qui furent incrédules; que ceux des anges qui ne surent pas conserver leur rang et qui désertèrent leur propre séjour [2], Dieu les a mis en réserve pour le jugement du grand jour en des chaînes éternelles; que Sodome, Gomorrhe et les villes voisines, qui forniquèrent comme les gens dont je parle et coururent après l'autre chair, sont étendues en exemple, subissant la peine du feu éternel. Semblablement ceux dont je parle souillent la chair en rêve, méprisent l'autorité, injurient les gloires [3]. Or, même l'ar-

---

1. Il s'agit ici d'une plus longue épître, que nous n'avons pas.

2. Allusion au passage Gen., VI, 1 et suiv., développé dans le livre d'Hénoch, c. VI et suiv.

3. C'est-à-dire les apôtres de Jérusalem. On admettra facilement

change Michel, quand il disputait avec Satan pour le corps de Moïse[1], n'osa pas l'injurier; il lui dit seulement : « Que « Dieu te punisse[2] ! » Mais ceux dont il s'agit blasphèment tout ce qu'ils ne savent pas, et ce qu'ils savent naturellement comme les animaux sans raison, ils s'y perdent. Malheur à eux ! car ils sont entrés dans la voie de Caïn ; ils se sont jetés pour de l'argent[3] dans l'erreur de Balaam[4] ; ils ont péri dans la révolte de Coré. Ce sont ces gens qui sont un écueil dans vos agapes, qui se gorgent sans vergogne, pasteurs qui se paissent eux-mêmes, nuages sans eau, menés çà et là par les vents ; arbres de fin d'automne, sans fruits, deux fois morts, déracinés ; flots sauvages de la mer, écumants de leurs propres hontes ; astres errants, auxquels est réservé pour l'éternité le gouffre des ténèbres. C'est d'eux qu'a prophétisé Hénoch, le septième patriarche depuis Adam : « Voilà que le Seigneur vient avec ses saintes « myriades, pour faire le jugement contre tous et pour con-« vaincre tous les impies des œuvres d'impiété qu'ils ont « commises et des paroles dures qu'ils ont prononcées contre

qu'il y a là une allusion à la scène racontée Gal., II, 11 et suiv., si l'on songe qu'il est question de la même scène dans les Homélies pseudo-clémentines, XVII, 19.

1. Allusion à un livre apocryphe intitulé « l'Assomption de Moïse ». Cf. Hilgenfeld, *Novum Testamentum extra canonem receptum*, I, p. 95 et suiv.

2. Jude oppose ici la modération relative de Satan à l'impertinence de Paul, qui a osé traiter Pierre de κατεγνωσμένος. Cf. Homélies pseudo-clém., XVII, 19.

3. Cf. *Act.*, VIII, 18 et suiv. Voir ci-dessous, p. 514.

4. Cf. Apoc., II, 14, et II Petri, II, 15.

« lui[1]. » Ce sont des grondeurs chagrins, marchant selon leurs désirs, dont la bouche est pleine d'emphase, faisant acception de personnes en vue de leur intérêt propre, des auteurs de schismes, des gens obéissant aux instincts de la vie animale, n'ayant pas l'esprit. Mais, vous, très-chers, souvenez-vous de ce que vous ont dit les apôtres de Notre-Seigneur Jésus-Christ : « Au dernier temps, paraîtront des « railleurs, marchant selon leurs désirs impies... »

Paul, à partir de ce moment, fut pour toute une fraction de l'Église un hérétique des plus dangereux, un faux juif[2], un faux apôtre [3], un faux prophète[4], un nouveau Balaam [5], une Jézabel [6], un scélérat qui préludait à la destruction du temple [7], pour tout dire en deux mots, un Simon le Magicien[8]. Pierre fut censé

1. Hénoch, i, 9 (division de Dillmann).
2. Apoc., ii, 9; iii, 9.
3. Apoc., ii, 2.
4. Apoc., ii, 20.
5. Jud., 11; II Petri, ii, 15; Apoc., ii, 2, 6, 14-15.
6. Apoc., ii, 20.
7. Homél. pseudo-clém., ii, 17.
8. Il n'est pas douteux que, sous le personnage de Simon le Magicien, l'auteur des Homélies pseudo-clémentines ne veuille désigner souvent l'apôtre Paul. Voir surtout hom. xvii, § 19 : ἀνθέστηκάς μοι et le passage Ἦ εἰ κατεγνωσμένον με λέγεις... sont une allusion évidente à Gal., ii, 11 et i, 16. Comp. aussi hom. xvii, 12-17, à I Cor., xii, 1 (ὀπτασίας, ἀποκαλύψεις); hom. ii, 17, à Act., xxi, 28. Les Homélies pseudo-clémentines parurent à Rome vers l'an 150 ou 160. Pour leur caractère d'hostilité contre Paul, voir

partout et toujours occupé à le combattre [1]. On s'habitua à désigner l'apôtre des gentils par le sobriquet de *Nicolas* (vainqueur du peuple), traduction approximative de *Balaam* [2]. Ce sobriquet fit fortune : un séducteur païen, qui eut des visions quoique infidèle [3], un homme qui engageait le peuple à pécher avec des filles païennes [4], parut le vrai type de Paul, ce faux visionnaire, ce partisan des mariages mixtes [5].

surtout hom. II, 17; III, 59; VII, 4, 8; *Recogn.*, IV, 36; épître de Pierre à Jacques (en tête des Hom.), 2; attestation (*ibid.*), 1.

1. Homélies pseudo-clém., III, 59.
2. Comp. une étymologie analogue de *Balaam* : Talm. de Bab., *Sanhédrin*, 105 a. Une relation vague entre *Balaam* et *Nicolas* ou *Onkelos* se trouve même dans le Talmud : Bab., *Gittin*, 57 a (cf. Geiger, *Jüdische Zeitschrift*, 6ᵉ année, p. 36-37). Comparez le nom d'Armillus ou Ἑρμόλαος donné à l'Antechrist chez les juifs.
3. Voir ci-dessus, p. 293-294.
4. Nombr., XXXI, 16; Jos., *Ant.*, IV, VI, 6. Pour les associations d'idées que les judéo-chrétiens établissaient autour de πορνεία, voir les passages de l'Apocalypse et de l'épître de Jude, précités (p. 303), sans oublier *Act.*, XV, 20; XXI, 25, et Gal., V, 19-21. Voir ci-dessus, p. 90, 301-303, et ci-dessous, p. 367-369, 395 et suiv., 509. Cette πορνεία en relation avec Balaam est l'étincelle électrique qui fait suivre dans les ténèbres le courant de haine contre Paul.
5. Plus tard, dans le judaïsme, Jésus (plus ou moins confondu avec Paul) fut quelquefois, autant qu'il semble, désigné à mots couverts sous ce même nom de Balaam. Mischna, *Sanhédrin*, XI, 1, et la Gémare de Jérusalem, correspondante; Mischna, *Aboth*, V, 19; Siphré, vers la fin; Talm. de Bab., *Gittin*, 57 a (cf. Geiger, *Jüdische Zeitschrift*, 6ᵉ année, p. 31 et suiv.).

Ses disciples du même coup furent appelés *nicolaïtes*[1]. Loin d'oublier son rôle de persécuteur, on y insista de la façon la plus odieuse[2]. Son Évangile fut un faux Évangile[3]. C'est de Paul qu'il fut question, quand les fanatiques du parti s'entretinrent entre eux à mots couverts d'un personnage qu'ils appelaient « l'apostat[4] », ou « l'homme ennemi[5] », ou « l'imposteur », précurseur de l'Antechrist, que le chef des apôtres suit à la piste pour réparer le mal qu'il fait[6]. Paul fut « l'homme frivole », dont les gentils, vu leur ignorance, ont reçu la doctrine ennemie de la Loi[7] ; ses visions, qu'il appelait « les profondeurs de Dieu », on les qualifia « profondeurs de Satan[8] » ; ses Églises, on les appela « les synagogues de Satan[9] » ; en haine de Paul, on proclama hautement que les Douze seuls sont le fondement de l'édifice du Christ[10].

1. Apoc., II, 6, 14-15.
2. *Récognitions*, I, 70-71.
3. Homél. pseudo-clém., II, 17.
4. Irénée, *Adv. hær.*, I, XXVI, 2.
5. Lettre de Pierre à Jacques, en tête des Homélies pseudo-clémentines, § 2. Cf. hom. XVII, 19.
6. Hom., II, 17 ; III, 59.
7. Lettre de Pierre à Jacques, § 2.
8. Apoc., II, 24 ; cf. I Cor., II, 10.
9. Apoc., II, 9 ; III, 9.
10. Apoc., XXI, 14 ; cf. XVIII, 20.

Toute une légende commença dès lors à se former contre Paul. On refusa de croire qu'un vrai juif eût pu commettre une noirceur comme celle dont on le trouvait coupable. On prétendit qu'il était né païen [1], qu'il s'était fait prosélyte. Et pourquoi? La calomnie n'est jamais à court de raisons. Paul s'était fait circoncire, parce qu'il avait espéré d'épouser la fille du grand prêtre [2]. Le grand prêtre, en homme sage qu'il était, la lui ayant refusée, Paul, par dépit, se mit à déclamer contre la circoncision, le sabbat et la Loi [3]... Voilà la récompense qu'on obtient des fanatiques pour avoir servi leur cause autrement qu'ils ne l'entendent, disons mieux, pour avoir sauvé la cause qu'ils perdaient par leur esprit étroit et leurs folles exclusions.

Jacques, au contraire, devint pour le parti judéo-chrétien le chef de toute la chrétienté, l'évêque des évêques, le président de toutes les bonnes Églises, de celles que Dieu a vraiment fondées [4]. Ce fut probablement après sa mort que l'on créa pour lui ce rôle

---

1. Allusion à ceci : Apoc., II, 9; III, 9. Cf. II Cor., XI, 22; Phil., III, 5.
2. Comp. *Massékel Gérim,* c. 1 (édit. Kirchheim).
3. Epiph., hær. XXX, 16.
4. Hégésippe dans Eus., *H. E.,* II, 23; Lettre de Clément à Jacques, en tête des Homélies pseudo-clémentines, titre; Épiph., hær. XXX, 16; LXXVIII, 7.

apocryphe[1]; mais nul doute que la légende ne se soit dans ce cas fondée à plusieurs égards sur le caractère réel du héros. La parole grave et un peu emphatique de Jacques[2], ses façons qui rappelaient un sage du vieux monde, un brahmane solennel ou un antique mobed, sa sainteté d'apparat et d'ostentation, en faisaient un personnage de montre pour le peuple, un saint homme officiel, et déjà une sorte de pape. Les judéo-chrétiens s'habituèrent peu à peu à croire qu'il avait été revêtu du sacerdoce juif[3], et, comme l'insigne du grand prêtre juif était le *pétalon* ou lame d'or sur le front[4], on l'en décora[5]. « Rempart du peuple », avec sa lame d'or, devint ainsi une espèce de bonze juif, un grand prêtre d'imitation à l'usage des judéo-chrétiens. On supposa que, comme le grand prêtre, il entrait, en vertu d'une permission spéciale, une fois par an dans

1. Il exista sûrement une légende ébionite de saint Jacques, dont Hégésippe et saint Épiphane nous ont conservé la substance et des extraits.
2. L'épître qu'on lui attribue a bien ce caractère.
3. Épiph., hær. XXXIX, 4; LXXVIII, 13.
4. Exode, XXXIX, 6.
5. Épiph., hær. XXIX, 4; LXXVIII, 14. Jean, devenu après la mort des autres apôtres le grand prêtre des judéo-chrétiens, fut décoré du même insigne. Polycrate, dans Eusèbe, *H. E.*, III, 31; V, 24; passage qui empêche de regarder ce que dit Épiphane du πέταλον de Jacques comme une pure fable judéo-chrétienne.

le sanctuaire ¹; on prétendit même qu'il était de la race sacerdotale ². On soutint qu'il avait été ordonné par Jésus évêque de la ville sainte, que Jésus lui avait confié son propre trône épiscopal ³. Les judéo-chrétiens firent croire à une bonne partie des gens de Jérusalem que c'étaient les mérites de ce serviteur de Dieu qui suspendaient la foudre prête à éclater sur le peuple ⁴. On alla jusqu'à lui créer, comme à Jésus, une légende fondée sur des passages bibliques où l'on prétendit que les prophètes avaient parlé de lui en image ⁵.

L'image de Jésus dans cette famille chrétienne diminuait chaque jour, tandis que dans les Églises de Paul elle prenait de plus en plus des proportions colossales. Les chrétiens de Jacques étaient de simples juifs pieux, des *hasidim*, croyant à la mission juive de Jésus; les chrétiens de Paul étaient bien des

---

1. Hégésippe, dans Eus., *H. E.*, II, 23; Épiph., hær. xxix, 4; lxxviii, 13.

2. Épiph., hær. lxxviii, 13.

3. *Récognit.* pseudo-clém., I, 43; *Constit. apost.*, VIII, 35; Eusèbe, *H. E.*, VII, 19; Épiph., hær. lxxviii, 7; Jean Chrys., hom. xxxviii in I Cor., xv, 7, p. 355 de l'édit. de Montfaucon.

4. Hégésippe et Épiphane, endroits cités. Comp. le passage sur saint Jacques, prêté à Josèphe par Origène, Eusèbe et saint Jérôme (Eus., *H. E.*, II, 23). Voir ci-dessus, p. 80, note 4.

5. Voir ci-dessus, p. 78, note 1.

chrétiens dans le sens qui a prévalu depuis. Loi, temple, sacrifices, grand prêtre, lame d'or, tout leur est devenu indifférent : Jésus a tout remplacé, tout aboli; attacher une valeur de sainteté à quoi que ce soit, c'est faire injure aux mérites de Jésus. Il était naturel que, pour Paul, qui n'avait pas vu Jésus, la figure tout humaine du maître galiléen se transformât en un type métaphysique bien plus facilement que pour Pierre et les autres qui avaient conversé avec Jésus. Pour Paul, Jésus n'est pas un homme qui a vécu et enseigné; c'est le Christ qui est mort pour nos péchés, qui nous sauve, qui nous justifie[1]; c'est un être tout divin : on participe de lui[2]; on communie avec lui d'une façon merveilleuse[3]; il est pour l'homme rédemption, justification, sagesse, sainteté[4]; il est le roi de gloire[5]; toute puissance au ciel et sur la terre va bientôt lui être livrée[6]; il n'est inférieur qu'à Dieu le Père[7]. Si cette école seule nous avait transmis des écrits, nous ne toucherions pas la personne de Jésus, et nous pour-

1. I Cor., IV, 4.
2. I Cor., I, 9.
3. I Cor., X, 16 et suiv.; XI, 23 et suiv.
4. I Cor., I, 30.
5. I Cor., II, 8.
6. I Cor., XV, 24 et suiv.
7. I Cor., XV, 27-28.

rions douter de son existence. Mais ceux qui l'avaient connu et qui gardaient son souvenir écrivaient déjà peut-être vers ce temps les premières notes sur lesquelles ont été composés ces écrits divins (je parle des Évangiles) qui ont fait la fortune du christianisme, et nous ont transmis les traits essentiels du caractère le plus important à connaître qui fut jamais.

CHAPITRE XI.

TROUBLE DANS LES ÉGLISES DE GALATIE.

Les émissaires de Jacques, sortis d'Antioche, se dirigèrent vers les Églises de Galatie[1]. Il y avait longtemps que les Hiérosolymites connaissaient l'existence de ces Églises ; ce fut même à propos d'elles que s'éleva la première affaire de la circoncision et qu'eut lieu ce qu'on appelle le concile de Jérusalem. Jacques avait probablement recommandé à ses affidés d'attaquer ce point important, l'un des centres de la puissance de Paul.

Il leur fut facile de réussir. Ces Galates étaient

---

1. Gal., i, 7, 8 ; v, 10. Ces trois versets rapprochés prouvent bien que, derrière les émissaires, Paul voit l'action du chef de l'Église de Jérusalem. Comparez les τινές de Gal., ι, 7, aux τινές ἀπὸ Ἰακώβου (Gal., ιι, 12), aux τινές de II Cor., ιιι, 1 ; x, 12 ; aux τινὲς κατελθόντες ἀπὸ τῆς Ἰουδαίας de *Act.*, xv, 1.

gens faciles à séduire ; le dernier qui venait leur parler au nom de Jésus était presque sûr d'avoir raison. Les Hiérosolymites eurent bientôt persuadé à un grand nombre d'entre eux qu'ils n'étaient pas bons chrétiens. Ils leur répétaient sans cesse qu'ils devaient se faire circoncire et observer toute la Loi. Avec la puérile vanité des juifs fanatiques, les députés présentaient la circoncision comme un avantage corporel ; ils en étaient fiers et n'admettaient pas qu'on pût être un homme comme il faut sans ce privilége. L'habitude de ridiculiser les païens, de les présenter comme des gens inférieurs et mal élevés, amenait ces idées bizarres [1]. Les Hiérosolymites répandaient en même temps contre Paul un flot d'invectives et de dénigrement. Ils l'accusaient de se poser en apôtre indépendant, tandis qu'il avait reçu sa mission de Jérusalem, où on l'avait vu à diverses reprises se mettre à l'école des Douze, comme un disciple. Venir à Jérusalem, n'était-ce pas reconnaître la supériorité du collége apostolique ? Ce qu'il savait, il l'avait appris des apôtres ; il avait accepté les règles que ceux-ci avaient posées. Ce missionnaire qui prétendait les dispenser de la circoncision savait fort bien au besoin la prêcher et la

---

1. Gal., VI, 12 et suiv.

pratiquer. Tournant contre lui ses concessions, ils alléguaient des cas où on l'avait vu reconnaître la nécessité des pratiques juives[1] ; peut-être rappelaient-ils en particulier les faits relatifs à la circoncision de Tite et de Timothée. Comment, lui qui n'avait pas vu Jésus, osait-il parler au nom de Jésus? C'était Pierre, c'était Jacques qui devaient être tenus pour les vrais apôtres, pour les dépositaires de la révélation.

La conscience des bons Galates fut toute troublée. Les uns abandonnèrent la doctrine de Paul, passèrent aux nouveaux docteurs et se firent circoncire ; les autres restèrent fidèles à leur premier maître. Le trouble, en tout cas, était profond ; on se disait de part et d'autre les choses les plus dures[2].

1. Gal., v, 11. Comparez I Cor., ix, 20 ; II Cor., v, 16. Voir ci-dessus, p. 36, note.

2. Gal., v, 15, 26. Quand saint Paul écrivit cette épître, il avait été deux fois en Galatie (iv, 13). Cela détourne de songer, pour la date de cette épître, à la troisième mission. D'un autre côté, l'incident Gal., ii, 11 et suiv., n'avait pas eu lieu, ce semble, à la date de la deuxième mission, et, si l'épître eût été écrite pendant cette mission, nous y trouverions, comme dans les épîtres aux Thessaloniciens, le nom de Silas, lequel était connu des Galates depuis le commencement du second voyage. La vague formule Gal., i, 2, convient bien à Antioche. La promptitude avec laquelle Paul apprit l'incident et y répondit suppose une certaine facilité de communications ; or les communications avec le centre oriental de l'Asie Mineure étaient plus faciles d'Antioche (par Tarse) que d'Éphèse.

Ces nouvelles, en arrivant à Paul, le remplirent de colère. La jalousie qui faisait le fond de son caractère, sa susceptibilité, déjà souvent mise à l'épreuve, furent excitées au plus haut degré. C'était la troisième fois que le parti pharisien de Jérusalem s'efforçait de démolir son œuvre à mesure qu'il l'achevait. L'espèce de lâcheté qu'il y avait à s'attaquer à des gens faibles, dociles, sans défense, et qui ne vivaient que de confiance en leur maître, le révolta. Il n'y tint plus. A l'heure même, l'audacieux et véhément apôtre dicta cette épître admirable, qu'on peut comparer, sauf l'art d'écrire, aux plus belles œuvres classiques, et où son impétueuse nature s'est peinte en lettres de feu. Le titre d' « apôtre » qu'il n'avait pris jusque-là que timidement, il le prend maintenant comme une sorte de défi, pour répondre aux négations de ses adversaires et maintenir ce qu'il croit la vérité.

« PAUL APÔTRE (NON PAR LA GRACE DES HOMMES NI PAR INSTITUTION HUMAINE, MAIS PAR LA GRACE DE JÉSUS-CHRIST, ET DE DIEU LE PÈRE, QUI A RESSUSCITÉ JÉSUS D'ENTRE LES MORTS), AINSI QUE TOUS LES FRÈRES QUI SONT AVEC MOI, AUX ÉGLISES DE GALATIE.

« Grâce et paix descendent sur vous tous des mains de Dieu le Père et de Notre-Seigneur Jésus-Christ, qui s'est livré lui-même pour nos péchés, afin de nous sauver du monde pervers où nous vivons, conformément à la volonté de Dieu notre père, auquel soit la gloire dans tous les siècles des siècles. Amen.

« J'admire que si vite vous vous laissiez détourner de celui qui vous a appelés en la grâce du Christ, pour passer à un autre Évangile ; non qu'il y ait deux Évangiles, mais il y a certaines gens qui veulent vous troubler et changer la doctrine du Christ. Écoutez-moi bien : Si jamais quelqu'un, fût-ce moi-même, fût-ce un ange du ciel, venait vous évangéliser autrement que je ne l'ai fait, qu'il soit anathème! Ce que je vous ai dit, je vous le dis encore : Si quelqu'un vous prêche autre chose que ce que vous avez appris, qu'il soit anathème! Sont-ce les bonnes grâces des hommes ou celles de Dieu que je cherche à gagner? Est-ce aux hommes que je cherche à plaire? Ah! si je plaisais aux hommes, je ne serais plus serviteur de Christ.

« Je vous le déclare, en effet, mes frères : l'Évangile que je vous ai prêché n'est pas d'origine humaine. Je ne l'ai point reçu, je ne l'ai point appris des hommes; je l'ai appris par une révélation de Jésus-Christ. Vous avez entendu parler de ma conduite quand j'étais dans le judaïsme; vous savez avec quel excès je persécutais et ravageais l'Église de Dieu, et aussi comment je surpassais ceux de mon âge et de ma race par mon zèle à garder nos traditions nationales. Mais, quand celui qui m'a choisi dès le sein de ma mère et qui m'a appelé par sa grâce daigna faire pour moi une apparition de son fils, afin que je fusse son évangéliste auprès des gentils, sur-le-champ, sans prendre conseil de personne[1], sans aller à Jérusalem vers ceux qui étaient apôtres avant moi, je me rendis en Arabie, puis je retournai à Damas. Trois ans après, il est vrai, j'allai à Jérusalem, pour faire connaissance avec Céphas, et je restai quinze jours auprès de lui; mais je ne vis aucun autre membre du corps apostolique, si ce n'est Jacques, le frère du Seigneur. Ce que je vous écris, je jure devant Dieu que c'est vrai.

« J'allai ensuite dans les parages de la Syrie et de la Cilicie; mais mon visage était inconnu aux Églises de Christ qui sont en Judée. Seulement, elles avaient entendu dire que celui qui les persécutait autrefois prêchait maintenant la foi qu'il avait d'abord voulu détruire, et elles glorifiaient Dieu à mon propos.

« Puis, au bout de quatorze ans, je montai de nouveau à Jérusalem avec Barnabé; je pris aussi Titus avec moi. J'y montai sur une révélation, et je leur communiquai l'Évangile que je prêche parmi les gentils. J'eus en particulier des entrevues avec ceux qui paraissaient des personnages importants, de peur que mes courses présentes et passées ne fussent peine perdue. On ne nous fit pas une seule critique. On n'exigea pas même de Titus, qui m'accompagnait et qui était hellène, qu'il se fît circoncire. S'il y consentit, ce fut par égard pour ces faux frères intrus, qui se sont glissés parmi nous pour espionner la liberté que nous avons grâce au Christ Jésus, et pour nous réduire de nouveau en servitude. Je leur cédai sur le moment; mais je ne me soumis pas à eux, afin que la vérité de l'Évangile vous demeurât

---

1. Pour la nuance de σαρκὶ καὶ αἵματι, comp. Matth., XVI, 17.

acquise. Quant à ceux qui paraissaient des personnages (ce qu'ils furent autrefois ne m'importe; Dieu ne fait pas acception de personnes), ceux, dis-je, qui paraissaient être quelque chose ne m'apprirent rien de nouveau. Au contraire, voyant que l'Évangile du prépuce m'était commis, comme l'était à Pierre celui de la circoncision (car celui qui a conféré à Pierre la force pour l'apostolat de la circoncision m'a conféré la force pour l'apostolat des gentils), connaissant, dis-je, la grâce qui m'avait été accordée, Jacques, Céphas et Jean, qui semblaient les colonnes de l'Église, me donnèrent la main, à moi et à Barnabé, en signe de communion, et reconnurent que nous serions pour les gentils ce qu'ils étaient pour la circoncision, nous priant seulement de nous souvenir des pauvres; ce à quoi je n'ai pas manqué.

« Ensuite, quand Céphas vint à Antioche, je lui résistai en face, parce qu'il était digne de blâme. Avant que vinssent, en effet, les émissaires de Jacques, il mangeait avec les gentils; mais, quand ceux-ci furent venus, il commença à se soustraire et à s'isoler, par la crainte de ceux de la circoncision. Les autres juifs partagèrent son hypocrisie, si bien que Barnabé lui-même s'y laissa entraîner. Pour moi, voyant qu'ils ne marchaient pas dans la droite voie de la vérité de l'Évangile, je dis à Céphas devant tout le monde : « Si, « toi qui es juif, tu fais des actes de païen, comment peux- « tu forcer les gentils à judaïser? Nous autres, nous sommes « juifs par nature; nous ne sommes pas du nombre de ces « pécheurs de païens; et cependant, sachant que l'homme « est justifié non par les œuvres de la Loi, mais par la foi « en Jésus-Christ, nous avons cru en Jésus pour être justi-

« fiés par cette foi. Que si après cela nous faisons revivre
« les obligations légales, à quoi aura servi le Christ? Il
« aura été (ce qu'à Dieu ne plaise!) un ministre de péché.
« Se dégager d'une obligation, puis se l'imposer de nouveau
« pour y manquer, n'est-ce pas de gaieté de cœur se con-
« stituer prévaricateur? » Pour moi, c'est par égard pour la
Loi elle-même que je suis mort à la Loi, afin de vivre à
Dieu. Je suis crucifié avec Christ; je ne vis plus, c'est Christ
qui vit en moi, et ce reste de vie que je traîne en la chair,
je le vis en la foi de Dieu et de Christ, qui m'a aimé et
s'est livré pour moi. Je ne veux pas réduire à néant la
grâce de Dieu; or, si la justice est le résultat de l'observation des œuvres de la Loi, le Christ est mort pour rien.

« O Galates insensés, qui vous a fascinés de la sorte, vous
aux yeux de qui on a tracé l'image de Jésus-Christ crucifié!
Permettez-moi une seule question : Est-ce l'observation des
œuvres de la Loi ou le fait d'avoir entendu prêcher la foi
qui vous a valu de recevoir l'Esprit? Comment êtes-vous
si fous qu'après avoir commencé par l'Esprit, vous finissiez
par la chair? Voulez-vous donc rendre inutile (que dis-je?
funeste!) tout ce qui a été fait pour vous? Celui qui vous a
conféré l'Esprit, celui qui a fait des miracles parmi vous,
est-ce par les œuvres de la Loi ou par la foi qu'il les a
faits? Rappelez-vous qu'il est dit d'Abraham : « Il crut à
« Dieu, et cela lui fut imputé à justice [1]. » Sachez donc que
ceux qui ont la foi sont fils d'Abraham... Avant le règne de
la foi, nous étions enfermés dans la Loi comme dans une
prison, qui nous gardait pour la révélation future. La Loi

---

1. Gen., xv, 6.

a été le pédagogue qui nous a menés à Christ, pour que nous fussions justifiés par la foi; mais, la foi étant venue, nous ne sommes plus sous le pouvoir du pédagogue. Tous, en effet, vous êtes fils de Dieu par la foi en Jésus-Christ. Baptisés en Christ, vous avez revêtu le Christ [1]. Il n'y a plus de juif ni d'hellène; il n'y a plus d'esclave ni d'homme libre; il n'y a plus d'homme ni de femme; car vous êtes tous une même chose en Christ Jésus. Mais, si vous êtes du Christ, vous êtes donc de la race d'Abraham et ses héritiers, selon la promesse. Tandis que l'héritier est enfant, il ne diffère en rien de l'esclave; quoiqu'il soit possesseur de tout l'héritage, il est sous des tuteurs et des administrateurs jusqu'au temps marqué par le père. Nous, de même, quand nous étions enfants, nous étions esclaves des principes du monde; mais, quand est venue la plénitude des temps, Dieu a envoyé son fils, né d'une femme, né sous la Loi, pour que nous jouissions des priviléges de fils. Et le premier de ces priviléges a été que Dieu envoie en vos cœurs l'esprit de son fils criant *Abba*, c'est-à-dire « Père ». Vous n'êtes donc plus esclaves, vous êtes fils; si vous êtes fils, vous êtes aussi héritiers, grâce à Dieu.

« Autrefois, ignorant Dieu, vous serviez des êtres qui n'étaient pas des dieux. Mais, maintenant que vous connaissez Dieu, bien mieux! que vous êtes connus de Dieu, comment retournez-vous à des principes faibles et chétifs, dont vous voulez de nouveau vous faire les esclaves! Vous observez les jours, les mois, les temps, les années. Vrai-

---

1. Allusion à la tunique qu'on revêtait en sortant de l'immersion.

ment, parfois j'ai peur que je n'aie travaillé chez vous en pure perte.

« Faites comme moi, frères, je vous en prie. Je suis un d'entre vous; jusqu'ici, vous ne m'avez fait encore aucun mal. Vous vous rappelez l'état de faiblesse où j'étais quand je vous évangélisai la première fois, et à quelle épreuve je vous mis par l'infirmité de ma chair. Vous eûtes la bonté de ne pas me mépriser, de ne pas me repousser; vous me reçûtes comme un ange de Dieu, comme Christ Jésus. Que sont devenus ces sentiments? Je vous rends témoignage que, s'il eût été possible, vous vous fussiez arraché les yeux pour me les donner. Je suis donc devenu votre ennemi, parce que je vous dis la vérité? Il y a des gens jaloux de votre affection, mais non en vue du bien; ils veulent vous détacher de moi, pour que vous les aimiez. L'affection qui a pour objet le bien est une belle chose; mais il faut qu'elle soit constante, et je voudrais que la vôtre pour moi ne se bornât pas au temps où je suis près de vous. O mes chers fils, vous que j'enfante de nouveau avec douleur, jusqu'à ce que Christ soit formé en vous, que je voudrais être près de vous à cette heure et vous parler sur un autre ton; car je suis tombé dans de grandes perplexités à votre sujet...

« Christ nous a donné la liberté; tenez-vous donc fermes, et ne reprenez pas le joug de la servitude. C'est moi, Paul, qui vous le dis : Si vous vous faites circoncire, Christ ne vous servira de rien. Je déclare, d'un autre côté, à tout homme qui se fait circoncire que, par ce seul acte, il s'engage à observer toute la Loi. Vous n'avez plus rien de commun avec Christ, vous tous qui cherchez la justification dans la Loi; par cela seul, vous êtes déchus de la grâce. Nous, qui sommes initiés à l'Esprit, c'est de la foi que nous attendons l'espérance de la justification; car en Christ Jésus circoncision ou prépuce n'importe; ce qui importe, c'est la foi devenant active par l'amour.

« Vous couriez bien ; qui vous a arrêtés ? Qui vous a détournés d'obéir à la vérité ? Ah! ce conseil-là n'est pas venu de celui qui vous avait appelés. Un peu de levain fait lever toute la pâte [1]. J'ai bon espoir en vous dans le Seigneur ; je suis convaincu que vous reviendrez à sentir comme nous; mais celui qui vous trouble portera la responsabilité de tout ceci, quel qu'il soit. Je vous le demande, mes frères, si je prêche la circoncision [2], pourquoi suis-je persécuté? Le scandale de la croix serait donc levé!... Ah! tenez, je voudrais qu'ils fussent plus que circoncis [3] ceux qui vous troublent!

« Vous avez été appelés à la liberté, frères. Seulement, que la liberté n'aboutisse pas à la licence de la chair; soyez serviteurs les uns des autres par amour. Toute la Loi, en effet, est contenue dans un mot : « Tu aimeras ton pro-« chain comme toi-même... » Marchez en esprit, et résistez aux désirs de la chair. La chair, en effet, conspire contre l'esprit, et l'esprit contre la chair; mais, si vous êtes con-

---

1. Proverbe familier à saint Paul : I Cor., v, 6.
2. Il paraît que quelques adversaires de Paul, plus soucieux de l'attaquer que d'être conséquents, s'exprimaient à peu près ainsi : « Après tout, ce prétendu apôtre des gentils prêche aussi parfois la circoncision. »
3. Plaisanterie. Voir Phil., III, 2 et suiv.

duits par l'esprit, vous n'êtes plus sous la Loi. Les œuvres de la chair sont la fornication, l'impureté, la lasciveté, l'idolâtrie, les maléfices, les haines, les disputes, l'envie, les colères, les altercations, les factions, les hérésies, les jalousies, l'ivresse, les débauches et autres choses semblables... Le fruit de l'esprit, au contraire, est l'amour, la joie, la paix, la patience, l'honnêteté, la bonté, la foi, la douceur, la tempérance. Contre de telles choses, il n'y a pas de Loi. Ceux qui sont acquis à Christ Jésus ont crucifié leur chair avec ses passions et ses désirs... »

Paul dicta cette épître tout entière d'un seul trait, comme rempli d'un feu intérieur. Selon son usage, il écrivit de sa main en post-scriptum :

Remarquez bien ces caractères[1]*, ils sont de ma main.*

Il semblait naturel qu'il terminât par la salutation d'usage; mais il était trop animé; son idée fixe l'obsédait. Le sujet épuisé, il y rentre encore par quelques traits vifs :

Des gens qui veulent plaire par la chair[2] *vous forcent à vous faire circoncire, à seule fin de n'être*

---

1. Gal., VI, 11. Πηλίκοις γράμμασιν n'implique pas nécessairement l'idée de « grosses lettres ».

2. C'est-à-dire : se relever aux yeux de la société juive par un avantage charnel très-estimé d'elle.

pas persécutés au nom de la croix du Christ. Ces circoncis, en effet, n'observent pas la Loi; mais ils veulent que vous soyez circoncis, afin de se glorifier en votre chair [1]. *Pour moi, Dieu me garde de me glorifier, si ce n'est en la croix de Notre-Seigneur Jésus-Christ, par lequel le monde est crucifié pour moi, comme je le suis pour le monde; car en Christ Jésus la circoncision n'est rien, le prépuce n'est rien; ce qui est tout, c'est d'être créé à nouveau* [2]. *Paix et miséricorde sur tous ceux qui observeront cette règle, et sur l'Israël de Dieu* [3]. *Mais qu'à l'avenir personne ne me suscite plus de tracasseries; car je porte les stigmates de Jésus* [4] *en mon corps. La grâce de Notre-Seigneur Jésus-Christ soit avec votre esprit, frères. Amen.*

Paul expédia la lettre sur-le-champ. S'il eût pris une heure de réflexion, on peut douter qu'il l'eût laissée partir. On ignore à qui elle fut confiée; Paul sans doute la fit porter par un de ses disciples,

1. C'est-à-dire : se faire valoir auprès des juifs en présentant les nouveaux circoncis comme autant de conquêtes.

2. Il se répète sans s'en apercevoir. Comp. v, 6 ; comp. aussi I Cor., vii, 19.

3. Les chrétiens circoncis sincères, en opposition avec « l'Israël selon la chair », les juifs qui tirent vanité de la circoncision.

4. Les traces des coups de fouet et des coups de bâton qu'il a reçus, et qui le font ressembler à Jésus crucifié.

qu'il chargea d'une tournée en Galatie. L'épître, en effet, n'est pas adressée à une communauté particulière¹ ; aucune de ces petites Églises de Derbé, de Lystres, d'Iconium, d'Antioche de Pisidie, n'était assez considérable pour servir de métropole aux autres ; l'apôtre, d'un autre côté, ne donne aux destinataires aucune instruction sur la manière de faire circuler sa lettre². — On ignore aussi l'effet que la lettre produisit sur les Galates. Sans doute elle confirma le parti de Paul³ ; il est probable cependant qu'elle n'éteignit pas entièrement le parti contraire. Presque toutes les Églises désormais seront divisées en deux camps. Jusqu'à la ruine de Jérusalem (an 70), l'Église de Judée maintiendra ses prétentions. Ce n'est qu'à la fin du premier siècle qu'une réconciliation véritable s'opérera, un peu aux dépens de la gloire de Paul, qui sera durant près de cent ans rejetée dans l'ombre, mais pour le plein triomphe de ses idées fondamentales. Les judéo-chrétiens, à partir de ce moment-là, ne seront plus qu'une secte de vieux entêtés, expirant lentement et obscurément, et ne finissant que vers le ve siècle⁴ dans des cantons

---

1. Gal., I, 2.
2. Comp. Col., IV, 16.
3. I Cor., XVI, 4.
4. Saint Jérôme, lettre à saint Augustin (col. 623, Martianay).

perdus de la Syrie. Paul, en revanche, sera presque désavoué. Son titre d'apôtre, nié par ses ennemis[1], sera faiblement défendu par ses amis[2]. Les Églises qui lui doivent le plus notoirement leur fondation voudront avoir été fondées par lui et par Pierre. L'Église de Corinthe, par exemple, fera les violences les plus flagrantes à l'histoire pour montrer qu'elle dut son origine à Pierre en même temps qu'à Paul[3]. La conversion des gentils passera pour l'œuvre collective des Douze[4]; Papias, Polycrate, Justin, Hégésippe sembleront à dessein supprimer le rôle de Paul et presque ignorer son existence. C'est seulement quand l'idée d'un canon de nouvelles écritures sacrées se sera établie, que Paul reprendra son importance. Ses lettres alors sortiront en quelque sorte des archives des Églises pour devenir la base de la théologie chrétienne, qu'elles renouvelleront de siècle en siècle.

A la distance où nous sommes, la victoire de Paul nous fait l'effet d'avoir été complète. Paul nous

---

1. Apoc., XXI, 14.

2. C'est ce qui résulte du ton du livre des *Actes*. Voir *les Apôtres*, introd., p. IV-V.

3. Denys de Corinthe, dans Eusèbe, *Hist. eccl.*, II, 25.

4. Justin, *Apol. I*, 39, 45; *Dial. cum Tryph.*, 42, 53; Homél. pseudo-clém., III, 59; Lettre de Clément à Jacques, en tête de ces Hom., § 1. Comp. *Act.*, x.

raconte et peut-être nous exagère les torts qu'on a eus envers lui; qui nous dira les torts de Paul? La basse pensée qu'il prête à ses adversaires de courir sur ses brisées pour lui enlever l'affection de ses disciples et se faire gloire ensuite de la circoncision de ces simples gens comme d'un triomphe [1], n'est-elle pas un travestissement? Le récit de ses rapports avec l'Église de Jérusalem, si différent de celui des *Actes*, n'est-il pas un peu arrangé pour les besoins du moment [2]? La prétention d'avoir été apôtre par droit divin dès le jour même de sa conversion [3] n'est-elle pas historiquement inexacte, en ce sens que la conviction de son propre apostolat se forma en lui lentement et n'arriva à être complète que depuis sa première grande mission? Pierre fut-il réellement aussi répréhensible qu'il le dit? La conduite de l'apôtre galiléen, au contraire, ne fut-elle pas celle d'un homme conciliant, préférant la fraternité aux principes, voulant contenter tout le monde, biaisant pour éviter les éclats, blâmé par tous, justement parce que seul il a raison? Nous n'avons aucun moyen de

1. Gal., IV, 17; VI, 13.
2. Justin ne savait sûrement rien de la convention Gal., II, 7-10, puisqu'il regarde la conversion des gentils comme l'œuvre des Douze (*Apol. I*, 39).
3. Gal., I, 15 et suiv.

répondre à ces questions. Paul était très-personnel ; il est permis de croire que plus d'une fois il attribua à une révélation privée ce qu'il avait appris de ses anciens [1]. L'Épître aux Galates est un morceau si extraordinaire, l'apôtre s'y peint avec tant de naïveté et de sincérité, qu'il serait souverainement injuste de tourner contre lui un document qui fait tant d'honneur à son talent et à son éloquence. Les soucis d'une étroite orthodoxie ne sont pas les nôtres ; à d'autres il appartient d'expliquer comment on peut être un saint, tout en malmenant le vieux Céphas. On ne rabaisse pas Paul au-dessous du commun des grands hommes, quand on montre que parfois il fut emporté, passionné, préoccupé de se défendre et de combattre ses ennemis. En toute chose ancêtre véritable du protestantisme, Paul a les défauts d'un protestant. Il faut du temps et bien des expériences pour arriver à voir qu'aucun dogme ne vaut la peine de résister en face et de blesser la charité. Paul n'est pas Jésus. Que nous sommes loin de toi, cher maître ! Où est ta douceur, ta poésie ? Toi qu'une fleur enchantait, et mettait dans l'extase, reconnais-tu bien pour tes disciples ces disputeurs, ces hommes acharnés sur leur prérogative, qui veu-

---

1. On en a un exemple frappant dans I Cor., XI, 23.

lent que tout relève d'eux seuls? Ils sont des hommes, tu fus un dieu. Où serions-nous, si tu ne nous étais connu que par les rudes lettres de celui qui s'appelle ton apôtre? Heureusement, les parfums de Galilée vivent encore dans quelques mémoires fidèles. Peut-être déjà le discours sur la montagne est-il écrit sur quelque feuille secrète. Le disciple inconnu qui porte ce trésor porte vraiment l'avenir.

CHAPITRE XII.

TROISIÈME VOYAGE DE PAUL. — FONDATION DE L'ÉGLISE D'ÉPHÈSE.

Moins grand, moins possédé du démon sacré qui s'était emparé de ses entrailles, Paul se fût usé dans ces querelles stériles. Pour répondre aux petits esprits, il eût été obligé de se faire petit lui-même; ces misérables disputes l'eussent absorbé. En génie supérieur, Paul les dédaigna. Il marcha droit devant lui, et laissa au temps le soin de décider entre lui et ses ennemis. La première règle de l'homme voué aux grandes choses est de refuser aux hommes médiocres le pouvoir de le détourner de son chemin. Sans discuter avec les délégués de Jacques s'il avait bien ou mal fait de prêcher les gentils et de les convertir, Paul ne songea qu'à recommencer, au risque d'encourir de nouveaux anathèmes. Après quelques mois passés à Antioche¹, il partit pour une troisième mission. Il tenait à visiter ses chères Églises de Galatie. Parfois il entrait au sujet de ces Églises dans de grandes perplexités; il regrettait de les avoir contristées par un langage sévère; il voulait changer de ton, corriger par la douceur de sa parole les âpretés de sa lettre². Paul désirait surtout séjourner à Éphèse, où il n'avait fait que toucher la première fois, afin d'y constituer un centre de prédication comme à Thessalonique et à Corinthe. Le champ de cette troisième mission fut ainsi à peu près celui de la seconde. L'Asie Mineure, la Macédoine et la Grèce étaient les provinces que Paul s'était en quelque sorte adjugées.

Il partit d'Antioche, accompagné probablement de Titus³. Il suivit d'abord le même itinéraire qu'à son second voyage, et visita pour la troisième fois⁴ les Églises du centre de l'Asie Mineure⁵, Derbé, Lystres, Iconium, Antioche de Pisidie. Il reprit vite son ascendant, et eut bientôt effacé ce qui pouvait rester

1. *Act.*, XVIII, 23.
2. Gal., IV, 20.
3. Voir ci-dessus, p. 290, note 2.
4. En un sens même, pour la quatrième fois, puisqu'à la première mission, Paul repassa par chacune des villes qu'il avait évangélisées.
5. *Act.*, XVIII, 23.

encore des fâcheuses impressions que ses ennemis avaient cherché à faire naître contre lui. A Derbé, il s'adjoignit un nouveau disciple, nommé Caïus, qui le suivit [1]. Ces bons Galates étaient pleins de docilité, mais faibles. Paul, habitué à s'exprimer sur un ton ferme, les traitait avec une raideur que parfois lui-même il craignait de voir prendre pour de la dureté [2]. Il avait des scrupules ; il craignait d'avoir parlé à ses enfants d'une manière qui peut-être ne rendait pas assez ce qu'il y avait pour eux dans son cœur de vive affection.

Les motifs qui l'avaient empêché dans son second voyage d'évangéliser l'Asie proconsulaire n'existant plus, Paul, après avoir terminé sa tournée de Galatie, partit pour Éphèse. On était vers le milieu de l'été [3]. D'Antioche de Pisidie, la route la plus naturelle pour aller à Éphèse dut le conduire à Apamée Kibôtos [4], et de là, dans le bassin du Lycus, aux trois villes voisines l'une de l'autre, de Colosses, de Laodicée, d'Hiérapolis. Ces trois villes, dans quelques années, formeront un centre actif du travail chrétien, et Paul sera en rapports suivis avec elles.

1. *Act.*, xx, 4.
2. Gal., iv, 16, 20.
3. Cela résulte de *Act.*, xx, 31, comparé à I Cor., xvi, 8.
4. Φρυγίαν. *Act.*, xviii, 23. Cf. Strabon, XIV, ii, 29.

Mais pour le moment il ne s'y arrêta pas, et n'y fit la connaissance de personne [1]. Contournant le massif du Cadmus, il déboucha dans la vallée du Méandre, vers les auberges de Carura, grand carrefour des chemins de l'Asie [2]. De là, une route belle et facile le mena en trois jours, par Nysa, Tralles et Magnésie [3], aux sommets de la chaîne qui sépare les eaux du Méandre de celles du Caystre. Un ravin, dont la route antique et le torrent se disputent l'étroit espace, le fit descendre dans « la prairie d'Asie » chantée par les homérides [4], c'est-à-dire dans la plaine où le Caystre forme une lagune avant d'atteindre la mer. C'est un beau site grec, aux horizons clairs, formés parfois de cinq et six plans de montagnes, ou terminés par des sommets découpés. Les cygnes et les beaux oiseaux qui s'y donnaient comme aujourd'hui rendez-vous firent le charme de toute l'antiquité [5]. Là, en partie dans les marais, en partie accrochée aux pentes du mont Coressus, épaulée d'ailleurs au mont Prion et par ses faubourgs à une autre colline isolée [6],

---

1. Col., II, 1.
2. Strabon, XII, VIII, 16, 17; XIV, II, 29.
3. Τὰ ἀνωτερικὰ μέρη. Act., XIX, 1.
4. *Iliade*, II, 461.
5. Hom., *Iliade*, II, 459 et suiv.; Virg., *Æn.*, VII, 699 et suiv.; Ovide, *Mét.*, V, 386 et suiv.
6. Celle d'*Aïa-Solouk*. Voir Edward Falkener, *Ephesus* (Lon-

s'élevait la ville immense destinée à être la troisième capitale du christianisme, après Jérusalem et Antioche.

Nous avons déjà eu plusieurs fois occasion de remarquer que le christianisme trouva ses plus fortes raisons d'être dans ces villes banales, si l'on peut s'exprimer ainsi, que l'empire romain avait multipliées, villes placées en dehors des nationalités, étrangères à l'amour de la patrie, où toutes les races, toutes les religions se donnaient la main. Éphèse était, avec Alexandrie, Antioche et Corinthe, le type des villes de ce genre. On peut se les figurer par ce que sont encore de nos jours les grandes villes levantines. Ce qui frappe le voyageur quand il parcourt ces labyrinthes de bazars infects, de cours étroites et sales, de constructions provisoires et peu soucieuses de durer, c'est le manque complet de noblesse, d'esprit politique et même municipal. Dans ces fourmilières d'hommes, la bassesse et les bons

---

dres, 1862), p. 119 et suiv., 149 et suiv., et les plans; voir aussi la carte de l'*Hydrographic Office* (1836); Laborde, *Voy. de l'Asie Min.*, pl. XLIV, XLV, et Svoboda, *Remains of the seven churches of Asia* (photographies), nᵒˢ 11-26 (Londres, 1867). Selon un Synaxaire grec, cité par Arundell, *Discoveries*, II, 253, cette colline se serait appelée *Hôlibaton*. Mais, n'ayant pu vérifier ce texte, je crains que ἠλίβατον ne soit là une simple épithète de la colline : cf. Pococke, *De œdif.*, V, 1.

instincts, la fainéantise et l'activité, l'impertinence et l'amabilité se rencontrent : tout s'y trouve, excepté ce qui constitue une vieille aristocratie locale, je veux dire des souvenirs glorieux cultivés en commun. Avec cela, beaucoup de commérage, de bavardage, de légèreté, tout le monde à peu près se connaissant et les gens s'occupant sans cesse les uns des autres ; quelque chose de léger, de passionné, de mobile ; une vaine curiosité de gens frivoles, avides de se repaître de la moindre nouveauté ; une grande facilité à suivre la mode, sans jamais être capable de la faire. Le christianisme fut un fruit de l'espèce de fermentation qui a coutume de se produire dans ces sortes de milieux, où l'homme, dégagé des préjugés de naissance et de race, se met bien plus facilement au point de vue de la philosophie qu'on appelle cosmopolite et humanitaire que ne peuvent le faire le paysan, le bourgeois, le noble citadin ou féodal. Comme le socialisme de nos jours, comme toutes les idées neuves, le christianisme germa dans ce qu'on appelle la corruption des grandes villes. Cette corruption, en effet, n'est souvent qu'une vie plus pleine et plus libre, un plus grand éveil des forces intimes de l'humanité.

Autrefois, comme aujourd'hui, les juifs avaient dans de telles villes mixtes une place toute marquée. Cette place était, à très-peu de chose près, ce qu'elle est encore maintenant à Smyrne, à Salonique. Éphèse, en particulier, possédait une juiverie très-nombreuse [1]. La population païenne était assez fanatique, comme il arrive dans toutes les villes qui sont des centres de pèlerinage et de cultes fameux. La dévotion à l'Artémis d'Éphèse, répandue dans le monde entier, entretenait plusieurs industries considérables. Néanmoins, l'importance de la ville comme capitale de l'Asie, le mouvement des affaires, l'affluence des gens de toute race faisaient d'Éphèse un point en somme très-favorable à la diffusion des idées chrétiennes. Ces idées ne trouvaient nulle part un meilleur accueil que dans les villes populeuses, commerçantes, remplies d'étrangers, envahies par les Syriens, les juifs et cette population d'origine incertaine qui, depuis l'antiquité, est maîtresse de tous les points d'arrivage de la Méditerranée [2].

Il y avait des siècles qu'Éphèse n'était plus une ville purement hellénique. Autrefois, Éphèse avait brillé au premier rang, du moins pour les arts, parmi les cités grecques; mais, à diverses reprises, elle avait

---

1. Jos., *Ant.*, XIV, x, 11, 12, 13, 16, 19, 25; XVI, vi, 4, 7; Philon, *Leg.*, § 40.

2. Comparez de nos jours Marseille, Livourne, Trieste.

permis aux mœurs de l'Asie de la séduire. Cette ville avait toujours eu chez les Grecs une mauvaise réputation [1]. La corruption, l'introduction du luxe étaient, selon les Grecs, un effet des mœurs efféminées de l'Ionie; or, Éphèse était pour eux le centre et l'abrégé de l'Ionie [2]. La domination des Lydiens et celle des Perses y avaient tué l'énergie et le patriotisme; avec Sardes, Éphèse était le point le plus avancé de l'influence asiatique vers l'Europe [3]. L'importance excessive qu'y prit le culte d'Artémis éteignit l'esprit scientifique et favorisa le débordement de toutes les superstitions. C'était presque une ville théocratique [4] : les fêtes y étaient nombreuses et splendides [5]; le droit d'asile du temple peuplait la ville de malfaiteurs [6]. De honteuses institutions sacerdotales s'y maintenaient et devaient chaque jour paraître plus

---

1. Strabon, XIV, 1, 25; Diog. Laërte, IX, 1, 1.
2. Athénée, XII, 28, 29.
3. Hérodote, V, LIV, 1 et 2; Plut., *Vie de Lysandre*, 3.
4. Les prêtres avaient le titre de rois (Paus., VIII, XIII, 1). Le nom du grand prêtre se lit quelquefois sur les monnaies. Vaillant, *Numism. gr. imp. rom.*, p. 310, 313; Eckhel, *D. n. v.*, II, 518-519. Cf. *Corpus inscr. gr.*, nos 2954, 2987, 2987 b, 3002, 3003; Tac., *Ann.*, III, 62.
5. *Panionia* et *Œcumenica, Artemisia, Ephesia, Bacchanalia, Balbillia, Lucullia*. Cf. *Corpus inscr. gr.*, n° 2954.
6. Strabon, XIV, 1, 23.

dénuées de sens[1]. Cette brillante patrie d'Héraclite, de Parrhasius, peut-être d'Apelle, n'était plus qu'une ville de portiques, de stades, de gymnases, de théâtres, une ville d'une somptuosité banale, malgré les chefs-d'œuvre de peinture et de sculpture qu'elle gardait encore.

Quoique le port eût été gâté par la maladresse des ingénieurs d'Attale Philadelphe, la ville s'agrandissait rapidement et devenait le principal *emporium* de la région en deçà du Taurus[2]. C'était le point de débarquement de ce qui arrivait d'Italie et de Grèce, une sorte d'hôtellerie ou d'entrepôt au seuil de l'Asie[3]. Des populations de toute provenance s'y entassaient, et en faisaient une ville commune, où les idées socialistes gagnaient le terrain qu'avaient perdu les idées de patrie. Le pays était d'une richesse extrême; le commerce, immense; mais nulle part l'esprit ne se montrait plus abaissé. Les inscriptions respirent la plus honteuse servilité[4],

---

[1]. Strabon, XIV, I, 20-23; Tac., *Ann.*, III, 61; Isidore de Péluse, *Epist.*, II, 62; Plut., *An seni sit ger. resp.*, 24; *Corpus inscr. gr.*, n°s 2954, 2955, 2963 c, 2983, 2990.

[2]. Strabon, XII, VIII, 15; XIV, I, 24; Plutarque, *Vie de Lys.*, 3.

[3]. Ὑποδοχεῖον κοινόν. Strabon, XII, VIII, 15. Le port intérieur où abordèrent probablement Aquila et Priscille, Paul et Jean, est maintenant un étang couvert de roseaux.

[4]. *Corpus inscr. gr.*, n°s 2957 et suiv.

la soumission la plus empressée aux Romains [1].

On eût dit l'universel rendez-vous des courtisanes et des viveurs. La ville regorgeait de magiciens, de devins [2], de mimes et de joueurs de flûte [3], d'eunuques [4], de bijoutiers [5], de marchands d'amulettes et de médailles [6], de romanciers. Le mot de « nouvelles éphésiennes » désignait, comme celui de « fables milésiennes », un genre de littérature, Éphèse étant une des villes où l'on aimait le plus à placer la scène des romans d'amour [7]. La mollesse du climat, en effet, détournait des choses sérieuses; la danse et la musique restaient l'unique occupation; la vie publique dégénérait en bacchanale [8]; les bonnes études étaient délaissées [9]. Les plus extravagants

---

1. Φιλοσέβαστος, *Corpus inscr. gr.*, 2961 *b*, 2966, 2972, 2987, 2987 *b*, 2990, 2993, 2999, 3001 ; φιλόκαισαρ, 2975.

2. Plut., *Vie d'Alex.*, 3; Artémidore d'Éphèse, *Onirocritica;* Maxime d'Éphèse, au IVe siècle. Cf. *Corpus insc. gr.*, n° 2953.

3. Philostrate, *Apoll.*, IV, 2.

4. Hérodote, VIII, cv, 2; Strabon, XIV, 1, 23; Philostrate, *Apoll.*, IV, 2.

5. Lucien, *Dial. meretr.*, VII, 1.

6. *Act.*, XIX, 19, 23 et suiv.

7. « La matrone d'Éphèse »; *Ephesiaca* de Xénophon d'Éphèse; *Chæréas et Callirrhoé* de Chariton d'Aphrodisias.

8. Plut., *Vie d'Antoine*, 24 et suiv.; Philostrate, *Apoll.*, IV, 2; Pseudo-Héraclite, lettre VII.

9. Philostrate, *Apoll.*, IV, 2.

miracles d'Apollonius sont censés se passer à Éphèse[1]. L'Éphésien le plus célèbre du moment où nous sommes [2] était un astrologue nommé Balbillus, qui eut la confiance de Néron et de Vespasien, et qui paraît avoir été un scélérat [3]. Un beau temple corinthien, dont les ruines se voient encore aujourd'hui[4], s'élevait vers la même époque. C'était peut-être un temple dédié au pauvre Claude, que Néron et Agrippine venaient de « tirer au ciel avec un croc », selon le joli mot de Gallion.

Éphèse avait déjà été atteinte par le christianisme, quand Paul y vint séjourner. Nous avons vu qu'Aquila et Priscille y étaient restés, après être partis de Corinthe. Ce couple pieux, à qui, par une singulière destinée, il fut réservé de figurer à l'origine des Églises de Rome, de Corinthe, d'Éphèse, forma un petit noyau de disciples. De ce nombre, sans doute, fut cet Épénète que saint Paul appelle « les prémices de l'Asie en Christ », et qu'il aimait beaucoup [5].

1. Philostrate, *Apoll.*, IV, 10.
2. Il y avait cependant quelques vrais savants d'Éphèse : Pline, *Hist. nat.*, XXXVII, 9; plus tard, Rufus d'Éphèse, Soranus.
3. Suétone, *Néron*, 36; Dion Cassius, LXVI, 9.
4. Chandler, *Travels*, I, ch. xxv; Falkener, *Ephesus*, p. 111. Voir cependant Gulil, *Ephesiaca*, p. 178, 181.
5. Rom., XVI, 5. J'adopte l'hypothèse d'après laquelle Rom.,

Une autre conversion bien plus importante fut celle d'un juif nommé Apollonius ou Apollos, originaire d'Alexandrie, qui dut aborder à Éphèse, peu après le premier passage de Paul [1]. Il avait puisé aux écoles juives d'Égypte une profonde connaissance de la version grecque des Écritures, une manière ingénieuse de les interpréter, une éloquence élevée. C'était une sorte de Philon, à la recherche des idées nouvelles qui éclosaient alors de toutes parts dans le judaïsme. Il s'était trouvé en rapport dans ses voyages avec des disciples de Jean-Baptiste, et avait reçu d'eux le baptême. Il avait aussi entendu parler de Jésus, et il semble bien que dès lors il accordait à ce dernier le titre de Christ; mais ses notions sur le christianisme étaient incomplètes. A son arrivée à Éphèse, il se rendit à la synagogue, où il eut beaucoup de succès par sa parole vive et inspirée. Aquila et Priscille l'entendirent et furent ravis de

---

xvi, 3-20, est un lambeau d'une épître aux Éphésiens : 1° parce qu'il est tout à fait invraisemblable qu'Aquila, Priscille et Épénète fussent à Rome quand l'épître aux Romains fut écrite; 2° parce qu'on ne conçoit pas comment Paul saluerait tant de personnes ayant eu des rapports avec lui, dans une ville où il n'avait jamais été; 3° parce que les chapitres xv-xvi, s'ils sont homogènes, présentent quatre finales et une distribution contraire aux usages de Paul. Voir l'introduction, p. LXIII et suiv.

2. *Act.,* xviii, 24 et suiv.

recevoir un tel auxiliaire. Ils le prirent à part, complétèrent sa doctrine et lui donnèrent des idées plus précises sur certains points. Comme ils n'étaient pas eux-mêmes théologiens très-habiles, ils ne songèrent pas, ce semble, à le faire rebaptiser au nom de Jésus. Apollos forma autour de lui un petit groupe, auquel il enseigna sa doctrine, rectifiée par Aquila et Priscille, mais auquel il ne conféra que le baptême de Jean, le seul qu'il connût. Au bout de quelque temps, il désira passer en Achaïe, et les frères d'Éphèse lui donnèrent une lettre de recommandation très-chaleureuse pour ceux de Corinthe.

C'est dans ces circonstances que Paul arriva à Éphèse. Il se logea chez Aquila et Priscille, comme il l'avait déjà fait à Corinthe[1], s'associa de nouveau avec eux et travailla dans leur boutique. Éphèse était justement célèbre par ses tentes[2]. Les artisans de ce genre habitaient probablement les faubourgs pauvres qui s'étendaient du mont Prion à la colline escarpée d'*Aïa-Solouk*[3]. Là fut sans doute

---

1. I. Cor., XVI, 19. Les mots *apud quos et hospitor* ne sont pas dans le grec; mais le fait en question se conclut de l'ensemble du verset.

2. Plut., *Vie d'Alcib.*, 12; Athénée, XII, 47.

3. Les riches villas éphésiennes paraissent avoir été sur la route d'Éphèse à Magnésie, et non de ce côté [communication de M. Hyde Clarke].

le premier foyer chrétien ; là furent les basiliques apostoliques, les tombeaux vénérés de toute la chrétienté [1]. Après la destruction du temple d'Artémis, Éphèse ayant échangé sa célébrité païenne contre une égale célébrité chrétienne, et étant devenue une ville de premier ordre dans les souvenirs et les légendes du culte nouveau, l'Éphèse byzantine [2] se groupa tout entière autour de la colline qui avait l'avantage de posséder les plus précieux monuments du christianisme. Le vieux site s'étant changé en un marais empesté dès qu'une civilisation active eut cessé de régler le cours des eaux, l'ancienne ville fut abandonnée peu à peu [3] ; ses gigantesques mo-

1. Eusèbe, *H. E.*, III, 39 ; V, 24 ; Synaxaire précité ; Procope, *De œdif.*, V, 1 ; Ibn-Batoutah, édition Defrémery et Sanguinetti, II, p. 308-309 ; Arundell, *Discov.*, II, p. 252 et suiv. ; Hamilton, *Res.*, II, 23.

2. Le nom moderne d'Éphèse, *Aïa-Solouk*, paraît venir de Ἁγία Θεολόγου ou Ἅγιος Θεολόγος. Il est vrai qu'on prononce et qu'on écrit souvent *Aïaslyk* (Arundell, II, 252), où l'on est tenté de voir la terminaison turque *lyk*. Mais l'orthographe correcte est *Solouk* (voir Ibn-Batoutah, II, p. 308). Comparez *Dara-Soluk*, près de Sardes. La porte qui donne entrée à la citadelle peut dater de l'époque chrétienne. On y employa des sculptures païennes, qu'on interpréta dans un sens chrétien.

3. La présence de deux églises parmi les ruines de l'ancienne Éphèse prouve qu'elle fut encore habitée au IVe et au Ve siècle. Cependant, si l'Éphèse chrétienne avec ses bâtisses importantes avait existé autour du Prion et du Coressus, il en resterait plus de traces.

numents, par suite de leur proximité de canaux navigables et de la mer, furent exploités comme des carrières de marbre, et de la sorte la ville se déplaça de près d'une lieue. Peut-être le choix de domicile que firent quelques pauvres juifs sous le règne de Claude ou de Néron fut-il la cause première de cette translation. La plus ancienne conquête turque continua la tradition byzantine; une grande ville musulmane succéda à la ville chrétienne [1], jusqu'à ce que vinssent régner définitivement sur tant de souvenirs la ruine, la fièvre et l'oubli[2].

Paul n'était pas ici, comme il le fut dans ses premières missions, en présence d'une synagogue igno-

---

[1]. La belle mosquée d'Aïa-Solouk ne peut être en aucune manière identifiée avec la basilique de Saint-Jean, nonobstant la tradition des Grecs de Tchirkindgi [communication de M. Hyde Clarke]. La régularité du plan de la mosquée relativement au *mihrab* suffirait pour prouver qu'elle a été bâtie comme mosquée. Une inscription arabe établit d'ailleurs qu'elle a été achevée en 1569 [communication de M. Waddington]. V. Falkener, p. 153 et suiv. Rien ne porte même à supposer que la mosquée ait été bâtie sur l'emplacement de la basilique. La basilique était située sur une colline : Synaxaire précité, et Procope, *l. c.* Je ne doute pas que la basilique n'occupât l'aire de la citadelle d'Aïa-Solouk. Le passage d'Ibn-Batoutah sur les Églises d'Éphèse est trop vague pour qu'on en puisse rien conclure.

[2]. Aïa-Solouk a repris depuis quelques années un peu d'importance, comme tête momentanée du chemin de fer de Smyrne à Aïdin.

rante du mystère nouveau, et qu'il s'agissait de gagner. Il avait devant lui une Église qui s'était formée de la façon la plus originale et la plus spontanée, avec l'aide de deux bons marchands juifs et d'un docteur étranger, lequel n'était encore qu'à demi chrétien. Le groupe d'Apollos était composé d'environ douze membres. Paul les questionna et s'aperçut qu'il manquait encore des parties à leur foi; en particulier, ils n'avaient jamais entendu parler du Saint-Esprit. Paul compléta leur instruction, les rebaptisa au nom de Jésus, et leur imposa les mains. Aussitôt l'Esprit descendit sur eux; ils se mirent à parler les langues et à prophétiser comme de parfaits chrétiens [1].

L'apôtre chercha bientôt à élargir ce petit cercle de croyants. Il n'avait pas à craindre de se trouver ici en présence de l'esprit philosophique et scientifique, qui l'avait arrêté tout court à Athènes. Éphèse n'était pas un grand centre intellectuel. La superstition y régnait sans contrôle; tout le monde vivait dans de folles préoccupations de démonologie et de théurgie. Les formules magiques d'Éphèse (*Ephesia grammata*[2]) étaient célèbres; les livres de sorcellerie

---

[1]. *Act.,* xix, 1-5.
[2]. Hesychius, *s. h. v.;* Suidas, *s. h. v.; Prov. græc. e Vatic. Bibl.,* append., cent. i, 95 (dans les *Adagia* de Schott, Anvers,

abondaient, et une foule de gens usaient leur temps à ces sottes puérilités [1]. Apollonius de Tyane pouvait se trouver à Éphèse vers ce temps [2].

Paul, selon son habitude, prêcha dans la synagogue [3]. Durant trois mois, il ne cessa chaque samedi d'annoncer le royaume de Dieu. Il eut peu de succès. On n'en vint pas contre lui à l'émeute ni aux rigueurs; mais on accueillit sa doctrine avec des termes injurieux et méprisants. Il résolut alors de renoncer à la synagogue, et il réunit à part ses disciples dans un endroit qu'on appelait Σχολὴ Τυράννου [4]. Peut-être était-ce là un endroit public, une de ces *scholæ* ou absides semi-circulaires, si nombreuses dans les villes antiques, et qui servaient comme les xystes à la conversation et à l'enseignement libre [5].

1612); *Corpus parœm. gr.*, I, p. 244; II, p. 169; Plut., *Quæst. conviv.*, VII, v, 4; Athénée, XII, 70; Clém. d'Alex., *Strom.*, I, 15; V, 8; Pausanias, cité dans Eustathe, *ad Odyss.*, XIX, 247; Stephani, dans les *Mél. gréco-rom. tirés du bull. de l'Acad. de Saint-Pétersb.*, I, p. 1 et suiv.; Frœhner, dans le *Bulletin de la Soc. des antiq. de Norm.*, 7ᵉ année, p. 217 et suiv. L'usage que fait tout l'Orient des noms des « Sept dormants d'Éphèse » comme talismans est sans doute une suite des *Ephesia grammata*.

1. *Act.*, xix, 13 et suiv.
2. Philostrate, *Vita Apoll.*, III, sub fin.
3. *Act.*, xix, 8 et suiv.
4. Les meilleurs manuscrits omettent τινός.
5. Justin, *Dial. cum Tryph.*, 1 (cf. Eus., *H. E.*, IV, 18); Phi-

Peut-être, au contraire, s'agit-il de la salle privée d'un personnage, d'un grammairien, par exemple, nommé Tyrannus[1]. En général, le christianisme profita peu des *scholæ*, lesquelles faisaient presque toujours partie des thermes et des gymnases; le lieu favori de la propagande chrétienne, après la synagogue, fut la maison privée, le coin du foyer. Dans cette vaste métropole d'Éphèse, la prédication put cependant affronter le grand jour[2]. Pendant deux ans, Paul ne cessa de parler dans la *Schola Tyranni*. Cet enseignement prolongé en un lieu public ou à peu près eut assez de retentissement. L'apôtre y joignait de fréquentes visites dans les maisons de ceux qui étaient convertis ou touchés[3]. Sa parole allait chercher également les juifs et les gentils[4]. Toute l'Asie proconsulaire entendit le nom de Jésus, et plusieurs Églises, suffragantes d'Éphèse, s'établirent alen-

---

lostr., *Apoll.*, IV, 3; VIII, 26; Falkener, *Eph.*, plans des trois gymnases. Cf. Vitruve, V, x, 4. Comparez les *scholæ* gigantesques encore existantes à Hiérapolis.

1. Ce nom n'était point rare. II Macch., iv, 40; Jos., *Ant.*, XVI, x, 3; *B. J.*, I, xxvi, 3; Eus., *H. E.*, VIII, xxxii, 3; Le Bas, *Inscr.*, III, n° 1439. Suidas (au mot Τύραννος) mentionne un sophiste de ce nom, mais sans indication de lieu ni de date.

2. *Act.*, xx, 20.
3. *Act.*, xx, 20, 31.
4. *Act.*, xx, 21.

tour. On parla aussi beaucoup de certains miracles de Paul. Sa réputation de thaumaturge arriva à ce point qu'on recherchait avidement les mouchoirs et les chemises qui avaient touché sa peau, pour les appliquer sur les malades [1]. On croyait que la vertu médicale s'exhalait de sa personne et se transmettait de la sorte.

Le goût des Éphésiens pour la magie devait amener des épisodes encore plus choquants. Paul passa pour avoir un grand pouvoir sur les démons. Il paraît que des exorcistes juifs cherchèrent à usurper ses charmes et à exorciser « au nom du Jésus que prêche Paul [2] ». On raconta la mésaventure de quelques-uns de ces charlatans, qui se prétendaient fils ou disciples d'un certain grand prêtre Skévas [3]. Ayant voulu chasser un diable fort méchant au moyen de la susdite formule, ils s'entendirent adresser de grosses injures par le possédé, lequel, non content de cela, se jeta sur eux, mit leurs habits en pièces et les

---

1. *Act.*, xix, 12.

2. Cf. Justin, *Dial. cum Tryph.*, 85; Origène, *Contre Celse*, I, 25.

3. Le nombre « sept » (*Act.*, xix, 14) est sans doute amené par le nombre habituel dont se composait une légion démoniaque (Matth., xii, 45; Marc, xvi, 9; Luc, viii, 2; xi, 26). Sur le sens vague d'ἀρχιερεύς, cf. Schleusner, *s. h. v.*; *Corpus inscr. gr.*, n° 6406 et peut-être 6363.

roua de coups[1]. L'abaissement des esprits était tel, que plusieurs juifs et plusieurs païens crurent en Jésus pour un aussi pauvre motif. Ces conversions se firent surtout parmi les gens qui s'occupaient de magie[2]. Frappés de la supériorité des formules de Paul, les amateurs de sciences occultes vinrent lui faire confidence de leurs pratiques[3]. Plusieurs même apportèrent leurs livres de magie et les brûlèrent[4] ; on évalua à 50,000 drachmes d'argent le prix des *Ephesia grammata* brûlés de la sorte[5].

Détournons les yeux de ces tristes ombres. Tout ce qui se fait par les masses populaires ignorantes est entaché de traits désagréables. L'illusion, la chimère sont les conditions des grandes choses créées par le

---

1. Comparez Josèphe, *Ant.*, VIII, II, 5.

2. Ces sortes d'épidémie de démonologie ne sont pas rares en Orient. Il y a quelques années, il y eut à la fois plus de trois cents personnes dans la petite ville de Saïda s'occupant de sciences occultes.

3. Ceci m'est souvent arrivé en Syrie. Les chercheurs de trésors, me prenant pour un confrère, venaient, dès qu'une circonstance plus ou moins puérile les avait convaincus de ma supériorité, me communiquer leurs talismans et leurs procédés.

4. Le sens de πράξεις (v. 18) est déterminé par πραξάντων (v. 19), et le sens de ce dernier mot par περίεργα. Sur le sens de περίεργα comme synonyme de γοητικά, voir Aristénète, l. II, ép. xviii; Irénée, *Adv. hær.*, I, xxiii, 4. Cf. Du Cange, au mot *vanitas*.

5. *Act.*, xix, 13-19.

peuple. Il n'y a que l'œuvre des sages qui soit pure ; mais les sages d'ordinaire sont impuissants. Nous avons une physiologie et une médecine fort supérieures à celles de saint Paul; nous sommes dégagés d'une foule d'erreurs qu'il partageait, hélas! et il est bien à craindre que nous ne fassions jamais la millième partie de ce qu'il a fait. C'est seulement quand l'humanité tout entière sera instruite et arrivée à un certain degré de philosophie positive, que les choses humaines se conduiront par raison. On ne saurait rien comprendre à l'histoire du passé, si l'on se refuse à traiter comme bons et grands des mouvements où se sont mêlés bien des traits équivoques et mesquins.

CHAPITRE XIII.

PROGRÈS DU CHRISTIANISME EN ASIE ET EN PHRYGIE.

L'ardeur de Paul, durant son séjour à Éphèse, fut extrême [1]. Les difficultés étaient de tous les jours, les adversaires nombreux et animés [2]. Comme l'Église d'Éphèse n'était pas purement une fondation de Paul, elle comptait dans son sein des judéo-chrétiens, qui sur des points importants résistaient énergiquement à l'apôtre des gentils. Il y avait comme deux troupeaux s'anathématisant et se déniant le droit de parler au nom de Jésus [3]. Les païens, de leur côté, étaient mécontents des progrès de la foi nouvelle, et déjà se manifestaient des symptômes inquiétants. Une fois, en particulier, Paul courut un

---

1. *Act.*, xx, 20-21.
2. I Cor., xvi, 9.
3. Apoc., ii, 2.

danger si grave qu'il compare la position où il se trouva ce jour-là à celle d'un homme exposé aux bêtes [1]; peut-être l'incident se passa-t-il au théâtre [2], ce qui rendrait cette expression tout à fait juste. Aquila et Priscille le sauvèrent et risquèrent leur tête pour lui [3].

L'apôtre oubliait tout, cependant, car la parole de Dieu fructifiait. Toute la partie occidentale de l'Asie Mineure, surtout les bassins du Méandre et de l'Hermus, se couvrirent d'Églises vers ce temps, et sans doute Paul en fut d'une manière plus ou moins directe le fondateur. Smyrne, Pergame, Thyatires, Sardes, Philadelphie [4], probablement Tralles [5], reçurent ainsi les germes de la foi [6]. Ces villes avaient

---

1. I Cor., xv, 32 (sur le sens de θηριομαχεῖν, comp. Ignace, *Epist. ad Rom.*, 5; Hebr., x, 33; II Tim., iv, 17); xvi, 4, 7; II Cor., i, 8 et suiv. Le Pseudo-Héraclite (lettre vii, lignes 50, 58-60, Bernays), qui écrivait vers ce temps, présente aussi les Éphésiens comme des bêtes : ἐξ ἀνθρώπων θηρία γεγονότες.

2. Comme l'incident *Act.*, xix, 23 et suiv. On ne peut cependant identifier l'incident I Cor., xv, 32, et xvi, 9, avec l'incident *Act.*, xix, 23 et suiv., celui-ci étant des derniers jours que saint Paul passa à Éphèse, et saint Paul n'y ayant pas payé de sa personne.

3. Rom., xvi, 4.

4. I Cor., xvi, 19; *Act.*, xix, 26; Apoc., i, 4, 11.

5. Épître supposée de saint Ignace aux Tralliens.

6. Toutes ces villes, excepté Sardes, sont encore aujourd'hui des villes plus ou moins considérables.

déjà des colonies juives importantes [1]. La douceur des mœurs et les longs ennuis de la vie de province, au sein d'un beau et riche pays, mort depuis des siècles à toute vie politique et pacifié jusqu'à l'adulation [2], avaient préparé beaucoup d'âmes aux joies d'une vie pure. La mollesse des mœurs ioniennes, si contraire à l'indépendance nationale, était favorable au développement des questions morales et sociales. Ces populations bonnes, sans esprit militaire, féminines, si j'ose le dire, étaient naturellement chrétiennes. La vie de famille paraît avoir été chez elles très-forte; l'habitude de vivre en plein air, et, pour les femmes, sur le seuil de leur porte, en un climat délicieux, avait développé une grande sociabilité [3]. L'Asie, avec ses *asiarques*, présidents

---

1. Cic., *Pro Flacco*, 28; Jos., *Ant.*, XII, III, 4; XIV, x, 14, 14, 20 et suiv.; XVI, vi, 2, 4, 6; *Act.*, ii, 9.

2. Voir l'ignoble concours de bassesse, raconté par Tacite, *Ann.*, IV, 55-56. Notez les titres de θεὸς σύγκλητος, ἱερὰ σύγκλητος, donnés au sénat romain en cette province. Waddington. *Voyage numismatique*, p. 8, 23, etc.; le même, *Explication des inscriptions* de Le Bas, III, p. 142; *Numismatic chronicle*, nouv. série, t. VI, p. 119.

3. Impression du quartier grec de Smyrne le dimanche. (Observer que les villes, même quand elles ont eu des lacunes dans leur existence, ont comme un génie propre, un esprit qui fait qu'elles sont toujours plus ou moins semblables à elles-mêmes et qu'elles renaissent telles qu'elles furent.)

de jeux et de spectacles[1], semblait une compagnie de plaisir, une association de divertissements et de fêtes[2]. La population chrétienne, aujourd'hui encore, a du charme et de la gaieté; les femmes ont le teint clair, l'œil vague et doux, de beaux cheveux blonds, une tournure retenue et modeste, impliquant le vif sentiment de leur beauté.

L'Asie devint ainsi, en quelque sorte, la seconde province du royaume de Dieu. Les villes de ce pays, à part les monuments, ne différaient peut-être pas essentiellement alors de ce qu'elles sont aujourd'hui : entassements sans ordre de maisons en bois, avec des loges à jour couvertes d'un toit incliné; quartiers le plus souvent étagés les uns sur les autres et tou-

---

[1]. Sur la fonction des asiarques, voir Le Bas et Waddington, *Inscr.*, III, nos 5, 158 *a*, 649, 885; Churchill Babington, dans *Numism. chron.*, nouv. série, vol. VI, p. 93 et suiv.; Strabon, XIV, 1, 42; Ælius Aristide, *Sacr.*, IV, 534; *Act.*, XIX, 31; Martyre de saint Polycarpe, 12; *Corp. i. gr.*, 2912, 3148, 3190, 3194, 3213, 3324, 3421, 3426, 3495, 3504, 3665, 3677; Vaillant, *Num. gr. imp. rom.*, p. 312-313. Mionnet, II, 549, 617; III, 61, 250; IV, 55, 128, 140, 328, 347, 362; suppl., V, 276, 505. Il y avait de même des bithynarques, des pontarques, des galatarques, etc. Cf. Le Bas, III, nos 1178, 1221, 1224; Perrot, *Expl. de la Gal.*, p. 199 et suiv.

[2]. Le κοινὸν Ἀσίας désignait des jeux, des spectacles, des panégyries qui se célébraient à tour de rôle dans les diverses grandes villes de la province.

jours entremêlés de beaux arbres. Les édifices publics, nécessaires dans un pays chaud à une vie de plaisir et de repos, présentaient une grandeur surprenante. Ce n'étaient pas ici, comme en Syrie, des constructions artificielles, très-peu faites pour les mœurs, des villes à colonnes imposées à des bédouins[1]. Nulle part l'ampleur d'une civilisation satisfaite et sûre d'elle-même ne s'étale en formes plus imposantes que dans les ruines de ces « magnifiques villes d'Asie[2] ». Toutes les fois que les belles contrées dont nous parlons ne seront pas écrasées par le fanatisme, la guerre ou la barbarie, elles deviendront maîtresses du monde par la richesse; elles en tiennent presque toutes les sources, et forcent ainsi le numéraire des peuples plus nobles à s'entasser chez elles[3]. L'Ionie, au 1er siècle, était très-peuplée, couverte de villes et de villages[4]. Les malheurs de l'époque des guerres civiles étaient oubliés. De puissantes associations d'ouvriers (ἐργασίαι,

---

1. A Hiérapolis, par exemple, on sent une vraie élégance, une ville qui s'est bâtie spontanément et non officiellement; rien de la banalité administrative trop fréquente dans les villes romaines.

2. Ovide, *Pont.,* II, x, 21. Se les représenter surtout par Aphrodisias et Hiérapolis, encore très-bien conservées, et par les ruines de Tralles, de Laodicée, etc. Cf. Strabon, XIV, I, 37.

3. C'est ce que la crise du coton a montré, et ce qui sera surtout sensible dans cent ans.

4. Jos., *B. J.,* II, XVI, 4.

συνεργασίαι, συμβιώσεις), analogues à celles d'Italie et de Flandre au moyen âge, nomment leurs dignitaires, élèvent des monuments publics, dressent des statues, font des travaux d'utilité publique, fondent des œuvres de charité, donnent toutes sortes de signes de prospérité, de bien-être, d'activité morale[1]. A côté des villes manufacturières, comme Thyatires, Philadelphie, Hiérapolis, adonnées surtout aux grandes industries de l'Asie, les tapis, la teinture des étoffes, les laines, les cuirs, se développait une riche agriculture. Les produits variés des bords de l'Hermus et du Méandre, les richesses minérales du Tmolus et du Messogis, origine des trésors de la vieille Lydie assyrienne, avaient produit, à Tralles surtout, une bourgeoisie opulente, qu'on vit contracter des alliances avec les rois d'Asie, parfois même s'élever jusqu'à la royauté[2]. Ces parvenus s'ennoblissaient d'une manière mieux entendue encore par leurs goûts littéraires et par leur générosité[3]. Certes,

---

1. *Corpus inscr. gr.*, n⁰ˢ 3154, 3192, 3304, 3408, 3422, 3480, 3485, 3495, 3496, 3497, 3498, 3499, 3504, 3639 (voir *Add.*) 3858 *e*, 3924, 3938, 4340, 4340 *g*, 4346 (voir *Add.*); Le Bas, *Inscr.*, III, 656, 755, 1571, 1687; Wagener, dans la *Revue de l'instr. publ. en Belgique*, 1868, 1 et suiv.

2. Strabon, XII, III, 29; VIII, 16; XIV, I, 42. Cf. Waddington, *Mél. de numism.*, 2ᵉ série, p. 124 et suiv.

3. Strabon, endroits cités.

il ne faut chercher dans leurs œuvres ni la délicatesse, ni la perfection helléniques[1]. On sent bien, en voyant de tels monuments d'enrichis, que toute noblesse était perdue quand ils s'élevèrent. L'esprit municipal, cependant, était très-énergique encore. Le citoyen devenu roi, ou arrivé aux faveurs de César, recherchait les fonctions de sa ville et dépensait sa fortune pour l'embellir[2]. Ce mouvement de construction était dans toute sa force à l'époque de saint Paul[3], en partie à cause des tremblements de terre qui, notamment sous le règne de Tibère, avaient désolé le pays[4], et qui nécessitaient mainte réparation.

Un riche canton de la Phrygie méridionale[5], en particulier, le petit bassin du Lycus[6], tributaire du

---

1. Comparer, par exemple, le grand temple d'Aphrodisias aux monuments de l'Acropole.

2. Strabon, XII, viii, 16; *Corpus inscr. gr.*, nos 2947, 2948, 3935, 3936, etc. Les inscriptions énumérant les fonctions municipales, et décernant les titres d'εὐεργέτης et de κτίστης sont innombrables. Voir, par exemple, Waddington, *Expl. des inscr.* de Le Bas, III, n° 1693 *b*.

3. Strabon, XII, viii, 16; XIII, iv, 8; XIV, i, 42. Les belles ruines d'Anatolie sont en grande partie de ce temps.

4. Tacite, *Ann.*, II, 47; Strabon, XII, viii, 18; Pline, *Hist. nat.*, II, 91.

5. Strabon, XII, viii, 16; XIII, iv, 14.

6. Le *Tchoruk-Sou* des Turcs. Strabon, XII, viii, 16; Hérod., VII, 30; Pline, V, 29; Hamilton, *Res. in Asia Minor*, I, p. 509 et

Méandre, vit se former des centres chrétiens fort actifs [1]. Trois villes très-voisines l'une de l'autre, Colosses ou Colasses [2], Laodicée sur le Lycus, et Hiérapolis [3], y répandaient la vie. Colosses, qui autrefois avait eu le plus d'importance [4], semblait décliner [5];

suiv.; Laborde, *Voy. de l'Asie Min.*, p. 102 et suiv. et planches. Pour l'identification du Caprus, voir Waddington, *Expl. des inscr.* de Le Bas, III, n° 1693 a.

1. Col., I, 2; II, 1; IV, 13, 15, 16; *Apoc.*, I, 11; III, 14.

2. Colosses est la forme employée sur les monnaies. Mionnet, IV, p. 267-268; suppl., VII, p. 540-541; Waddington, *Voy. num.*, p. 20; Churchill Babington, *Numism. chronicle*, nouv. série, III, p. 1 et suiv.

3. Laodicée (*Eski-Hissar*) et Hiérapolis (*Tambouk-* [et non *Pambouk*] *Kalessi*) sont aujourd'hui désertes. Denisli, plus avantageusement située au pied de la montagne, les a remplacées. Peut-être, le fond de la vallée étant devenu fiévreux, s'est-il passé ici la même chose que pour Éphèse et Aïa-Solouk. Colosses, dont les ruines se voient au confluent de trois rivières (Tchoruk-Sou, Ak-Sou, Bounarbaschi-Sou) dans la plaine, est aussi abandonnée. (Voir Hamilton, *Res. in Asia Minor*, I, 508 et suiv.; Laborde, *Voy. de l'Asie Min.*, p. 102 et suiv.). Chonas, qui en est à une lieue et qui a hérité d'une partie de son importance, est la ville byzantine de Χῶναι, dont le nom n'a rien de commun avec celui de Colosses, bien qu'il se rapporte aux « entonnoirs » ou trous de disparition du Lycus, près de Colosses. Cf. Jean Curopalate, *Hist.*, p. 686-687 (Bonn). Chonas a sa raison propre d'exister, indépendamment de Colosses, comme position militaire pour défendre un passage du Cadmus.

4. Hérodote, VII, 30; Xénophon, *Anab.*, I, II, 6; Pline, V, 41.

5. Strabon, XII, VIII, 13. Les ruines de Colosses sont d'une ville très-secondaire. Le théâtre est mesquin. Probablement la ville ne

c'était une vieille cité restée fidèle aux anciennes mœurs et qui ne se renouvelait pas[1]. Laodicée et Hiérapolis, au contraire, devenaient, par l'effet de la domination romaine, des villes très-considérables[2]. L'âme de ce beau pays est le mont Cadmus[3], le père de toutes les montagnes de l'Asie occidentale, massif gigantesque, plein de sombres précipices et conservant ses neiges toute l'année. Les eaux qui en découlent entretiennent sur une des pentes de la vallée des vergers remplis d'arbres à fruit, traversés de rivières poissonneuses, égayés par des cigognes apprivoisées. L'autre côté est tout entier aux jeux les plus étranges de la nature. La propriété incrustante des eaux d'un des affluents du Lycus, et l'énorme fleuve thermal qui tombe en cascade de la montagne d'Hiérapolis, ont stérilisé la plaine et formé des crevasses, des cavernes bizarres,

---

fut pas largement restaurée après le tremblement de terre de l'an 60 (Tac., *Ann.*, XIV, 27; Eusèbe, *Chron.*, ad ann. 10 Ner.; Orose, VII, 7). Le site de Chonæ dut paraître bien plus agréable.

1. La nécropole de Colosses a un caractère frappant, qui la rapproché des nécropoles des pays sémitiques. Les cippes sont de forme bizarre et anépigraphes. Beaucoup de tombes sont creusées dans le roc.

2. Strabon, XII, viii, 16. Les ruines de ces deux villes sont de premier ordre, vraiment grandes et belles.

3. *Baba-Dagh* et *Chonas-Dagh*.

des lits de fleuves souterrains, des vasques fantastiques, semblables à une neige pétrifiée, servant de réservoir à des eaux qui reflètent toutes les nuances de l'arc-en-ciel, des fossés profonds où roulent en séries de cataractes des eaux retentissantes. De ce côté, la chaleur est extrême, le sol n'étant qu'une vaste plaine dallée de calcaire; mais sur les hauteurs d'Hiérapolis, la pureté de l'air, la lumière splendide, la vue du Cadmus, nageant comme un Olympe dans un éther éblouissant, les sommets brûlés de la Phrygie s'évanouissant dans le bleu du ciel en une teinte rosée, l'ouverture de la vallée du Méandre, les profils obliques du Messogis, les blancs sommets lointains du Tmolus, produisent un véritable éblouissement. Là vécurent saint Philippe, Papias; là naquit Épictète. Toute la vallée du Lycus offre le même caractère de rêveuse mysticité. La population n'était point grecque d'origine; elle était en partie phrygienne. Il y eut aussi, ce semble, autour du Cadmus, un antique établissement sémitique, probablement une annexe de la Lydie[1]. Cette paisible

---

1. J'essayerai un jour de montrer cela, en m'appuyant sur les noms de montagnes, de rivières, de villes, et sur d'autres particularités. Touchant le culte de Laodicée, voir Waddington, *Voy. numism.*, p. 26 et suiv. Ce Ζεὺς Ἄσεις, avec sa chèvre, est, selon moi, l'*Azazel* des Sémites.

vallée, séparée du reste du monde, devint pour le christianisme comme un lieu de refuge; la pensée chrétienne y subit, nous le verrons, de graves épreuves.

L'évangéliste de ces régions fut Épaphrodite ou Épaphras, de Colosses, homme très-zélé, ami et collaborateur de Paul[1]. L'apôtre n'avait fait que passer dans la vallée du Lycus; il n'y retourna jamais[2]; mais ces Églises, composées surtout de païens convertis, n'en étaient pas moins complétement sous sa dépendance[3]. Épaphras exerçait sur les trois villes une sorte d'épiscopat[4]. Nymphodore ou Nymphas, qui réunissait à Laodicée une Église dans sa maison[5]; le riche et bienfaisant Philémon, qui, à Colosses, présidait un semblable conventicule[6]; Appia, diaconesse de cette ville[7], peut-être femme de Philémon[8]; Archippe, qui y remplissait aussi une fonction importante[9], reconnaissaient Paul pour chef.

---

1. Col., i, 6-7; iv, 12-13.
2. *Ibid.*, ii, 1.
3. *Ibid.*, i, 9; ii, 1, 13.
4. *Ibid.*, iv, 13.
5. *Ibid.*, iv, 15.
6. Philem., 1, 2, 5, 7.
7. *Ibid.*, 2.
8. Comp. I Cor., ix, 5; Rom., xvi, 15. Saint Jean Chrysostome et Théodoret l'entendent ainsi.
9. Col., iv, 17; Philem., 2.

Le dernier paraît même avoir travaillé directement avec Paul. L'apôtre l'appelle son « compagnon d'armes[1] ». Philémon, Appia et Archippe devaient être parents ou dans des relations intimes[2].

Les disciples de Paul voyageaient sans cesse et rapportaient tout à leur maître. Chaque fidèle à peine formé était un catéchiste zélé, répandant autour de lui la foi dont il était rempli. Les délicates aspirations morales qui régnaient dans le pays propageaient le mouvement comme une traînée de poudre. Les catéchistes allaient partout; sitôt accueillis, ils étaient gardés comme des trésors; chacun s'empressait de les nourrir[3]. Une cordialité, une joie, une bienveillance infinies gagnaient de proche en proche et fondaient tous les cœurs. Le judaïsme, du reste, précéda le christianisme dans ces régions. Des colonies juives y avaient été amenées de Babylone deux siècles et demi auparavant, et y avaient peut-être porté quelques-unes de ces industries (la fabrication des tapis, par exemple) qui, sous les empereurs romains, produisirent dans le pays tant de richesse et de si fortes associations[4].

---

1. Philem., 2; cf. II Tim., II, 3.
2. Sans cela, on ne comprend pas Philem., 1-2.
3. Gal., VI, 6.
4. Jos., *Ant.*, XII, III, 4; XIV, X, 20; *Act.*, II, 10; Cic., *Pro*

La prédication de Paul et de ses disciples atteignit-elle la grande Phrygie, la région d'Æzanes, de Synnades, de Cotiée, de Docimie ? Nous avons vu que, dans ses deux premiers voyages, Paul prêcha dans la Phrygie Parorée; que, dans le second voyage, il traversa sans prêcher la Phrygie Épictète; que, dans son troisième voyage, il traversa Apamée Kibôtos et la Phrygie dite plus tard Pacatienne. Il est infiniment probable que le reste de la Phrygie, ainsi que la Bithynie, dut aux disciples de Paul les semences du christianisme. Vers l'an 112[1], le christianisme paraît en Bithynie un culte enraciné, qui a pénétré tous les rangs de la société, qui a envahi les bourgs et les campagnes aussi bien que les villes, et amené une longue cessation du culte officiel, si bien que l'autorité romaine en est réduite à se réjouir de voir les sacrifices reprendre, quelques fidèles revenir aux temples et les victimes trouver par-ci par-là des acheteurs. Vers l'an 112, des gens, interrogés s'ils sont chrétiens, répondent qu'ils l'ont

Flacco, 28; Wagener, dans la *Revue de l'instr. publ. en Belg.,* 1868, p. 3, 4, 14.

1. C'est la date que les dernières découvertes épigraphiques assignent à la lettre de Pline à Trajan sur les chrétiens. Noël Desvergers, dans les *Comptes rendus de l'Académie des inscriptions,* 1866, p. 83-84; Mommsen, dans *l'Hermes,* III, 59, 96-98 (Berlin, 1868).

été, mais qu'ils ont cessé de l'être « depuis plus de vingt ans[1] ». Certainement, cela suppose que la première prédication chrétienne avait eu lieu de ce côté du vivant de Paul.

La Phrygie fut dès lors et resta trois cents ans le pays essentiellement chrétien. Là commença la profession publique du christianisme ; là se trouve, dès le IIIe siècle, sur des monuments exposés à tous les regards, le mot ΧΡΗΣΤΙΑΝΟΣ ou ΧΡΙΣΤΙΑΝΟΣ[2] ; là les formules tumulaires, avant de s'avouer nettement chrétiennes, renferment l'expression voilée de dogmes chrétiens[3] ; là, dès le temps de Septime Sévère, de grandes villes adoptent sur leurs monnaies des symboles bibliques, ou, pour mieux dire, conforment leurs vieilles traditions aux récits bibliques[4].

---

1. Pline, *Epist.*, X, 97. Comp. I Petri, I, 1.
2. *Corpus inscr. gr.*, n°s 3857 *g, p,* 3865 *l* (cf. 2883 *d*) ; Le Bas, *Inscr.*, III, n°s 727, 783, 785, et les notes de Waddington ; Perrot, *Expl. de la Gal.*, p. 126.
3. *Corpus inscr. gr.*, n°s 3872 *b, c,* 3890, 3902, 3902 *f, n, o, r,* 3962 *b,* 3963, 3980 ; Le Bas et Waddington, *Inscr.*, III, n°s 1654, 1703, 1899 ; cf. Muratori, *Inscr.*, 1949, 3. Je crois toutes ces inscriptions chrétiennes. Notez n° 3865 *i* du *Corpus,* où l'on sent également un effort pour éviter les formules païennes. Comparez comme contraste, en Pisidie, les inscriptions n°s 4380 *r, s, t.*
4. Médailles d'Apamée Kibôtos. Eckhel, III, 132-139 ; Madden, dans *Numismatic chronicle,* nouv. série, vol. VI, p. 173 et suiv. Sur une particularité analogue, mais douteuse, des monnaies de la

Un grand nombre des chrétiens d'Éphèse, de Rome venaient de Phrygie. Les noms qui se montrent le plus souvent sur les monuments de la Phrygie sont les vieux noms chrétiens, les noms spéciaux de l'âge apostolique, ceux qui remplissent les martyrologes [1]. Il est bien probable que cette prompte adoption de la doctrine de Jésus tenait à la race et aux institutions religieuses antérieures du peuple phrygien [2].

ville de Mæonie, voir De Witte et Ch. Lenormant, dans les *Mélanges d'archéol.* des PP. Martin et Cahier, t. III, p. 172 et suiv.; 196 et suiv. Iconium adopta de même le mythe d'Hénoch. Voir Étienne de Byz., au mot Ἰκόνιον; Ch. Müller, *Fragm. hist. gr.*, III, 524; IV, 538 et suiv. Cf. *Carm. sibyll.*, I, 261 et suiv.; Hérodote, II, 2; Moïse de Khorène (?), *Géogr.*, p. 349 (t. II des *Mém.* de Saint-Martin). Le grand marais de Lycaonie avait inspiré des mythes diluviens. Ovide, *Met.*, VIII, 696 et suiv.

1. Trophime, Tychique, Tryphène, Télesphore, Papias, Onésime, Abascance, etc. Ces noms sont, du reste, communs à toute l'Asie occidentale. *Corpus inscr. gr.*, 2788, 3664, 3747 n, 3857 c, k, r, t, u, 3865 i, 3953 h, 4224 c, 4227, 4240 c, 4388 (cf. Garrucci, *Diss.*, II, p. 483); Perrot, *Expl. de la Gal.*, p. 127, 128; Wagener, *Inscr. d'Asie Min.*, p. 19; Le Bas, *Inscr.*, III, 22, 341, 358, 364 (nonobstant la correction), 667, 718, 737, 741, 779, 781, 784, 792, 804, 805, 807, 808, 815, 818, 819, 821, 822, 1104, 1671, 1690, 1774; Waddington, *Voy. num.*, p. 55, 134. Pour le nom de *Grapté* (*Pasteur* d'Herm., vis. II, 4), comp. *Corp. i. g.*, 3857 q; Le Bas, III, 782, 1567 (voir cependant Jos., *B. J.*, IV, IX, 11; Orelli, 4610); Pape, *Wœrt.*, s. h. v.

2. Notez surtout Θεῷ ὑψίστῳ (Le Bas, III, n° 708; Wagener, p. 39-40). Comp. *Miss. de Phén.*, p. 234 et suiv.

Apollonius de Tyane eut, dit-on, des temples chez ces populations naïves ; l'idée de dieux revêtus de forme humaine leur paraissait toute naturelle. Ce qui nous reste de la vieille Phrygie respire souvent quelque chose de religieux, de moral, de profond, d'analogue au christianisme [1]. De bons ouvriers, près de Cotiée, font un vœu « aux dieux saints et justes [2] » ; non loin de là, un autre vœu est adressé « au Dieu saint et juste [3] ». Telle épitaphe en vers de cette province, morceau peu classique, incorrect et mou de forme, semble empreinte d'un sentiment tout moderne, d'une sorte de romantisme touchant [4]. Le pays lui-même diffère beaucoup du reste de l'Asie. Il est triste, austère, sombre, portant l'empreinte profonde de vieilles catastrophes géologiques, brûlé ou plutôt incinéré, et agité par des tremblements de terre fréquents [5].

Le Pont et la Cappadoce entendirent vers le même

1. Perrot, *Explor. de la Gal.*, p. 118.
2. *Corpus inscr. gr.*, n° 3830.
3. Θεῷ ὁσίῳ καὶ δικαίῳ, Le Bas (Waddington), *Inscr.*, III, n° 1670.
4. Inscr. n° 3847 *n* du *Corpus*, 1022 de Le Bas (III) ; inscr. n° 3857 *m* du *Corpus*, 775 de Le Bas, p. 125 de Perrot ; inscr. n° 3857 *u* du *Corpus*, n° 779 de Le Bas ; inscript. n° 3827 *hh* du *Corpus*, 806 de Le Bas ; inscr. n° 3827 *u* du *Corp.*, 816 de Le Bas.
5. Strabon, XII, VIII, 18 ; XIII, IV, 11.

temps le nom de Jésus [1]. Le christianisme s'alluma dans toute l'Asie Mineure comme un soudain incendie. Il est probable que les judéo-chrétiens travaillaient de leur côté à y répandre l'Évangile. Jean, qui appartenait à ce parti [2], fut reçu en Asie comme un apôtre d'une autorité supérieure à celle de Paul. L'Apocalypse, adressée l'an 68 aux Églises d'Éphèse, de Smyrne, de Pergame, de Thyatires, de Sardes, de Philadelphie, de Laodicée sur le Lycus, paraît faite pour des judéo-chrétiens. Sans doute, entre la mort de Paul et la rédaction de l'Apocalypse, il y eut à Éphèse et en Asie comme une seconde prédication judéo-chrétienne. Néanmoins, si Paul avait été pendant dix ans l'unique chef des Églises d'Asie, on ne comprendrait pas qu'il y eût été si vite oublié. Saint Philippe [3] et Papias [4], gloires de l'Église d'Hiérapolis, Méliton [5], gloire de celle de Sardes, furent des judéo-chrétiens. Ni Papias, ni Polycrate d'Éphèse ne citent Paul; l'autorité de Jean a tout absorbé, et Jean est pour ces Églises un grand prêtre juif. Les Églises d'Asie, au IIe siècle, l'Église de Lao-

---

1. I Petri, I, 1. Cf. *Act.*, II, 9-10.
2. Apocal., II et III; Polycrate, dans Eus., *H. E.*, V, 24.
3. Polycrate, dans Eusèbe, *l. c.*
4. Tout l'ensemble de ses écrits.
5. Eusèbe, *H. E.*, IV, 26; V, 24. Il avait écrit sur l'Apocalypse.

dicée surtout, sont le théâtre d'une controverse qui se rattache à la question vitale du christianisme, et où le parti traditionnel se montre fort éloigné des idées de Paul [1]. Le montanisme est une sorte de retour vers le judaïsme au sein du christianisme phrygien. En d'autres termes, en Asie comme à Corinthe [2], la mémoire de Paul, après sa mort, paraît avoir subi durant cent ans une sorte d'éclipse. Les Églises mêmes qu'il avait fondées l'abandonnent comme un homme trop compromettant, si bien qu'au IIe siècle Paul paraît universellement renié [3].

Cette réaction dut se produire très-peu de temps après la mort de l'apôtre, peut-être même auparavant. Les chapitres II et III de l'Apocalypse sont un cri de haine contre Paul et ses amis. Cette Église d'Éphèse, qui doit tant à Paul, est louée « de ne pouvoir supporter les méchants, d'avoir su éprouver ceux qui se disent apôtres sans l'être [4], de les avoir convaincus de mensonge, de haïr les œuvres des nicolaïtes [5] », « que moi aussi je hais », ajoute la voix

---

1. Eusèbe, *H. E.*, IV, 26; V, 23-25; *Chron. pascale,* p. 6 et suiv. (Du Cange).
2. Voir ci-dessus, p. 325.
3. Denys de Cor., dans Eus., *H. E.*, II, 25.
4. Comp. II Cor., XI, 13.
5. Voir ci-dessus, p. 304-305.

céleste[1]. — L'Église de Smyrne est félicitée « d'être l'objet des injures de gens qui se disent juifs sans l'être [2], et qui ne sont autre chose qu'une synagogue de Satan [3] ». — « J'ai quelque chose contre toi, dit la voix divine à l'Église de Pergame : c'est que tu as là des gens qui tiennent la doctrine de Balaam, qui apprenait à Balac à jeter le scandale devant les fils d'Israël, en les engageant à manger des viandes sacrifiées aux idoles et à forniquer[4]. Toi de même, tu as des gens qui tiennent pour la doctrine des nicolaïtes [5]. »
— « J'ai contre toi quelque chose, dit la même voix à l'Église de Thyatires, c'est que tu permets à ta femme Jézabel [6], qui se dit prophétesse, d'enseigner et d'égarer mes serviteurs en leur apprenant à forniquer et à manger des viandes sacrifiées aux idoles. Je lui ai donné le temps de faire pénitence, et elle ne veut pas se repentir de sa fornication... Quant à vous autres de Thyatires, qui ne tenez pas pour cette doctrine, et qui ne connaissez pas les profondeurs

---

1. Apoc., II, 2, 6.
2. Comp. II Cor., XI, 22; Phil., III, 5.
3. Apoc., II, 9.
4. Comp. I Cor., VIII; *Act.,* XV, 29. Voir ci-dessus, p. 304, note 4, et ci-dessous, p. 398 et suiv., 509.
5. Apoc., II, 14-15.
6. Désignation symbolique de Paul, envisagé comme infidèle et entraînant le peuple à l'infidélité.

de Satan, comme ils disent[1], je ne vous enverrai pas d'autre fléau[2] ». — Et à l'Église de Philadelphie : « Je permettrai à des gens de la synagogue de Satan, qui se disent juifs sans l'être et qui sont des menteurs, de venir et de se jeter à tes pieds et d'apprendre que je t'aime[3] ». — Peut-être, les vagues reproches adressés par le Voyant aux Églises de Sardes et de Laodicée[4] renferment-ils aussi des allusions au grand débat qui déchirait l'Église de Jésus.

Disons-le encore, si Paul avait été le seul missionnaire de l'Asie, on ne concevrait pas que, peu de temps après sa mort (en supposant qu'il fût mort quand l'Apocalypse parut), ses adhérents pussent être présentés comme en minorité dans les Églises de ce pays ; on ne concevrait pas surtout que l'Église d'Éphèse, dont il fut le principal fondateur, l'eût qualifié d'un sobriquet injurieux. Paul, en général, s'interdisait de travailler sur le terrain d'autrui, de prêcher et d'écrire à des Églises qu'il n'avait pas

---

1. Allusion à I Cor.; II, 10. Paul désignait souvent ses révélations du nom de « profondeurs de Dieu ». Ses adversaires, par ironie, substituaient au nom de Dieu le nom de Satan.

2. Apoc., II, 20 et suiv.

3. Apoc., III, 9.

4. Apoc., III, 1 et suiv., 14 et suiv.

établies [1]. Mais ses ennemis n'observaient pas la même discrétion. Ils le suivaient pas à pas, et s'appliquaient à détruire son œuvre par l'injure et la calomnie.

1. Rom., xv, 20 et suiv.; II Cor., x, 13-16.

CHAPITRE XIV.

SCHISMES DANS L'ÉGLISE DE CORINTHE. — APOLLOS. — PREMIERS SCANDALES.

En même temps qu'il dirigeait pour sa part la vaste propagande qui gagnait l'Asie au culte de Jésus, Paul était absorbé par les plus graves préoccupations. La sollicitude de toutes les Églises qu'il avait fondées pesait sur lui [1]. L'Église de Corinthe notamment lui inspirait les plus graves inquiétudes [2]. Durant les trois ou quatre années qui s'étaient écoulées depuis le départ de l'apôtre du port de Kenchrées, des mouvements de toute sorte n'avaient cessé d'agiter cette Église. La légèreté grecque amenait ici

---

1. II Cor., xi, 28.
2. Quelques critiques, se fondant sur II Cor., ii, 1 ; xii, 14, 21 ; xiii, 1, 2, supposent que Paul, pendant son séjour à Éphèse, fit à Corinthe un voyage dont les *Actes* ne parleraient pas ; mais ces passages s'expliquent sans une telle hypothèse.

des phénomènes qui ne s'étaient encore produits sur aucun des points que le christianisme avait touchés.

Nous avons vu qu'Apollos, après un court séjour à Éphèse, où Aquila et Priscille travaillèrent à son éducation chrétienne, était parti pour Corinthe, avec des lettres très-pressantes des frères d'Asie pour ceux d'Achaïe[1]. Le savoir et l'éloquence de ce nouveau docteur furent fort admirés des Corinthiens. Apollos égalait Paul par la connaissance des Écritures, et il l'emportait de beaucoup sur lui par sa culture littéraire. Le grec qu'il parlait était excellent, tandis que celui de l'apôtre était des plus défectueux. Il avait aussi, ce semble, les dons extérieurs de l'orateur, qui manquaient à Paul, l'attitude imposante, la parole facile. Ce qu'il y a de sûr, c'est qu'il eut à Corinthe de remarquables succès. Ses argumentations avec les juifs sur la question de savoir si Jésus était le Messie passaient pour très-fortes; il fit beaucoup de conversions[2].

Apollos et saint Paul présentaient tous deux, dans la secte nouvelle, des physionomies à part. C'étaient les seuls juifs très-instruits à la manière juive qui

---

1. *Act.*, XVIII, 27-28.
2. *Act.*, XVIII, 24-28; I Cor., III, 5 et suiv.

eussent embrassé la doctrine de Jésus. Mais ils venaient d'écoles différentes. Paul sortait du pharisaïsme hiérosolymitain, corrigé par les tendances libérales de Gamaliel. Apollos venait de l'école judéo-hellénique d'Alexandrie, telle que nous la connaissons par Philon; peut-être enseignait-il déjà les théories du *logos*, et fut-il l'introducteur de ces théories dans la théologie chrétienne. Paul avait l'espèce d'ardeur fiévreuse, le fanatisme intense qui caractérise le juif de Palestine. Les natures comme celle de Paul ne changent qu'une fois en leur vie; la direction de leur fanatisme une fois trouvée, elles vont devant elles sans dévier jamais ni rien examiner. Apollos, plus curieux et plus chercheur, était susceptible de chercher toujours. C'était un homme de talent plutôt qu'un apôtre. Mais tout porte à croire qu'il joignait à ce talent une grande sincérité, et qu'il fut une personne très-attachante. A l'époque de son arrivée à Corinthe, il n'avait pas encore vu saint Paul [1]. C'est seulement par Aquila et Priscille qu'il connaissait l'apôtre, dont bientôt, sans le vouloir, il allait être le rival.

Chez ces populations légères, brillantes, superficielles des bords de la Méditerranée, les factions,

---

1. *Act.*, XIX, 1.

les partis, les divisions sont un besoin social. La vie sans cela paraît ennuyeuse. Pour se procurer la satisfaction de haïr et d'aimer, d'être excité, jaloux, triomphant à son heure, on se bute souvent sur les choses les plus puériles. L'objet de la division est insignifiant; c'est la division qu'on veut et qu'on cherche pour elle-même. Les questions de personnes deviennent, dans ces sortes de sociétés, des questions capitales. Que deux prédicateurs où deux médecins se rencontrent dans une petite ville du Midi, la ville se divise en deux partis sur les mérites de chacun d'eux. Les deux prédicateurs, les deux médecins, ont beau être amis; ils n'empêcheront pas leurs noms de devenir le signal de luttes vives, la bannière de deux camps ennemis.

Il en fut ainsi à Corinthe [1]. Le talent d'Apollos tourna toutes les têtes. C'était une manière absolument différente de celle de Paul. Celui-ci enlevait par sa force, sa passion, l'impression vive de son âme ardente; Apollos, par sa parole élégante, correcte, sûre d'elle-même. Quelques personnes peu affectionnées à Paul, et qui peut-être ne lui devaient

---

1. I Cor., I, 10 et suiv.; III, 3 et suiv.; II Cor., XII, 20. L'Église de Corinthe garda longtemps les mêmes défauts. Voir la première épître de Clément Romain aux Corinthiens, ch. 2, 3, 14, 46, 47, 54.

pas leur conversion, préférèrent hautement Apollos. Elles traitèrent Paul d'homme grossier, sans éducation, étranger à la philosophie et aux belles-lettres [1]. Apollos fut leur docteur; elles ne jurèrent que par Apollos [2]. Les fidèles de Paul, sans doute, répliquèrent chaleureusement, et rabaissèrent le nouveau docteur. Quoique Paul et Apollos ne fussent nullement ennemis, qu'ils s'envisageassent comme collaborateurs et qu'il n'y eût entre eux aucune différence d'opinion [3], leurs noms devinrent ainsi les enseignes de deux partis, qui échangèrent, malgré les deux docteurs [4], d'assez grandes vivacités. L'aigreur persista, même après le départ d'Apollos. Celui-ci, en effet, fatigué peut-être du zèle qu'on déployait pour lui, et se mettant au-dessus de toutes ces petitesses, quitta Corinthe et revint à Éphèse. Il y trouva Paul, avec lequel il eut de longs entretiens [5] et noua des relations, qui, sans être celles du disciple ou de l'ami intime [6], furent de deux grandes âmes, dignes de se comprendre et de s'aimer.

1. I Cor., I, 17 et suiv.
2. I Cor., I, 12; III, 4.
3. Cela résulte clairement de I Cor., III, 6, 8-10; IV, 6; XVI, 12.
4. I Cor., IV, 6.
5. I Cor., XVI, 12.
6. Tit., III, 13.

Ce n'était point là l'unique cause de trouble. Corinthe était un point très-fréquenté des étrangers. Le port de Kenchrées voyait aborder tous les jours des masses de Juifs et de Syriens, dont plusieurs étaient déjà chrétiens, mais d'une autre école que celle de Paul, et peu bienveillants pour l'apôtre. Les émissaires de l'Église de Jérusalem, que nous avons déjà rencontrés, à Antioche et en Galatie, sur les traces de Paul, avaient atteint Corinthe. Ces nouveaux arrivés, grands parleurs, pleins de jactance [1], munis de lettres de recommandation des apôtres de Jérusalem [2], s'élevèrent contre Paul, répandirent des soupçons sur sa probité [3], diminuèrent ou nièrent son titre d'apôtre [4], poussèrent l'indélicatesse jusqu'à soutenir que Paul lui-même ne se croyait pas bien réellement apôtre, puisqu'il ne profitait pas des priviléges ordinaires de l'apostolat [5]. Son désintéressement était exploité contre lui. On le présentait comme un homme vain, léger, inconstant, parlant et menaçant beau-

---

1. II Cor., v, 12; x, 12 et suiv.; xi, 13, 16 et suiv.; Rom., xv, 18, 20.

2. II Cor., iii, 1; iv, 2; v, 12; x, 12, 18; xii, 11. Cf. *Recognit.*, IV, 35; Homél. pseudo-clém., xi, 35.

3. I Cor., ix, 2; II Cor., xii, 16. Cf. Jud., 11, 16.

4. I Cor., ix, 2-3.

5. I Cor., ix, 1 et suiv.; II Cor., xi, 7 et suiv.

coup sans effet; on lui reprochait de se glorifier à tout propos, de faire appel à de prétendues faveurs célestes [1]. On niait ses visions [2]. On insistait sur ce point que Paul n'avait pas connu Jésus [3], qu'il n'avait, par conséquent, aucun droit de parler de lui.

En même temps, on présentait les apôtres de Jérusalem, notamment Jacques et Pierre, comme les vrais apôtres, les *archiapôtres* [4], en quelque sorte [5]. Les nouveaux venus, par cela seul qu'ils étaient de Jérusalem, se prétendaient en rapport avec Christ selon la chair, vu le lien qu'ils avaient avec Jacques et avec ceux que Christ avait choisis de son vivant [6]. Ils soutenaient que Dieu a établi un seul docteur qui est Christ, lequel a institué les Douze [7]. Fiers de leur circoncision et de leur descendance juive [8], ils cherchaient à serrer le plus possible le joug des observances légales [9]. Il y eut ainsi à Corinthe, comme

---

1. I Cor., IV, 10, 12; IX, 4 et suiv.; II Cor, I, 12 et suiv.; III, 1; VI, 8; X, 10-12; XI, 7.
2. Homélies pseudo-clém., XVII, 13-19.
3. II Cor., V, 16.
4. I Cor., I, 12; II Cor., XI, 4 et suiv.; XII, 11 et suiv.
5. Οἱ ὑπερλίαν ἀπόστολοι.
6. II Cor., V, 16; X, 7.
7. *Récognitions*, IV, 36.
8. II Cor., XI, 18.
9. I Cor., VIII, 1 et suiv. Comp. *Récognitions*, IV, 36.

presque partout, un « parti de Pierre ». La division était profonde : « Je suis pour Paul », disaient ceux-ci; « je suis pour Apollos », disaient ceux-là; « je suis pour Pierre », disaient d'autres. Quelques-uns enfin, voulant se poser en esprits supérieurs à ces querelles, créèrent un mot assez spirituel. Ils inventèrent pour se désigner eux-mêmes le nom de « parti de Christ ». Quand la discussion s'échauffait, et que les noms de Paul, d'Apollos, de Pierre se croisaient dans la bataille, ils intervenaient avec le nom de celui qu'on oubliait. « Je suis pour Christ », disaient-ils[1], et, comme toutes ces juvénilités helléniques n'excluaient pas au fond un véritable sentiment chrétien, le souvenir de Jésus ainsi rappelé était d'un effet puissant pour ramener la concorde. Le nom de ce « parti de Christ » impliquait néanmoins quelque chose d'hostile contre l'apôtre et une certaine ingratitude, puisque ceux qui l'opposaient au « parti de Paul » semblaient vouloir effacer la trace d'un apostolat auquel ils devaient la connaissance de Christ.

Le contact avec les païens ne causait pas à la jeune Église de moindres dangers. Ces dangers venaient de la philosophie grecque et des mauvaises

---

1. I Cor., i, 12; iii, 22; II Cor., x, 7.

mœurs, qui assiégeaient en quelque sorte l'Église, y pénétraient et la minaient de toutes parts. Nous avons déjà vu qu'à Athènes la philosophie avait arrêté les progrès de la prédication de Paul. Corinthe était loin d'être une ville d'aussi haute culture qu'Athènes; il s'y trouvait cependant beaucoup de gens instruits, qui accueillaient fort mal les dogmes nouveaux. La croix, la résurrection, le prochain renouvellement de toutes choses leur paraissaient des folies et des absurdités [1]. Plusieurs fidèles étaient ébranlés, ou, pour essayer des conciliations impossibles, altéraient l'Évangile [2]. La lutte irréconciliable

---

1. I Cor., I, 22, 23; xv, 12 et suiv. Cf. *Act.*, XVII, 18, 32; XXIV, 26. Les objections matérialistes contre la résurrection durèrent toujours chez les païens et même dans la conscience chrétienne. Voir Athénagore, *De resurr.*, 3, 4; Minutius Felix, *Octav.*, 11, 34; Arnobe, II, 13; Orig., *Contre Celse*, I, § 7; V, § 14 et suiv.; lettre des Églises de Vienne et de Lyon, dans Eusèbe, *H. E.*, V, 1, in fine; Tatien, *Adv. Gr.*, 6; Irénée, V, 3; Tertullien, *De carne Christi*, 15; saint Augustin, *De civ. Dei*, XXII, 4, 12 et suiv. Pour les inscriptions, voir Leblant, dans la *Revue de l'Art chrétien*, mars 1862, et *Inscr. chrét. de la Gaule*, I, préf., p. LXXXVI et suiv. La disparition du corps laissait de l'inquiétude. Les légendes populaires arrangent en général les choses de manière que les corps des martyrs ne soient pas entièrement détruits; le feu les laisse entiers, les bêtes ne les mangent pas. Le Pseudo-Phocylide (v. 99-108) défend de couper les cadavres et ordonne de les inhumer avec soin, en vue de la résurrection.

2. I Cor., I, 17 et suiv.; II, 1 et suiv., 13.

de la science positive et des éléments surnaturels de la foi chrétienne commençait. Cette lutte ne finira que par l'extinction complète de la science positive dans le monde chrétien, au vi⁰ siècle ; la même lutte renaîtra avec la science positive au seuil des temps modernes.

L'immoralité générale de Corinthe exerçait sur l'Église des effets désastreux. Plusieurs chrétiens n'avaient pas su se détacher d'habitudes relâchées qui, à force d'être répandues, avaient presque cessé de paraître coupables [1]. On parlait de scandales étranges et jusque-là inouïs dans l'assemblée des saints. Les mauvaises mœurs de la ville franchissaient les murs de l'Église et la corrompaient. Les règles juives sur le mariage, dont toutes les fractions de l'Église chrétienne proclamaient le caractère impératif et absolu [2], étaient violées [3] : tel chrétien vivait publiquement avec sa belle-mère. Un esprit de vanité, de frivolité, de dispute, de sot orgueil régnait chez plusieurs [4]. Il semblait qu'il n'y eût pas d'autre Église au monde, tant cette communauté marchait dans ses propres voies sans se soucier des au-

---

1. I Cor., v, 9 et suiv.; vi, 12 et suiv.; x, 8.
2. *Act.*, xv, 29.
3. I Cor., v, 1 et suiv.; vii.
4. I Cor., iv, 6-8 ; xi, 16-19 ; xiii, 4 et suiv.; II Cor., xii, 20.

tres[1]. Les dons de l'Esprit, la glossolalie, la prédication prophétique, le don des miracles, ailleurs sujets de tant d'édification, dégénéraient en scènes choquantes[2]. On se jalousait réciproquement[3]; les inspirés de classes diverses s'interrompaient d'une façon inconvenante[4]. Il en résultait dans l'église des désordres étranges[5]. Les femmes, ailleurs si soumises, étaient ici audacieuses et réclamaient presque l'égalité avec les hommes. Elles voulaient prier tout haut et prophétiser dans l'église, et cela sans voile, leurs longs cheveux déroulés, rendant l'assemblée témoin de leurs extases, de leurs molles ivresses, de leurs pieux abandons[6].

Mais c'étaient surtout les agapes ou festins mystiques qui donnaient lieu aux abus les plus criants. Les scènes de bombance qui suivaient les sacrifices païens s'y reproduisaient[7]. Au lieu de tout mettre en commun, chacun mangeait la part qu'il avait apportée; les uns sortaient presque ivres, les autres

1. I Cor., xiv, 36.
2. I Cor., xiv, 23 et suiv.
3. I Cor., xii, 15 et suiv.; xiii, 4.
4. I Cor., xiii, 5; xiv, 33, 39.
5. I Cor., xiv, 40.
6. I Cor., xi, 3 et suiv.; xiv, 32-35.
7. Voir l'étymologie grotesque de μεθύειν, dans Philon, *De plantat. Noe,* § 39.

ayant faim. Les pauvres étaient couverts de honte ; les riches semblaient insulter par leur abondance à ceux qui n'avaient rien. Le souvenir de Jésus et de la haute signification qu'il avait donnée à ce repas paraissait effacé [1]. L'état corporel de l'Église était, du reste, assez mauvais : il y avait beaucoup de malades et plusieurs étaient morts [2]. Les cas de mort, dans la situation où se trouvaient les esprits, causaient beaucoup de surprise et d'hésitation [3]; les maladies étaient tenues pour des épreuves ou pour des châtiments [4].

Est-ce à dire que quatre années eussent suffi pour enlever toute sa vertu à l'œuvre de Jésus ? Non certes. Il y avait encore des familles édifiantes, en particulier celle de Stéphanas, qui tout entière s'était vouée au service de l'Église et était un modèle d'activité évangélique [5]. Mais les conditions de la société chrétienne étaient déjà bien changées. La petite Église de saints du dernier jour était jetée dans un monde corrompu, frivole, peu mystique. Il y avait déjà de mauvais chrétiens ! Le temps n'était

1. I Cor., xi, 20 et suiv. Cf. Jud., 12.
2. I Cor., xi, 30.
3. Comp. I Thess., iv, 13 et suiv.
4. I Cor., v, 5; xi, 30-32.
5. I Cor., xvi, 15-17.

plus où Ananie et Saphire étaient foudroyés pour avoir gardé quelque petite propriété. Le festin sacré de Jésus devenait une orgie, et la terre ne s'entr'ouvrait pas pour dévorer celui qui sortait ivre de la table du Seigneur.

Ces mauvaises nouvelles arrivèrent coup sur coup à Paul, et le remplirent de tristesse. Les premiers bruits mentionnaient seulement quelques fautes contre les mœurs. Paul écrivit à ce sujet une épître que nous n'avons plus[1]. Il y interdisait aux fidèles tout rapport avec les personnes dont la vie n'était pas pure. Des gens mal intentionnés affectèrent de donner à cet ordre une portée qui le rendait impossible à exécuter : « N'avoir de rapports à Corinthe, disait-on, qu'avec des personnes irréprochables !... Mais à quoi pense-t-il ? Ce n'est pas seulement de Corinthe, c'est du monde qu'il faudrait sortir. » Paul fut obligé de revenir sur cet ordre et de l'expliquer.

Il connut les divisions qui agitaient l'Église un peu plus tard, probablement en avril[2], par des frères

---

1. I Cor., v, 9 et suiv.
2. La navigation, en effet, ne reprenait que vers le 20 mars (*Act.*, xxvii, 9; xxviii, 11 ; Végèce, *De re milit.*, IV, 39). Or, la première épître aux Corinthiens fut écrite avant la Pentecôte (I Cor., xvi, 8), et probablement à l'époque même de Pâques (I Cor., v, 7-8).

qu'il appelle « les gens de Chloé[1] ». A ce moment justement, il songeait à quitter Éphèse[2]. Des motifs que nous ignorons l'y retenant encore pour quelque temps, il envoya en Grèce devant lui, avec des pouvoirs égaux aux siens, son disciple Timothée[3], accompagné de plusieurs frères[4], entre autres d'un certain Éraste, probablement différent du trésorier de la ville de Corinthe qui portait le même nom[5]. Quoique le but principal de leur voyage fût Corinthe, ils passèrent par la Macédoine[6]. Paul comptait lui-même prendre cet itinéraire[7], et, selon son usage, il se faisait précéder de ses disciples pour annoncer son arrivée.

Peu de temps après le message de Chloé et avant que Timothée et son compagnon fussent arrivés à Corinthe[8], de nouveaux envoyés de cette ville vinrent trouver Paul[9]. C'étaient le diacre Stéphanas, Fortunat et Achaïcus[10], trois hommes fort chers à

1. I. Cor., I, 11.
2. *Act.,* XIX, 21.
3. *Act.,* XIX, 22; I Cor., IV, 17; XVI, 10-11.
4. I Cor., XVI, 11.
5. Comp. Rom., XVI, 23; II Tim., IV, 20.
6. *Act.,* XIX, 22; I Cor., XVI, 10.
7. I Cor., XVI, 5.
8. I Cor., XVI, 10.
9. I Cor., XVI, 17-18.
10. C'est à tort que la version latine a inséré ces deux derniers noms dans le verset 15.

l'apôtre. Stéphanas était, selon l'expression de l'apôtre, « les prémices de l'Achaïe », et, depuis le départ d'Aquila et de Priscille, il avait le premier rang dans la communauté, ou du moins dans le parti de Paul. Les envoyés apportaient une lettre, demandant des explications sur l'épître antérieure de Paul et des solutions pour divers cas de conscience, en particulier touchant le mariage, les viandes sacrifiées aux idoles, les exercices spirituels et les dons du Saint-Esprit[1]. Les trois députés ajoutèrent de vive voix des détails sur les abus qui s'étaient introduits. La douleur de l'apôtre fut extrême, et, sans les consolations que lui donnèrent les pieux messagers[2], il se fût emporté contre tant de faiblesse et de légèreté. Il avait fixé son départ après la Pentecôte[3], laquelle pouvait être éloignée d'environ deux mois[4]; mais il voulait passer par la Macédoine[5]. Il ne pouvait donc être à Corinthe avant trois mois. Sur-le-champ, il résolut d'écrire à l'Église malade et de répondre aux questions qu'on lui posait. Comme il n'avait pas Timothée sous la main, il prit pour secrétaire un dis-

1. I Cor., vii, 1; viii, 1; xii, 1; xvi, 1.
2. I Cor., xvi, 17-18.
3. I Cor., xvi, 8.
4. I Cor., iv, 19; xi, 34; xvi, 3 et suiv., 11.
5. I Cor., xvi, 5.

ciple, inconnu du reste, nommé Sosthène, et, par une attention délicate, il voulut que le nom de ce disciple figurât dans la suscription de la lettre, à côté du sien [1].

Il débute par un appel à la concorde, et, sous apparence d'humilité, par une apologie de sa prédication :

« Que m'apprend-on? Que voici les paroles qu'on entend parmi vous : « Moi, je suis du parti de Paul ; — moi, de celui « d'Apollos ; — moi, de celui de Céphas ; — moi, de celui de « Christ. » Est-ce que le Christ est divisé? Est-ce que Paul a été crucifié pour vous ? Est-ce au nom de Paul que vous avez été baptisés? Je remercie Dieu de ce que je n'ai baptisé aucun d'entre vous, si ce n'est Crispus et Caïus, pour que l'on ne puisse dire que vous avez été baptisés en mon nom. J'ai baptisé aussi la maison de Stéphanas ; à cela près, je ne sais si j'ai baptisé personne, le Christ ne m'ayant pas envoyé pour baptiser, mais pour prêcher, et pour prêcher sans aucune des habiletés de la science profane, afin de ne pas rendre inutile la croix du Christ. La prédication de la croix, en effet, est folie pour les hommes perdus; pour nous, les sauvés, elle est la puissance de Dieu ; car il est écrit : « Je « perdrai la sagesse des sages, je rendrai vaine la prudence « des prudents [2]. » Où est le sage? où est le scribe? où est le disputeur mondain? Dieu n'a-t-il pas rendu folle la sagesse

---

1. I Cor., I, 1. Comp. XVI, 21.
2. Is., XXIX, 14.

du monde? Le monde, en effet, n'ayant pas su par la philosophie connaître Dieu en la sagesse de ses œuvres, il a plu à Dieu de sauver les croyants par la folie de la prédication. Les Juifs demandent des miracles [1]; les Grecs veulent de la philosophie; pour nous, nous prêchons Christ crucifié, scandale pour les juifs, folie pour les gentils, mais pour les appelés, soit juifs, soit gentils, Christ, puissance de Dieu, sagesse de Dieu; car la folie de Dieu est plus sage que les hommes, la faiblesse de Dieu est plus forte que les hommes. Considérez en effet votre vocation, frères : il n'y a pas parmi vous beaucoup de sages selon la chair, beaucoup de puissants, beaucoup de nobles; Dieu a choisi ce qui est fou selon le monde pour confondre les forts, ce qui est ignoble et méprisé selon le monde, disons mieux, ce qui n'est pas pour anéantir ce qui est, afin qu'aucune chair ne se glorifie en sa présence...

« Pour moi, frères, quand je vins à vous, je ne vins pas vous porter le témoignage de Dieu avec le prestige de l'éloquence ni de la philosophie. Tandis que j'ai été parmi vous, je n'ai jugé savoir qu'une seule chose, Jésus-Christ, et Jésus-Christ crucifié. Tout ce temps, je l'ai passé dans la faiblesse, la crainte, le tremblement; mes discours, ma prédication ne puisaient pas leur force dans les arguments de la philosophie, ils la puisaient dans les démonstrations vives de l'Esprit et de la puissance divine [2], afin que votre foi ne reposât pas sur la sagesse des hommes, mais sur la force de Dieu.

« Nous avons bien notre sagesse, mais nous ne l'exposons

---

1. Comp. Matth., XVI, 1 et suiv.
2. C'est-à-dire les phénomènes spirites et les miracles.

qu'aux parfaits. Cette sagesse n'est pas celle de ce monde, ni celle des princes de ce monde, dont le règne est fini... Nous n'avons pas reçu l'esprit du monde, mais l'esprit qui vient de Dieu, et ce qu'il nous révèle, nous l'exprimons en mots dictés par l'Esprit, non par la sagesse humaine, attentifs que nous sommes à exposer les choses spirituelles en style spirituel. L'homme qui n'a que ses facultés naturelles ne comprend pas les choses de l'Esprit de Dieu; ces choses sont pour lui une folie, il ne peut les connaître, car elles demandent à être jugées spirituellement. L'homme spirituel, au contraire, juge de tout, et n'est jugé par personne.

« Jusqu'ici, frères, j'ai pu vous parler non comme à des hommes spirituels, mais comme à des hommes charnels, comme à de petits enfants en Christ. Je vous ai donné du lait, non de la nourriture : vous n'eussiez pas pu la porter. Vous ne le pourriez pas encore. Le seul fait qu'il y a de la jalousie et des querelles parmi vous n'est-il pas la preuve que vous êtes charnels et que les vues humaines sont la règle de votre conduite ? Quand vous dites, l'un : « Moi, je « suis de Paul », l'autre : « Moi, je suis d'Apollos », ne montrez-vous pas bien que vous n'êtes que des hommes? Qu'est-ce qu'Apollos ? Qu'est-ce que Paul ? Tous deux sont les ministres dont le Seigneur s'est servi pour vous faire croire, chacun selon la mesure qui lui a été donnée. Moi, j'ai planté, Apollos a arrosé; mais c'est Dieu qui a donné la croissance. Celui qui plante et celui qui arrose ne sont rien ; Dieu, qui donne la croissance, est tout... Nous sommes les collaborateurs de Dieu; vous êtes le champ que Dieu travaille, la maison qu'il édifie. Selon la grâce de Dieu qui m'a été donnée, j'ai posé le fondement comme un savant architecte, un autre bâtit dessus ; rien de mieux ; seulement, que chacun regarde bien comment il bâtit. Personne, en effet, ne peut poser un autre fondement que celui qui est déjà placé, lequel est Jésus-Christ... Ne savez-vous pas que vous êtes le temple de Dieu et que l'Esprit de Dieu habite en vous ?... Il ne faut pas s'y tromper : si quelqu'un parmi vous paraît être sage aux yeux du siècle, qu'il devienne fou pour redevenir réellement sage ; car la sagesse du monde est folie devant Dieu. N'est-il pas écrit : « Il prend les sages dans leurs « finesses[1] », et encore : « Le Seigneur connaît les pensées « des sages, et sait qu'elles sont vaines[2] » ? Que personne donc ne cherche sa gloire dans les hommes[3]. Tout est à vous, Paul, Apollos, Céphas, le monde, la vie, la mort, le présent, l'avenir. Tout est à vous, dis-je ; vous, vous êtes à Christ, et Christ est à Dieu.

« Nous sommes les ministres de Christ et les dispensateurs des mystères de Dieu... Pour moi, il m'importe peu d'être jugé par vous ou par un tribunal humain ; je m'interdis de me juger moi-même... Mon vrai juge, c'est le Seigneur... Attendez que le Seigneur vienne jeter la lumière sur les choses cachées dans l'ombre et mettre en plein jour les volontés des cœurs ; alors, chacun obtiendra de Dieu la louange qu'il mérite.

« Si j'ai fait l'application de ces principes, frères, à moi et à Apollos, c'est pour que vous appreniez la vérité du pro-

---

1. Job, v, 13.
2. *Psalm.*, xciv, 11.
3. C'est-à-dire dans tel ou tel maître, Paul, Apollos, etc.

verbe : « N'en faites pas plus que ne commande l'Écriture[1] », et que vous cessiez de vous enfler les uns contre les autres pour des tiers... Vraiment, on dirait que vous n'avez plus besoin de rien, que vous êtes assez riches de votre propre fonds, que vous avez atteint sans nous[2] le royaume du ciel. Plût à Dieu! J'espère au moins que vous nous permettriez d'y entrer avec vous. Pour moi, j'ai toujours pensé qu'en effet Dieu a fait de nous autres apôtres les derniers des hommes, des malheureux qu'on réserve pour la mort, offerts en spectacle, comme dans un amphithéâtre, au monde, aux anges et aux hommes. Nous sommes des fous pour Christ; vous êtes des sages en Christ; nous sommes faibles, vous êtes forts; vous êtes glorieux, nous sommes obscurs. Jusqu'à cette heure, notre vie s'est passée à avoir faim et soif, à souffrir la nudité, à être soufflétés, à errer çà et là, à travailler sans relâche de nos mains. Maudits, nous bénissons; persécutés, nous supportons; injuriés, nous redoublons de politesse. Nous sommes les balayures du monde, le rebut de tous, jusqu'à cette heure!

« Je ne vous écris pas ceci pour vous faire honte, mais je vous avertis comme mes enfants bien-aimés. Vous pourrez trouver dix mille pédagogues en Christ, mais vous ne trouverez pas beaucoup de pères; car je vous ai engendrés en Christ par l'Évangile. Je vous en prie donc, soyez mes

---

1. Proverbe analogue à notre « plus royaliste que le roi ». Paul fait allusion à ceux qui étaient plus passionnés pour Paul et Apollos que Paul et Apollos eux-mêmes.
2. Sans le secours de Paul et d'Apollos.

imitateurs. Je vous ai envoyé Timothée, qui est mon enfant chéri et fidèle dans le Seigneur, pour qu'il vous fasse connaître mes façons d'agir en Christ et comment j'enseigne dans toutes les Églises. Croyant que je ne viendrais plus chez vous, certains se sont enflés; mais bientôt j'arriverai, si Dieu le veut bien, et je jugerai ceux qui se sont enflés; je les jugerai, dis-je, d'après leurs actes, non d'après leurs paroles; car le royaume de Dieu consiste en actes et non en paroles. Lequel voulez-vous? Que je vienne à vous avec la verge, ou avec amour et en esprit de douceur? »

Après cette apologie générale, l'apôtre aborde chacun des abus qu'on lui avait signalés et chacune des questions qu'on lui avait posées. Il est pour l'incestueux d'une sévérité extrême[1].

« On dit partout qu'il y a chez vous un cas de fornication, et de fornication telle qu'on n'en voit pas parmi les païens : quelqu'un vivrait avec la femme de son père! Et vous vous laissez enfler d'orgueil, et vous n'êtes pas plutôt dans le deuil, et vous n'avez pas chassé d'entre vous celui qui a commis un tel acte! Pour moi, — absent de corps, mais présent en esprit,— au nom de Notre-Seigneur Jésus,— vous et mon esprit étant réunis, — avec le pouvoir de Notre-Seigneur Jésus,—je condamne,—comme si j'étais présent parmi vous, — celui qui a péché de la sorte, et je le livre à Satan pour la mort de sa chair, afin que son esprit soit sauvé au grand jour du Seigneur. »

1. I Cor., v, 4 et suiv.

Il ne faut pas en douter : c'est une condamnation à mort que Paul prononce [1]. De terribles légendes circulaient sur l'effet des excommunications [2]. Il faut se rappeler, d'ailleurs, que Paul croyait sérieusement faire des miracles. En ne livrant à Satan que le corps du coupable, il crut sans doute être indulgent.

L'ordre que Paul avait donné dans une précédente lettre (perdue) aux Corinthiens d'éviter tout rapport avec les impudiques avait amené des malentendus. Paul développe sa pensée [3]. Le chrétien n'a pas à juger les gens du dehors, mais pour ceux du dedans il doit être sévère. Une seule tache à la pureté de la vie doit suffire pour qu'on soit exclu de la société ; défense est faite de manger avec le délinquant. C'est, on le voit, à un couvent, à une congrégation de pieuses personnes occupées à se surveiller et à se juger, bien plus qu'à une église, dans le sens moderne du mot, qu'une telle organisation nous reporte. Toute l'Église, aux yeux de l'apôtre, est responsable des fautes qui se commettent dans son sein. Cette exagération de rigorisme avait sa raison d'être dans la société antique, qui péchait par de tout autres

---

1. Cf. I Tim., I, 20. Voir *les Apôtres*, p. 87 et suiv.
2. *Act.*, v, 1-11. Comp. *Act*, xiii, 9-11.
3. I Cor., v, 9 et suiv.

excès. Mais on sent ce qu'une telle idée de la sainteté a d'étroit, d'illibéral, de contraire à la morale de celui qu'on appelait autrefois « l'honnête homme », morale dont le principe fondamental est de s'occuper le moins possible de la conduite d'autrui. — La question seulement est de savoir si une société peut tenir sans une censure des mœurs privées, et si l'avenir ne ramènera pas quelque chose d'analogue à la discipline ecclésiastique, que le libéralisme moderne a si jalousement supprimée.

Le type idéal de la perfection morale selon Paul est un homme doux, honnête, chaste, sobre, charitable, détaché de la richesse[1]. L'humilité de la condition et la pauvreté sont presque requises pour être chrétien. Les mots d' « avare, rapace, voleur » sont à peu près synonymes; au moins les vices qu'ils désignent sont-ils frappés du même blâme[2]. L'antipathie de ce petit monde pour la grande société profane était étrange. Paul, suivant en cela la tradition juive[3], reprend comme un acte indigne des fidèles le fait de déférer les procès aux tribunaux.

1. I Cor., v, 10-11 ; vi, 9-10.
2. *Ibid.* Cf. Schleusner, aux mots πλεονέκτης, πλεονεξία.
3. Jos., *Ant.*, XIV, x, 17 ; Code, lib. I, tit. ix, *De judæis et cœlicolis*, loi 8. Cf. *Epist. Clem. ad Jac.*, § 10, en tête des Homélies pseudo-clémentines.

« Est-il vrai qu'il y en a parmi vous qui, ayant une affaire avec leur frère, s'adressent pour la faire juger aux iniques et non aux saints? Ne savez-vous pas que les saints jugeront le monde? Et, si le monde doit être jugé par vous, vous seriez incapables de rendre des jugements de petite importance?... Ne savez-vous pas que nous jugerons les anges? Des questions d'argent seraient-elles au-dessus de nous? Si donc vous avez entre vous des affaires d'argent, cherchez dans l'Église ceux qui sont le moins considérés, et constituez-les juges. Je le dis pour vous faire honte. Ainsi, il n'y a pas parmi vous un seul sage qui soit capable d'être juge entre ses frères? Mais partout les frères se jugent entre eux, même chez les infidèles. C'est déjà un grand dommage que vous ayez des procès entre vous. Pourquoi ne souffrez-vous pas plutôt l'injustice? Pourquoi ne vous laissez-vous pas plutôt dépouiller? Mais c'est vous-mêmes qui êtes injustes, spoliateurs, et cela envers des frères! »

La règle des rapports naturels de l'homme et de la femme entraînait les plus graves difficultés. C'était ici la constante préoccupation de l'apôtre, quand il écrivait aux Corinthiens. La froideur de Paul donne à sa morale quelque chose de sensé, mais de monastique et d'étroit. L'attrait sexuel est à ses yeux un mal, une honte. Puisqu'on ne peut le supprimer, il faut le régler. La nature pour saint Paul est mauvaise, et la grâce consiste à la contredire et à la maîtriser. Il a pourtant de belles expressions sur le respect que l'homme doit à son corps : Dieu le ressuscitera; les corps des fidèles sont le temple du Saint-Esprit, les membres du Christ. Quel crime de prendre les membres du Christ pour en faire les membres d'une courtisane[1]! La chasteté absolue est ce qui vaut le mieux[2]; la virginité est l'état parfait; le mariage a été établi comme un moindre mal. Mais, dès qu'il est contracté, les deux parties ont l'une sur l'autre des droits égaux. L'interruption des rapports conjugaux ne doit être admise que pour un temps et en vue des devoirs religieux. Le divorce est interdit, sauf pour les cas de mariage mixte où la partie infidèle se retire la première.

Les mariages contractés entre chrétiens et infidèles peuvent être continués. La femme fidèle sanctifie le mari infidèle, le mari fidèle sanctifie la femme infidèle, de la même manière que les enfants sont sanctifiés par les parents. On peut d'ailleurs espérer que la partie fidèle convertira l'autre. Mais les nouveaux mariages ne peuvent se faire qu'entre chrétiens[3]. Toutes ces questions se présentaient sous le jour le plus singulier, puisqu'on croyait que le

1. I Cor., VI, 12 et suiv.
2. I Cor., VII, 1 et suiv.
3. I Cor., VII, 39.

monde allait finir[1]. Dans l'état de crise où l'on était, la grossesse, la nourriture des enfants paraissaient des anomalies[2]. On se mariait peu dans la secte[3], et une des conséquences les plus fâcheuses pour ceux qui s'y affiliaient était l'impossibilité d'établir leurs filles. Beaucoup murmuraient, trouvant cela messéant et contraire aux usages[4]. Pour empêcher de plus grands maux[5], et par égard pour les pères de famille qui avaient sur les bras des filles âgées[6], Paul permet le mariage. Mais il ne cache pas le dédain et le dégoût qu'il a pour cet état, qu'il trouve désagréable, plein de trouble, humiliant.

« Le temps est court, dit-il ; ce qui reste à faire, c'est que ceux qui ont des épouses soient comme n'en ayant pas, ceux qui pleurent comme ne pleurant pas, ceux qui se réjouissent comme ne se réjouissant pas, ceux qui achètent comme ne possédant pas, ceux qui usent de ce monde comme n'en usant pas ; car la figure de ce monde passe. Je veux que vous n'ayez pas de soucis. L'homme non marié a pour souci

---

1. I Cor., VII, 26.
2. Matth., XXIV, 19 ; Marc, XIII, 17 ; Luc, XXI, 23 ; cri de Jésus, fils de Hanan, dans Jos., *B. J.,* VI, v, 3.
3. Sur vingt-six personnes nommées Rom., XVI, 3-16, sont mentionnés tout au plus trois couples de mariés.
4. I Cor., VII, 36.
5. I Cor., VII, 9.
6. I Cor., VII, 37-38.

les choses du Seigneur ; il cherche à plaire au Seigneur. L'homme marié a pour souci les choses du monde ; il cherche à plaire à sa femme ; ainsi il est partagé. La femme non mariée, la vierge, a pour souci les choses du Seigneur ; elle travaille pour être sainte de corps et d'esprit. Mais la femme mariée songe à plaire à son mari. Je vous dis cela pour votre bien, non pour vous tendre des piéges ; je vous le dis en vue de ce qui est le plus honnête et le plus propre à vous permettre de vaquer sans distraction au culte du Seigneur [1]. »

L'exaltation religieuse produit toujours de tels sentiments. Le judaïsme orthodoxe, qui, cependant, se montra opposé au célibat et qui érigea le mariage en devoir [2], eut des docteurs qui raisonnèrent comme Paul. « Pourquoi me marierais-je ? disait Rabbi ben Azaï. Je suis amoureux de la Loi ; le monde peut se continuer par d'autres [3]. » Plus tard, à ce qu'il paraît, Paul exprima sur ce sujet des pensées bien plus justes, et vit dans l'union de l'homme et de la femme un symbole de l'amour du Christ et de son Église [4] ; il posa comme loi suprême du mariage l'amour du côté de l'homme, la soumission du côté de la femme ; il

---

1. I Cor., VII, 29-35.
2. Talm. de Bab., *Jebamoth,* 63 *b* et suiv.
3. *Ibid.*
4. Eph., v, 22-33. On peut douter que cette épître soit bien l'ouvrage de Paul.

se rappela l'admirable page de la Genèse [1] où le mystérieux attrait des deux sexes est expliqué par une fable philosophique d'une divine beauté.

La question des viandes provenant des sacrifices païens est résolue par saint Paul avec un grand bon sens [2]. Les judéo-chrétiens tenaient à ce qu'on s'abstînt absolument de telles viandes, et il paraît qu'il avait été convenu au concile de Jérusalem que tout le monde se les interdirait [3]. Paul est plus large. Selon lui, la circonstance pour un morceau de viande d'avoir fait partie d'une bête immolée est insignifiante. Les faux dieux n'étant rien, la viande qui leur est offerte n'en contracte aucune souillure. On peut donc acheter indistinctement toute viande exposée au marché, sans faire de question sur la provenance de chaque morceau. Une réserve pourtant doit être faite : il y a des consciences scrupuleuses qui prennent cela pour de l'idolâtrie ; or l'homme éclairé doit se guider non-seulement par les principes, mais aussi par la charité. Il doit s'interdire des choses qu'il sait être permises, parce que les faibles en sont scanda-

---

1. Gen., II.
2. I Cor., VIII, 1 et suiv.
3. Act., xv, 20; Apoc., II, 14-15, 20; Justin, *Dial. cum Tryph.*, 35; Pseudo-Clém., *Recognit.*, IV, 36; Pline, *Epist.*, X, 97 (passim venire victimas).

lisés. La science enfle, mais la charité édifie. Tout est permis à l'homme éclairé; mais tout n'est pas opportun, tout n'édifie pas[1]. Il ne faut pas seulement songer à soi, il faut aussi songer aux autres. C'est ici une des pensées favorites de Paul, et l'explication de plusieurs épisodes de sa vie, où on le voit s'assujettir, par égard pour les personnes timorées, à des observances dont il ne faisait aucun cas. « Si la viande que je mange, dit-il, tout innocente qu'elle est, scandalisait mon frère, je renoncerais à manger de la viande pour l'éternité. »

Quelques fidèles allaient cependant un peu trop loin. Entraînés par leurs relations de famille, ils prenaient part aux festins qui suivaient les sacrifices et qui avaient lieu dans les temples. Paul blâme cet usage, et, selon une manière de raisonner qui lui est familière, part d'un principe différent de celui qu'il admettait tout à l'heure. Les dieux des nations sont des démons; participer à leurs sacrifices, c'est avoir commerce avec les démons. On ne peut à la fois participer à la table du Seigneur et à la table des démons, boire à la coupe du Seigneur et à la coupe des démons[2]. Les festins qui se font dans les mai-

---

1. I Cor., vi, 2; x, 22-24, 33.
2. I Cor., viii, 10; x, 14 et suiv. Comp. II Cor., vi, 14 et suiv. Cf. Homél. pseudo-clém., vii, 4, 8.

sons n'ont pas la même conséquence : il ne faut ni refuser d'y aller, ni s'inquiéter de la provenance des viandes ; si l'on vous dit qu'une viande a été sacrifiée aux dieux, et qu'il doive en résulter un scandale, s'abstenir [1]. En général, éviter ce qui peut être une pierre d'achoppement pour le juif, le païen, le chrétien ; subordonner dans la pratique sa liberté à celle d'autrui, tout en maintenant son droit ; en tout, chercher à plaire à tous [2].

« Prenez exemple de moi, continue-t-il ; ne suis-je pas libre ? Ne suis-je pas apôtre ? N'ai-je pas vu Jésus, notre Seigneur ? N'êtes-vous pas mon œuvre dans le Seigneur ? Si pour d'autres je ne suis pas apôtre [3], au moins le suis-je pour vous ; car vous êtes le sceau de mon apostolat, mon apologie contre ceux qui me mettent en cause. N'aurions-nous pas le droit de vivre à vos frais ? N'aurions-nous pas le droit de mener partout avec nous une femme sœur, comme les autres apôtres, et les frères du Seigneur, et Céphas ? Barnabé et moi, sommes-nous les seuls qui n'aient pas ce droit ? Qui jamais a servi l'État à ses propres frais ? Plante-t-on une vigne pour n'en pas manger le fruit ? Fait-on paître un troupeau sans goûter son lait ?... Nous avons semé chez vous une moisson spirituelle ; serait-ce beaucoup de cueillir quelque chose de votre temporel ? Si d'autres se sont donné ce droit, ne l'aurions-nous pas à

1. I Cor., x, 27 et suiv.
2. I Cor., x. 31-33.
3. Allusion aux attaques des judéo-chrétiens.

plus forte raison? Eh bien, nous n'en avons pas usé; nous supportons tout au monde pour ne créer aucun obstacle à l'Évangile du Christ... Notre gloire, en évangélisant, est de prêcher l'Évangile gratis; c'est de ne pas user des droits que nous aurions au nom de l'Évangile. Étant libre de tous, je me suis fait esclave de tous, pour gagner un plus grand nombre. Je me suis fait juif pour les juifs, afin de gagner les juifs; à ceux qui étaient sous l'autorité de la Loi, je me suis présenté comme étant sous l'autorité de la Loi (quoique je ne fusse pas sous cette autorité), afin de gagner ceux qui sont sous l'autorité de la Loi. Avec ceux qui ne sont pas sous l'autorité de la Loi, j'ai été sans Loi (quoique je ne fusse pas hors de la vraie loi de Dieu, étant dans la loi de Christ), pour gagner ceux qui sont sans Loi. Pour les faibles, j'ai été faible, afin de gagner les faibles; j'ai été tout à tous[1], pour sauver les âmes de toutes les manières... Vous savez bien que, dans les courses du stade[2], tous courent, mais qu'un seul reçoit le prix ; courez de façon à atteindre le but. Ceux qui doivent concourir aux jeux pratiquent une abstinence rigoureuse[3], pour recevoir une couronne périssable; faites de même pour une couronne impérissable. Pour moi, je cours, non comme le coureur qui va sans but; je me bats, non comme l'athlète au pugilat qui frappe en l'air; mais je meurtris mon corps et je le rends esclave, de peur qu'après avoir fait le héraut pour les autres, je ne sorte de la lice sans gloire[4]. »

1. Comp. I Cor., x, 33.
2. Les jeux isthmiques, bien connus des Corinthiens.
3. Comp. Horace, *Art poét.*, v. 412.
4. I Cor., ix, 1 et suiv.

Quant à la question du rôle des femmes dans l'église, on s'attend bien que l'apôtre la tranchera avec sa ferme rudesse. Il blâme les tentatives hardies des femmes de Corinthe et les rappelle à la pratique des autres communautés [1]. Les femmes ne doivent jamais parler ni même questionner dans l'église. Le don des langues n'est pas pour elles. Elles doivent être soumises à leur mari [2]. Si elles désirent savoir quelque chose, qu'elles le demandent à leur mari dans leur maison. Il est aussi honteux pour une femme de paraître sans voile à l'église que d'y paraître tondue ou rasée [3]. Le voile est d'ailleurs nécessaire à cause des anges [4]. On supposait les anges, présents au service divin [5], susceptibles d'être tentés par la vue de la chevelure des femmes [6], ou du moins d'être distraits par cette vue de leur office, qui est

---

1. I Cor., xiv, 33-35.
2. Comp. Éph., v, 22 et suiv.
3. I Cor., xi, 3 et suiv. Cf. Sifré, sur *Nombr.*, v, 18.
4. Cf. Tertullien, *Contre Marcion*, V, 8 ; *De virginibus velandis*, 7.
5. Voir Ps. cxxxviii, 1 ; Buxtorf, *Synagoga*, c. x, p. 222 ; c. xv, p. 306 (Bâle, 1661).
6. Gen., vi, 2, et le Targum de Jonathan sur ce passage ; *Testam. des douze patriarches*, Ruben, 5. Selon les idées juives, les cheveux des femmes et la voix des femmes sont des nudités. Talm. de Bab., *Berakoth*, 24 a.

de porter à Dieu les prières des saints[1]. « La tête de l'homme, c'est Christ ; la tête de la femme, c'est l'homme ; la tête de Christ, c'est Dieu... L'homme ne doit pas voiler sa tête, parce qu'il est l'image et la gloire de Dieu ; mais la femme est la gloire de l'homme. L'homme n'a pas été tiré de la femme, mais la femme a été tirée de l'homme... Tout vient de Dieu[2]. »

Les observations relatives au « repas du Seigneur[3] » ont un immense intérêt historique. Ce repas devenait de plus en plus la partie essentielle du culte chrétien. De plus en plus aussi se répandait l'idée que c'était Jésus lui-même qu'on y mangeait. Cela sans doute était métaphorique[4] ; mais la métaphore, dans le langage chrétien de ce temps, n'était pas nettement distincte de la réalité. En tout cas, ce sacrement était par excellence un sacrement d'union et d'amour.

« La coupe de bénédiction que nous bénissons n'est-elle

---

1. Tobie, XII, 12, 15 ; Apoc., VIII, 3 et suiv. ; Hénoch, dans le Syncelle, p. 43 (Bonn) ; *Évang. de la nat. de sainte Marie*, c. 5 ; Porphyre, *De abstin.*, II, 38. On omet les autorités chrétiennes Tertullien, Origène, saint Éphrem, saint Augustin.
2. Comp. Col., III, 18 ; Eph., v, 22-33.
3. I Cor., XI, 20 et suiv.
4. Comparez, par exemple, I Cor., X, 17 ; XII, 27.

pas la communion du sang du Christ? Le pain que nous rompons n'est-il pas la communion du corps du Christ? De même qu'il n'y a qu'un seul pain, nous tous qui participons de ce pain unique, nous devenons, tout nombreux que nous sommes, un seul corps. Voyez Israël selon la chair; ceux qui mangent de la victime ne communient-ils pas avec l'autel [1]?... J'ai appris du Seigneur ce que je vous ai transmis, savoir que le Seigneur, dans la nuit où il fut livré, prit le pain, et qu'après avoir rendu grâces, il le rompit, et dit : « Ceci est mon corps, qui est pour vous : « faites ceci en souvenir de moi. » De même, après le dîner, il prit la coupe, disant : « Cette coupe est la nouvelle al-« liance en mon sang; faites ceci, toutes les fois que vous « boirez, en souvenir de moi. » Aussi, toutes les fois que vous mangez ce pain et que vous buvez cette coupe, vous signifiez la mort du Seigneur, jusqu'à ce qu'il vienne. C'est pourquoi celui qui mangerait le pain ou qui boirait de la coupe du Seigneur indignement serait coupable envers le corps et le sang du Seigneur. Que chacun commence donc par s'examiner et qu'ensuite il mange du pain et boive de la coupe. Car celui qui mange et boit sans reconnaître le corps du Seigneur mange et boit son propre jugement [2]. »

Ce jugement qu'on encourt en méconnaissant la haute sainteté du repas du Seigneur n'est pas la

---

1. I Cor., x, 16-18.
2. I Cor., xi, 23-29. J'ai suivi le texte, plus court et plus authentique, du *Codex Vaticanus* et du *Codex Sinaiticus*, en écartant les petites additions du texte reçu, qui du reste ne font qu'expliquer le sens.

damnation éternelle, ce sont des épreuves temporelles ou même la mort, la mort étant souvent une expiation qui sauve l'âme [1]. « Voilà pourquoi, ajoute l'apôtre, il y a chez vous beaucoup de gens débiles, malades, et des décès nombreux. Si nous nous jugions nous-mêmes, nous ne serions pas jugés. Mais les jugements du Seigneur sont des corrections qui nous préservent d'être jugés avec le monde, » c'est-à-dire damnés dans l'éternité. Pour le moment, l'apôtre se borne à ordonner que ceux qui viennent aux agapes s'attendent les uns les autres, qu'on mange chez soi pour satisfaire son appétit, et qu'on garde au repas du Seigneur sa signification mystique [2]. Il réglera le reste à son passage.

L'apôtre trace ensuite la théorie des manifestations de l'Esprit [3]. Sous les noms mal définis de « dons [4] », de « services [5] » et de « pouvoirs [6] », il range treize fonctions, constituant toute la hiérarchie et toutes les formes de l'activité surnaturelle. Trois fonctions sont nettement désignées et subordonnées l'une à l'autre ;

---

1. Comparez I Cor., v, 5.
2. Comp. Ép. de Jude, 12.
3. I Cor., xii-xiv. Comp. Rom., xii, 3-8 ; Eph., iv, 7 et suiv.; I Petri, iv, 10-11 ; Justin, *Dial. cum Tryph.*, 39.
4. Χαρίσματα.
5. Διακονίαι.
6. Ἐνεργήματα.

ce sont : 1° la fonction d'apôtre, 2° celle de prophète, 3° celle de docteur [1]. Puis viennent des dons, des services ou des pouvoirs qui, sans conférer un caractère permanent aussi élevé, servent aux perpétuelles manifestations de l'Esprit [2]. Ce sont : 1° la parole de sagesse [3], 2° la parole de science [4], 3° la foi [5], 4° le don des guérisons [6], 5° le pouvoir de faire des miracles [7], 6° le discernement des esprits [8], 7° le don de parler les diverses espèces de langues [9], 8° l'interprétation des langues ainsi parlées [10], 9° les œuvres de charité [11], 10° les soins administratifs [12]. Toutes ces

---

1. I Cor., XII, 28. Paul ne nomme ici ni les πρεσβύτεροι, ni les ἐπίσκοποι. Il semble, du reste, que pour Paul ces trois degrés de la hiérarchie sont des ἐνεργήματα; comp. I Cor., XII, 6, à Gal., II, 8. Dans l'Épître aux Éphésiens (IV, 11), les évangélistes et les pasteurs (ποιμένες), identiques sans doute aux ἐπίσκοποι, ont rang entre les prophètes et les docteurs. Les fonctions, dans cette épître, sont ainsi au nombre de cinq.
2. I Cor., XII, 4 et suiv.; 28-30; XIV, 5-6, 26.
3. Λόγος σοφίας.
4. Λόγος γνώσεως.
5. Πίστις.
6. Χαρίσματα ἰαμάτων.
7. Ἐνεργήματα δυνάμεων ou δυνάμεις.
8. Διακρίσεις πνευμάτων.
9. Γένη γλωσσῶν.
10. Διερμηνεία γλωσσῶν.
11. Ἀντιλήψεις.
12. Κυβερνήσεις. Ces deux dernières fonctions sont évidemment des

fonctions sont bonnes, utiles, nécessaires; elles ne doivent ni chercher à se rabaisser l'une l'autre ni se porter envie; elles ont une même source. Tous les « dons » viennent de l'Esprit-Saint; tous les « services » émanent du Christ; tous les « pouvoirs » viennent de Dieu. Le corps a plusieurs membres, et pourtant il est un; la division des fonctions est nécessaire dans l'Église comme dans le corps. Ces fonctions ne peuvent pas plus se passer les unes des autres que l'œil ne peut se passer de la main, la tête des pieds. Toute jalousie entre elles est donc déplacée. Sans doute, elles ne sont pas égales en dignité, mais ce sont justement les membres les plus faibles qui sont les plus nécessaires; ce sont les membres les plus humbles qui sont les plus honorés, les plus soigneusement entourés, Dieu ayant voulu établir à cet égard une compensation, pour qu'il n'y eût pas de schisme ni de jalousie dans le corps. Les membres doivent donc être soucieux les uns des autres; si l'un souffre, tous souffrent; les avantages et la gloire de l'un sont les avantages

diaconies, l'office propre des diacres. Les huit autres exercices peuvent être considérés comme des χαρίσματα, à l'exception du cinquième qui est un ἐνέργημα. La « révélation » (ἀποκάλυψις), xiv, 6 et 26, n'est pas un don permanent, mais une faveur passagère faite à un croyant.

et la gloire de l'autre. A quoi bon, d'ailleurs, ces rivalités? Il y a une voie ouverte à tous et qui est la meilleure, un don qui a sur les autres une immense supériorité.

Emporté par un souffle vraiment prophétique au delà des idées mêlées d'aberrations qu'il vient d'exposer, Paul écrit alors cette page admirable, la seule de toute la littérature chrétienne qui puisse être comparée aux discours de Jésus :

« Quand je parlerais les langues des hommes et des anges, si je n'ai pas l'amour, je suis un airain sonnant, une cymbale retentissante. Quand j'aurais le don de prophétie, quand je connaîtrais tous les mystères, quand je posséderais toute science, quand j'aurais une foi suffisante pour transporter les montagnes, si je n'ai pas l'amour, je ne suis rien. Je transformerais tous mes biens en pain pour les pauvres, je livrerais mon corps aux flammes, si je n'ai pas l'amour, cela ne me sert de rien. L'amour est patient; il est bienveillant; l'amour ne connaît ni la jalousie, ni la jactance, ni l'enflure; il n'est pas inconvenant; il n'est pas égoïste; il ne s'emporte pas; il ne pense pas à mal; il ne sympathise pas avec l'injustice; il sympathise au contraire avec la vérité. Il souffre tout; il croit tout; il espère tout; il supporte tout. L'amour n'a pas de décadence, tandis que la prophétie pourra disparaître, le don des langues cesser, le don de science devenir sans objet. La science et la prophétie sont des dons partiels; or, quand le parfait viendra, le partiel disparaîtra. Lorsque j'étais enfant, je parlais comme un enfant, je sentais comme un enfant, je raisonnais comme un enfant; mais, depuis que je suis devenu homme, j'ai laissé là les façons de l'enfant. Maintenant, nous voyons à travers un miroir et en images; alors, nous verrons face à face. Maintenant, je connais d'une manière partielle; alors, je connaîtrai [Dieu] comme je suis connu [de lui]. En somme, il y a trois grandes choses : foi, espérance, amour; mais la plus grande des trois est l'amour. »

Versé dans la psychologie expérimentale, Paul eût été un peu plus loin; il eût dit : « Frères, laissez là les illusions. Ces bégaiements inarticulés, ces extases, ces miracles, sont les rêves de votre enfance. Ce qui n'est pas chimère, ce qui est éternel, c'est ce que je viens à l'instant de vous prêcher. » Mais alors il n'eût pas été de son temps; il n'eût pas fait ce qu'il a fait. N'est-ce pas déjà beaucoup d'avoir indiqué cette distinction capitale des vérités religieuses éternelles, qui ne tombent pas [1], et de celles qui tombent comme les imaginations du premier âge? N'est-ce pas avoir assez fait pour l'immortalité que d'avoir écrit cette parole : « La lettre tue, l'esprit vivifie [2] » ? Malheur à celui qui s'arrêterait à la surface, et qui, pour deux ou trois dons chiméri-

---

1. Οὐδέποτε ἐκπίπτει.
2. II Cor., III, 6.

ques, oublierait que dans cette étrange énumération, parmi les *diaconies* et les *charismata* de l'Église primitive, se trouvent le soin de ceux qui souffrent, l'administration des deniers du pauvre, l'assistance réciproque! Paul énumère ces fonctions en dernier lieu et comme d'humbles choses. Mais son regard perçant sait encore ici voir le vrai. « Prenez garde, dit-il; nos membres les moins nobles sont justement les plus honorés. » Prophètes, parleurs de langues, docteurs, vous passerez. Diacres, veuves dévouées, administrateurs du bien de l'Église, vous resterez; vous fondez pour l'éternité.

Dans le détail des prescriptions relatives aux exercices spirituels, Paul montre son esprit pratique [1]. Il met hautement la prophétie au-dessus du don des langues. Sans repousser absolument la glossolalie, il fait à ce sujet des réflexions qui équivalent à un blâme. Le glossolale ne parle pas aux hommes, il parle à Dieu, personne ne le comprend, il n'édifie que lui-même. La prophétie, au contraire, sert à l'édification et à la consolation de tous. La glossolalie n'est bonne que si elle est interprétée, c'est-à-dire si d'autres fidèles spécialement doués pour cela interviennent et savent en tirer un sens; par elle-

---

1. I Cor., XIV entier.

même, elle est comme une musique indistincte; on entend un son de flûte ou de cithare, mais on ne saisit pas le morceau que jouent ces instruments. C'est comme une trompette enrouée : elle a beau sonner; comme elle ne dit rien de clair, personne n'obéit à ce signal incertain et ne se prépare au combat. Si la langue ne donne pas des sons nettement articulés, elle ne fait que frapper l'air; un discours dans une langue qu'on ne comprend pas n'existe pas pour l'intelligence. Ainsi pas de glossolalie sans interprétation. Il y a plus, la glossolalie en elle-même est stérile ; l'intelligence avec elle reste sans fruit; la prière a lieu en vous sans que vous y ayez part.

« Tu fais un hymne d'action de grâces par l'inspiration de l'Esprit, comment veux-tu que le peuple dise l'*Amen,* s'il ne sait pas ce que tu dis ? Ton hymne est peut-être très-beau; mais les autres n'en sont pas édifiés. Pour moi, je remercie Dieu de parler plutôt la langue de vous tous. J'aime mieux dire dans l'église cinq paroles avec mon bon sens, pour instruire les autres, que dix mille paroles en langues étrangères [1]. Frères, ne soyez pas des enfants par le jugement; soyez des enfants quand il s'agit du mal; mais par le jugement

---

1. Γλῶσσα pour les classiques désigne toujours un mot étrange ou étranger, un mot qui a besoin d'interprétation. Les « glossaires » sont des recueils de mots à expliquer.

soyez des hommes parfaits... Supposez donc l'Église réunie et tous parlant les langues, et qu'il entre des personnes ignorantes et incrédules : ne diront-elles pas que vous êtes des fous ? Si tous, au contraire, prophétisent, et qu'il entre un incrédule ou un ignorant, il est sur-le-champ entrepris par tous; tous le confondent, le jugent, les choses cachées au fond de son cœur sont révélées; frappé de ce qu'il voit et de ce qu'il entend, il tombe la face contre terre, adore Dieu et reconnaît que Dieu est vraiment avec vous. Que conclure de tout cela, frères? Quand vous vous rassemblez, que chacun ait son psaume, sa leçon, sa révélation, son exercice de langues, son interprétation, rien de mieux, pourvu que tout se fasse pour l'édification. S'agit-il d'un exercice des langues, il faut que deux ou tout au plus trois parlent, et cela séparément, l'un après l'autre, et qu'un seul interprète ce qu'ils ont dit. S'il n'y a pas d'interprète, qu'ils se taisent, qu'ils parlent pour eux et pour Dieu. Observez la même règle en ce qui regarde les prophètes : que deux ou trois parlent, et que les autres fassent le discernement. Si, pendant que l'un parle, un autre assis reçoit une révélation, que le premier se taise. Vous pouvez tous prophétiser, si vous voulez, à condition de le faire les uns après les autres, de façon que l'assistance soit instruite et touchée. Chaque prophète est maître de l'esprit qui l'anime. Dieu n'est pas le Dieu du désordre, il est le Dieu de la paix... En résumé, frères, cultivez la prophétie, n'empêchez pas la glossolalie; mais que tout se fasse honnêtement et selon l'ordre. »

Quelques sons bizarres que prononçaient les glossolales, et où se mêlaient le grec, le syriaque, les mots *anathema, maran atha,* les noms de *Jésus,* de « Seigneur », embarrassaient fort les simples gens. Paul, consulté à ce sujet, pratique ce qu'on appelait « le discernement des esprits », et cherche à démêler dans ce jargon confus ce qui pouvait venir de l'Esprit et ce qui n'en venait pas [1].

Le dogme fondamental de l'Église primitive, la résurrection et la prochaine fin du monde, tient en cette épître une place considérable. L'apôtre y revient à huit ou neuf reprises différentes [2]. La rénovation se fera par le feu. Les saints seront juges du monde, même des anges. La résurrection, qui de tous les dogmes chrétiens était le plus répugnant à l'esprit grec, est l'objet d'une attention particulière [3]. Plusieurs, tout en admettant la résurrection de Jésus, sa prochaine apparition et le renouvellement qu'il allait opérer, ne croyaient pas à la résurrection des morts. Quand il y avait un décès dans la communauté, c'était pour eux un scandale et un embarras. Paul n'a pas de peine à montrer leur inconséquence : si les morts ne ressuscitent pas, le Christ non plus

1. I Cor., xii, 3; xvi, 22.
2. I Cor., i, 7-8; iii, 13; iv, 5; vi, 2-3; vii, 26, 29 et suiv.; xi, 26; xv entier; xvi, 22. Cf. II Tim., iv, 1.
3. I Cor., xv, 3 et suiv.

n'est pas ressuscité, toute espérance est vaine, les chrétiens sont les plus à plaindre des hommes, les vrais sages sont ceux qui disent : « Mangeons et buvons, car demain nous mourrons. » La résurrection de Jésus est la garantie de la résurrection de tous. Jésus a ouvert la marche, ses disciples le suivront au jour de sa manifestation glorieuse. Alors commencera le règne du Christ : toute autre puissance que la sienne sera anéantie ; la mort sera le dernier ennemi qu'il domptera ; tout lui sera soumis, à l'exception de Dieu, qui lui a soumis toute chose. Le Fils, en effet, s'empressera de rendre l'hommage à Dieu et de se soumettre à lui, pour que Dieu soit tout en tous.

« Mais, dira quelqu'un, comment les morts ressusciteront-ils ? Avec quel corps reviendront-ils ? — Insensé ! ne vois-tu pas que le grain qu'on sème n'est vivifié qu'après avoir traversé la mort ? Le grain qu'on sème n'est pas le corps qui sera un jour. C'est un grain nu : par exemple, un grain de froment ou de toute autre espèce de blé ; mais Dieu lui donne un corps, comme il lui plaît, et à chaque semence il donne un corps particulier. Toute chair n'est pas une même chair : autre est la chair des hommes ; autre la chair des bêtes ; autre la chair des oiseaux ; autre la chair des poissons. Il y a des corps célestes et des corps terrestres ; autre est la gloire des premiers, autre est la gloire des seconds. Autre est la gloire du soleil, autre la gloire de la lune, autre la gloire des étoiles. Une étoile même diffère en gloire des autres étoiles. Il en sera de même à la résurrection des morts. Semé corruptible, le corps renaît incorruptible; semé humble, il renaît glorieux; semé faible, il renaît fort. On a semé un corps animal; un corps spirituel ressuscite... C'est un mystère que je vous dis : Nous ne mourrons pas tous ; mais tous nous serons transformés[1] en un instant indivisible, en un clin d'œil, au bruit de la dernière trompette. La trompette, en effet, sonnera, et les morts ressusciteront incorruptibles, et nous serons transformés. Car il faut que ce corps corruptible revête l'incorruptibilité, et que ce corps mortel revête l'immortalité. Alors s'accomplira ce qui est écrit : « La mort a été absorbée dans sa vic- « toire[2]. Où est, ô mort, ta victoire? Où est, ô mort, ton « aiguillon[3]? »... Grâces à Dieu, qui nous a donné la victoire par Notre-Seigneur Jésus-Christ. »

Hélas! le Christ ne vint pas. Tous moururent les uns après les autres. Paul, qui croyait être de ceux qui vivraient jusqu'à la grande apparition[4], mourut à son tour. Nous verrons comment ni la foi ni l'espérance ne s'arrêtèrent pour cela. Aucune expérience, quelque désespérante qu'elle soit, ne paraît

---

1. Je suis la leçon du manuscrit B du Vatican, qui est aussi celle du texte reçu. Comp. I Thess., IV, 12 et suiv.

2. Is., XXV, 8, ponctué autrement que la Masore et mal traduit.

3. Osée, XIII, 14, lu comme les Septante, autrement que la Masore, et mal traduit.

4. I Thess., IV, 16; I Cor. XV, 51, 52.

décisive à l'humanité, quand il s'agit de ces dogmes sacrés où elle met, non sans raison, sa consolation et sa joie. Il nous est facile de trouver après coup que ces espérances étaient exagérées; il est heureux du moins que ceux qui les ont partagées n'aient pas été si clairvoyants. Paul nous dit naïvement que, s'il n'avait pas compté sur la résurrection, il eût mené la vie d'un bourgeois paisible, tout occupé de ses vulgaires plaisirs[1]. Quelques sages de premier ordre, Marc-Aurèle, Spinoza, par exemple, ont été plus loin, et ont pratiqué la plus haute vertu sans espoir de rémunération. Mais la foule n'est jamais héroïque. Il a fallu une génération d'hommes persuadés qu'ils ne mourraient pas, il a fallu l'attrait d'une immense récompense immédiate pour tirer de l'homme cette somme énorme de dévouement et de sacrifice qui a fondé le christianisme. La grande chimère du prochain royaume de Dieu a été de la sorte l'idée mère et créatrice de la religion nouvelle. Nous assisterons bientôt aux transformations que la nécessité des choses fera subir à cette croyance. Vers les années 54-58, elle avait atteint son plus haut degré d'intensité. Toutes les lettres de Paul écrites vers ce temps en sont pour ainsi dire

---

1. I Cor., xv, 30-32.

imprégnées. Les deux mots syriaques *Maran atha*, « le Seigneur va venir [1] », étaient le mot de reconnaissance des chrétiens entre eux, l'expression vive et courte qu'ils se jetaient les uns aux autres pour s'encourager dans leurs espérances [2].

1. Comparez Phil., IV, 5.
2. I Cor., XVI, 22.

CHAPITRE XV.

SUITE DE LA TROISIÈME MISSION DE PAUL. — LA GRANDE COLLECTE. — DÉPART D'ÉPHÈSE.

Paul, selon son habitude, ajouta à la fin de la lettre :

Salut de ma propre main, moi Paul. Si quelqu'un n'aime pas le Seigneur, qu'il soit anathème. MARAN ATHA.

Il confia sa lettre à Stéphanas, Fortunat et Achaïcus, qui lui avaient apporté celle des Corinthiens. Paul pensait que les trois députés arriveraient à Corinthe à peu près en même temps que Timothée. Il craignait que la jeunesse et la timidité de son disciple ne fussent mal prises dans la société moqueuse de Corinthe[1], et qu'on ne lui accordât pas assez

---

1. I Cor., XVI, 10-11.

d'autorité. L'apôtre recommanda de la manière la plus instante qu'on traitât Timothée comme lui-même, et exprima le désir qu'on le lui renvoyât le plus tôt possible. Il ne voulait pas quitter Éphèse sans ce précieux compagnon, dont la présence était devenue pour lui une sorte de besoin.

Paul pressa fortement Apollos de se joindre à Stéphanas et de retourner à Corinthe; mais Apollos aima mieux ajourner son départ [1]. A partir de ce moment, on le perd de vue. La tradition, cependant, continue de le regarder comme un disciple de Paul [2]. Il est probable, en effet, qu'il continua sa carrière apostolique, mettant au service de la doctrine chrétienne son érudition juive et sa parole élégante.

Paul, cependant, roulait des projets sans bornes [3], où il croyait, selon sa constante habitude, voir des dictées de l'Esprit. Il arrivait à Paul ce qui arrive

---

1. 1 Cor., xvi, 12.

2. Tit., iii, 13. Cette épître est apocryphe et témoigne seulement de l'opinion qu'on se formait sur l'entourage de Paul, à l'époque où elle fut écrite.

3. Ceux qui maintiennent l'authenticité des épîtres à Timothée et à Tite placent ici un voyage de Paul non mentionné par les *Actes*, et dont l'itinéraire aurait été: Éphèse, la Crète, Corinthe, Nicopolis d'Épire, la Macédoine, Éphèse. Nous avons exposé dans l'introduction (p. xxx et suiv., xxxix et suiv.) les raisons qui nous empêchent d'admettre cette hypothèse.

souvent aux personnes habituées à un genre d'activité : il ne pouvait plus se passer de ce qui avait fait l'occupation de sa vie. Les voyages étaient devenus pour lui un besoin, il en cherchait les occasions. Il voulait revoir la Macédoine, l'Achaïe, puis visiter de nouveau Jérusalem, puis repartir pour tenter de nouvelles missions en des pays plus éloignés et jusque-là non atteints par la foi, tels que l'Italie, l'Espagne[1]. L'idée d'aller à Rome le tourmentait[2] : « Il faut que je voie Rome, » disait-il souvent[3]. Il devinait que le centre du christianisme serait un jour là, ou du moins que des événements décisifs se passeraient là. Le voyage de Jérusalem se rattachait pour lui à un autre projet qui le préoccupait beaucoup depuis un an.

Pour calmer les susceptibilités jalouses de l'Église de Jérusalem, et répondre à une des conditions de la paix qui fut signée lors de l'entrevue de l'an 51[4], Paul avait préparé une grande collecte dans les Églises d'Asie Mineure et de Grèce. Nous avons déjà vu qu'un des liens qui marquaient la dépendance des Églises provinciales à l'égard de celles de Judée,

---

1. II Cor., x, 16; Rom., xv, 24, 28.
2. Rom., xv, 23.
3. *Act.*, xix, 21; xxiii, 11; Rom., i, 10 et suiv.; xv, 22 et suiv.
4. Gal., ii, 10.

était l'obligation de l'aumône. L'Église de Jérusalem, en partie par la faute de ceux qui la composaient, était toujours dans la détresse. Les mendiants y abondaient[1]. A une époque plus ancienne, ce qui avait caractérisé la société juive, c'est qu'il n'y avait chez elle ni misère ni grandes fortunes. Depuis deux ou trois siècles, il y avait à Jérusalem des riches et par conséquent des pauvres. Le vrai juif, tournant le dos à la civilisation profane, devenait de jour en jour plus dénué de ressources. Les travaux publics d'Agrippa II avaient rempli la ville de maçons affamés; on démolissait uniquement pour ne pas laisser sans ouvrage des milliers d'ouvriers[2]. Les apôtres et leur entourage souffraient comme tout le monde de cet état de choses. Il fallait que les Églises suffragantes, actives, laborieuses, empêchassent ces saintes gens de mourir de faim[3]. Tout en supportant impatiemment les prétentions des frères de Judée, on n'en reconnaissait pas moins, dans les provinces, leur suprématie et leurs titres de noblesse. Paul avait pour eux les plus grands égards. « Vous êtes leurs débiteurs, disait-il à ses fidèles; si les gentils sont devenus les copartageants des saints de Judée dans

1. Rom., xv, 26.
2. Jos., *Ant.*, XX, ix, 7.
3. *Act.*, xi, 29-30; II Cor., ix, 12.

l'ordre spirituel, c'est bien le moins qu'ils les assistent de leurs biens charnels [1]. » C'était là, d'ailleurs, une imitation de l'usage qu'avaient depuis longtemps les juifs de toutes les parties du monde d'envoyer des contributions à Jérusalem [2]. Paul pensait qu'une grosse aumône, qu'il apporterait lui-même aux apôtres, le ferait mieux recevoir du vieux collége qui lui pardonnait si difficilement de faire de grandes choses sans lui, et serait aux yeux de ces nobles faméliques la meilleure marque de subordination. Comment traiter de schismatiques et de rebelles ceux qui faisaient preuve de tant de générosité, de sentiments si fraternels et si respectueux [3] ?

Paul commença d'organiser la collecte dès l'an 56 [4]. Il en écrivit d'abord aux Corinthiens [5], puis aux Galates [6], et sans doute à d'autres Églises. Il y revint dans sa nouvelle lettre aux Corinthiens [7]. Il y avait

1. Rom., xv, 27.
2. Cicéron, *Pro Flacco,* 28; Jos., *Ant.,* XIV, x, 6, 8; XVI, vi entier; XVIII, iii, 5; Philon, *Leg. ad Caium,* § 23; Tacite, *Hist.,* V, 5. Cet usage tend à se rétablir de nos jours parmi les israélites.
3. II Cor., ix, 12, 14; Rom., xv, 31.
4. II Cor., viii, 10; ix, 2.
5. Dans la lettre perdue. Ce qu'il dit I Cor., xvi, 1, 4, suppose qu'il en avait été longuement question auparavant.
6. I Cor., xvi, 1.
7. I Cor., xvi, 1-4.

dans les Églises d'Asie Mineure et de Grèce de l'aisance, mais pas de grandes fortunes. Paul connaissait les habitudes économes du monde où il avait vécu. L'insistance avec laquelle il présente sa nourriture et son entretien comme une lourde charge dont il n'a pas voulu grever les Églises prouve qu'il partageait lui-même ces chétives attentions de pauvres gens, obligés de regarder à des riens. Il pensa que, si, dans les Églises de Grèce, on attendait son arrivée pour la collecte, la chose se ferait mal. Il voulut donc que, le dimanche, chacun mît chez lui à part une épargne proportionnée à ses moyens pour cette pieuse destination. Ce petit trésor de charité devait attendre, toujours grossissant, son arrivée. Alors, les Églises choisiraient aux voix [1] des députés, et Paul les enverrait avec des lettres de recommandation porter l'offrande à Jérusalem. Peut-être même, si le résultat en valait la peine, Paul irait-il en personne, et alors les députés l'accompagneraient. Tant d'honneur et de bonheur, aller à Jérusalem, voir les apôtres, voyager en compagnie de Paul, faisait tressaillir tous les croyants. Une émulation de bien faire, savamment allumée par le grand maître en l'art de la direction des âmes, tenait tout le monde

---

1. II Cor., VIII, 19.

en éveil. Cette collecte fut durant des mois la pensée qui soutint la vie et fit battre tous les cœurs.

Timothée revint bientôt à Éphèse, ainsi que Paul l'avait désiré[1]. Il apportait des nouvelles postérieures au départ de Stéphanas; mais on est porté à croire qu'il avait quitté la ville avant que Stéphanas y fût de retour; car c'est par Titus que Paul apprit plus tard l'effet que sa nouvelle lettre avait produit[2]. La situation à Corinthe était toujours très-tendue. Paul modifia ses projets, résolut de toucher d'abord à Corinthe, d'y rester peu de temps, d'accomplir ensuite son voyage de Macédoine, de faire un second et plus long séjour à Corinthe, et ensuite, reprenant son premier plan, de partir pour Jérusalem, accompagné des députés corinthiens[3]. Il crut devoir informer sur-le-champ l'Église de Corinthe de ce changement de résolution. Il chargea Titus du message et des communications les plus délicates pour l'Église révoltée[4]. Le disciple devait en même temps presser la réalisation de la collecte que Paul avait ordonnée[5].

---

1. I Cor., XVI, 11; II Cor., I, 1. Il est possible cependant que Timothée ne soit pas venu jusqu'à Éphèse et se soit attardé en Macédoine, où Paul l'aura retrouvé.
2. II Cor., VII, 6 et suiv.
3. II Cor., I, 15-16.
4. II Cor., II, 13; VII, 6 et suiv.; XII, 18.
5. II Cor., VIII, 6.

Titus, à ce qu'il semble, se récusa d'abord ; il craignait, comme Timothée[1], le caractère étourdi et inconsidéré des gens de Corinthe. Paul le rassura, lui dit ce qu'il pensait des qualités des Corinthiens, atténua leurs défauts, osa lui promettre un bon accueil[2]. Il lui donna pour compagnon un « frère » dont le nom ne nous est pas connu[3]. Paul était aux derniers jours de son séjour à Éphèse ; néanmoins il fut convenu qu'il attendrait dans cette ville le retour de Titus.

Mais de nouvelles épreuves vinrent l'obliger de nouveau à modifier ses desseins. Peu de jours dans la vie de Paul furent plus troublés que ceux-ci[4]. Pour la première fois, il trouva la mesure dépassée et il avoua que ses forces étaient à bout[5]. Juifs[6], païens[7], chrétiens hostiles à sa direction[8], paraissaient conjurés contre lui. La situation de l'Église de Corinthe lui donnait une sorte de fièvre ; il lui expédiait courrier sur courrier, il changeait chaque jour de résolu-

---

1. I Cor., xvi, 10-11.
2. II Cor., vii, 14.
3. II Cor., xii, 18 ; comp. viii, 18, 22.
4. II Cor., i, 4 et suiv. ; iv, 8 et suiv.
5. II Cor., i, 8.
6. *Act.*, xx, 19 ; xxi, 27.
7. *Act.*, xix, 23 et suiv.
8. I Cor., xvi, 9.

tion à son égard. La maladie, probablement, s'y joignit; il crut toucher à la mort [1]. Une émeute qui eut lieu à Éphèse vint encore compliquer sa situation et l'obligea de partir sans attendre le retour de Titus [2].

Le temple d'Artémis offrait à la prédication nouvelle un obstacle terrible. Ce gigantesque établissement, l'une des merveilles du monde, était la vie et la raison d'être de la ville entière, par ses richesses colossales [3], par le nombre des étrangers qu'il attirait, par les privilèges et la célébrité qu'il valait à la cité, par les fêtes splendides dont il était l'occasion, par les métiers qu'il entretenait [4]. La superstition avait ici la plus sûre des garanties, celle des intérêts grossiers, toujours si heureux de se couvrir du prétexte de la religion.

Une des industries de la ville d'Éphèse était

---

1. II Cor., i, 8-10; vi, 9.
2. *Act.*, xix, 23 et suiv.
3. Strabon, XIV, 1, 26.
4. Parmi les nombreuses inscriptions d'Éphèse, il y en a peu où il ne soit parlé du temple. *Corpus inscr. gr.*, n°s 2953 *b* et suiv.; Le Bas et Waddington, *Inscr.*, III, n°s 136 *a* et suiv. Remarquez surtout le retour fréquent du titre de νεωποιός. Voir *Act.*, xix, 35, en comparant *Corp.*, n° 2972, et Eckhel, *D. n. v.*, II, p. 520 et suiv. Remarquez aussi les ἱερεῖαι τῆς Ἀρτέμιδος : *Corp.*, n° 2986, 3001, 3002, etc. Cf. Hérodote, I, 26; Élien, *Hist. var.*, III, 26.

celle des orfévres, qui fabriquaient des petits *naos* d'Artémis. Les étrangers emportaient avec eux ces objets, qui, posés ensuite sur leurs tables ou dans l'intérieur de leurs maisons, leur représentaient le célèbre sanctuaire [1]. Un grand nombre d'ouvriers étaient employés à ce travail. Comme tous les industriels vivant de la piété des pèlerins, ces ouvriers étaient très-fanatiques. Prêcher un culte subversif de celui qui les enrichissait leur paraissait un affreux sacrilége; c'était comme si de nos jours on allait déclamer contre le culte de la Vierge à Fourvières ou à la Salette. Une des façons dont on résumait la doctrine nouvelle était : « Les dieux faits de main d'homme ne sont pas des dieux. » Cette doctrine était arrivée à une publicité suffisante pour que les orfévres en conçussent de l'inquiétude. Leur chef, nommé Démétrius, les excita à une manifestation violente, soutenant qu'il s'agissait avant tout de l'honneur d'un temple que l'Asie et le monde entier révéraient. Les ouvriers se jetèrent dans les rues, criant : « Vive la grande Artémis d'Éphèse ! »

---

1. Voir Dion Cassius, XXXIX, 20. Comp. Εἰς τὴν Ἀριστοτ Ῥητορικ. ὑπομν. ἀνών., publié par Conrad Neobarius (Paris, 1539), fol. 26 verso, lignes 28-29. Pour les monuments figurés, voir l'abbé Greppo, *Recherches sur les temples portatifs des anciens* (Lyon, 1834), p. 22 et suiv.

et en peu de temps toute la ville fut remplie de confusion.

La foule se porta au théâtre, lieu ordinaire des rassemblements. Le théâtre d'Éphèse, dont la cuve immense, dépouillée de presque toutes ses constructions, se voit encore dans les flancs du mont Prion [1], était peut-être le plus grand du monde. On estime que cinquante-six mille personnes au moins devaient y tenir [2]. Comme les hauts gradins affleuraient le sol de la colline, une foule énorme pouvait en un instant se déverser par le haut et tout inonder. Le bas du théâtre, d'ailleurs, était entouré de colonnades et de portiques remplis d'oisifs; voisin du forum, du marché, de plusieurs gymnases [3], il était toujours ouvert. Le tumulte en un instant fut à son comble. Deux chrétiens de Thessalonique, Caïus et Aristarque, qui avaient joint Paul à Éphèse et s'étaient attachés à lui comme compagnons, étaient entre les mains des émeutiers. Le trouble était grand parmi les chrétiens. Paul voulait entrer dans le théâtre et haranguer le peuple; les disciples le supplièrent de n'en rien faire.

---

1. Le théâtre d'Éphèse est de construction romaine; mais il peut avoir été bâti avant Néron. Du reste, il a été retouché plusieurs fois. *Corp. inscr. gr.*, n° 2976; Texier, *Asie Min.*, p. 315.

2. Falkener, *Ephesus*, p. 102 et suiv.

3. Falkener, *op. cit.*, plans hypothétiques d'Éphèse.

Quelques-uns des asiarques [1], qui le connaissaient, l'engagèrent aussi à ne pas commettre une telle imprudence. Les cris les plus divers se croisaient dans le théâtre ; la plupart ne savaient pas pourquoi on était rassemblé. Il y avait beaucoup de juifs, lesquels mirent en avant un certain Alexandre [2] ; celui-ci fit signe de la main pour demander le silence ; mais, quand on le reconnut pour juif, le tumulte redoubla ; pendant deux heures, on n'entendit d'autre cri que « Vive la grande Artémis d'Éphèse ! » Ce fut avec peine que le chancelier de la ville [3] parvint à se faire écouter. Il représenta l'honneur de la grande Artémis comme hors de toute atteinte, engagea Démétrius et ses ouvriers à faire un procès à ceux dont ils croyaient avoir à se plaindre, supplia tout le monde de rentrer dans les voies légales, et montra les conséquences que pourraient avoir pour la ville de tels mouvements séditieux, qu'on ne pourrait justifier aux

1. Il y avait plusieurs asiarques à la fois. Voir les passages de Strabon et d'Ælius Aristide, cités ci-dessus, p. 353, note 1. Du reste, quand on avait été une fois asiarque, on en gardait le titre. Voir les inscriptions citées ci-dessus, p. 353, note 1, et Perrot, *De Gal. prov. rom.*, p. 156 et suiv.

2. Le rôle de cet Alexandre reste, dans le récit des *Actes*, tout à fait indécis.

3. Γραμματεύς, charge importante dans les villes d'Asie. Vaillant, *Num. gr. imp. rom.*, p. 313-314.

yeux de l'autorité romaine[1]. La foule se dispersa. Paul, qui avait fixé son départ à quelques jours de là, ne voulut pas prolonger cette situation périlleuse. Il résolut de s'éloigner dans le plus bref délai.

Aux termes de la missive qu'il avait envoyée par Titus aux chrétiens de Corinthe, Paul aurait dû tout d'abord s'embarquer pour cette ville[2]. Mais ses perplexités étaient cruelles; les soucis qu'il avait du côté de l'Achaïe le rendaient indécis. Au dernier moment, il changea encore d'itinéraire. L'heure ne lui parut pas opportune pour aller à Corinthe; il y fût arrivé mécontent et disposé à sévir[3]; peut-être sa présence eût-elle provoqué une révolte et un schisme. Il ne savait pas quel effet sa lettre avait produit, et il en était fort inquiet[4]. Il se croyait, d'ailleurs, plus fort de loin que de près; sa personne imposait peu; les lettres, au contraire, étaient son triomphe[5]; en général, les hommes qui ont une certaine timidité aiment mieux écrire que parler. Il préféra donc n'aller à Corinthe qu'après avoir revu Titus, sauf

---

1. La province d'Asie, étant sénatoriale, n'avait pas de légion romaine. La police y était en grande partie aux mains des indigènes.
2. II Cor., i, 15-16.
3. II Cor., i, 17, 23; ii, 1-2.
4. II Cor., vii, 6 et suiv.
5. II Cor., x, 1-2, 10-11.

à écrire de nouveau à l'Église indocile. Pensant que la sévérité s'exerce mieux à distance, il espérait que sa nouvelle lettre ramènerait ses adversaires à des sentiments meilleurs [1]. L'apôtre reprenait ainsi son premier plan de voyage [2]. Il fit convoquer les fidèles, leur adressa ses adieux, donna l'ordre, quand Titus arriverait, de l'envoyer à Troas, et partit pour la Macédoine [3] accompagné de Timothée. Peut-être s'adjoignit-il dès lors les deux députés d'Éphèse, chargés de porter à Jérusalem les offrandes de l'Asie, Tychique et Trophime [4]. On devait être au mois de juin de l'an 57 [5]. Le séjour de Paul à Éphèse avait été de trois ans [6].

Durant un si long apostolat, il avait eu le temps de donner à cette Église une solidité à toute épreuve. Éphèse sera désormais l'une des métropoles du christianisme, et le point où s'effectueront ses plus importantes transformations. Il s'en faut cependant que cette Église fût toute à Paul, comme les Églises de Macédoine et l'Église de Corinthe. D'autres que lui travaillèrent à Éphèse; il y compta sûrement des

---

1. II Cor., II, 3.
2. I Cor., XVI, 5 et suiv.
3. *Act.*, XX, 1.
4. *Act.*, XX, 4; II Cor., VIII, 19.
5. I Cor., XVI, 8.
6. *Act.*, XX, 31.

ennemis¹, et dans dix ans nous verrons l'Église d'Éphèse citée comme un modèle pour avoir su faire bonne justice de « ceux qui se disent apôtres sans l'être », pour avoir démasqué leur imposture, et pour la haine vigoureuse qu'elle porte aux « nicolaïtes », c'est-à-dire aux disciples de Paul². Le parti judéo-chrétien exista sans doute à Éphèse dès le premier jour.

Aquila et Priscille, les collaborateurs de Paul, continuèrent après son départ à être le centre de l'Église. Leur maison, où l'apôtre avait demeuré, était le lieu de réunion de tout ce qu'il y avait de plus pieux et de plus zélé³. Paul se plaisait à célébrer partout les mérites de ce couple respectable, auquel il reconnaissait devoir la vie. Toutes les Églises de Paul les avaient pour cela en grande vénération. Épénète, le premier Éphésien qui se convertit, venait après eux⁴; puis, une certaine Marie, qui paraît avoir été diaconesse, femme active et dévouée⁵; puis, Urbanus, que Paul nomme son coopérateur⁶;

---

1. Rom., xvi, 17-20. Il faut se rappeler que Rom., xvi, 3-20, est un fragment d'une épître aux Éphésiens.

2. Apoc., ii, 1 et suiv.

3. I Cor., xvi, 19; Rom., xvi, 3-5; II Tim., iv, 19.

4. Rom., xvi, 5. La leçon Ἀχαίας est sûrement mauvaise. Comp. I Cor., xv, 15.

5. Rom., xvi, 6. ὑμᾶς paraît la bonne leçon; comp. *ibid.*, 12.

6. Rom., xvi, 9.

puis, Apelle, à qui Paul donne le titre d' « honnête homme en Christ [1] » ; puis, Rufus, « homme distingué dans le Seigneur », lequel avait une mère âgée, que l'apôtre, par respect, appelait « Ma mère [2] ». Outre Marie, d'autres femmes, vraies sœurs de la charité, s'étaient vouées au service des fidèles. C'étaient Tryphène et Tryphose [3], « bonnes ouvrières dans l'œuvre du Seigneur », puis Persis, particulièrement chérie de Paul, et qui avait vaillamment travaillé avec lui [4]. Il y avait encore Ampliatus ou Amplias [5], le juif Hérodion [6], Stachys, aimés de Paul; une Église ou conventicule composé d'Asyncrite, Phlégon, Hermès, Patrobas, Hermas et de plusieurs [7] ; une autre Église ou petite société composée de Philologue et Julie, de Nérée et « sa sœur » (c'est-à-dire probablement sa femme [8]), d'Olympas et de plusieurs autres [9]. Deux grandes mai-

---

1. Rom., XVI, 10.
2. *Ibid.*, 13.
3. Comp. Le Bas, *Inscr.*, III, 804 (cf. Perrot, *Expl.*, p. 120) et 1104.
4. Rom., XVI, 12.
5. *Ibid.*, 8.
6. *Ibid.*, 11. Paul l'appelle son συγγενής. Voir *les Apôtres*, p. 108 à 168.
7. Rom., XVI, 14.
8. Comp. I Cor., IX, 5, et même Philem., 2.
9. Rom., XVI, 15.

sons d'Éphèse, celles d'Aristobule[1] et de Narcisse[2], comptaient parmi leurs esclaves plusieurs fidèles. Enfin, deux Éphésiens, Tychique[3] et Trophime[4], s'étaient attachés à l'apôtre et furent désormais du nombre de ses compagnons. Andronic et Junie étaient aussi vers ce temps à Éphèse. C'étaient des membres de la primitive Église de Jérusalem[5]; Saint Paul avait pour eux le plus grand respect, « parce qu'ils avaient été en Christ avant lui ». Il les appelle « distingués entre les apôtres ». Dans une circonstance que nous ignorons, probablement dans l'épreuve que Paul appelle « sa bataille contre les bêtes », ils partagèrent sa prison[6].

Dans un jour beaucoup plus douteux, apparaissent Artémas, qu'on dit avoir été compagnon de Paul[7]; Alexandre le chaudronnier, Hyménée, Phi-

---

1. Rom., XVI, 10.
2. *Ibid.*, 11. Paul ne saluant pas ces deux personnages, il en aut conclure qu'ils n'étaient pas chrétiens. Notez la différence des versets 5, 14, 15.
3. *Act.*, XX, 4; Col., IV, 7 et suiv.; Ephes., VI, 21; II Tim., IV, 12; Tit., III, 12. Sur ce nom, voyez *Corpus inscr. gr.*, n° 3855 *i*.
4. *Act.*, XX, 4; XXI, 29; II Tim., IV, 20.
5. Voir *les Apôtres*, p. 108.
6. Rom., XVI, 7.
7. Tit., III, 12. Son nom (Artémidore), son association à Tychique et le rôle qu'il joue dans l'Épître à Tite, le font croire Éphésien.

lète¹, Phygelle², Hermogène, qui semblent avoir laissé de mauvais souvenirs, provoqué des schismes ou des excommunications, et avoir été considérés comme des traîtres dans l'école de Paul³; Onésiphore⁴ et sa maison, qui, au contraire, se seraient montrés plus d'une fois envers l'apôtre pleins d'amitié et de dévouement⁵.

Plusieurs des noms qui viennent d'être énumérés sont des noms d'esclaves, ainsi qu'on le voit à leurs significations bizarres, ou à l'emphase ironique qui les fait ressembler à ces noms grotesques qu'on se plaisait à donner aux nègres dans les colonies⁶. Il n'est pas douteux qu'il n'y eût parmi les chrétiens beaucoup de personnes de condition servile⁷. L'esclavage, dans beaucoup de cas, n'entraînait pas une attache aussi complète à la maison du maître que notre domesticité moderne. Les esclaves de cer-

---

1. *Corp. inscr. gr.*, n° 3664, ligne 17.
2. Ce nom paraît se rapporter à la ville de Phygèle, voisine d'Éphèse. Voir une inscription de Scala-Nova. *Corp. inscr. gr.*, n° 3027.
3. I Tim., I, 20; II Tim., I, 15; II, 17; IV, 14-15. La destination de ces deux lettres (apocryphes) paraît être Éphèse.
4. Cf. *Corp. inscr. gr.*, n° 3664, ligne 52; 4243; Mionnet, II, 546.
5. II Tim., I, 16, 18; IV, 19.
6. Par exemple, *Tryphose*.
7. I Cor., VII, 21-22.

taines catégories étaient libres de se voir entre eux, de s'associer dans une certaine mesure, de former des confréries, des espèces de tontines et des cotisations en vue de leurs funérailles [1]. Il n'est pas impossible que plusieurs de ces hommes et de ces femmes pieuses qui se vouaient au service de l'Église fussent esclaves, et que les heures qu'ils donnaient au diaconat fussent celles que leurs maîtres leur laissaient. Aux temps où se passe cette histoire, la condition servile renfermait des gens polis, résignés, vertueux, instruits, bien élevés [2]. Les plus hautes leçons de morale vinrent d'esclaves; Épictète passa en servitude une grande partie de sa vie. Les stoïciens, les sages disaient comme saint Paul à l'esclave : « Reste ce que tu es; ne songe pas à t'affranchir [3]. » Il ne faut pas juger des classes populaires dans les villes grecques par notre populace du moyen âge, lourde, brutale, grossière, incapable de distinction. Ce quelque chose de fin, de délicat, de poli qu'on sent dans les relations des premiers chré-

---

1. Inscr. de Lanuvium, 2ᵉ col., ligne 3 et suiv.

2. Inscr. n° 77 de Pittakis, dans l'Ἐφημερὶς ἀρχαιολογική d'Athènes, 1838, p. 121.

3. Arrien, *Epict. Dissert.*, III, 26; Dion Chrysostome, orat. xiv, p. 269 et suiv. (Emperius). Cf. ci-dessus, p. 257, et, dans notre tome IV, ce qui concernera la Iᵃ Petri.

tiens¹ est une tradition de l'élégance grecque. Les humbles ouvriers d'Éphèse que saint Paul salue avec tant de cordialité étaient sans doute des personnes douces, d'une probité touchante, relevée par d'excellentes manières et par le charme particulier qu'il y a dans la civilité des gens du peuple. Leur sérénité d'âme, leur contentement² étaient une prédication perpétuelle. « Voyez comme ils s'aiment³ ! » était le mot des païens surpris de cet air innocent et tranquille, de cette profonde et attachante gaieté⁴. Après la prédication de Jésus, c'est là l'œuvre divine du christianisme; c'est là son second miracle; miracle tiré vraiment des forces vives de l'humanité et de ce qu'il y a en elle de meilleur et de plus saint.

1. L'exquise politesse des lettres de Paul en est la preuve.
2. La gaieté est un sentiment dominant chez les chrétiens de Paul. II Cor., VI, 10; XIII, 11 ; Rom., XII, 8, 12, 15; XIV, 17; Phil., II, 17-18.
3. Tertullien, *Apol.*, 39.
4. Remarquez les bonnes figures souriantes des catacombes, par exemple, le *fossor* Diogène (Boldetti, p. 60).

CHAPITRE XVI.

SUITE DE LA TROISIÈME MISSION. — SECOND SÉJOUR
DE PAUL EN MACÉDOINE.

Paul, en quittant Éphèse, suivit probablement la voie de terre, au moins durant une partie du chemin[1]. Il avait calculé, en effet, que Titus, en prenant la mer d'Éphèse à Troas, serait rendu à ce dernier point avant lui[2]. Ce calcul ne se vérifia pas. Arrivé à Troas, il n'y rencontra pas Titus, ce qui lui causa une vive contrariété. Paul avait déjà passé par Troas; mais il ne semble pas qu'il y eût prêché[3]. Cette fois, il trouva des dispositions très-favorables[4]. Troas était une ville latine dans le genre d'Antioche de Pisidie et de

1. Comp. *Act.*, xx, 13.
2. II Cor., ii, 13.
3. *Act.*, xvi, 9 et suiv.
4. II Cor., ii, 12.

Philippes [1]. Un certain Carpus accueillit l'apôtre et le logea chez lui[2] ; Paul employa les jours durant lesquels il attendit Titus à fonder une Église [3]. Il réussit admirablement, car, quelques jours après, une compagnie de fidèles l'accompagnait déjà sur le rivage au moment où il partait pour la Macédoine [4]. Il y avait environ cinq ans qu'il s'était embarqué dans ce même port, sur la foi d'un homme macédonien qu'il avait vu en rêve. Jamais rêve assurément n'avait conseillé de plus grandes choses ni amené de plus beaux résultats.

Ce second séjour de Paul en Macédoine [5] put durer environ six mois, de juin à novembre 57[6]. Paul s'occupa tout ce temps de confirmer ses chères Églises. Sa résidence principale fut Thessalonique; il dut, cependant, demeurer aussi quelque temps à Philippes [7] et à Bérée [8]. Les tribulations qui avaient rempli les derniers mois de son séjour à Éphèse sem-

---

1. Les inscriptions latines de cette ville le prouvent. Voir Le Bas et Waddington, *Inscr.*, III, n⁰ˢ 1734 et suiv.

2. II Tim., IV, 13. Cf. *Corp. inscr. gr.*, n° 3664; ligne 17; *Ann. de l'Inst. archéol.*, 1868, p. 93.

3. *Act.*, XX, 6 et suiv.

4. I Cor., II, 13 et suiv.

5. *Act.*, XX, 1-2.

6. Comparez I Cor., XVI, 8 et *Act.*, XX, 2, 3, 6, 16.

7. Phil., II, 12 ; III, 18.

8. *Act.*, XX 4.

blaient le poursuivre. Au moins dans les premiers jours après son arrivée, il n'eut aucun repos. Sa vie était une lutte continuelle; les plus graves appréhensions l'obsédaient[1]. Ces soucis et ces afflictions ne venaient sûrement pas des Églises de Macédoine. Il n'y avait pas d'Églises plus parfaites, plus généreuses, plus dévouées à l'apôtre; nulle part, il n'avait rencontré tant de cœur, de noblesse et de simplicité[2]. Il s'y trouvait bien quelques mauvais chrétiens, sensuels, attachés à la terre, sur le compte desquels l'apôtre s'exprimait avec beaucoup de vivacité[3]; les appelant « ennemis de la croix de Jésus, gens qui n'ont d'autre dieu que leur ventre, qui mettent leur gloire en ce qui devrait faire leur honte », et auxquels il dénonçait la ruine éternelle; mais il est douteux qu'ils appartinssent au troupeau même de l'apôtre. C'est du côté de l'Église de Corinthe que venaient ses grandes inquiétudes. Il craignait de plus en plus que sa lettre n'eût aigri les indifférents et armé ses ennemis.

Titus le rejoignit enfin, et le consola de tous ses chagrins[4]. Il apportait, en somme, de bonnes nou-

---

1. II Cor., i, 4 et suiv.; vii, 4-5.
2. *Ibid.*, viii, 1 et suiv.
3. Phil., iii, 18-19.
4. II Cor., vii, 6 et suiv.

velles, quoique tous les nuages fussent loin d'être dissipés. La lettre avait produit l'effet le plus profond. A sa lecture, les disciples de Paul avaient éclaté en sanglots. Presque tous avaient témoigné à Titus, en versant des larmes, l'affection profonde qu'ils portaient à l'apôtre, le regret de l'avoir affligé, le désir de le revoir et d'obtenir de lui le pardon. Ces natures grecques, mobiles et inconstantes, revenaient au bien avec la même promptitude qu'elles l'avaient quitté. Il se mêlait de la crainte à leurs sentiments. On supposait l'apôtre armé des pouvoirs les plus terribles[1]; devant ses menaces, tous ceux qui lui devaient la foi tremblèrent et cherchèrent à se disculper. Ils n'avaient pas assez d'indignation contre les coupables; chacun cherchait par son zèle contre ces derniers à se justifier et à détourner la sévérité de l'apôtre[2]. Titus fut comblé par les fidèles de Paul des attentions les plus délicates. Il revint enchanté de la réception qu'on lui avait faite, de la ferveur, de la docilité, de la bonne volonté qu'il avait trouvée dans la famille spirituelle de son maître[3]. La collecte n'était pas très-avancée; mais on pouvait espérer qu'elle serait fructueuse[4].

1. Voir ci-dessus, p. 391-392.
2. II Cor., VII, 7, 11, 15.
3. *Ibid.*, VII, 13-15.
4. *Ibid.*, VIII, 6 et suiv.

La sentence prononcée contre l'incestueux avait été adoucie, ou plutôt Satan, à qui Paul l'avait livré, n'exécuta pas l'arrêt. Le pécheur continua de vivre; on mit naïvement sur le compte d'une indulgence consentie par l'apôtre ce qui n'était que le simple cours de la nature. On ne le chassa même pas absolument de l'église; mais on évita les relations avec lui [1]. Titus avait conduit toute cette affaire avec une prudence consommée et aussi habilement que l'eût fait Paul lui-même [2]. L'apôtre n'éprouva jamais de joie plus vive qu'en recevant de telles nouvelles. Durant quelques jours, il ne se posséda point. Il se repentait par moments d'avoir contristé de si bonnes âmes; puis, en voyant l'effet admirable que sa sévérité avait produit, il nageait dans la joie [3].

Cette joie pourtant n'était pas sans mélange. Ses ennemis étaient loin de céder; la lettre les avait exaspérés, et ils en faisaient les plus vives critiques. On notait ce qu'elle avait de dur et d'injurieux pour l'Église; on accusait l'apôtre d'orgueil et de vanterie : « Ses lettres, disait-on, sont sévères et énergiques; mais sa personne est chétive, et sa parole

---

1. II Cor., II, 6.
2. *Ibid.*, XII, 18.
3. *Ibid.*, VII, 8 et suiv.

sans autorité. » On attribuait à des haines personnelles sa rigueur envers l'incestueux. On le traitait de fou, d'extravagant, d'homme vaniteux et sans tact. Les changements dans ses plans de voyage étaient présentés comme de la versatilité [1]. Ému de cette double nouvelle, l'apôtre se mit à dicter à Timothée [2] une nouvelle lettre destinée, d'une part, à atténuer l'effet de la première et à porter à sa chère Église, qu'il croyait avoir blessée, l'expression de ses sentiments paternels, de l'autre, à répondre aux adversaires qui avaient failli un moment réussir à lui enlever le cœur de ses enfants.

Au milieu des contrariétés sans nombre qui l'assaillent depuis quelques mois, les fidèles de Corinthe sont sa consolation et sa gloire [3]. S'il a changé le plan de voyage qu'il leur avait communiqué par Titus, et qui, en le conduisant deux fois à Corinthe, lui eût permis de leur faire un double plaisir, ce n'est pas par légèreté [4], c'est par égard pour eux, et

---

1. II Cor., I, 12 et suiv., 23; II, 1 et suiv., 9; III, 1 et suiv.; VII, 2 et suiv., 12 et suiv.; X, 9 et suiv.; XI, 1 et suiv.

2. II Cor., I, 1. Comp. I Cor., I, 1. La personne que Paul s'adjoint dans la suscription est d'ordinaire celle qui lui sert de secrétaire. Si c'était là une simple marque de déférence, il eût mis cette fois le nom de Titus.

3. II Cor., I, 4 et suiv.; VII, 4 et suiv.

4. II Cor., I, 15 et suiv.

pour ne pas leur montrer toujours un visage morose. « Si je vous contristais, ajoute-t-il, que deviendrais-je, n'ayant pour m'égayer que celui que j'aurais contristé[1] ? » Il leur a écrit sa dernière lettre avec larmes et le cœur navré ; mais, à présent, tout est oublié ; il se souvient à peine qu'il a été mécontent. Par moments, il se repent, songeant qu'il les a affligés ; puis, voyant quels fruits de pénitence a produits cette affliction, il ne peut plus se repentir. La tristesse selon Dieu est salutaire ; la tristesse selon le monde amène la mort[2]. Peut-être aussi a-t-il été bien sévère. En ce qui concerne l'incestueux, par exemple, la honte qu'il a subie est un châtiment suffisant. Il faut plutôt le consoler, de peur qu'il ne meure de chagrin ; tel qu'il est, il a droit encore à la charité. L'apôtre confirme donc de grand cœur la mitigation de sa peine. S'il s'est montré si dur, c'était uniquement pour mettre à l'épreuve la docilité de ses fidèles[3]. Maintenant, il voit bien qu'il n'avait pas trop compté sur eux. Tout ce qu'il avait dit d'avantageux sur leur compte à Titus s'est trouvé vérifié ; ils n'ont pas voulu que leur

1. II Cor., ii, 2.
2. *Ibid.*, vii, 8 et suiv.
3. *Ibid.*, ii, 5-11 ; vii, 11, 12.

apôtre, qui tire sa gloire d'eux seuls, fût confondu [1].

Quant à ses ennemis, Paul sait qu'il ne les a pas désarmés. A chaque instant, ce sont de vives et spirituelles allusions à ces gens « qui frelatent [2] la parole de Dieu [3] », surtout à ces lettres de recommandation dont on avait abusé contre lui [4]. Ses ennemis sont de faux apôtres, des ouvriers perfides, qui se déguisent en apôtres du Christ. Satan se métamorphose quelquefois en ange de lumière; faut-il s'étonner que ses ministres se transforment en ministres de justice? Leur fin sera en rapport avec leurs œuvres [5]. On prétend qu'il n'a pas connu le Christ. Il n'en convient pas; car pour lui sa vision du chemin de Damas a été une vraie relation personnelle avec Jésus. Mais, après tout, qu'importe? Depuis que Christ est mort, tous sont morts avec Christ aux considérations charnelles. Pour lui, il ne connaît plus personne selon la chair. S'il a jamais connu Christ de la sorte, il ne le connaît plus [6]. Qu'on ne le force

1. II Cor., VII, 14.
2. Καπηλεύοντες.
3. II Cor., II, 17; IV, 2.
4. *Ibid.*, III, 1; V, 12; X, 12, 18; XII, 11.
5. *Ibid.*, XI, 13 et suiv.
6. *Ibid.*, V, 16. Paul paraît faire ici allusion à une époque de sa vie où il précha Jésus de la même manière que les apôtres de

pas à sortir de son caractère. Quand il est parmi eux, il est humble, timide, embarrassé; mais qu'on ne l'oblige pas à user des armes qui lui ont été données pour détruire toute forteresse opposée à Christ, pour abattre toute hauteur qui s'élève contre la science de Dieu, et assujettir toute pensée au joug de Jésus; on s'apercevrait qu'il sait punir la désobéissance. Ceux qui se disent du parti de Christ devraient penser que lui aussi est de l'école de Christ. Le pouvoir que le Seigneur lui a donné pour édifier, veut-on l'obliger à en user pour détruire? On essaye de faire croire aux Corinthiens qu'il cherche à les effrayer par ses lettres. Que ceux qui tiennent ce langage prennent garde de le forcer à être avec eux tel que ses lettres le montrent. Il n'est pas du nombre de ces gens qui se vantent eux-mêmes et s'en vont colporter de droite et de gauche leurs titres de recommandation. Sa lettre de recommandation à lui, c'est l'Église de Corinthe. Cette lettre, il la porte en son cœur; elle est lisible pour tous; elle est écrite non à l'encre, mais par l'esprit du Dieu vivant, non sur des tables de pierre, mais sur les tables du cœur. Il ne se mesure qu'à sa propre mesure, il ne se compare qu'à lui-même. Il ne s'arroge d'autorité que sur les Églises

---

la circoncision, ce que parfois on lui rappelait pour le mettre en contradiction avec lui-même.

qu'il a fondées ; il n'est pas comme ces gens qui veulent étendre leur pouvoir sur des pays où ils n'ont pas été de leur propre personne, et qui, après lui avoir cédé, à lui Paul, l'Évangile du prépuce, viennent maintenant cueillir le fruit d'une œuvre qu'ils avaient d'abord combattue. Chacun sur son terrain. Il n'a pas besoin de se parer des travaux d'autrui, ni de se vanter en l'air et sans mesure ; la portion que Dieu lui a départie est assez belle, puisqu'il lui a été donné de porter l'Évangile jusqu'à Corinthe ; et encore espère-t-il aller plus loin. Mais c'est en Dieu seul qu'il faut se glorifier [1].

Cette modestie n'était pas feinte. Mais il est difficile à l'homme d'action d'être modeste ; il risque d'être pris au mot. L'apôtre le plus dégagé de tout égoïsme est sans cesse amené à parler de lui-même. Il s'appelle bien un avorton, le moindre des saints [2], le dernier des apôtres, indigne de ce nom, puisqu'il a persécuté l'Église de Dieu ; mais ne croyez pas pour cela qu'il abdique sa prérogative.

« Ce que je suis, c'est par la grâce de Dieu que je le suis ; mais la grâce de Dieu n'a pas été oisive en moi. Si j'ai travaillé plus que les autres apôtres, ce n'est pas moi qui

---

1. II Cor., x ; comp. III, 1-6.
2. Ephes., III, 8.

ai travaillé, c'est la grâce de Dieu qui a travaillé avec moi[1]...

« En rien, je ne pense être resté au-dessous des *archiapôtres*[2]. Si ma parole est celle d'un homme du peuple, ma science ne l'est pas ; en tout, vous m'avez vu à l'œuvre. Ai-je donc fait une faute, par trop de condescendance, en vous annonçant l'Évangile gratis ? J'ai dépouillé d'autres Églises pour vous, acceptant d'elles l'argent dont j'avais besoin afin de remplir ma mission parmi vous. Pendant mon séjour en votre ville, m'étant trouvé dans la gêne, je ne vous ai pas ennuyés de mes besoins ; des frères venus de Macédoine me donnèrent ce qui me manquait. De la sorte, j'évitai jusqu'au bout de vous être à charge, et je ferai de même à l'avenir. Aussi vrai que la vérité du Christ est en moi, je jure que cette gloire-là ne me sera pas enlevée dans les pays d'Achaïe. Pourquoi ? Parce que je ne vous aime pas ? Ah ! Dieu le sait. Mais cette conduite, je la tiens et je la tiendrai pour ôter tout prétexte à ceux qui ne cherchent qu'un prétexte pour se comparer à moi[3]... »

1. I Cor., xv, 9-10. Comp. II Cor., III, 5.

2. Οἱ ὑπερλίαν ἀπόστολοι ; expression emphatique dont se servaient probablement les émissaires hiérosolymites, et que Paul reprend en ironie. On a supposé que cette expression s'appliquait aux adversaires de Paul à Corinthe, à ceux qu'il appelle plus bas ψευδαπόστολοι. Mais il paraît impossible que dans tout ce passage Paul se compare à des gens aussi inférieurs que ses détracteurs de Corinthe. Comp. I Cor., xv, 10, et II Cor., x, 13 et suiv. A vrai dire, les ψευδαπόστολοι de Corinthe étant les prôneurs de Pierre et des apôtres de Jérusalem, Paul confond jusqu'à un certain point les uns et les autres dans sa réponse.

3. II Cor., xi, 5-12.

S'armant de l'accusation de folie que ses adversaires élevaient contre lui, il accepte pour un moment ce rôle qu'on lui prête, et, sous le masque d'une ironie oratoire, il fait le fou pour lancer à la face de ses adversaires les plus hardies vérités [1].

« Je suis fou, c'est convenu; eh bien, supportez un moment ma folie. Vous êtes des sages, cela doit vous rendre indulgents pour les fous. Et puis, vous montrez tant de tolérance pour des gens qui vous mettent en servitude, qui vous mangent, qui soutirent votre argent, et qui, après cela, tout bouffis d'orgueil, vous frappent au visage. Allons, puisqu'il est de mode de chanter sa propre gloire, chantons la nôtre. Tout ce qu'ils peuvent dire en ce genre de folie, je le peux dire comme eux. Ils sont Hébreux; moi aussi, je le suis. Ils sont Israélites; moi aussi, je le suis. Ils sont de la race d'Abraham; moi aussi, j'en suis. Ils sont ministres de Christ (ah! pour le coup, je vais parler en insensé!), je suis bien plus. Plus qu'eux j'ai accompli de travaux; plus qu'eux j'ai été en prison; plus qu'eux j'ai subi de coups; plus souvent qu'eux j'ai affronté la mort. Les juifs m'ont appliqué cinq fois leurs trente-neuf coups de fouet; trois fois j'ai été bâtonné; une fois j'ai été lapidé; trois fois j'ai fait naufrage; j'ai passé un jour et une nuit dans la mer. Voyages sans nombre, dangers au passage des fleuves, dangers des voleurs, dangers de la part des

---

1. II Cor., XI, 1 et suiv. Une traduction littérale de ce morceau serait inintelligible. On a cherché à en rendre exactement la pensée et le mouvement.

juifs, dangers de la part des gentils, dangers dans les villes, dangers dans le désert, dangers sur mer, dangers de la part des faux frères; labeurs, fatigues, veilles innombrables, faim, soif, jeûnes, froid, nudité, j'ai tout souffert. Et en dehors de ces accidents, rappellerai-je mes tracasseries quotidiennes, le souci de toutes les Églises ? Qui est infirme sans que je sois infirme? Qui est scandalisé sans que je sente le feu en moi?... Je pourrais me glorifier de mes visions, de mes révélations [1]... Mais je ne veux me glorifier que de mes faiblesses,... car c'est dans nos faiblesses que se montre le mieux la force de Christ. C'est pourquoi je me complais dans les faiblesses, dans les injures, les nécessités, les persécutions, les angoisses pour Christ, car c'est quand je suis faible selon la chair que je suis fort en Christ.

« Vraiment, je viens de faire l'insensé; vous m'y avez forcé. J'en aurais été dispensé, si vous aviez bien voulu vous charger de mon apologie auprès de ceux qui m'attaquent. Je ne suis rien; mais je ne le cède en rien aux *archiapôtres*. Les signes de l'apôtre, miracles, prodiges, actes de puissance surnaturelle, je vous en ai rendus témoins, sans que ma patience se soit jamais lassée. Qu'avez-vous donc à envier aux autres Églises, si ce n'est que je ne vous ai pas importunés de mes besoins? Pardonnez-moi cette injustice-à. Voici la troisième fois que je vous annonce ma prochaine arrivée [2]. Cette fois-ci encore, je ne vous importunerai pas;

---

1. Voir *les Apôtres*, p. 238.
2. Comp. I Cor., xvi, 5 et suiv.; II Cor., i, 15 et suiv. Il serait certes plus naturel de supposer que Paul veut dire qu'il a été déjà

ce que je veux, ce ne sont pas vos biens, c'est vous-mêmes. Ce ne sont pas les enfants qui thésaurisent pour leurs parents, ce sont les parents qui thésaurisent pour les enfants. Quant à moi, bien volontiers je dépenserais tout ce que j'ai et je me dépenserais moi-même pour vos âmes, bien que vous m'aimiez moins que je ne vous aime.

« Soit, dit-on, je ne vous ai pas été directement à charge ; mais, en rusé fripon que je suis, je vous ai habilement escroqué l'argent que je refusais d'accepter. — Dites-moi : est-ce que par aucun de ceux que je vous ai adressés j'ai rien tiré de vous? Je vous ai envoyé Titus, accompagné du frère que vous savez. Est-ce qu'il a rien tiré de vous? N'avons-nous pas marché tous les deux selon le même esprit et dans les mêmes traces?... Ah! je crains bien, quand je viendrai, de ne pas vous trouver tels que je voudrais, et que vous ne me trouviez aussi tel que vous ne voudriez pas. Je crains de trouver parmi vous des disputes, des jalousies, des colères, des rixes, des diffamations, des commérages, de l'insolence, des troubles. Je crains qu'à mon arrivée Dieu ne m'humilie à votre sujet, et que je n'aie à pleurer sur plusieurs pécheurs qui n'ont pas fait pénitence de leurs impuretés, de leur fornication, de leurs débauches. Pour la troisième fois, vous dis-je, j'arrive... Je l'ai dit, je le répète, absent comme présent, je déclare à ceux qui ont péché et

---

deux fois à Corinthe (II Cor., II, 1 ; XII, 14, 21 ; XIII, 1). Mais, outre que les *Actes* ne parlent que de deux séjours de l'apôtre à Corinthe, toute la série des faits supposés par les deux épîtres aux Corinthiens exclut l'hypothèse d'un séjour intermédiaire entre les deux séjours certains. Voir II Cor., XII, 21 ; XIII, 2.

à tous que, si je viens à vous une seconde fois, je serai sans pitié, puisqu'il vous plaît de faire l'épreuve de mon pouvoir et de tenter si c'est vraiment le Christ qui parle en moi... Aussi vous ai-je écrit de loin ces choses, pour qu'arrivé près de vous, je n'aie pas à user de sévérité, selon le pouvoir que Dieu m'a donné[1]. »

Paul, on le voit, touchait à ce grand état d'exaltation où vécurent les fondateurs religieux du premier ordre. Son idée ne se séparait pas pour lui de lui-même. La manière dont s'exécutait la collecte pour les pauvres de Jérusalem était à ce moment sa consolation. La Macédoine y mettait un zèle exemplaire. Ces excellentes âmes donnaient avec une joie, un empressement qui ravissaient l'apôtre. Presque tous les membres de la secte avaient souffert en leur petite fortune par le fait d'avoir adhéré à la doctrine nouvelle; mais leur pauvreté sut trouver du superflu pour une œuvre que l'apôtre désignait comme excellente. Les espérances de Paul furent dépassées; les fidèles allaient jusqu'aux prières pour que l'apôtre acceptât les petites économies qu'ils faisaient à force de privations. Ils se seraient donnés eux-mêmes, si l'apôtre les eût acceptés[2]. Paul, poussant la délicatesse jusqu'à des raffinements presque exagérés,

1. II Cor., xi, xii et xiii; cf. ii, 3.
2. II Cor., viii, 1-5.

et voulant, comme il dit, être irréprochable non-seulement devant Dieu, mais devant les hommes[1], exigea qu'on choisît partout, à l'élection, des députés chargés de porter, soigneusement scellée[2], l'offrande de chaque Église, afin d'écarter les soupçons que la malveillance aurait pu faire peser sur lui, au milieu d'un maniement de fonds considérable. Ces députés le suivaient déjà partout, et formaient autour de lui une sorte d'escorte d'adjudants toujours prêts à exécuter ses missions. C'étaient ceux qu'il appelait « les envoyés des Églises, la gloire de Christ[3] ».

L'habileté, la souplesse de langage, la dextérité épistolaire de Paul, étaient employées tout entières à cette œuvre. Il trouve pour la recommander aux Corinthiens les tours les plus vifs et les plus tendres[4] : il n'ordonne rien ; mais, connaissant leur charité, il se permet de leur donner un conseil. Voilà un an qu'ils ont commencé ; il s'agit maintenant de finir ; la bonne volonté ne suffit pas. Il n'est pas question de se mettre dans la gêne pour mettre les autres à l'aise. La règle en pareille matière, c'est l'égalité ou

---

1. II Cor., VIII, 21 ; Rom., XII, 17.
2. Rom., XV, 28.
3. II Cor., VIII, 19-21, 23 ; Act., XX, 4 ; I Cor., XVI, 3-4 ; Phil., II, 25.
4. II Cor., VIII, IX.

plutôt la réciprocité. Pour le moment, les Corinthiens sont riches et les saints de Jérusalem sont pauvres ; c'est aux premiers à secourir les seconds ; les seconds secourront les premiers à leur tour. Ainsi se vérifiera la parole : « Celui qui avait beaucoup ne surabondait pas ; celui qui avait peu ne manquait de rien [1]. »

Paul pria le fidèle Titus de retourner à Corinthe et d'y continuer le ministère de charité qu'il avait si bien commencé. Titus désirait cette mission et il la reçut avec empressement [2]. L'apôtre lui donna deux compagnons dont nous ne savons pas les noms. L'un était du nombre des députés qui avaient été élus pour porter l'offrande de la Macédoine à Jérusalem ; « sa louange, dit Paul, est dans toutes les Églises à cause de l'Évangile qu'il a prêché ». L'autre était un frère « dont Paul avait éprouvé le zèle en beaucoup d'occasions et qui cette fois redoublait d'ardeur par la confiance qu'il avait dans l'Église de Corinthe [3] ». Aucune de ces indications ne suffit pour décider de qui il s'agit [4]. Paul prie les Corinthiens de soutenir

1. Exode, xvi, 18.
2. II Cor., viii, 6, 16-17.
3. II Cor., viii, 18-22 ; comp. *ibid.*, xii, 18. Il n'y a pas de raison suffisante de croire que dans aucun de ces passages il soit question d'un vrai frère de Paul ou de Titus.
4. II Cor., viii, 4, empêche de songer aux Macédoniens de *Act.*,

la bonne opinion qu'il a essayé de donner d'eux à ces trois personnes[1], et emploie pour exciter leur générosité une petite tactique charitable qui nous fait sourire.

« Je sais votre bonne volonté et je m'en fais gloire auprès des Macédoniens : « Allons, leur dis-je, l'Achaïe est prête « depuis un an. » Votre zèle a été un stimulant pour la plupart. Maintenant, je vous ai envoyé les frères, pour que le bien que j'ai dit de vous ne reçoive pas un démenti et que vous soyez prêts, ainsi que je l'ai annoncé. Songez un peu : si les Macédoniens arrivaient avec moi et qu'ils vous trouvassent non préparés, quelle honte pour moi (permettez-moi de dire aussi pour vous)! J'ai donc jugé nécessaire de prier les frères de prendre les devants auprès de vous, afin que l'aumône que vous nous avez promise soit prête, et qu'elle soit une vraie aumône, non une lésinerie. Écoutez bien : Celui qui sème chichement récolte chichement. Que chacun donne ce qu'il a décidé en son cœur de donner, sans chagrin, sans contrainte : Dieu aime qu'on donne gaiement[2]... Celui qui fournit la semence au semeur saura bien vous donner le pain dont vous avez besoin... L'accomplis-

---

xx, 4. Luc serait le personnage qui conviendrait le mieux ; mais alors la brièveté de *Act.*, xx, 1-3, comparée à la prolixité qui domine à partir de *Act.*, xx, 4 et suiv., ne s'explique pas. Luc ne rentra dans la compagnie de Paul qu'au dernier passage à Philippes.

1. II Cor., VIII, 24.
2. Comp. *Ecclésiastique*, xxxv, 11.

sement de cette œuvre pie aura pour effet non-seulement de pourvoir aux besoins des saints, mais de produire des fruits abondants de bénédiction, de montrer votre soumission, votre adhésion à la foi, votre communion avec eux et avec tous. Songez aux prières qu'ils feront pour vous, aux sentiments affectueux qu'ils éprouveront en voyant les grâces que Dieu vous a faites. Oui, grâces à Dieu pour son ineffable don! »

La lettre fut portée à Corinthe par Titus et par les deux frères qui l'accompagnaient[1]. Paul resta encore quelques mois en Macédoine. Les temps étaient bien durs. A peine y avait-il une Église qui n'eût à lutter contre des difficultés sans cesse renaissantes[2]. La patience est la recommandation que l'apôtre adresse le plus souvent. « Tribulations, détresses, angoisses, bastonnades, prisons, mauvais traitements, veilles, jeûnes, — pureté, longanimité, probité, charité sincère, voilà notre vie ; tantôt honorés, tantôt vilipendés, tantôt diffamés, tantôt considérés ; tenus pour imposteurs, bien que véridiques ; pour obscurs, quoique bien connus [de Dieu] ; pour mourants, et voilà que nous vivons ; pour gens que Dieu châtie, et pourtant nous ne mourons pas ; pour tristes, nous

---

1. II Cor., VIII, 6, 16, 18, 22, 23 ; IX, 5.
2. II Cor., I, 4, 6 ; VIII, 2 ; XII, 12 ; Rom., V, 3 ; VIII, 17-18, 35-37 ; XII, 12.

qui sommes toujours gais; pour mendiants, nous qui enrichissons les autres; pour dénués de tout, nous qui avons tout[1]. » La joie, la concorde, l'espoir sans bornes faisaient trouver la souffrance légère, et inauguraient ce règne délicieux du « Dieu d'amour et de paix[2] » que Jésus avait annoncé. A travers mille petitesses, l'esprit de Jésus rayonnait dans ces groupes de saints avec infiniment d'éclat et de douceur.

1. II Cor., vi, 4-10.
2. II Cor., xiii, 11.

CHAPITRE XVII.

SUITE DE LA TROISIÈME MISSION. — SECOND SÉJOUR
DE PAUL A CORINTHE. — L'ÉPITRE AUX ROMAINS.

Paul, selon notre calcul, partit de Macédoine et vint en Grèce à la fin de novembre ou au commencement de décembre de l'an 57. Il avait avec lui les délégués choisis par les Églises de Macédoine pour l'accompagner à Jérusalem et pour porter l'aumône des fidèles, entre autres Sopatros ou Sosipatros, fils de Pyrrhus, de Bérée, un certain Lucius, un certain Tertius, Aristarque et Secundus de Thessalonique [1]. Jason de Thessalonique, son hôte lors de son premier voyage, l'accompagnait aussi, ce semble [2]. Peut-

1. II Cor., ix, 4 ; *Act.*, xx, 4. Comp. Rom., xvi, 21, 22 (Σώπατρος = Σωσίπατρος) ; II Cor., viii, 19, 23 ; I Cor., xvi, 3-4. *Act.*, xx, 2-3, implique que les Macédoniens vinrent à Corinthe avec Paul, et que celui-ci ne les prit pas à son second passage en Macédoine. Rom., xvi, 21-22, prouve la même chose.
2. Rom., xvi, 21.

être, enfin, les députés d'Asie, Tychique et Trophime d'Éphèse, Caïus de Derbé, étaient-ils déjà avec lui¹. Timothée vers ce temps ne le quittait pas². Tout cela faisait une sorte de caravane apostolique, d'un aspect fort imposant. Quand on eut rejoint Titus et les deux autres frères qui avaient accompagné ce dernier à Corinthe, Corinthe posséda vraiment toute l'élite du mouvement nouveau. Paul, conformément à son premier plan, qu'il avait plusieurs fois modifié, mais qu'il finit par exécuter dans ses lignes essentielles, passa dans cette ville les trois mois d'hiver 57-58 (décembre 57, janvier et février 58)³. L'Église d'Athènes était si peu de chose que Paul, selon toute apparence, ne la visita pas, ou du moins ne s'y arrêta guère.

L'apôtre, n'ayant plus à sa disposition la pieuse hospitalité d'Aquila et de Priscille, logea cette fois chez Caïus, dont la maison servait aux réunions de l'Église tout entière, et auquel le rattachait un lien tenu alors pour très-sacré⁴. Stéphanas était peut-être mort ou absent. Paul observait toujours à Corinthe beaucoup de réserve, car il ne se sentait pas sur un ter-

1. *Act.*, xx, 4. Ils ne sont pas nommés dans Rom., xvi.
2. Rom., xvi, 21 ; *Act.*, xx, 4.
3. I Cor., xvi, 6-7.; II Cor., i, 16; *Act.*, xx, 3.
4. Rom., xvi, 23 (texte grec); I Cor., i, 14.

rain bien sûr. Voyant le danger qu'offrait la fréquentation du monde dans une ville aussi corrompue, il revenait parfois sur ses larges principes et conseillait d'éviter entièrement les relations avec les païens[1]. Le bien des âmes à un moment donné était sa seule règle, le seul but qu'il se proposât.

Il est probable que la présence de Paul à Corinthe calma tout à fait les dissentiments qui depuis plusieurs mois lui donnaient tant d'inquiétude[2]. Une allusion amère qu'il fait vers ce temps à « ceux qui se vantent des travaux que Christ n'a pas faits par eux » et à d'autres « qui bâtissent sur les fondements posés par autrui[3] » montre cependant que la vive impression des mauvais procédés de ses adversaires lui était restée. L'affaire de la souscription marchait à souhait : la Macédoine et l'Achaïe avaient réuni une forte somme[4]. L'apôtre trouva enfin un petit intervalle de repos ; il en profita pour écrire, toujours sous forme d'épître, une sorte de résumé de sa doctrine théologique[5].

---

1. II Cor., vi, 14-vii, 1, passage qui n'est pas à sa place.
2. Cela résulte de l'ensemble de l'Épître aux Romains.
3. Rom., xv, 18, 20.
4. Rom., xv, 26.
5. L'expressoin αἱ ἐκκλησίαι πᾶσαι (Rom., xvi, 16) suppose que 'apôtre venait de quitter les Églises de Macédoine.

Comme ce grand exposé intéressait également toute la chrétienté, Paul l'adressa à la plupart des Églises qu'il avait fondées et avec lesquelles il pouvait communiquer en ce moment. Les Églises favorisées d'un tel envoi furent au nombre de quatre au moins [1]. Une de ces Églises fut l'Église d'Éphèse [2]; une copie fut aussi envoyée en Macédoine [3]; Paul eut même l'idée d'adresser ce morceau à l'Église de Rome. Dans tous les exemplaires, le corps de l'épî-

---

1. En effet, l'épître a quatre finales : xv, 33; xvi, 20; xvi, 24; xvi, 27. La partie xvi, 3-20, ou du moins xvi, 3-16, est sûrement adressée à l'Église d'Éphèse. La finale xvi, 25-27, est placée dans d'excellents textes à la fin du ch. xiv; dans le *Codex Alexandrinus,* elle se trouve deux fois, à la fin du ch. xiv et à la fin du ch. xvi. Sans doute, une des épîtres circulaires finissait avec le ch. xiv; en effet, le ch. xv se compose de deux parties : 1° les versets 1-13, qui ne font que répéter le ch. xiv, et qui sûrement ne se trouvaient pas dans les lettres qui contenaient le ch. xiv; 2° les versets 14-33, qui sont propres aux Romains. La comparaison des épîtres aux Colossiens et aux Éphésiens fournit un exemple de pareilles lettres circulaires, différant les unes des autres par des variantes considérables. L'apôtre aimait à faire servir une même épître à plusieurs Églises : Col., iv, 16. Le passage II Cor., vi, 14-vii, 1, montre comment un fragment que les éditeurs ne voulaient pas laisser périr a pu être intercalé dans une épître dont il dérange l'économie.

2. Rom., xvi, 3-16. Voir l'introduction, p. lxv et suiv.

3. La copie qui avait pour finale xvi, 21-24. Paul y parle de Jason et de Sosipatros en première ligne et comme de personnages connus.

tre[1] était à peu près le même ; les recommandations morales et les salutations variaient. Dans l'exemplaire destiné aux Romains, en particulier, Paul introduisit quelques variantes accommodées au goût de cette Église, qu'il savait être très-attachée au judaïsme[2]. C'est l'exemplaire adressé à l'Église de Rome qui servit de base à la constitution du texte, quand on fit le recueil des épîtres de saint Paul. De là le nom que l'épître en question porte aujourd'hui. Les éditeurs (s'il est permis de s'exprimer ainsi) ne copièrent qu'une fois les parties communes ; cependant, comme ils se seraient fait scrupule de rien perdre de ce qui était sorti de la plume de l'apôtre, ils recueillirent à la fin de la copie *princeps* les parties qui variaient dans les différents exemplaires ou qui se trouvaient en plus dans l'un d'eux[3].

Ce précieux écrit, base de la théologie chrétienne, est de beaucoup celui où les idées de Paul sont exposées avec le plus de suite. C'est là que paraît dans tout son jour la grande pensée de l'apôtre : la

---

1. Les onze premiers chapitres, tout dogmatiques, sauf quelques changements dans le ch. I.

2. Les versets xv, 1-13, qui sont comme une concession aux judéo-chrétiens, paraissent avoir été destinés à résumer et à remplacer les chapitres xii, xiii, xiv, dans l'exemplaire de l'Église de Rome. Voir l'introduction, p. LXIII et suiv.

3. Voir ci-dessus, l'introduction, p. LXXII et suiv.

Loi n'importe; les œuvres n'importent; le salut ne vient que de Jésus, fils de Dieu, ressuscité d'entre les morts. Jésus, qui, aux yeux de l'école judéo-chrétienne, est un grand prophète, venu pour accomplir la Loi, est aux yeux de Paul une apparition divine, rendant inutile tout ce qui l'a précédé, même la Loi. Jésus et la Loi sont pour Paul deux choses opposées. Ce qu'on accorde à la Loi d'excellence et d'efficacité est un vol fait à Jésus; rabaisser la Loi, c'est grandir Jésus. Grecs, Juifs, barbares, tous se valent; les Juifs ont été appelés les premiers, les Grecs ensuite; tous ne sont sauvés que par la foi en Jésus [1].

Que peut l'homme, en effet, abandonné à lui-même? Une seule chose, pécher. Et d'abord, en ce qui concerne les païens, le spectacle du monde visible et la loi naturelle écrite en leur cœur auraient dû suffire pour leur révéler le vrai Dieu et leurs devoirs. Par un aveuglement volontaire et inexcusable, ils n'ont pas adoré le Dieu qu'ils connaissaient bien; ils se sont perdus dans leurs vaines pensées; leur prétendue philosophie n'a été qu'égarement. Pour les punir, Dieu les a livrés aux vices les plus honteux, aux vices contre la nature. Les juifs ne sont pas plus innocents; ils ont reçu la Loi, mais ils ne l'ont pas

---

1. Rom., I, 2-4, 14-17; II, 9-11. Comparez Ephes., II et III.

observée. La circoncision ne fait pas le vrai juif; le païen qui observe bien la loi naturelle vaut mieux que le juif qui n'observe pas la loi de Dieu. Les juifs n'ont-ils donc pas quelque prérogative? Sans doute, ils en ont une : c'est à eux que les promesses ont été faites; l'incrédulité de plusieurs d'entre eux n'empêchera pas ces promesses de s'accomplir. Mais la Loi par elle-même n'a pu faire régner la justice; elle n'a servi qu'à créer le délit et à le mettre en évidence. En d'autres termes, les juifs, comme les gentils, ont vécu sous l'empire du péché[1].

D'où vient donc la justification? De la foi en Jésus[2], sans nulle distinction de race. Tous les hommes étaient pécheurs; Jésus a été la victime propitiatoire; sa mort a été la rédemption que Dieu a acceptée pour les péchés du monde, les œuvres de la Loi n'ayant pu justifier le monde. Dieu n'est pas seulement le Dieu des juifs; il est aussi le Dieu des gentils. C'est par la foi qu'Abraham fut justifié, puisqu'il est écrit : « Il crut, et cela lui fut imputé à justice[3]. » La justification est gratuite; on n'y a nul droit par ses mérites; c'est une imputation qui se fait par

---

1. Rom., I, 18-III, 20.
2. Comp. Act., XXVI, 18.
3. Gen., XV, 6. Le passage hébreu est légèrement détourné de son sens.

grâce et par un acte tout miséricordieux de la Divinité [1].

Le fruit de la justification, c'est la paix avec Dieu, l'espérance, et par conséquent la patience, qui fait que nous mettons notre gloire et notre bonheur dans les tribulations, à l'exemple du Christ, qui est mort pour les impies et dans le sang duquel nous avons été justifiés. Si Dieu a tant aimé les hommes qu'il a livré son fils à la mort pour eux, quand ils étaient pécheurs, que ne fera-t-il pas maintenant qu'ils sont réconciliés [2] ?

Le péché et la mort étaient entrés dans le monde par un seul homme, Adam, en qui tous ont péché. La grâce et le salut sont entrés dans le monde par un seul homme, Christ, en qui tous sont justifiés. Deux hommes types ont existé, « le premier Adam », ou l'Adam terrestre, origine de toute désobéissance, « le second Adam », ou l'Adam céleste, origine de toute justice. L'humanité se partage entre ces deux chefs de file, les uns suivant l'Adam terrestre, les autres, l'Adam spirituel [3]. La Loi n'a fait que multi-

---

1. Rom., III, 21-IV, 25.
2. Rom., V, 1-11.
3. Comp. I Cor., XV, 44-50. Cette théorie d'un Adam type (*Adam kadmôn*) a été fort développée par les cabbalistes. Dans les écrits talmudiques, *Adam ha-rischôn* désigne simplement

plier les contraventions, et en donner conscience. C'est la grâce qui, surabondant où avait abondé le délit, a tout effacé, si bien qu'on peut presque dire que, grâce à Jésus, le péché a été un bonheur et n'a servi qu'à mettre en lumière la miséricorde de Dieu[1].

Mais, dira-t-on, péchons alors pour que la grâce surabonde ; faisons le mal pour que le bien en sorte[2]. Voilà, dit Paul, ce qu'on me prête, en faussant ma doctrine. Rien de plus éloigné de ma pensée. Ceux qui ont été baptisés en Christ sont morts au péché, ensevelis avec Christ, pour ressusciter et vivre avec lui, c'est-à-dire pour mener une vie toute nouvelle. Notre « vieil homme », c'est-à-dire l'homme que nous étions avant le baptême, a été crucifié avec Christ. De ce que le chrétien est dégagé de la Loi, il ne suit donc pas qu'il lui soit loisible de pécher. De l'esclavage du péché, il a passé à l'esclavage de la justice ; de la voie de mort, à la voie de vie. Le chrétien d'ailleurs est mort à la Loi ; or la Loi créait le péché. En elle-même, elle était bonne et sainte, mais elle faisait connaître le péché ; elle l'aggravait[3],

---

« le premier homme », Adam. Paul crée *Ha-adam-ha-aharôn* par antithèse.

1. Rom., IV, 12-24.
2. Comp. Rom., III, 5-8.
3. Comp. 1 Cor., XV, 56.

et de la sorte le commandement qui aurait dû créer la vie créait la mort. Une femme est adultère, si du vivant de son mari elle manque à la loi du mariage ; mais, après la mort du mari, il n'y a plus d'adultère possible. Le Christ, en tuant la Loi, nous a donc soustraits à la Loi et gagnés à lui. Mort à la chair, qui portait au péché, mort à la Loi, qui faisait ressortir le péché, le chrétien n'a plus qu'à servir Dieu « dans la nouveauté de l'esprit, et non dans la vétusté de la lettre ». La Loi était spirituelle, mais l'homme est charnel. Il y a deux parts dans l'homme, l'une qui aime et veut le bien, l'autre qui fait le mal, sans que l'homme en ait conscience. N'arrive-t-il pas souvent qu'on ne fait pas le bien qu'on veut, et qu'on fait le mal qu'on ne veut pas ? C'est que le péché habite dans l'homme et agit en lui sans lui. « L'homme intérieur », c'est-à-dire la raison, adhère à la loi de Dieu ; mais la concupiscence est en guerre permanente avec la raison et la loi de Dieu. « Malheureux homme que je suis ! qui me délivrera de ce corps de mort ? Grâces à Dieu, par Jésus-Christ, notre Seigneur[1] ! »

Le vrai chrétien, étant délivré de la Loi et de la concupiscence, est donc à l'abri de la damnation, par la miséricorde de Dieu, qui a envoyé son fils unique

---

1. Rom., VI-VII. La vraie leçon de VII, 25, paraît être χάρις τῷ θεῷ.

prendre une chair de péché, semblable à la nôtre, pour détruire le péché. Mais cette délivrance n'a lieu que si l'homme rompt avec la chair et vit selon l'Esprit. La sagesse de la chair est la grande ennemie de Dieu; elle est la mort même. L'Esprit, au contraire, est la vie. Par lui, nous sommes constitués fils adoptifs de Dieu; par lui, nous crions *Abba*, c'est-à-dire « Père [1] ». Mais, si nous sommes fils de Dieu, nous sommes aussi ses héritiers et les cohéritiers de Christ. Après avoir participé à ses souffrances, nous participerons à sa gloire. Que sont toutes les souffrances actuelles auprès de la gloire qui va bientôt éclater pour nous? La création tout entière attend cette grande apocalypse des fils de Dieu. Elle gémit, elle est en quelque sorte dans les angoisses de l'enfantement; mais elle espère. Elle espère, dis-je, être délivrée de la servitude où elle gémit, assujettie qu'elle est à l'infirmité et à la corruption, et passer à la liberté glorieuse des fils de Dieu. Nous aussi, qui avons reçu les prémices de l'Esprit, nous gémissons en nous-mêmes, attendant le moment où notre élévation à l'état de fils de Dieu sera complète et où notre corps sera délivré de sa fragilité. C'est l'espérance qui nous sauve; or on n'espère pas ce

---

1. Allusion aux mots hébreux que prononçaient les glossolales.

qu'on voit. Persévérons patiemment dans cette attente de l'invisible, avec l'aide de l'Esprit. Nous ne savons pas prier ; mais l'Esprit supplée à notre faiblesse, et intervient pour nous auprès de Dieu par des gémissements ineffables [1]. Dieu qui scrute les cœurs sait deviner les désirs de l'Esprit et démêler ces gémissements indistincts et inarticulés [2].

Quel motif d'assurance, d'ailleurs ! C'est par un acte direct de Dieu que nous sommes désignés pour la métamorphose qui nous rendra semblables à son fils, et qui fera de tous les vivants une troupe de frères dont Jésus sera l'aîné. Par sa prescience, Dieu connaît d'avance les élus ; ceux qu'il connaît, il les prédestine ; ceux qu'il prédestine, il les appelle ; ceux qu'il appelle, il les justifie ; ceux qu'il a justifiés, il les glorifie. Soyons tranquilles : si pour nous Dieu n'a pas épargné son propre fils, et l'a livré à la mort, que peut-il nous refuser ? Qui serait, au jour du jugement, l'accusateur des élus ? Dieu, qui les a justifiés ? — Qui les condamnerait ? Christ, qui est mort et ressuscité, qui est assis à la droite de Dieu, qui intercède pour nous ? Impossible. « Que peuvent donc contre nous les tribulations, les angoisses, la persécution, la faim, la nudité, les périls, le glaive ? Pour

---

1. Allusion aux soupirs des glossolales.
2. Rom., VIII, 1-27.

moi, ajoute Paul, je suis certain que ni la mort, ni la vie, ni les anges, ni les Puissances, ni le présent ni l'avenir, ni les forces d'en haut ni les forces d'en bas, ni rien au monde, ne pourra nous séparer de l'amour de Dieu en Christ Jésus, notre Seigneur[1]. »

On voit à quelle rupture complète avec le judaïsme le christianisme est arrivé entre les mains de Paul. Jésus n'avait pas été aussi loin. Certes, Jésus avait hautement proclamé que le règne de la Loi était fini, qu'il ne restait plus debout que le culte en esprit et en vérité du Dieu-Père. Mais, chez Jésus, la poésie, le sentiment, l'image, le style sont essentiellement juifs. Il relève en droite ligne d'Isaïe, des psalmistes, des prophètes du temps de la captivité, de l'auteur du Cantique des cantiques et parfois de l'auteur de l'Ecclésiaste. Paul ne relève que de Jésus, de Jésus non tel qu'il fut sur le bord du lac de Génésareth, mais de Jésus tel qu'il le conçoit, tel qu'il l'a vu dans sa vision intérieure. Pour ses anciens coreligionnaires, il n'a que de la pitié. Le chrétien « parfait », le chrétien « éclairé » est à ses yeux celui qui sait la vanité de la Loi, son inutilité, la frivolité des pratiques pieuses[2]. Paul voudrait être anathème pour ses frères en Israël; c'est pour lui une grande tris-

---

1. Rom., VIII, 28-39.
2. Rom., XIV, 15; I Cor., IX, 22; Phil., III, 15 et suiv.

tesse, une continuelle peine de cœur de songer à cette race noble, élevée si haut en gloire, qui eut le privilége de l'adoption, de l'alliance, de la Loi, du vrai culte, des promesses, qui a eu les patriarches, dont le Christ est sorti selon la chair. Mais Dieu n'a pas manqué à ses promesses. Pour être issu d'Israël, on n'est pas vrai Israélite ; on est héritier des promesses par le choix et la vocation de Dieu, non par le fait de la naissance. Il n'y a en cela rien d'injuste. Le salut est le résultat, non des efforts humains, mais de la miséricorde de Dieu. Dieu est bien libre d'avoir pitié de qui il veut, et d'endurcir qui il veut. Qui oserait demander raison à Dieu de ses préférences ? Est-ce que le vase d'argile dit au potier : Pourquoi m'as-tu fait ainsi ? Est-ce que le potier n'a pas le droit, avec la même masse de terre, de faire deux vases, l'un pour des usages honorables, l'autre pour des usages ignobles ? S'il plaît à Dieu de préparer tel homme pour montrer sa puissance en le brisant, comme il fit pour Pharaon[1], il en est bien le maître, d'autant plus que cela fait ressortir sa miséricorde envers ceux qu'il a préparés et appelés pour la gloire. Or, cette élection, il la fait sans s'arrêter à aucune considération de race ni de sang[2].

1. Exode, ix, 16.
2. Rom., ix, 1-29.

Si le peuple juif d'ailleurs s'est vu supplanté, c'est sa faute. Il a eu trop de confiance dans les œuvres de la Loi; il a cru par ces œuvres arriver à la justice. Les gentils, débarrassés de cette pierre d'achoppement, sont entrés plus facilement dans la vraie doctrine du salut par la foi. Israël a péché par trop de zèle pour la Loi et pour avoir fait trop de fond sur la justice personnelle qui s'acquiert par les œuvres. Cela lui a fait oublier que la justice vient de Dieu seul, qu'elle est un fruit de la grâce et non des œuvres; cela lui a fait méconnaître l'instrument de cette justice, qui a été Jésus [1].

Dieu a-t-il donc répudié son peuple? Non. Dieu, il est vrai, a trouvé bon d'aveugler et d'endurcir le plus grand nombre des Juifs. Mais le premier noyau d'élus a été pris au sein d'Israël. En outre, la perdition du peuple hébreu n'est pas définitive. Cette perdition a eu seulement pour objet de sauver les gentils et de provoquer entre les deux branches des élus une salutaire émulation. C'est un bonheur pour les gentils que les Juifs aient un moment failli à leur vocation, puisque c'est à leur défaut et grâce à leur défaillance que les gentils ont pu leur être substitués. Mais, si une défaillance du peuple juif, si un moment de retard de sa part a été le salut du monde, que sera son

---

1. Rom., IX, 30-33, et X entier.

entrée en masse dans l'Église ? Ce sera vraiment la résurrection. Si les prémices sont saintes, toute la masse l'est aussi; si la racine est sainte, les rameaux le sont aussi. Quelques rameaux ont été retranchés, et à leur place ont été greffées des branches d'olivier sauvage, lesquelles sont devenues ainsi participantes de la racine et des sucs de l'olivier. Garde-toi bien, olivier sauvage, de t'enorgueillir aux dépens des branches coupées. Ce n'est pas toi qui portes la racine, c'est la racine qui te porte. — Oui, diras-tu; mais les rameaux ont été coupés pour que je sois greffé. — Sans doute; ils ont été coupés faute de foi; toi, c'est à la foi que tu dois tout; prends garde de t'enorgueillir; tremble. Si tu ne persévères, toi aussi tu seras retranché. S'ils viennent à la foi, Dieu a bien le pouvoir de les regreffer sur leur propre tronc. Israël a été aveuglé, jusqu'à ce que la foule des gentils soit entrée dans l'Église; mais, après cela, Israël sera sauvé à son tour. Les dons de Dieu sont sans repentance. L'amitié d'Israël et de Dieu a souffert une éclipse, pour que les gentils pussent dans l'intervalle recevoir l'Évangile; mais la vocation d'Israël, les promesses faites aux patriarches n'en auront pas moins leur effet[1]. Dieu se sert de l'incrédulité des uns pour sauver les autres;

---

1. Comp. II Cor., III, 13-16.

puis ceux qu'il a rendus incrédules, il les sauve à leur tour ; tout cela pour bien établir que le salut est de sa part un pur acte de miséricorde et non un résultat auquel on arrive par droit de naissance, ou par les œuvres, ou par le libre choix de sa raison. Dieu ne prend conseil de personne ; il n'est l'obligé de personne ; il n'a de retour à rendre à personne. « O profondeur des desseins de Dieu ! Que ses jugements sont insondables ! Que ses voies sont impénétrables ! Tout vient de lui, tout est par lui, tout est pour lui. Gloire à lui dans l'éternité ! *Amen*[1]. »

L'apôtre, selon son usage, termine par des applications morales. Le culte du chrétien est un culte de raison[2], sans autre sacrifice que celui de soi-même. Chacun doit présenter à Dieu une victime pure et digne d'être favorablement acceptée[3]. L'esprit de l'Église doit être la modestie, la concorde, la mutuelle solidarité ; tous les dons, tous les rôles y sont intimement associés. Un même corps à plusieurs membres ; tous les membres n'ont pas la

---

1. Rom., xi.

2. Λογικὴ λατρεία. Comp. I Petri, II, 2, 5 ; *Testam. des douze patr.*, Lévi, 3.

3. Idées analogues chez Philon (*De plantat. Noe*, § 25, 28-31 ; *De vict. offer.*, § 1-10), et chez les esséniens (Jos., *Ant.*, XVIII, I, 5 ; Philon, *Quod omnis probus liber*, § 12). Comp. Théophraste, Περὶ εὐσεβείας (Bernays, Berlin, 1866).

même fonction, mais tous ont besoin les uns des autres [1]. Prophètes, diacres, docteurs, prédicateurs, bienfaiteurs, supérieurs, commissaires pour les œuvres de miséricorde sont également nécessaires, pourvu qu'ils portent dans leurs fonctions la simplicité, le zèle, la gaieté que ces fonctions réclament. Charité sans hypocrisie, fraternité, politesse et prévenances, activité, ferveur, joie, espérance, patience, amabilité, concorde, humilité, pardon des injures, amour du prochain, empressement à subvenir aux besoins des saints; bénir ceux qui vous persécutent, se réjouir avec ceux qui se réjouissent, pleurer avec ceux qui pleurent, vaincre le mal non par le mal, mais par le bien : telle est la morale, en partie empruntée aux anciens livres hébreux [2], que Paul prêche après Jésus [3]. Il semble qu'à l'époque où il écrivait cette épître, diverses Églises, surtout l'Église de Rome, comptaient dans leur sein soit des disciples de Juda le Gaulonite, qui niaient la légitimité de l'impôt et prêchaient la révolte contre l'autorité romaine, soit des ébionites, qui opposaient absolument l'un à l'autre le règne de Satan et le règne du Messie, et identifiaient le monde présent avec l'empire du

1. Comparez ci-dessus, p. 407-408.
2. Prov., xxv, 21; Deutér., xxxii, 35; Eccli., xxviii, 1.
3. Rom., xii; xiii, 8-10.

démon[1]. Paul leur répond, en vrai disciple de Jésus :

« Que chacun soit soumis aux puissances régnantes; car il n'y a pas de puissance qui ne vienne de Dieu. Les puissances qui existent sont ordonnées par Dieu ; en sorte que celui qui fait de l'opposition aux puissances résiste à l'ordre établi par Dieu; or, ceux qui résistent à l'ordre établi par Dieu s'attirent un jugement sévère. Les gouvernants, en effet, font peur au mal et non au bien. Veux-tu ne pas craindre l'autorité? Fais le bien, et tu obtiendras d'elle des louanges ; car elle remplit de la part de Dieu auprès de toi un ministère bienfaisant. Mais, si tu fais le mal, tremble; car ce n'est pas en vain qu'elle porte l'épée; elle remplit de la part de Dieu un ministère de vengeance et de colère contre ceux qui font le mal. Il faut donc être des sujets soumis, non-seulement par crainte du châtiment, mais par devoir de conscience. Et voilà pourquoi vous payez les impôts. Les souverains, en effet, sont des fonctionnaires de Dieu[2], occupés à remplir l'office qu'il leur a imposé. Rendez donc à chacun ce qui lui est dû : à qui vous devez l'impôt, payez l'impôt; à qui la redevance, payez la redevance; à qui la crainte, payez la crainte; à qui l'honneur, payez l'honneur[3]. »

---

1. Epiph., hær. xxx, 16; Homél. pseudo-clém., xv, 6, 7, 8.
2. Λειτουργοὶ Θεοῦ. Il faut se rappeler que l'impôt pour le juif impliquait toujours une idée religieuse. Comp. Méliton, dans Cureton, *Spicil. syr.*, p. 43.
3. Rom., xiii, 1-7.

Ceci fut écrit en la quatrième année de Néron. Ce prince n'avait encore donné aucun sujet de le maudire. Son gouvernement avait été jusque-là le meilleur qu'on eût eu depuis la mort d'Auguste. Au moment où Paul, avec beaucoup de bon sens, prenait contre la théocratie juive la défense de l'impôt, Néron en adoucissait les rigueurs et cherchait même à y appliquer les réformes les plus radicales [1]. Les chrétiens à cette date n'avaient pas eu à se plaindre de lui, et on conçoit qu'en un temps où l'autorité romaine servait son œuvre plutôt qu'elle n'y faisait obstacle, Paul ait cherché à prévenir des mouvements tumultueux qui pouvaient tout perdre, et auxquels les juifs de Rome étaient très-portés [2]. Ces séditions, les arrestations et les supplices qui en étaient la suite jetaient la plus grande défaveur sur la secte nouvelle, et en faisaient confondre les adeptes avec les voleurs et les perturbateurs de l'ordre public [3]. Paul avait trop de tact pour être émeutier ; il voulait que le nom de chrétien fût bien porté, qu'un chrétien fût un homme d'ordre, en règle avec la police, de bonne réputation aux yeux des païens [4]. Voilà

---

1. Tacite, *Ann.*, XIII, 50, 51 ; Suétone, *Néron*, 10.
2. Suétone, *Claude*, 25.
3. I Petri, IV, 14-16.
4. Rom., XII, 17. Cf. I Thess., IV, 11.

ce qui lui fit écrire cette page également singulière de la part d'un juif et de la part d'un chrétien. On y voit percer, du reste, avec une rare naïveté ce qu'il y avait dans l'essence même du christianisme naissant de dangereux pour la politique. La théorie du droit divin de tout pouvoir établi est nettement posée. Néron a été proclamé par saint Paul un ministre, un officier de Dieu, un représentant de l'autorité divine! Le chrétien, quand il pourra librement pratiquer sa religion, sera un sujet aveugle, nullement un citoyen. Je n'entends exprimer ici aucun blâme; on ne fait jamais éminemment deux choses à la fois; la politique n'est pas tout, et la gloire du christianisme est justement d'avoir créé en dehors d'elle tout un monde. Mais voyez à quoi on s'expose avec les théories absolues! « Le fonctionnaire de Dieu », dont tous les hommes honnêtes doivent rechercher l'approbation, dont le glaive n'est redoutable qu'aux méchants, deviendra dans quelques années la Bête de l'Apocalypse, l'Antechrist, le persécuteur des saints.

La situation étrange des esprits, la persuasion où l'on était que la fin du monde allait venir, expliquent, du reste, cette hautaine indifférence :

« L'heure est venue de nous réveiller du sommeil. Le

salut est maintenant plus proche que quand nous avons cru. La nuit est passée; le jour approche. Laissons donc là les œuvres de ténèbres et revêtons les armes de la lumière. Marchons honnêtement comme il convient de faire en plein jour, non dans les festins et les orgies, les impuretés et les débauches, les disputes et les jalousies. Revêtez le Christ Jésus et prenez garde que le soin de la chair ne dégénère en désirs [1]. »

La lutte de Paul contre ses adversaires, plus ou moins ébionites, se retrouve dans la partie de sa lettre relative à l'abstinence de viandes et aux observances de néoménies, de sabbats et de jours [2]. L'ébionisme, qui dès cette époque avait à Rome son centre principal [3], tenait beaucoup à ces pratiques extérieures [4], qui n'étaient à vrai dire qu'une continuation de l'essénisme. Il y avait des personnes scrupuleuses, ascétiques, qui non-seulement pratiquaient les ordonnances légales sur les viandes, mais qui encore s'imposaient de ne manger que des légumes,

1. Rom., XIII, 11-14.
2. Comp. Gal., IV, 10; Coloss., II, 16.
3. Epiph., hær. xxx, 18.
4. Epiph., hær. xxx, 2, 15, 16, 17, 18; Homélies pseudo-clém., VIII, 15; XII, 6; XIV, 1; xv, 7. Comp. les relations ébionites sur le genre de vie de Jacques, frère du Seigneur (Eus., *H. E.*, II, 23), et sur la vie de saint Matthieu (Clém. Alex., *Pædag.*, II, 1).

de ne pas boire de vin [1]. Il faut se rappeler que le christianisme se recrutait chez des personnes très-pieuses, et, comme telles, très-portées aux pratiques de dévotion. En devenant chrétiennes, ces personnes restaient fidèles à leurs anciennes habitudes; ou plutôt l'adoption du christianisme n'était pour elles qu'un acte de dévotion (*religio*) de plus. Paul, dans cette nouvelle lettre, demeure fidèle aux excellentes règles de conduite qu'il avait déjà tracées aux Corinthiens [2]. En elles-mêmes, ces pratiques sont parfaitement vaines. Mais ce qui importe par-dessus tout, c'est de ne pas choquer les consciences faibles, de ne pas les troubler, de ne pas raisonner avec elles. Que celui dont la conscience est éclairée ne méprise pas celui dont la conscience est faible. Que la conscience timorée ne se permette pas de juger la conscience large. Que chacun suive son propre jugement; le bien est ce qu'on croit le bien devant Dieu. Comment ose-t-on juger son frère? C'est Christ qui nous jugera tous; chacun n'aura à répondre que pour son propre compte. La distinction des viandes ne repose sur rien; tout est pur. Mais ce qui importe, c'est de ne pas causer de scandale à son frère. Si, en mangeant les viandes permises, tu

---

1. Dan., I, 8, 12; Jos., *Vita*, 2, 3.
2. Voir ci-dessus, p. 398 et suiv.

contristes ton frère, prends garde; à cause d'une question de viandes, ne perds pas une âme pour laquelle Christ est mort. Le royaume de Dieu n'a rien à faire avec le manger et le boire; il se résume en justice, paix, joie, édification ¹.

Les disciples de Paul furent plusieurs jours occupés à copier ce manifeste, à l'adresse des diverses Églises. L'épître aux Églises de Macédoine fut écrite par Tertius. Les Macédoniens qui accompagnaient Paul et les Corinthiens qui avaient des relations avec les Églises du nord de la Grèce profitèrent de l'occasion pour saluer leurs frères ². L'épître aux Éphésiens contenait la salutation nominale de Paul à presque tous les chrétiens de cette grande Église. Comme il y avait peu de relations entre Corinthe et la Macédoine, d'une part, Éphèse, de l'autre, l'apôtre ne parle pas aux Éphésiens du monde qui l'entoure; mais il leur recommande vivement Phœbé, diaconesse de Kenchrées, qui probablement leur porta la lettre. Cette pauvre femme partit pour un rude voyage

---

1. Rom., xiv et xv, 1-13, en observant que ces deux passages se répètent et ne faisaient pas partie du même exemplaire de l'épître. Voir l'introd., p. LXIII-LXIV.

2. Rom., xvi, 21-24. Voir l'introduction, p. LXX. Comparez des ἀσπασμοί semblables κατ' ὄνομα dans un papyrus du Louvre. *Notices et extraits*, t. XVIII, 2ᵉ partie, p. 422.

d'hiver à travers l'Archipel sans autre ressource que la recommandation de Paul. L'Église d'Éphèse était priée de la recevoir d'une façon digne des saints et de pourvoir à tous ses besoins [1]. Paul avait probablement quelques inquiétudes sur les intrigues du parti judéo-chrétien à Éphèse; car, à la fin de la lettre, il ajouta de sa main :

Or, je vous invite, frères, à prendre garde à ceux qui sèment des divisions et des scandales contre la doctrine que vous avez apprise. Évitez-les; car ceux-là servent non pas notre Seigneur Christ, mais leur ventre, et, par leurs flatteries, par leurs cajoleries, ils séduisent les cœurs des simples. Votre docilité est partout vantée; je me réjouis donc de vous; mais je veux que vous soyez sages pour le bien et innocents devant le mal. Le Dieu de paix écrasera bientôt Satan sous vos pieds [2]. »

Nous avons vu que saint Paul, en rédigeant cet

---

1. Rom., XVI, 1-2. Voir l'introduction, p. LXV, LXIX-LXX. Ces deux versets sont bien plus entraînés vers ce qui suit que vers ce qui précède. Quoique rien ne fût au-dessus du dévouement de Phœbé, on comprend mieux qu'elle ait fait en hiver un voyage de quatre-vingts lieues qu'un voyage de trois cents lieues. Ajoutons qu'il est plus naturel que Paul ait recommandé Phœbé aux Éphésiens, qu'il connaissait, qu'aux Romains, qu'il ne connaissait pas.

2. Rom., XVI, 17-20.

écrit capital, s'était proposé de l'envoyer à l'Église de Rome. Cette Église s'était reformée depuis l'édit de Claude, et on en disait beaucoup de bien [1]. Elle était peu nombreuse [2] et en général composée d'ébionites [3] et de judéo-chrétiens [4]; elle renfermait aussi cependant des prosélytes et des païens convertis [5]. L'idée d'adresser un écrit dogmatique à une Église qu'il n'avait pas fondée était hardie et tout à fait en dehors des habitudes de Paul [6]. Il craignit beaucoup qu'on ne vît dans sa démarche quelque chose d'indiscret [7]; il s'interdit tout ce qui aurait pu rap-

1. Rom., I, 8.
2. Cela résulte de *Act.*, XXVIII, 17 et suiv.
3. Épiph., hær. XXX, 18. C'est à Rome que la tradition ébionite fut toujours le plus forte. Les homélies pseudo-clémentines, ouvrage ébionite, ont été écrites à Rome.
4. *Comment. in XIII Epist. Pauli* [d'Hilaire], dans les Œuvres de saint Ambroise, édit. des Bénéd., t. II, 2ᵉ partie, col. 25 et 30.
5. Les passages de l'Épître aux Romains qui supposeraient l'Église de Rome composée pour la plus grande partie de païens et de prosélytes, Rom., I, 6, 11, 13; VI, 14, 17 et suiv.; VII, 1-6; XI, 13, 25, 28, 30; XIV, 1 et suiv.; XV, 7 et suiv., viennent de ce que les Romains n'étaient pas les uniques destinataires de l'épître en question. Ces formules sont, du reste, si vagues que de bons critiques en ont pu conclure, les uns que l'Épître aux Romains a été écrite à des païens convertis, les autres qu'elle a été écrite à des judéo-chrétiens.
6. II Cor., X, 15-16; Rom., XV, 20-21.
7. Rom., XV, 14-15.

peler le ton d'un maître parlant avec autorité; il ne fit pas de salutations personnelles [1]. Avec ces précautions, il pensa que son titre, désormais reconnu, d'apôtre des gentils [2] lui donnait le droit de s'adresser à une Église qu'il n'avait jamais vue [3]. L'importance de Rome comme capitale de l'empire le préoccupait; depuis plusieurs années, il nourrissait le projet de s'y rendre [4]. Ne pouvant exécuter encore son dessein, il voulut donner une marque de sympathie à cette Église illustre, laquelle renfermait une classe de fidèles dont il s'envisageait comme le pasteur [5], et lui annoncer la bonne nouvelle de sa future arrivée [6].

La composition et l'envoi de l'épître dite « aux Romains » occupèrent la plus grande partie des trois mois d'hiver que Paul passa cette fois à Corinthe [7]. Ce

---

1. Voir l'introduction, p. LXIII et suiv.
2. Rom., I, 1, 5, 11, 13, 14; XI, 13; XV, 14-16, 18.
3. Rom., I, 10 et suiv.; XV, 22 et suiv. (cf. *Act.*, XIX, 21), montrent que l'apôtre supposait l'Église de Rome en pleine conformité de principes avec lui.
4. Rom., I, 10 et suiv.; XV, 22 et suiv.; *Act.*, XIX, 21.
5. Rom., I, 5-7, 9 et suiv.; XI, 13; XV, 14-16.
6. Rom., I, 10 et suiv.; XV, 29, 32, parties propres à l'exemplaire adressé aux Romains.
7. Ceux qui tiennent à ce que Tit., III, 12, réponde à quelque réalité historique peuvent supposer que Paul, durant ces trois mois d'hiver, fit le voyage de Nicopolis d'Épire, et s'appuyer superfi-

furent, en un sens, les semaines les mieux remplies de sa vie. Cet écrit devint plus tard le résumé du christianisme dogmatique, la déclaration de guerre de la théologie à la philosophie, la pièce capitale qui a porté toute une classe d'âpres esprits à embrasser le christianisme comme une manière de narguer la raison, en proclamant la sublimité et la crédibilité de l'absurde. C'est l'application des mérites de Christ qui justifie; c'est Dieu qui opère en nous le vouloir et le faire.[1]. Voilà le renversement de la raison, qui, essentiellement pélagienne, a pour dogme fondamental la liberté et la personnalité des mérites. Eh bien, la doctrine de Paul, opposée à tout sens humain, a été réellement libératrice et salutaire. Elle a séparé le christianisme du judaïsme; elle a séparé le protestantisme du catholicisme. Les observances pieuses, persuadant au dévot que par elles il est justifié, ont un double inconvénient : d'abord, elles tuent la morale en faisant croire au dévot qu'il y a un moyen sûr et commode d'entrer en paradis malgré Dieu. Le juif le plus sec de cœur, un usurier égoïste et méchant, s'imaginait qu'en observant la

---

ciellement sur II Cor., x, 14-16; Rom., xv, 19; II Tim., iv, 10. Mais cela ne lève aucune des difficultés qui s'opposent à l'admission de l'Épître à Tite.

1. Phil., ii, 13.

Loi il forçait Dieu de le sauver. Le catholique du temps de Louis XI se figurait qu'avec des messes on procédait envers Dieu comme par sommation d'huissier, si bien que tel vilain homme que Dieu n'aimait pas arrivait, pour peu qu'il fût avisé, à gagner le ciel cartes sur table, et que Dieu était obligé de l'admettre en sa compagnie. Cette impiété, où le judaïsme a versé par le talmudisme, où le christianisme a versé par le catholicisme du moyen âge, saint Paul y a porté le plus énergique remède. Selon lui, on est justifié, non par les œuvres, mais par la foi ; c'est la foi en Jésus qui sauve [1]. Voilà pourquoi cette doctrine, en apparence si peu libérale, a été celle de tous les réformateurs, le levier au moyen duquel Wiclef, Jean Huss, Luther, Calvin, Saint-Cyran ont soulevé une tradition séculaire de routine, de fade confiance dans le prêtre et dans une sorte de justice extérieure, n'entraînant pas le changement du cœur.

L'autre inconvénient des pratiques est de porter au scrupule. Les pratiques, étant supposées avoir une valeur par elles-mêmes, *ex opere operato*, indépendamment de l'état de l'âme, ouvrent la porte à toutes les subtilités d'une casuistique méticuleuse.

---

1. *Act.*, XVI, 31.

L'œuvre légale devient une recette, dont le succès dépend d'une exécution ponctuelle. Ici encore, le talmudisme et le catholicisme se sont rencontrés. Le désespoir des dévots juifs du temps de Jésus et de saint Paul était la crainte de ne pas bien observer toute la Loi, l'appréhension de n'être pas en règle[1]. Il était reçu que le plus saint homme pèche, qu'il est impossible de ne pas prévariquer. On en venait presque à regretter que Dieu eût donné la Loi, puisqu'elle ne servait qu'à amener des contraventions[2]; on avouait cette pensée singulière, que Dieu avait bien pu n'établir toutes ces prescriptions que pour faire pécher et constituer tout le monde pécheur. Jésus, dans la pensée de ses disciples, vint rendre aisée l'entrée de ce royaume de Dieu que les pharisiens avaient rendue si difficile, élargir la porte du judaïsme qu'on avait si fort rétrécie. Paul, du moins, n'imagine pas d'autre manière de supprimer le péché que de supprimer la Loi. Son raisonnement a quelque chose de celui des probabilistes : multiplier les obligations, c'est multiplier les délits; délier les consciences, les rendre aussi larges que possible, c'est

1. Le Talmud est l'expression de ces scrupules sans fin.
2. Voir *Vie de Jésus*, p. 350-354 ; ci-dessus, p. 465 et suiv. ; ci-dessous, t. IV, quand il sera question de l'Épître aux Colossiens. Comp. Pseudo-Héraclite, viie lettre, lignes 87-89 (Bernays).

prévenir les offenses, puisque nul ne viole un précepte par lequel il ne se croit pas obligé.

Le grand tourment des âmes délicates est le scrupule ; qui les en soulage est sur elles tout-puissant. Une des habitudes les plus ordinaires de la dévotion des sectes piétistes en Angleterre est de concevoir Jésus comme celui qui décharge la conscience, rassure le coupable, calme l'âme pécheresse, délivre de la pensée du mal[1]. Accablé sous le sentiment du péché et de la condamnation, Paul de même ne trouve la paix qu'en Jésus. Tous sont pécheurs, tous jusqu'au dernier, tous le sont à cause de leur descendance d'Adam[2]. Le judaïsme, par ses sacrifices pour le péché, avait établi l'idée de comptes en quelque sorte ouverts entre l'homme et Dieu, de rémission et de dettes ; idée assez fausse, car le péché ne se remet pas, il se répare ; un crime commis durera jusqu'à la fin des temps ; seulement, la conscience qui l'a commis peut se redresser et produire des actes tout contraires. Le pouvoir de remettre les péchés était un de ceux qu'on croyait avoir été conférés par Jésus à ses disciples. L'Église n'en eut pas de plus précieux. Avoir commis un

1. Élisabeth Wetherell. Cf. Matth., xi, 28.
2. Voir l'expression juive du même sentiment dans le IVe livre d'Esdras, iii, 21-22 ; iv, 30 ; vii, 46 et suiv. ; viii, 35 et suiv.

crime, avoir la conscience bourrelée, fut un motif pour se faire chrétien. « Voici une loi qui va vous délivrer de péchés dont vous n'avez pu être justifiés par la loi de Moïse[1], » quoi de plus tentant pour le juif? Une des raisons qui fixèrent, dit-on, Constantin dans le christianisme fut la croyance que les chrétiens seuls avaient des expiations pour tranquilliser l'âme d'un père qui avait tué son fils[2]. Le miséricordieux Jésus, pardonnant à tous, accordant même une sorte de préférence à ceux qui ont péché, apparut dans ce monde troublé comme le grand pacificateur des âmes[3]. On se prit à se dire qu'il était bon d'avoir péché, que toute rémission était gratuite, que la foi seule justifiait[4].

Une particularité des langues sémitiques explique un tel malentendu et excuse cette psychologie morale incomplète. La forme *hiphil* signifie à la fois l'effectif et le déclaratif, si bien que *hasdik* veut dire également « rendre juste » et « déclarer

---

1. *Act.*, XIII, 38-39.
2. Zosime, II, 29 ; Sozomène, I, 5.
3. Cela est surtout sensible dans les écrits de Luc. On y voit un parti pris de montrer la conversion du cœur s'opérant en dehors des œuvres légales et morales. En cela, Luc est bien disciple de Paul.
4. *Act.*, XIII, 39.

juste », remettre à quelqu'un une faute qu'il a commise et déclarer qu'il ne l'a pas commise. Le « justifié » est, d'après cet idiotisme, non-seulement celui qui est absous d'une faute, mais celui qui est tranquillisé à ses propres yeux, qui n'a plus à s'occuper des péchés qu'il peut avoir commis, des préceptes qu'il peut avoir violés à son insu.

Quand Paul expédia sa terrible épître, il avait à peu près fixé le jour de son départ[1]. Les plus graves inquiétudes l'assiégeaient[2] ; il avait le pressentiment d'accidents graves, et il s'appliquait souvent ces vers d'un psaume[3] : « Pour toi nous supportons la mort tous les jours, nous sommes tenus pour des brebis destinées à la boucherie[4] ». Des renseignements très-précis, et qui ne se vérifièrent que trop, lui représentaient les dangers qu'il allait courir de la part des Juifs de Judée[5]. Il n'était même pas rassuré sur les dispositions de l'Église de Jérusalem. Il avait trouvé tant de fois cette Église dominée par des préjugés mesquins qu'il craignait une mauvaise réception, laquelle, vu le nombre des croyants encore

1. Rom., xv, 25.
2. *Act.*, xx, 22-23.
3. Ps. xliv (Vulg. xliii), 23.
4. Rom., viii, 35-37.
5. Rom., xv, 30-31.

mal affermis qui l'accompagnaient, eût été d'un effet désastreux. Il invitait sans cesse les fidèles à prier Dieu pour que son offrande fût reçue favorablement par les saints [1]. Mettre ainsi de timides néophytes provinciaux en contact immédiat avec l'aristocratie de la capitale, était une pensée d'une suprême témérité. Guidé par son admirable droiture, Paul n'en persistait pas moins dans son projet. Il se croyait lié par un ordre de l'Esprit [2]. Il disait avec accent qu'il allait à Jérusalem servir les saints; il se représentait comme le diacre des pauvres de Jérusalem [3]. Ses principaux disciples et les députés portant chacun l'offrande de leur Église étaient autour de lui, prêts à partir. C'étaient, rappelons-le, Sopatros de Bérée, Aristarque et Secundus de Thessalonique, Caïus de Derbé, Tychique et Trophime d'Éphèse, et enfin Timothée [4].

---

1. Rom., xv, 30-31.
2. Act., xx, 22.
3. Rom., xv, 25, 26, 31.
4. Act., xx, 4. Comp. I Cor., xvi, 3-4; II Cor., viii, 19, 23; ix, 4; Rom., xvi, 21. Il est vrai qu'au passage des *Actes* qui vient d'être cité, on lit dans la plupart des manuscrits : Συνείποντο δὲ αὐτῷ ἄχρι τῆς Ἀσίας. Mais, si l'on compare tous les passages qui viennent d'être allégués, on se convaincra que les personnages cités *Act.*, xx, 4, étaient pour la plupart des députés des Églises, et qu'au moins ils partirent de Corinthe avec l'intention d'aller à

Au moment où Paul allait s'embarquer pour la Syrie, la justesse de ses craintes se confirma. On découvrit un complot formé par les juifs pour l'enlever ou le tuer durant le voyage [1]. Afin de déconcerter ces projets, Paul changea inopinément d'itinéraire. Il fut décidé qu'on repasserait par la Macédoine. Le départ eut lieu vers le mois d'avril [2] de l'an 58.

Ainsi se termina cette troisième mission, qui, dans la pensée de Paul, achevait la première partie de ses projets apostoliques. Toutes les provinces orientales de l'empire romain, depuis sa limite extrême vers l'est jusqu'à l'Illyrie [3], l'Égypte toujours exceptée,

---

Jérusalem. Si c'était là un simple cortége de politesse destiné à n'accompagner l'apôtre que jusqu'à Milet, comment expliquer que ce cortége se composât de Macédoniens, d'Éphésiens, de Lycaoniens, et ne comptât pas un seul Corinthien? Leur mission, d'ailleurs, eût été singulièrement remplie, puisqu'ils furent séparés de l'apôtre durant la plus grande partie du voyage. Enfin, de l'aveu de tous, Trophime accompagna l'apôtre à Jérusalem. Le manuscrit B du Vatican, le *Sinaiticus* et la Vulgate n'ont pas ἄχρι τῆς Ἀσίας.

1. *Act.*, xx, 3.
2. *Act.*, xx, 6.
3. Rom.; xv, 19, 23. La frontière de l'Illyrie et de la Macédoine était considérée comme faisant la séparation entre l'Orient et l'Occident. Le passage cité n'exige nullement que Paul eût mis le pied en Illyrie. Comp. II Cor., x, 14-16. L'Ἰλλυρικόν ne désignait pas

avaient entendu annoncer l'Évangile. Pas une seule fois, l'apôtre ne s'était départi de sa règle de ne prêcher que dans des pays où le Christ n'avait pas encore été nommé, c'est-à-dire où d'autres apôtres n'avaient point passé ; toute son œuvre avait été originale et n'appartenait qu'à lui seul[1]. La troisième mission avait eu pour champ les mêmes pays que la seconde ; Paul tournait un peu dans le même cercle, et commençait à se trouver à l'étroit[2]. Il lui tardait maintenant d'accomplir la seconde partie de ses projets, c'est-à-dire d'annoncer le nom de Jésus dans le monde occidental, pour qu'on pût dire que le mystère caché depuis l'éternité était connu de toutes les nations[3].

A Rome, il avait été devancé, et d'ailleurs ceux

---

seulement la province d'Illyrie [ou plutôt de Dalmatie] proprement dite ; l'*Illyricum*, au sens vulgaire, embrassait, outre beaucoup de contrées, au nord et à l'est, qui ne faisaient pas partie de la province d'Illyrie (voir Desjardins dans les *Comptes rendus de l'Acad. des inscr.*, 1868, p. 112 et suiv.; *Ann. de l'Inst. arch. de Rome*, 1868, p. 7 et suiv.), des parties de la province de Macédoine (Strabon, II, v, 30; VII, v, 6; VII, 8; VII, fragm. 11, p. 275, lig. 21 et suiv., éd. Didot; comp. VII, VII, 4). Quand Paul était à Bérée, il avait été μέρι τοῦ Ἰλλυρικοῦ.

1. Rom., XV, 20-24. Voir ci-dessus, p. 446-447.
2. Rom., XV, 23.
3. Rom., XVI, 25-26; II Tim., IV, 17. Cf. *Act.*, I, 8; XIII, 47; Rom., X, 18; Isaïe, XLIX, 6; Clem. Rom., *Ad Cor. I*, ch. 5.

de la circoncision formaient la majorité dans l'Eglise. C'est comme pasteur universel des Églises des gentils, pour confirmer les païens convertis, et non comme fondateur, qu'il voulait paraître dans la capitale de l'empire. Il ne voulait qu'y passer, jouir quelque temps de la compagnie des fidèles, se reposer et s'édifier parmi eux, puis prendre, selon son habitude, de nouveaux compagnons de voyage qui le suivraient dans ses courses ultérieures[1]. Au delà, c'est sur l'Espagne qu'il portait son regard[2]. L'Espagne n'avait pas encore reçu à cette époque d'émigrés israélites[3]; l'apôtre voulait donc, cette fois, déroger à l'habitude qu'il avait eue jusque-là de suivre la trace des synagogues et des établissements juifs antérieurs. Mais l'Espagne était considérée comme le terme de l'Occident; de même que Paul se croit autorisé à conclure, de ce qu'il a été en Achaïe et en Macédoine, qu'il a atteint l'Illyrie; de même, dans sa pensée, quand il aura été en Espagne, on pourra dire avec vérité que le nom de Jésus a été annoncé

---

1. Rom., I, 10 et suiv.; xv, 24, 28, 29, 32; *Act.*, xix, 21.
2. Rom., xv, 24, 28.
3. L'assertion contraire est une supposition gratuite ou ne repose que sur des documents apocryphes. Voir Jost, *Geschichte der Israeliten*, V, 12 et suiv.; Amador de los Rios, *Estudios sobre los Judios de España* (Madrid, 1848), c. I.

jusqu'aux confins de la terre et que la prédication de l'Évangile est pleinement accomplie [1].

Nous verrons que des circonstances indépendantes de sa volonté empêchèrent Paul de réaliser la seconde partie du plan grandiose qu'il s'était proposé. Il avait de quarante-cinq à quarante-huit ans; il eût certes trouvé encore le temps et la force de faire dans le monde latin une ou deux de ces missions qu'il avait conduites dans le monde grec avec tant de bonheur; mais le fatal voyage de Jérusalem renversa tous ses desseins. Paul sentait les périls de ce voyage; tout le monde les sentait autour de lui. Il ne pouvait, néanmoins, renoncer à un projet auquel il attachait beaucoup d'importance. Jérusalem devait perdre Paul. C'était pour le christianisme naissant une condition des plus défavorables d'avoir sa capitale dans un foyer de fanatisme aussi exalté. L'événement qui, dans dix ans, détruira de fond en comble l'Église de Jérusalem rendra au christianisme le plus grand service qu'il ait jamais reçu dans le cours de sa longue histoire. La question de vie ou de mort était de savoir si la secte naissante se dégagerait ou non du judaïsme. Or, si les saints de Jérusalem, groupés

---

1. Clem. Rom., *Epist. ad Cor. I,* 5; II Cor., x, 13-16; Rom., xv, 19, 23-24; xvi, 26; II Tim., iv, 17. Cf. *Epist. Clem. ad Jac.* (en tête des Homélies), § 1.

autour du temple, fussent toujours restés l'aristocratie, et, pour ainsi dire, « la cour de Rome » du christianisme, cette grande rupture ne se fût pas faite; la secte de Jésus, comme celle de Jean, se fût éteinte obscurément, et les chrétiens seraient perdus parmi les sectaires juifs du premier et du second siècle.

CHAPITRE XVIII.

RETOUR DE PAUL A JÉRUSALEM.

Paul et les députés des Églises partirent donc de Kenchrées, ayant avec eux les cotisations des fidèles pour les pauvres de Jérusalem, et se dirigèrent vers la Macédoine [1]. C'était ici en quelque sorte le premier pèlerinage de terre sainte, le premier voyage d'une troupe de pieux convertis au berceau de leur foi. Il semble que le navire, pendant une partie du voyage [2], fut nolisé à leurs frais et qu'il obéissait à leurs ordres; mais ce devait être une simple barque pontée. On faisait quinze ou vingt lieues par jour; chaque soir, on s'arrêtait pour passer la nuit dans les îles ou les ports dont la côte est

---

1. *Act.*, xx, 3-4; xxiv, 17.
2. Cela résulte de l'ensemble du récit. Voir surtout *Act.*, xx, 6, 13, 16, 17, 18, 36.

semée [1]; on allait coucher dans les tavernes, près du rivage. Il y avait là souvent beaucoup de monde, et, dans le nombre, de bonnes gens qui n'étaient pas loin du royaume de Dieu. La barque, cependant, avec sa poupe et sa proue relevées, était tirée sur le sable ou à l'ancre sous quelque abri.

On ne sait si l'apôtre toucha cette fois à Thessalonique : cela n'est pas probable; c'eût été un grand détour. A Néapolis, Paul eut le désir d'aller visiter l'Église de Philippes, qui en était très-peu éloignée. Il fit prendre les devants à tous ses compagnons et leur demanda d'aller l'attendre à Troas. Pour lui, il se rendit à Philippes [2], y célébra la pâque et passa dans le repos, avec les personnes qu'il aimait le plus au monde, les sept jours où l'on mangeait les pains azymes. A Philippes, Paul retrouva le disciple qui, lors de sa seconde mission, avait dirigé ses premiers pas en Macédoine, et qui, selon les plus grandes probabilités, n'était autre que Luc. Il le prit de nouveau avec lui et attacha ainsi au voyage un narrateur qui devait nous en transmettre les impressions avec infiniment de charme et de vérité [3].

1. Comp. Mischna, *Érubin*, IV, 2.
2. Comp. Phil., II, 12; III, 18.
3. *Act.*, XX, 5-6. Voir ci-dessus, p. 130 et suiv. La vivacité et la justesse de *Act.*, XX, 6 et suiv., comparées à la sécheresse

Quand les jours des azymes furent finis, Paul et Luc se rembarquèrent à Néapolis[1]. Ils eurent sans doute des vents contraires, car ils mirent cinq jours pour aller de Néapolis à Troas. Dans cette dernière ville, toute la troupe apostolique se trouva au complet. Il y avait, comme nous l'avons déjà dit, une Église à Troas; l'apôtre passa sept jours avec elle et la consola beaucoup. Un incident ajouta à l'émotion générale. La veille du départ était un dimanche; les disciples se réunirent, selon l'usage, le soir pour rompre ensemble le pain. La pièce où l'on se trouvait était une de ces chambres hautes qui sont si agréables en Orient, surtout dans les ports de mer. La réunion fut nombreuse et solennelle. Paul continuait de voir partout des signes de ses futures épreuves[2]; il ramenait sans cesse le discours sur sa fin prochaine, et déclarait aux assistants qu'il leur disait un éternel adieu. On était au mois de mai; la fenêtre était ouverte, et de nombreuses lampes éclairaient la pièce. Paul parla toute la soirée avec une verve infa-

---

de ce qui précède, sont bien d'un homme qui, dans son récit, passe de choses qu'il n'a pas vues et qu'il ne sait pas bien, à des choses dont il a été témoin oculaire.

1. Pour tout ceci, il n'y a qu'à suivre pas à pas le récit *Act.*, xx, 6 et suiv., récit dont la forme garantit l'exactitude.

2. *Act.*, xx, 23.

tigable; à minuit, il parlait encore, et on n'avait pas rompu le pain, quand tout à coup un cri d'horreur s'éleva. Un jeune garçon nommé Eutyque, assis sur le bord de la fenêtre, s'était laissé aller à un profond sommeil et venait de tomber du troisième étage sur le sol. On le relève, on le croit mort. Paul, persuadé de ses pouvoirs miraculeux, n'hésite pas à faire ce que fit, dit-on, Élisée[1] : il s'étend sur le jeune homme évanoui; il met sa poitrine sur sa poitrine, ses bras sur ses bras, et bientôt il annonce avec assurance que celui qu'on pleure est encore en vie. Le jeune homme, en effet, n'avait été que froissé de la chute; il ne tarda pas à revenir à lui. La joie fut grande, et tous crurent à un miracle. On remonta dans la chambre haute, on rompit le pain, et Paul continua l'entretien jusqu'à l'aurore.

Quelques heures après, le navire mettait à la voile. Les députés et les disciples seuls y montèrent; Paul avait préféré faire à pied, ou du moins par terre, le voyage de Troas à Assos[2] (huit lieues environ). On se donna rendez-vous à Assos, où l'on se retrouva en effet. A partir de ce moment, Paul et ses compagnons ne se quittèrent plus. Le premier jour, on

1. II Rois, IV, 34.
2. Aujourd'hui en ruine; village de Beïramkeui.

alla d'Assos à Mitylène[1], où l'on fit escale ; le second jour, on suivit le détroit entre Chios et la presqu'île de Clazomènes ; le troisième, on toucha à Samos[2] ; mais, pour un motif que nous ignorons, Paul et ses compagnons aimèrent mieux aller passer la nuit à l'ancrage de Trogyle, sous la pointe du cap voisin, au pied du mont Mycale[3]. On avait ainsi passé devant Éphèse sans y aborder. C'était l'apôtre qui l'avait voulu : il craignait que l'amitié des fidèles d'Éphèse ne le retînt et que lui-même ne pût s'arracher à une ville qui lui était chère ; or il tenait beaucoup à célébrer la Pentecôte à Jérusalem, et, vingt-trois ou vingt-quatre jours s'étant écoulés depuis Pâques, il n'y avait pas de temps à perdre. Le lendemain, une courte navigation conduisit la troupe fidèle de Trogyle à l'un des ports de Milet[4]. Là, Paul éprouva un vif scrupule d'avoir passé sans donner signe de vie à sa chère communauté d'Éphèse. Il envoya un de ses compagnons pour la prévenir qu'il était à quel-

1. Aujourd'hui Kastro de Métélin.
2. Sans doute à la capitale de l'île, aujourd'hui Port Tigani, près du village de Cora.
3. Strabon, XIV, 1, 12, 13, 14 ; Pline, V, 31 ; Ptolémée, V, 11, 8. Voir les cartes de l'amirauté anglaise, nos 1530 et 1555.
4. Strabon, XIV, 1, 6. Les atterrissements du Méandre ont rejeté Milet (aujourd'hui Palatia) dans les terres (carte de l'amirauté, n° 1555).

ques lieues d'elle, et pour inviter les anciens ou surveillants à venir le trouver. Ils vinrent avec empressement, et, quand ils furent réunis, Paul leur adressa un discours touchant, résumé et dernier mot de sa vie apostolique[1] :

« Depuis le jour où je suis venu en Asie, vous savez ce que j'ai été pour vous. Vous m'avez vu servir Dieu dans l'humilité, les larmes, les épreuves, et employer toutes mes forces à prêcher aux juifs et aux gentils le retour à Dieu et la foi en Notre-Seigneur Jésus-Christ. Et maintenant, voilà que, lié par l'Esprit, je vais à Jérusalem. Je ne sais ce qui m'y attend; je sais seulement que, de ville en ville, l'Esprit-Saint m'annonce[2] que des chaînes et des tribulations m'attendent. Mais peu m'importe; je fais volontiers le sacrifice de ma vie, pourvu que j'achève ma course et que j'accomplisse la mission que j'ai reçue du Seigneur Jésus, de rendre témoignage à l'Évangile de la grâce de Dieu. O vous tous à qui

---

1. Le narrateur des *Actes* fut présent à ce discours; mais il est clair qu'il ne faut pas chercher ici de reproduction littérale. Le narrateur aura, sans s'en douter, modifié le discours selon la disposition d'esprit où il était en écrivant son récit. La prédiction du verset 25 ne s'accorde pas bien avec Phil., II, 24, et Philem., 22.

2. Par des songes et des pressentiments, ou par des indices fortuits tenus pour prophétiques, ou par des prophètes : comp. *Act.*, XXI, 4, 10 et suiv.

j'ai annoncé le royaume, je sais que vous ne verrez plus mon visage; je proteste donc aujourd'hui que je suis innocent de la perte de ceux qui périront; car je n'ai rien négligé pour vous faire connaître la volonté de Dieu. Veillez sur vous-mêmes et sur tout le troupeau auquel l'Esprit-Saint vous a donnés pour surveillants; soyez les vrais pasteurs de l'Église que le Seigneur a acquise par son sang; car je sais qu'après mon départ des loups rapaces tomberont sur vous et n'épargneront pas le troupeau. Et du milieu de vous se lèveront des hommes proférant des discours pervers, pour attirer des disciples après eux[1]. Veillez donc, vous souvenant que, durant trois années, je n'ai cessé jour et nuit d'exhorter chacun avec larmes. Et maintenant, je vous recommande à la grâce de Dieu, qui peut vous donner une place parmi les sanctifiés. Je n'ai désiré ni l'argent, ni l'or, ni le vêtement d'aucun de vous. Vous savez que ces mains ont pourvu à mes besoins et à ceux de tous mes compagnons. Je vous ai montré comment on peut par le travail avoir encore de quoi secourir les pauvres et justifier la parole du Seigneur : « Il y a « plus de bonheur à donner qu'à recevoir. »

---

1. Ici l'auteur des *Actes* force la nuance et nous offre des idées, non de l'an 58, où nous sommes, mais de l'an 75 ou 80.

Tous alors s'agenouillèrent et prièrent. On n'entendait qu'un sanglot étouffé. La parole de Paul : « Vous ne verrez plus mon visage, » leur avait percé le cœur. Chacun à leur tour, les anciens d'Éphèse s'approchèrent de l'apôtre, appuyèrent leur tête sur son cou et l'embrassèrent. Ils le conduisirent ensuite au port et ne quittèrent le rivage que quand le navire appareilla, entraînant l'apôtre loin de cette mer Égée qui avait été comme le champ clos de ses luttes et le théâtre de sa prodigieuse activité.

Un bon vent arrière porta la troupe apostolique du port de Milet à Cos. Le lendemain, elle atteignit Rhodes [1], et, le troisième jour, Patare [2], sur la côte de Lycie. Là, ils trouvèrent un navire qui chargeait pour Tyr. Le petit cabotage qu'ils avaient fait jusque-là au long des côtes d'Asie les eût fort attardés, s'il eût dû se continuer au long des côtes de Pamphylie, de Cilicie, de Syrie et de Phénicie. Ils préférèrent couper court, et, laissant là leur premier navire, ils montèrent sur celui qui faisait voile pour la Phénicie. La côte occidentale de Chypre était juste sur leur chemin. Paul put voir de loin cette Néa-Paphos, qu'il avait visitée treize ans auparavant, au

---

1. Les chefs-lieux des îles de Cos et de Rhodes sont restés au même point que dans l'antiquité.
2. Aujourd'hui ruinée.

début de sa carrière apostolique. Il la laissa sur sa gauche, et, au bout d'une navigation qu'on peut supposer avoir été de six ou sept jours, il arriva à Tyr.

Tyr avait une Église, datant des premières missions qui suivirent la mort d'Étienne[1]. Quoique Paul n'eût été pour rien dans sa fondation, il y était connu[2] et aimé. Dans la querelle qui divisait la secte naissante, dans ce grand déchirement entre le judaïsme et l'enfant étrange auquel le judaïsme donnait le jour, l'Église de Tyr était décidément du parti de l'avenir. Paul y fut très-bien reçu et y passa sept jours. Tous les inspirés de l'endroit le détournèrent fort d'aller à Jérusalem; ils disaient avoir des manifestations de l'Esprit absolument contraires à ce plan. Mais Paul persista, et nolisa une barque pour Ptolémaïde[3]. Le jour du départ, tous les fidèles avec leurs femmes et leurs enfants le conduisirent hors de la ville sur le rivage. La pieuse compagnie s'agenouilla sur le sable et pria. Puis on se dit adieu; l'apôtre et ses compagnons se rembarquèrent et les Tyriens retournèrent tristes chez eux.

Le jour même, on fut à Ptolémaïde. Là aussi, il y avait quelques frères; on alla les saluer et on de-

1. *Act.*, xi, 19.
2. *Act.*, xv, 3.
3. Saint-Jean-d'Acre.

meura un jour avec eux. Puis l'apôtre abandonna la voie de mer. Contournant le Carmel, il gagna en un jour Césarée de Palestine. On descendit chez Philippe, l'un des sept diacres primitifs, qui depuis de longues années s'était fixé à Césarée[1]. Philippe n'avait pas pris, comme Paul, le titre d'apôtre, quoiqu'il en eût en réalité exercé les fonctions. Il se contentait du nom d' « évangéliste », qui désignait des apôtres de second rang[2], et du titre encore plus prisé de « l'un des sept ».

Paul trouva ici encore beaucoup de sympathie; il resta quelques jours chez Philippe. Pendant qu'il y était, arriva justement de Judée le prophète Agab. Paul et lui s'étaient connus à Antioche, quatorze ans auparavant. Agab imitait les manières des anciens prophètes[3], et affectait d'agir d'une façon symbolique. Il entre d'un air mystérieux, s'approche de Paul, lui prend sa ceinture. On suivait ses mouvements avec curiosité et terreur. Avec la ceinture de l'apôtre qu'il a prise, Agab s'attache les jambes et les mains. Puis, rompant tout à coup le silence, et d'un ton inspiré : « L'Esprit-Saint dit ceci : L'homme à qui appartient cette ceinture sera ainsi lié à Jéru-

1. Voir *les Apôtres*, p. 150 et suiv.
2. Ephes., IV, 11; Eusèbe, *Hist. eccl.*, III, 37.
3. Comp. *Act.*, XXI, 11 à *II Rois*, XXII, 11.

salem par les Juifs et livré aux mains des gentils. »
L'émotion fut des plus vives. Les compagnons de Paul
et les fidèles de Césarée n'eurent qu'une voix pour
supplier l'apôtre de renoncer à son voyage. Paul fut
inflexible, et déclara que les chaînes n'avaient rien
qui pût l'effrayer, puisqu'il était prêt à mourir à Jérusalem pour le nom de Jésus. Ses disciples virent
bien qu'il ne céderait pas, et finirent par dire : « Que
la volonté de Dieu se fasse ! » On se mit donc aux
préparatifs du départ. Plusieurs des fidèles de Césarée se joignirent à la caravane. Mnason, de Chypre,
très-ancien disciple, qui avait une maison à Jérusalem, mais qui en ce moment se trouvait à Césarée,
fut du nombre. L'apôtre et sa suite devaient loger
chez lui. On se défiait de l'accueil qu'on trouverait
de la part de l'Église; il y avait dans toute la compagnie beaucoup de trouble et d'appréhension.

CHAPITRE XIX.

DERNIER SÉJOUR DE PAUL A JÉRUSALEM. — SON ARRESTATION.

Paul entra dans cette funeste ville de Jérusalem pour la dernière fois, quelques jours, ce semble, après la fête de la Pentecôte[1] (juillet 58). Sa suite, formée des délégués des Églises de Grèce, de Macédoine et d'Asie, de ses disciples et des fidèles de Césarée qui avaient voulu l'accompagner, dut suffire pour

---

1. *Act.*, xx, 16. En additionnant les jours énumérés dans les *Actes*, en évaluant à cinq jours seulement la traversée de Patare à Tyr, à quatre jours le repos à Césarée, et en évaluant tout le reste au plus court, on obtient juste cinquante jours depuis la pâque célébrée à Philippes. Mais quatre jours sont trop peu pour répondre aux ἡμέρας πλείους passés à Césarée. En outre, le tour du verset xxi, 16, n'eût pas été aussi dubitatif qu'il l'est si Paul fût réellement arrivé à l'époque qu'il s'était fixée. Enfin, *Act.*, xxi, 17 et suiv., n'invite pas à croire que Paul ait passé la fête à Jérusalem.

donner l'éveil aux juifs. Paul commençait à être fort connu. Son arrivée était attendue par les fanatiques, lesquels avaient probablement reçu de Corinthe et d'Éphèse l'avis de son retour. Juifs et judéo-chrétiens paraissaient s'entendre pour le dénigrer. On le présentait partout comme un apostat, comme l'ennemi acharné du judaïsme, comme un homme qui courait le monde pour détruire la loi de Moïse et les traditions bibliques [1]. Sa doctrine sur les viandes immolées aux idoles, surtout, excitait de vives colères [2]. On soutenait qu'il manquait aux conventions du concile de Jérusalem sur les observances relatives aux viandes et au mariage. On le présentait comme un nouveau Balaam, semant le scandale devant les fils d'Israël, leur apprenant à pratiquer l'idolâtrie et à forniquer avec des païennes [3]. Sa doctrine sur la justification par la foi et non par les œuvres était énergiquement repoussée [4]. En admettant que les païens convertis ne fussent pas obligés à toute la Loi, rien ne pouvait dispenser un Juif des devoirs inhé-

---

1. *Act.*, XXI, 24.
2. Apoc., II, 14, 20; Hom. pseudo-clém., VII, 4, 8.
3. Comparez *Act.*, XV, 20; I Cor., VIII, 1 et suiv.; II Cor., VI, 16 et suiv.; Jud., 7, 11; II Petri, II, 15; Apoc., II, 14-15, 20; Justin, *Dial. cum Tryph.*, 35; pseudo-Clém., *Recognit.*, IV, 36.
4. Jac., II, 21-24. Comp. Rom., III, 27-28; IV, 2-5.

rents à sa race¹. Or, Paul n'en tenait aucun compte; il se donnait les mêmes libertés que ses convertis; il n'était plus juif à aucun degré.

Les premiers frères que les nouveaux venus rencontrèrent le jour de leur arrivée leur firent bon accueil². Mais il est déjà bien remarquable que ni les apôtres ni les anciens ne vinrent au-devant de celui qui, accomplissant les plus hardis oracles des prophètes, amenait les nations et les îles lointaines comme tributaires de Jérusalem. Ils attendirent sa visite avec une froideur plus politique que chrétienne, et Paul dut passer seul, avec quelques humbles frères, la première soirée de son dernier séjour à Jérusalem.

Jacques Obliam était, comme nous l'avons déjà vu, le chef unique et absolu de l'Église de Jérusalem. Pierre était certainement absent, et très-probablement établi à Antioche; on peut croire que Jean, selon sa coutume³, l'accompagnait. Le parti judéo-chrétien régnait ainsi sans contre-poids à Jérusalem. Jacques, aveuglé par le respect dont tout le monde l'entourait, fier d'ailleurs du lien de parenté qui l'unissait à Jésus, représentait un principe de conservation et de solennité pesante, une sorte de pa-

---

1. *Act.*, xv, 24; xxi, 20.
2. *Act.*, xxi, 17 et suiv.
3. *Act.*, i, 13; iii, 1, 3, 4, 11; iv, 13, 19; viii, 14.

pauté obstinée en son esprit étroit. Autour de lui, un nombreux parti, plus pharisien que chrétien, portait le goût des observances légales presque au même degré que les zélotes, et s'imaginait que le mouvement nouveau avait pour essence un redoublement de dévotion [1]. Ces exaltés se donnaient à eux-mêmes le nom de « pauvres », *ébionim*, πτωχοί, et s'en glorifiaient [2]. Il y avait bien quelques riches dans la communauté, mais ils étaient mal vus; on les tenait pour aussi orgueilleux et aussi tyranniques que les sadducéens [3]. La fortune en Orient n'a presque jamais une source honnête; de tout riche, on peut dire, sans beaucoup de chance d'erreur, que lui ou un de ses ancêtres a été conquérant, voleur, concussionnaire ou homme vil [4]. La liaison d'idées qui fait, surtout chez les Anglais, associer d'assez près l'honnêteté et la richesse, n'a jamais été le fait de l'Orient. La Judée, du moins, concevait les choses à l'inverse. Pour les saints de Jérusalem, « riche » était synonyme d' « ennemi » et de « méchant [5] ». L'idéal de l'impie était à leurs yeux l'opulent sadducéen, qui les persécutait,

---

1. *Act.*, XXI, 20.
2. Jac., II, 5 et suiv.
3. Jac., I, 10-11; II, 1 et suiv.; IV, 1 et suiv.; V, 1 et suiv., 9.
4. Se rappeler le mot de saint Jérôme : « Omnis dives aut iniquus est aut hæres iniqui. »
5. Jac., II, 1 et suiv.

les traînait devant les tribunaux[1]. Passant leur vie autour du temple, ils ressemblaient à de bons fratricelles, occupés à prier pour le peuple. C'étaient, en tout cas, des juifs renforcés, et certes Jésus eût été surpris s'il avait pu voir ce que sa doctrine devenait entre les mains de ceux qui se vantaient de tenir le plus à lui par l'esprit et par le sang.

Paul, accompagné des députés des Églises, alla voir Jacques le lendemain du jour de son arrivée[2]. Tous les anciens étaient rassemblés dans la maison d'Obliam. On se donna le salut de paix. Paul présenta à Jacques les députés; ceux-ci lui remirent les sommes qu'ils apportaient. Puis il raconta les grandes choses que Dieu avait faites dans le monde païen par son ministère; les anciens en rendirent grâces à Dieu. La réception, cependant, fut-elle ce qu'on avait droit d'attendre? On en peut douter. L'auteur des *Actes* a si complétement modifié, en vue de son système de conciliation, le récit de l'assemblée de Jérusalem en 51[3], qu'on doit croire qu'il a également fort mitigé dans son récit les faits dont il s'agit en ce moment. Dans le premier cas, son inexactitude nous est démontrée

---

1. Jac., II, 6.
2. *Act.*, XXI, 18 et suiv.
3. Voir ci-dessus, p. 81-82, note; p. 92, note 2, et *les Apôtres*, p. XXIX et suiv.

par la comparaison de l'Épître aux Galates. Dans le second, des raisons graves nous amènent à supposer qu'il a également sacrifié la vérité aux besoins de la politique. D'abord, les appréhensions que Paul témoignait d'avance sur les dispositions avec lesquelles les saints de Jérusalem agréeraient son offrande[1] ne peuvent avoir été sans quelque fondement. En second lieu, le récit de l'auteur des *Actes* renferme plus d'un trait louche. Les judéo-chrétiens y sont présentés comme des ennemis de Paul, presque à l'égal des juifs purs. Ces judéo-chrétiens ont de lui la plus mauvaise opinion; les anciens ne dissimulent pas à Paul que le bruit de son arrivée les mécontentera et pourra provoquer une manifestation de leur part. Les anciens ne se donnent pas comme partageant ces préventions; mais ils les excusent, et, en tout cas, on voit clairement, d'après leurs paroles, qu'une grande partie des chrétiens de Jérusalem, loin d'être prête à bien recevoir l'apôtre, avait besoin d'être calmée et réconciliée avec lui[2]. Il est remarquable aussi que l'auteur des *Actes* ne parle de la collecte qu'après coup et de la façon la plus indirecte[3]. Si l'offrande eût été accueillie ainsi qu'elle au-

1. Rom., xv, 31.
2. *Act.*, xxi, 20 et suiv.
3. *Act.*, xxiv, 17.

rait dû l'être, pourquoi ne le dit-il pas, quand Paul, dans trois de ses épîtres [1], consacre à ce projet des pages entières? On ne saurait nier que Simon le Magicien, dans la plupart des cas où la tradition chrétienne s'occupe de lui, ne soit le pseudonyme de l'apôtre Paul[2]. Le récit d'après lequel cet imposteur aurait voulu acheter à prix d'argent[3] les pouvoirs apostoliques ne serait-il pas une transformation du mauvais accueil fait par les apôtres de Jérusalem à la collecte de Paul? Il serait téméraire de l'affirmer[4]. Cependant, qu'un collége de docteurs malveillants ait présenté comme une tentative de corruption l'acte généreux d'un confrère qui n'était pas de leur avis, cela est fort admissible. Si les anciens de Jérusalem n'eussent pas été remplis des plus étroites pensées, comment expliquer l'étrange discours que leur prête l'auteur des *Actes* et qui trahit

1. I Cor., xvi, 1 et suiv.; II Cor., viii-ix; Rom., xv, 26 et suiv.
2. Voir ci-dessus, p. 303-304, note.
3. Cf. Épître de Jude, 11.
4. La difficulté contre cette hypothèse, c'est qu'on ne conçoit guère qu'à l'époque de la rédaction des *Actes*, l'empreinte première d'un mythe aussi injurieux à Paul eût été assez effacée pour que le rédacteur, essentiellement favorable à Paul, l'ait introduite en son récit sans en voir le sens original. Qu'il l'ait introduite pour distinguer Paul du Simon fictif des judéo-chrétiens, c'est ce qui est encore plus invraisemblable; le rédacteur des *Actes* cherche plutôt à atténuer le crime de Simon qu'à l'exagérer.

tout leur embarras? L'action de grâces, en effet, était à peine finie, qu'on dit à Paul[1] : « Tu vois, frère, combien est grand le nombre des croyants parmi les Juifs; et tous sont d'ardents zélateurs de la Loi. Or, ils ont entendu dire que tu enseignes aux Juifs dispersés parmi les nations l'apostasie de la loi de Moïse, les détournant de circoncire leurs enfants et de marcher selon les coutumes juives. Que faire donc? De tous côtés, ils vont apprendre ton arrivée[2]. Fais ce que nous allons te dire. Nous avons ici quatre hommes ayant contracté un vœu. Prends-les, purifie-toi avec eux, supporte les frais qu'entraîne la cérémonie de consécration des nazirs, et tous sauront alors que ce qu'ils ont entendu dire de toi n'est rien et que, toi aussi, tu observes la Loi. »

Ainsi, à celui qui leur apportait l'hommage d'un monde, ces esprits bornés ne savent répondre que par une marque de défiance. Paul devra expier par une momerie ses prodigieuses conquêtes. Il faut qu'il donne des gages à la petitesse d'esprit. C'est quand on l'aura vu accomplir avec quatre mendiants, trop pauvres pour se faire raser la tête à leurs frais, une superstition populaire qu'on le reconnaîtra pour con-

---

1. *Act.*, XXI, 20 et suiv.
2. Nous suivons le *Vaticanus*. Ce verset paraît avoir été retouché.

frère. Telle est l'étrange condition de l'humanité, qu'il ne faut pas s'étonner d'un tel spectacle. Les hommes sont trop nombreux pour qu'il soit possible de fonder quelque chose ici-bas sans faire des concessions à la médiocrité. Pour heurter les scrupules des faibles, il faut être ou complétement désintéressé de l'action, ou très-puissant. Ceux que leur position oblige à compter avec la foule sont amenés à demander aux grands hommes indépendants de singulières inconséquences. Toute pensée vigoureusement avouée est dans le gouvernement du monde un embarras. L'apologie, le prosélytisme, eux-mêmes, quand ils impliquent un peu de génie, sont pour les partis conservateurs des choses suspectes. Voyez ces éloquents laïques qui de nos jours ont tenté d'élargir le catholicisme et de lui concilier les sympathies d'une partie de la société qui était fermée jusque-là au sentiment chrétien ; qu'ont-ils obtenu de l'Église à laquelle ils amenaient des foules d'adhérents nouveaux ? Un désaveu. Les successeurs de Jacques Obliam ont trouvé prudent de les condamner, tout en profitant de leurs succès. On a accepté leur offrande sans un remercîment ; on leur a dit comme à Paul : « Frères, vous voyez ces milliers de vieux croyants qui tiennent à des choses que vous passez sous silence quand vous parlez aux gens du monde ; prenez garde, laissez là les nouveautés qui scandalisent, et sanctifiez-vous avec nous. »

Que fera Paul placé entre son grand principe de l'inutilité des œuvres et l'immense intérêt qu'il y avait à ne pas rompre avec l'Église de Jérusalem ? Sa position dut être cruelle. Se soumettre à une pratique qu'il tenait pour inutile et presque pour injurieuse à Jésus, puisqu'elle pouvait laisser croire que le salut s'obtient par autre chose que les mérites du Christ, c'était se mettre en contradiction flagrante avec la doctrine qu'il avait partout prêchée, et que, dans sa grande épître circulaire en particulier, il avait développée avec une force sans pareille. Pourquoi, d'ailleurs, lui demande-t-on de remettre en vigueur un rite arriéré, dénué de toute efficacité, et qui est presque une négation du dogme nouveau? Pour bien montrer qu'il est juif, pour réfuter d'une façon péremptoire le bruit répandu qu'il avait cessé d'être juif, qu'il n'admettait plus la Loi ni les traditions. Or, bien sûrement, il ne les admettait plus. Conniver à ce malentendu, n'était-ce pas une infidélité envers Christ ? Tout cela dut arrêter Paul et l'agiter profondément. Mais un principe supérieur, qui domina sa vie, lui fit vaincre ses répugnances. Au-dessus des opinions et des sentiments particuliers, Paul plaçait la charité. Christ nous a délivrés de toute loi; mais, si, en profitant de la liberté que Christ nous a donnée, on scandalise son frère, il vaut mieux renoncer à cette liberté et se remettre en esclavage. C'est en vertu de ce principe que Paul, comme il le dit lui-même, se fit tout à tous, juif avec les juifs, gentil avec les gentils [1]. En acceptant la proposition de Jacques et des anciens, il appliquait son principe favori; il se soumit donc. Jamais peut-être, dans sa vie d'apôtre, il ne fit un sacrifice plus considérable à son œuvre. Ces héros de la vie pratique ont d'autres devoirs que les héros de la vie contemplative. Le premier devoir de ceux-ci est de sacrifier leur rôle actif à leur idée, de dire tout ce qu'ils pensent, rien que ce qu'ils pensent, dans la mesure exacte où ils le pensent; le premier devoir des autres est de sacrifier souvent leurs idées, parfois même leurs principes les plus arrêtés, aux intérêts de la cause qu'ils cherchent à faire triompher.

Ce qu'on demandait à Paul, du reste, était moins de se rendre nazir [2] que d'acquitter les frais d'ordination de quatre nazirs, qui n'avaient pas de quoi payer les sacrifices qu'on faisait en ces sortes d'occasions. C'était là une œuvre fort estimée chez les

---

1. Voir ci-dessus, p. 89, 125-126, 398 et suiv.
2. Il ne résulte pas clairement du texte des *Actes* que Paul lui-même se soit fait nazir, quoique cette dernière interprétation paraisse la meilleure.

Juifs. Il y avait autour du temple des troupes de pauvres gens qui avaient fait des vœux et qui attendaient que quelque riche voulût bien payer pour eux. « Faire tondre un nazir » était un acte de piété, et on cite des occasions où de puissants personnages, en action de grâces d'une faveur signalée du ciel, en firent raser des centaines[1] ; à peu près comme au moyen âge il était méritoire de payer des gens pour faire des pèlerinages et pour entrer dans la vie monastique. Paul, au milieu de la misère qui régnait dans l'Église de Jérusalem, passait pour opulent. On lui demandait de faire acte de riche dévot et de prouver à tous par un fait notoire qu'il était resté fidèle aux pratiques de son pays. Jacques, très-porté vers les observances extérieures, fut probablement l'inspirateur de cette idée bizarre. On se hâtait d'ajouter, du reste, que de telles obligations ne regardaient pas les païens convertis[2]. Il s'agissait seulement de ne pas laisser croire que l'affreux scandale d'un Juif ne pratiquant pas la loi de Moïse fût possible. Si grand était le fanatisme inspiré par la Loi qu'un pareil phénomène eût paru plus extraordinaire

---

1. Jos., *Ant.*, XIX, vi, 1 ; *Bereschith rabba*, c. xci ; *Kohéleth rabba*, vii, 11 ; Talm. de Jér., *Nazir*, v, 5 ; *Berakoth* vii, 2.

2. *Act.*, xxi, 25, leçon de Griesbach et du texte reçu.

que le renversement du monde et le bouleversement total de la création.

Paul se mit donc en la compagnie des quatre pauvres. Ceux qui accomplissaient de tels vœux commençaient par se purifier, ensuite ils entraient dans le temple, y restaient renfermés un certain nombre de jours, selon le vœu qu'ils avaient fait (surtout sept et trente jours), s'abstenaient de vin, se faisaient couper les cheveux. Quand le terme des jours était atteint, on offrait des sacrifices, qu'on payait à un assez haut prix[1]. Paul se soumit à tout cela. Le lendemain de sa visite chez Jacques, il se rendit au temple, et s'inscrivit pour sept jours; puis il satisfit à tous les rites habituels, plus grand durant ces jours d'humiliation, où, par une faiblesse voulue, il accomplissait avec des gens en haillons un acte de dévotion suranné, que quand il déployait à Corinthe ou à Thessalonique la force et l'indépendance de son génie.

Paul était déjà au cinquième jour de son vœu[2], lorsqu'un incident qui n'était que trop à prévoir vint décider du reste de sa carrière et l'engager dans une

---

1. Nombres, VI, 13-14; *Act.*, XXI, 24, 26, 27; Josèphe, *B. J.*, II, XV, 1; Talm. de Jérus., *Nazir*, I, 3, et les autres passages talmudiques précités.
2. Ceci résulte de *Act.*, XXIV, 11.

série de tribulations dont il ne sortit peut-être que par la mort.

Pendant les sept jours qui s'étaient écoulés depuis son arrivée à Jérusalem, la haine des Juifs contre lui s'était terriblement exaspérée. Le premier ou le deuxième jour de son arrivée, on l'avait vu se promener dans la ville avec Trophime d'Éphèse, qui n'était pas circoncis. Des juifs d'Asie reconnurent Trophime et répandirent le bruit que Paul l'avait introduit dans le temple. Cela était faux assurément; outre que c'eût été s'exposer à un péril de mort trop certain, Paul n'eut pas sans doute un moment la pensée de faire participer ses chrétiens aux pratiques religieuses du temple. Ces pratiques étaient pour lui frappées de stérilité; leur continuation était presque une insulte aux mérites du Christ. Mais la haine religieuse se contente à peu de frais, quand il s'agit de trouver un prétexte aux violences. La populace de Jérusalem fut bientôt persuadée que Paul avait commis un crime qui ne pouvait se laver que dans le sang. Comme tous les grands révolutionnaires, Paul arrivait à l'impossibilité de vivre. Les inimitiés qu'il avait soulevées allaient se liguer; le vide se faisait autour de lui. Ses compagnons étaient étrangers à Jérusalem; les chrétiens de cette ville le tenaient pour un ennemi et s'entendaient presque contre lui avec les juifs fanatiques. En analysant attentivement certains traits du récit des *Actes* [1], en tenant compte des avertissements réitérés qui, durant tout le voyage de retour, dénoncèrent à Paul les piéges préparés contre lui à Jérusalem [2], on se demande si ces judéo-chrétiens dont les anciens avouent les dispositions malveillantes, et de la part desquels ils craignent une démonstration hostile, ne contribuèrent pas à grossir l'orage qui allait fondre sur l'apôtre. Clément Romain attribue la perte de l'apôtre « à l'envie [3] ». Cela est affreux à penser ; mais cela est bien conforme à la loi de fer qui régira les choses humaines jusqu'au jour du triomphe final de Dieu. Je me trompe peut-être ; mais, quand je lis ce chapitre XXI des *Actes*, un soupçon invincible s'élève en moi ; je ne sais quoi me dit que Paul fut perdu par ces « faux frères » qui couraient le monde à sa suite pour contrarier son œuvre et le présenter comme un autre Balaam.

Quoi qu'il en soit, le signal de l'émeute vint des juifs d'Asie qui l'avaient vu avec Trophime. Ils le reconnurent dans le temple pendant qu'il y accom-

---

1. Surtout en comparant le verset XXI, 22, tel que le donnent la plupart des manuscrits, à XXI, 30.
2. Voir ci-dessus, p. 490 et suiv.
3. *Epist. I ad Cor.*, 5.

plissait les prescriptions avec les nazirs. « Au secours ! enfants d'Israël, crièrent-ils. Voici l'homme qui déclame partout contre le peuple juif, contre la Loi, contre ce saint lieu. Voici le profanateur du temple, celui qui a introduit des païens dans le sanctuaire. » Toute la ville fut bientôt en émoi. Une grande foule s'assembla. Les fanatiques s'emparèrent de Paul ; leur volonté arrêtée était de le tuer. Mais verser le sang dans l'intérieur du temple eût été une pollution du lieu saint. On entraîna donc Paul hors du temple, et à peine fut-il sorti que les lévites fermèrent les portes derrière lui. On se mit alors en devoir de l'assommer. C'en était fait de lui, si l'autorité romaine, qui seule maintenait dans ce chaos une ombre d'ordre, ne fût intervenue pour l'arracher d'entre les mains des forcenés.

Le procurateur de Judée, surtout depuis la mort d'Agrippa Ier, résidait habituellement à Césarée [1], ville profane, ornée de statues, ennemie des Juifs et l'opposé en tout de Jérusalem [2]. Le pouvoir romain à Jérusalem était, en l'absence du procurateur, repré-

---

1. Tacite, *Hist.*, II, 79. Déjà Pilate y résida : Jos., *Ant.*, XVIII, III, 1 ; *B. J.*, II, IX, 2-3, non cependant habituellement : Philon, *Leg.*, 38.
2. Jos., *Ant.*, XX, VIII, 7, 9 ; *B. J.*, II, XIII, 7 ; XIV, 4 et suiv. ; XVIII, 1 ; III ; IX, 1 ; VII, III, 1 ; Philon, *Leg.*, 38.

senté par le tribun de la cohorte, lequel résidait avec toute sa force armée dans la tour Antonia, à l'angle nord-ouest du temple. Le tribun, à ce moment, était un certain Lysias, Grec ou Syrien d'origine, qui, par des protections achetées à prix d'argent, avait obtenu de Claude le titre de citoyen romain, et avait dès lors ajouté à son nom celui de Claudius [1]. A la nouvelle du tumulte, il accourut, avec quelques centurions et un détachement, par un des escaliers qui mettaient la tour en communication avec les parvis [2]. Les fanatiques alors cessèrent de frapper Paul. Le tribun le fit saisir et lier de deux chaînes, lui demanda qui il était, ce qu'il faisait; mais le tumulte empêchait d'entendre un mot; les bruits les plus divers se croisaient. C'était quelque chose d'affreux qu'une émeute juive; ces fortes figures crispées, ces gros yeux sortant de leurs orbites, ces grincements de dents, ces vociférations, ces gens jetant de la poussière en l'air, déchirant leurs vêtements ou les tiraillant convulsivement [3], donnaient l'idée de démons. Quoique la foule fût sans armes, les Romains

---

1. Comp. *Corpus inscr. gr.*, n° 4528 *e*; *Mission de Phénicie*, p. 202.

2. Jos., *B. J.*, V, v, 8; de Vogüé, *le Temple de Jérusalem*, p. 52, pl. XV et XVI.

3. *Act.*, VII, 54; XXII, 13.

ne laissaient pas que d'avoir une certaine peur de pareils enragés. Claudius Lysias donna ordre de mener Paul à la tour. La foule ameutée les suivait, proférant des cris de mort. Au pied de l'escalier, la presse était telle, que les soldats furent obligés de prendre Paul dans leurs bras et de le porter. Claudius Lysias essayait en vain de calmer les têtes. Une pensée, assez peu réfléchie, lui vint, ou peut-être lui fut suggérée par des personnes mal informées. Il crut que l'homme qu'il venait d'arrêter était le juif d'Égypte qui, peu de temps auparavant, avait entraîné avec lui dans le désert des milliers de zélotes, leur annonçant qu'il allait réaliser immédiatement le royaume de Dieu[1]. On ne savait ce que l'imposteur était devenu, et, à chaque émeute, on croyait le voir reparaître parmi les agitateurs.

Quand on eut atteint la porte de la tour, Paul s'expliqua en grec avec le tribun et le pria de le laisser parler au peuple. Celui-ci, surpris que le prisonnier sût le grec, et reconnaissant du moins qu'il n'était pas l'Égyptien faux prophète, lui accorda ce qu'il demandait[2]. Paul, alors, debout sur les marches de

1. Voir *les Apôtres*, p. 265.
2. Le doute ici serait permis. L'auteur des *Actes* cède fréquemment, surtout en ses derniers chapitres, au désir de placer des discours et de prêter à l'apôtre des attitudes oratoires (XVII, 22;

l'escalier, fit signe de la main qu'il voulait parler. Le silence s'établit, et, quand on l'entendit parler hébreu (c'est-à-dire syro-chaldaïque), on redoubla d'attention. Paul raconta, dans la forme qui lui était habituelle, l'histoire de sa conversion et de sa vocation. On l'interrompit bientôt; les cris : « A mort ! à mort ! » recommencèrent ; la fureur était à son comble.

Le tribun commanda de faire entrer le prisonnier dans la citadelle. Il ne comprenait rien à cette affaire; en soldat brutal et borné, il eut l'idée, pour l'éclaircir, de faire mettre à la question celui qui était la cause de tout le trouble. On se saisit de Paul, et on l'avait déjà étiré sur le poteau pour recevoir les coups de fouet, quand il déclara au centurion qui présidait à la torture qu'il était citoyen romain [1].

XX, 18; XXI, 40; XXIII, 1 ; XXIV, 10; XXV, 23 ; XXVI, 1). Aucun historien de l'antiquité ne se fait scrupule de prêter ainsi des harangues aux personnages de son histoire.

1. A Jérusalem, comme à Philippes, Paul laisse exprès les autorités s'enferrer en quelque sorte par ignorance, et ne déclare son titre que quand elles se sont trop avancées. On peut suspecter en ceci un parti pris du narrateur, et on arrive souvent à se demander si l'auteur des *Actes,* toujours désireux de donner à la secte droit de cité romaine, n'a pas conféré de son autorité à Paul le titre de citoyen romain. Cependant, comme ces deux récits se retrouvent dans les parties où l'auteur a été témoin oculaire, il est permis de voir là une pratique familière à Paul. Les traditions

L'effet de ce mot était toujours très-grand. Les exécuteurs s'écartèrent; le centurion alla en référer au tribun; le tribun fut très-surpris. Paul avait la mine d'un pauvre juif : « Est-il vrai que tu sois citoyen romain? lui demanda Claudius. — Oui. — Mais, moi, j'ai dépensé une somme considérable pour avoir ce titre. — Et moi, je l'ai par naissance, » répondit Paul. Le stupide Claudius commença à craindre; sa pauvre tête se torturait à chercher un sens à cette affaire. Les attentats contre les droits des citoyens romains étaient poursuivis d'une façon fort sévère. Le seul fait d'avoir attaché Paul au poteau en vue de la flagellation était un délit[1]. Une violence[2] qui fût restée ignorée s'il se fût agi d'un homme obscur pouvait maintenant arriver à de

---

sur le genre de mort de Paul le supposent aussi citoyen romain (Tertullien, *Præscr.*, 36); mais ce genre de mort a pu être conclu de l'assertion des *Actes.* Τρὶς ἐραβδίσθην (II Cor., xi, 25) et les στίγματα (Gal., vi, 17) fortifieraient le doute; car il n'est pas naturel que trois fois, sans compter le cas présent, Paul ait répété la scène de Philippes. La dévolution du procès de Paul à César ne suppose pas nécessairement le titre de citoyen romain : voir Jos., *Vita,* 3. La qualité de Tarsiote constitue une induction bien plus forte. Renier, *Inscr. de l'Algérie,* n° 127 (ligne 26) et 724, et dans Wallon, *Croyance due à l'Évangile,* 2ᵉ édit.; p. 509; Grotefend, *Imp. rom. tributim descriptum,* p. 149-150.

1. Cic., *In Verr.,* II, v, 62 et suiv.
2. Digeste, XLVIII, xviii, 1.

fâcheux éclats. Enfin Claudius eut l'idée de convoquer pour le lendemain le haut sacerdoce et le sanhédrin, afin de savoir quel grief on articulait contre Paul, car, pour lui, il n'en voyait aucun[1].

Le grand prêtre était Ananie, fils de Nébédée[2], qui par une exception rare, occupait cette haute charge depuis dix ans[3]. C'était un homme très-considéré, malgré sa gourmandise, qui resta proverbiale chez les juifs[4]. Indépendamment de sa charge, il était l'un des premiers de la nation[5]; il appartenait à cette famille de Hanan[6] qu'on est sûr de trouver sur le siége du juge toutes les fois qu'il s'agit de condamner les chrétiens, les saints populaires, les novateurs de toute espèce. Ananie présida l'assemblée. Claudius Lysias ordonna de délivrer Paul de ses chaînes, puis il le fit introduire; lui-même, il assistait aux

---

1. *Act.*, XXII, 30. Comp. *Act.*, XXIII, 29.
2. Le Talmud l'appelle *Iohanan ben Nedabaï*. *Iohanan* est identique pour le sens à *Hanania*; *Hanan* en est la forme abrégée.
3. Jos., *Ant.*, XX, v, 2; VIII, 8; Talm. de Bab., *Pesachim*, 57 a; *Kerithouth*, 28 a. Il y a contre cela des difficultés tirées de Jos., *Ant.*, XX, VI, 2; VIII, 5. Peut-être Ananie, comme Hanan, du temps de Jésus, conserva-t-il, après sa déposition, le pouvoir dirigeant. Cf. Jos., *B. J.*, II, XII, 6; Derenbourg, *la Palestine d'après les Thalmuds*, I, p. 230 et suiv.
4. Talm. de Bab., endroits cités.
5. Jos., *Ant.*, XX, IX, 2; *B. J.*, II, XVII, 9.
6. Jos., *B. J.*, II, XII, 6. Cf. Derenbourg, *op. cit.*, p. 231, note.

discussions. Elles furent extrêmement tumultueuses. Ananie s'emporta, et, pour un mot qui lui parut blasphématoire, ordonna à ses assesseurs de souffleter Paul sur la bouche : « Dieu te frappera à ton tour, muraille blanchie, répondit Paul. Tu prétends me juger selon la Loi, et tu ordonnes de me frapper contrairement à la Loi. — Quoi! tu injuries le grand prêtre de Dieu! » dirent les assistants. Paul, se ravisant : « Je ne savais pas, frères, que c'était le grand prêtre; si je l'avais su, je n'aurais point parlé de la sorte; car il est écrit : « Tu n'insulteras pas le chef de ton « peuple[1]. » Cette modération était habilement calculée. Paul avait remarqué, en effet, que l'assemblée était divisée en deux partis, animés à son égard de sentiments fort divers : le haut clergé sadducéen lui était absolument hostile; mais il pouvait s'entendre jusqu'à un certain point avec la bourgeoisie pharisienne[2]. « Frères, s'écria-t-il, je suis pharisien, fils de pharisien. Savez-vous pourquoi l'on m'accuse? Pour mon espérance en la résurrection des morts. » C'était mettre le doigt sur une plaie vive. Les sadducéens niaient la résurrection, l'existence des anges

---

1. Exod., XXII, 28.
2. Pour l'antipathie des pharisiens contre le fils de Nébédée, et en général contre le haut sacerdoce, voir *Talm. de Bab.*, endroits cités à la page précédente.

et des esprits; les pharisiens admettaient tout cela[1]. Le stratagème de Paul réussit à merveille[2]; la guerre fut bientôt dans l'assemblée. Pharisiens et sadducéens furent plus attentifs à se combattre qu'à perdre leur ennemi commun. Plusieurs pharisiens prirent même la défense de Paul, et affectèrent de trouver vraisemblable le récit de sa vision. « En somme, disaient-ils, que reproche-t-on à cet homme ? Qui sait si un esprit ou un ange ne lui a point parlé ? »

Claudius Lysias assistait bouche béante à ce débat, dénué de sens pour lui. Il vit le moment où, comme la veille, Paul allait être mis en pièces. Alors il donna ordre à une escouade de soldats de descendre dans la salle, d'arracher Paul des mains de l'assistance et de le reconduire à la tour. Lysias était fort embarrassé. Paul, cependant, se réjouissait du glorieux témoignage qu'il venait de rendre au Christ. La nuit suivante, il eut une vision. Jésus lui apparut et lui dit : « Courage ! comme tu m'as confessé à Jérusalem, il faut que tu me confesses aussi à Rome. »

La haine des fanatiques, pendant ce temps, ne restait pas inactive. Un certain nombre de ces zé-

---

1. Cf. Jos., *Ant.*, XVIII, ɪ, 3, 4; *B. J.*, II, vɪɪɪ, 14.
2. Nous croyons bien qu'il y a dans ce récit des *Actes* quelque arrangement artificiel.

lotes ou sicaires, toujours armés du poignard pour la défense de la Loi, firent entre eux une conjuration pour tuer Paul. Ils s'obligèrent par vœu, sous les plus terribles anathèmes, à ne manger ni boire tant que Paul serait encore en vie[1]. Les conjurés étaient plus de quarante; ils prononcèrent leur serment le matin du jour qui suivit l'assemblée du sanhédrin. Pour arriver à leurs fins, ils allèrent, dit-on, trouver les prêtres, leur exposèrent le plan qu'ils avaient formé, les engagèrent à intervenir avec le sanhédrin auprès du tribun pour obtenir le lendemain une nouvelle comparution de Paul. Les conjurés devaient saisir leur moment et tuer Paul dans le trajet. Mais le secret du complot fut mal gardé; il parvint à la connaissance d'un neveu de Paul, qui habitait Jérusalem. Celui-ci court à la caserne et révèle tout à Paul; Paul le fait conduire auprès de Claudius Lysias par un centurion. Le tribun prend le jeune messager par la main, le conduit à part, obtient de lui tous les détails du complot, et le renvoie en lui commandant de ne rien dire.

A partir de ce moment, Claudius Lysias n'hésita plus. Il résolut d'envoyer Paul à Césarée, d'une part, pour enlever tout prétexte aux troubles de Jérusalem,

---

1. Cf.-Talm. de Jér., *Aboda zara*, I, 9.

et, de l'autre, pour se décharger de cette affaire difficile sur le procurateur. Deux centurions reçurent le mandat de former une escorte capable de résister aux tentatives d'enlèvement. L'escorte fut composée de deux cents soldats, de soixante et dix cavaliers et de deux cents de ces hommes de police [1] qui servaient à ce qu'on appelait la *custodia militaris*, c'est-à-dire à garder des prisonniers rivés à eux au moyen d'une chaîne allant de la main droite du captif à la main gauche de son gardien. Des montures pour Paul furent aussi commandées, et le tout dut être prêt pour la troisième heure de la nuit (neuf heures du soir). Claudius Lysias écrivit en même temps au procurateur Félix un *elogium*, c'est-à-dire une lettre par laquelle il l'informait de l'affaire, déclarant que, pour sa part, il ne voyait en tout cela que des questions oiseuses de religion, sans rien qui méritât la mort ou la prison; qu'au surplus, il avait dénoncé aux accusateurs qu'ils eussent aussi à se présenter devant le procurateur.

Ces ordres furent ponctuellement exécutés. On fit une marche forcée de nuit; le matin, on atteignit Antipatris [2], qui est plus qu'à moitié du chemin

1. Δεξιολάβοι, *frumentarii*. Cf. *Thes.* de H. Étienne, au mot δεξιολαβέω.

2. Probablement Kfar-Saba. Voir Robinson, III, 259.

de Jérusalem à Césarée[1]. Là, tout danger de surprise ayant disparu, l'escorte se divisa : les quatre cents hommes d'infanterie, après une halte, se remirent en route pour Jérusalem; le détachement de cavalerie seul accompagna Paul jusqu'à Césarée. L'apôtre rentra ainsi prisonnier (commencement d'août 58) dans la ville qu'il avait quittée douze jours auparavant[2], malgré de sinistres présages, que son audace habituelle l'empêcha d'écouter. Ses disciples le rejoignirent peu après[3].

1. *Itiner. a Burdig. Hieros*, p. 600 (Wesseling).
2. Pour l'explication de *Act.*, XXIV, 1, 11, voir ci-dessous, p. 536, note 2. Le voyage de Césarée à Jérusalem est hors du compte du v. 11.
3. Cela résulte de *Act.*, XXIV, 23.

CHAPITRE XX.

CAPTIVITÉ DE PAUL A CÉSARÉE DE PALESTINE.

Félix gouvernait alors la Judée avec les pouvoirs d'un roi et l'âme d'un esclave [1]. Il était affranchi de Claude et frère de ce Pallas qui avait fait la fortune d'Agrippine et celle de Néron. Il avait la complète immoralité de son frère, mais non ses talents administratifs. Nommé, par l'influence de Pallas, procurateur de Judée, en 52, il s'y montra cruel, débauché, avide [2]. Rien n'était au-dessus de son ambition. Il fut successivement marié à trois reines [3], et allié par mariage de l'empereur Claude [4]. A l'époque où nous sommes, sa femme était Drusille, sœur d'Hérode

1. Tacite, *Hist.*, V, 9.
2. Jos., *Ant.*, XX, vii, 1; viii, 5; *B. J.*, II, xii, 8; Tacite, *Ann.*, XII, 54; *Hist.*, V, 9.
3. Suétone, *Claude*, 28.
4. Tacite, *Hist.*, V, 9.

Agrippa II, qu'il avait enlevée, par des pratiques infâmes[1], à son premier mari, Aziz, roi d'Émèse. Il n'y avait crime dont on ne le supposât capable; on alla jusqu'à l'accuser d'exercer le brigandage pour son propre compte[2] et de se servir du poignard des sicaires pour satisfaire ses haines[3]. Voilà les hommes auxquels les plus hautes fonctions étaient dévolues depuis que Claude avait tout livré aux affranchis. Ce n'étaient plus des chevaliers romains, de sérieux fonctionnaires comme Pilate, ou Coponius; c'étaient des valets cupides, orgueilleux, dissolus, profitant de l'abaissement politique de ce pauvre vieux monde oriental pour se gorger à leur aise et se vautrer dans la fange[4]. On n'avait pas encore vu quelque chose de si horrible ni de si honteux.

Le chef d'escouade qui avait amené Paul remit à Félix, dès son arrivée, l'*elogium* et le prisonnier. Paul comparut un instant devant le procurateur, qui s'informa de quel pays il était. L'*elogium* constituait à l'accusé une situation privilégiée[5]. Félix dit qu'il entendrait la cause, quand les accusateurs seraient

1. Tacite, *Hist.*, V, 9.
2. Tacite, *Ann.*, XII, 54.
3. Jos., *Ant.*, XX, VIII, 5.
4. Tacite, *Hist.*, V, 9.
5. Digeste, XLVIII, III, 6.

arrivés. En attendant, il ordonna de garder Paul, non dans la prison, mais dans l'ancien palais d'Hérode le Grand, qui était devenu maintenant la résidence des procurateurs. A ce moment, sans doute, Paul était confié à un soldat (*frumentarius*) qui était chargé sur sa tête de le garder et de le présenter à toute réquisition [1].

Au bout de trois jours [2], les accusateurs juifs arrivèrent. Le grand prêtre Ananie était venu en personne, accompagné de quelques anciens. Sachant à peine parler grec et latin, et pleins de confiance en la rhétorique officielle du temps, ils s'étaient adjoint un certain Tertullus, avocat. L'audience eut lieu sur-le-champ. Tertullus, selon les règles de son état, débuta par la *captatio benevolentiæ*. Il loua avec impudence le gouvernement de Félix, parla du bonheur dont on jouissait sous son administration, de la reconnaissance publique, et il le pria d'écouter avec sa bonté habituelle. Puis il aborda son sujet, traita Paul de peste, de perturbateur du judaïsme, de chef

---

1. Digeste, XLVIII, III, *De custodia et exhibitione reorum*, 1; 12, 14; Sénèque, *Epist.*, v; Denys d'Alex., dans Eus., *H. E.*, VI, 40; *Act.*, XXVIII, 16. Le passage de Manilius, *Astr.*, V, 619-620, prouve peu ici. Cf. *Act.*, XVI, 27; XXVII, 42.

2. *Act.*, XXIV, 1. Les cinq jours doivent se compter à partir du jour où Paul sortit de Jérusalem, comme le prouve *Act.*, XXIV, 11.

de l'hérésie des nazaréens, de brouillon uniquement occupé à exciter des séditions parmi ses coreligionnaires dans le monde entier. Il insista sur la violation prétendue du temple, laquelle constituait un crime capital, et soutint qu'en cherchant à s'emparer de Paul, on avait seulement voulu le juger conformément à la Loi.

Sur un signe de Félix, Paul prit ensuite la parole. Il soutint que sa conduite dans le temple avait été celle du juif le plus paisible, qu'il n'y avait pas disputé ni fait d'attroupement, qu'il n'avait pas prêché une seule fois à Jérusalem, qu'il était en effet hérétique, si c'est être hérétique que de croire à tout ce qui est écrit dans la Loi et les Prophètes, et d'espérer la résurrection des morts; qu'au fond, le seul crime dont on l'accusât était de croire à la résurrection; « mais, ajoutait-il, les juifs eux-mêmes y croient... » A l'égard des juifs, c'était là une apologie habile, plus habile même que sincère, puisque, dissimulant la vraie difficulté, elle cherchait à faire croire qu'on pouvait s'entendre quand on ne s'entendait pas, et déplaçait la question d'une façon souvent imitée depuis par les apologistes chrétiens. En tout cas, Félix, qui s'intéressait peu au dogme de la résurrection, dut rester indifférent. Il leva brusquement la séance, déclara qu'il ne se prononcerait qu'après un plus ample informé et quand il aurait vu Claudius Lysias. En attendant, il ordonna au centurion de traiter Paul avec douceur, c'est-à-dire de le laisser sans chaîne, à l'état de *custodia libera*[1], et de permettre à ses disciples ainsi qu'à ses amis de s'approcher de lui et de le servir.

Quelques jours après, Félix et Paul se revirent. Drusille, qui était juive, désira, dit-on, entendre l'apôtre exposer la foi chrétienne. Paul parla de la justice, de la continence, du jugement à venir. Tout cela sourit peu à ces catéchumènes d'un genre nouveau. Félix même, à ce qu'il paraît, eut peur : « En voilà assez pour le moment, dit-il à Paul ; je te ferai venir quand il sera temps. » Ayant appris que Paul avait apporté avec lui des valeurs considérables, il espérait tirer de lui ou de ses amis une forte somme pour sa délivrance. Il paraît qu'il le vit plusieurs fois et qu'il chercha à lui suggérer cette idée. Mais l'apôtre ne s'y prêtant pas, Félix voulut au moins recueillir de cette affaire quelque profit pour sa popularité fort ébranlée. Le plus grand plaisir qu'on pût faire aux Juifs était de persécuter ceux qu'ils regardaient comme leurs ennemis. Il retint donc

---

1. Voir Freund ou Forcellini, à ce mot; saint Augustin, *In Joh. Evang.*, tract. XLIX, § 9.

Paul en prison, et même le fit enchaîner de nouveau[1]. Paul passa deux ans en cet état.

La prison, même avec l'augmentation de la chaîne et du soldat frumentaire, était loin d'être alors ce qu'elle est aujourd'hui, une totale privation de la liberté. Pour peu surtout qu'on eût quelques ressources pécuniaires, on s'arrangeait avec son gardien et on pouvait vaquer à ses affaires. En tout cas, on voyait ses amis, on n'était pas séquestré, on donnait cours à toute son activité[2]. Nul doute, par conséquent, que Paul, quoique prisonnier, n'ait continué son apostolat à Césarée. Jamais il n'avait eu avec lui tant de disciples. Timothée, Luc, Aristarque de Thessalonique, Tychique, Trophime portaient ses ordres dans toutes les directions et servaient à la correspondance qu'il entretenait avec ses Églises. Il chargea en particulier Tychique et Trophime d'une mission pour Éphèse[3]. Trophime, à ce qu'il paraît, tomba malade à Milet[4].

---

1. *Act.*, XXIV, 27; XXVI, 29.
2. Jos., *Ant.*, XVIII, VI, 7.
3. Cela se conclut de leur omission dans le passage *Act.*, XXVII, 2 (cf. XX, 4), rapproché de II Tim., IV, 12; Tit., III, 12, en observant que ces deux dernières épîtres sont supposées et pleines d'arrangements inexplicables.
4. II Tim., IV, 20; même observation.

Par suite du séjour qu'ils firent ainsi en Palestine, les membres les plus intelligents des Églises de Macédoine et d'Asie se trouvèrent en des rapports prolongés avec les Églises de Judée. Luc, en particulier, qui jusque-là n'avait pas quitté sa Macédoine, fut initié aux traditions de Jérusalem. Il fut sans doute vivement frappé de la majesté hiérosolymitaine, et il imagina la possibilité d'une conciliation entre les principes soutenus d'un côté par Paul, de l'autre par les anciens de Jérusalem. Il pensa que ce qu'il y avait de meilleur était d'oublier les torts réciproques, de jeter prudemment un voile sur ces torts, de n'en plus parler. Les idées fondamentales qui devaient présider à la rédaction de son grand écrit furent probablement dès lors arrêtées dans son esprit. Par ces contacts divers, une tradition uniforme s'établissait. Les Évangiles s'élaboraient par une intime communication de tous les partis qui constituaient l'Église. Jésus avait créé l'Église, l'Église le créait à son tour. Ce grand idéal qui allait dominer l'humanité durant des siècles sortait vraiment des entrailles de l'humanité et d'une sorte de concert secret entre tous ceux à qui Jésus avait légué son esprit.

Félix succomba enfin, non sous l'indignation que ses crimes auraient dû produire, mais devant les difficultés d'une situation à laquelle aucun procurateur n'avait pu tenir tête. La vie d'un gouverneur romain à Césarée était devenue insupportable; les Juifs et les Syriens ou Grecs se battaient sans cesse; l'homme le plus intègre n'eût pas su tenir la balance entre des haines aussi féroces. Les Juifs, selon leur habitude, se plaignaient à Rome. Ils y disposaient d'assez fortes influences, surtout auprès de Poppée[1], et grâce aux intrigues qu'y dirigeait Hérode Agrippa II. Pallas avait beaucoup perdu de son crédit, surtout depuis l'an 55[2]. Il ne put empêcher la disgrâce de son frère; il réussit seulement à le sauver de la mort. On donna pour successeur à Félix un homme ferme et juste[3]; Porcius Festus, qui arriva au mois d'août de l'an 60 à Césarée[4].

Trois jours après son débarquement, il se rendit à Jérusalem. Le grand prêtre Ismaël, fils de Phabi, et tout le parti sadducéen, c'est-à-dire le haut sacerdoce[5], l'entourèrent, et une des premières demandes qu'on lui adressa fut relative à Paul. On voulait qu'il

1. Jos., *Ant.*, XX, VIII, 11; *Vita*, 3.
2. Tacite, *Ann.*, XIII, 14.
3. Jos., *B. J.*, II, XIV, 1.
4. Jos., *Ant.*, XX, VIII. Paul fut amené à Césarée en août 58. Festus y arriva deux ans après. La remarque faite *Act.*, XXVII, 9, s'accorde avec ces dates.
5. Voir les passages *Pesachim* et *Kerithouth*, précités.

le fît revenir à Jérusalem ; on eût dressé une embuscade pour le tuer dans le trajet. Festus répondit qu'il allait bientôt repartir pour Césarée, qu'il valait mieux par conséquent que Paul y restât, mais que, les Romains ne prononçant jamais une condamnation sans que l'accusé eût été confronté avec ses accusateurs, il faudrait que ceux des notables qui voudraient charger Paul vinssent avec lui. Au bout de huit ou dix jours, il retourna en effet à Césarée, et, le lendemain, il fit comparaître devant son tribunal Paul et ses adversaires. Après un débat confus, Paul soutenant qu'il n'avait rien fait, ni contre la Loi, ni contre le temple, ni contre l'empereur, Festus lui proposa de le faire reconduire à Jérusalem, où il pourrait, sous sa surveillance et sa haute juridiction, se défendre devant une cour juive. Festus ignorait sans doute le projet des conjurés ; il croyait, par ce renvoi, se débarrasser d'une cause ennuyeuse et faire une chose agréable aux Juifs, qui lui demandaient avec tant d'instances le transfèrement du prisonnier.

Mais Paul se garda bien d'accepter. Il était possédé du désir de voir Rome. La capitale du monde avait pour lui une sorte de charme puissant et mystérieux [1]. Il maintint son droit d'être jugé par un tribunal ro-

---

1. *Act.*, XIX, 21 ; XXIII, 11.

main, protesta que personne n'avait le droit de le livrer aux Juifs, et prononça le mot solennel : « J'en appelle à l'empereur. » Ce mot, prononcé par un citoyen romain, avait la force de rompre toutes les juridictions provinciales. Le citoyen, en quelque partie du monde qu'il fût, avait le droit de se faire reconduire à Rome pour être jugé. Les gouverneurs de provinces, d'ailleurs, renvoyaient souvent à l'empereur et à son conseil les causes de droit religieux[1]. Festus, surpris d'abord de cet appel, s'entretint un moment avec ses assesseurs, puis répondit par la formule : « Tu en as appelé à l'empereur; tu iras à l'empereur. »

Le renvoi de Paul à Rome fut dès lors décidé, et l'on n'attendit plus qu'une occasion pour le faire partir. Un incident singulier se passa dans l'intervalle. Quelques jours après le retour de Festus à Césarée, Hérode Agrippa II et sa sœur Bérénice, qui vivait avec lui, non sans soupçon d'infamie[2], vinrent saluer le nouveau procurateur. Ils restèrent plusieurs jours à Césarée. Dans le cours des conversations qu'ils eurent avec le fonctionnaire romain, celui-ci leur parla du prisonnier que Félix lui avait laissé. « Ses accusateurs, dit-il, n'ont relevé contre lui au-

---

1. Pline, *Epist.*, X, 97; Jos., *Vita*, 3; Dion Cassius, LX, 17.
2. Jos., *Ant.*, XX, vii, 3; Juvénal, vi, 456 et suiv.

cun des crimes que je m'attendais à voir établir. Il ne s'agit en toute cette affaire que de subtilités relatives à leurs superstitions et d'un certain Jésus, qui est mort et que Paul dit être vivant. — Justement, dit Agrippa, il y a longtemps que je voulais entendre cet homme. — Tu l'entendras demain, » répondit Festus.

Le lendemain, en effet, Agrippa et Bérénice vinrent au tribunal avec une suite brillante. Tous les officiers de l'armée et les principaux de la ville étaient là. Aucune procédure officielle ne pouvait avoir lieu depuis l'appel à l'empereur, mais Festus déclara que, selon ses principes, l'envoi d'un prisonnier à Rome devait être accompagné d'un rapport; il feignit de vouloir s'éclairer pour le rapport qu'il avait à faire en cette circonstance, allégua son ignorance des choses juives, et déclara vouloir suivre sur cette affaire l'avis du roi Agrippa. Agrippa invita Paul à parler. Paul alors fit, avec une certaine complaisance oratoire, un de ces discours qu'il avait cent fois répétés. Il s'estima heureux d'avoir à plaider sa cause devant un juge aussi au courant des questions juives que l'était Agrippa. Il se retrancha plus que jamais dans son système ordinaire de défense, prétendit ne rien dire qui ne fût dans la Loi et les Prophètes, soutint qu'on le poursuivait uniquement à cause de la foi en la résurrection, foi qui est celle de tous les Israélites, qui donne un mobile à leur piété, un fondement à leurs espérances. Il expliqua par des citations empruntées aux Écritures ses thèses favorites, savoir que le Christ devait souffrir, qu'il devait être le premier ressuscité [1]. Festus, étranger à toutes ces spéculations, prit Paul pour un rêveur, savant homme en son genre, mais égaré et chimérique. « Tu es fou, Paul, lui dit-il; tes lectures t'ont fait perdre l'esprit. » — Paul invoqua le témoignage d'Agrippa, plus versé dans la théologie juive, connaissant les prophètes, et qu'il supposait instruit des faits relatifs à Jésus. Agrippa répondit d'une manière évasive. Un grain de plaisanterie se mêla, ce semble, à la conversation. « Tu vas, dit Agrippa, me persuader de me faire chrétien... » Paul, avec son esprit ordinaire, se mit au ton de l'assistance, et finit par souhaiter à tous de lui ressembler : « Excepté par ces chaînes, » ajouta-t-il avec une légère ironie.

L'effet de cette séance courtoise, si différente des

---

1. Il n'est pas impossible que l'auteur des *Actes* ait imaginé tout cet épisode pour montrer Paul exposant une fois de plus sa doctrine devant le monde païen. Comparez l'épisode de l'Aréopage (ci-dessus, p. 191 et suiv.) et *Act.*, XXIV, 24-25. Il est difficile cependant que le récit dont il s'agit ici n'ait pas quelque base. Matth., X, 18-19; Luc, XII, 11, renferment peut-être une allusion à ces apologies prononcées par l'apôtre devant diverses autorités.

audiences où les Juifs figuraient en accusateurs, fut en somme favorable à Paul. Festus, avec son bon sens romain, déclara que cet homme n'avait rien fait de mal. Agrippa fut d'avis que, s'il n'en avait pas appelé à l'empereur, on eût pu le relâcher. Paul, qui voulait aller à Rome conduit par les Romains eux-mêmes, ne retira pas son appel. On le mit donc, avec quelques autres prisonniers, en la garde d'un centurion de la cohorte *prima Augusta Italica*[1], nommé Julius, lequel devait être Italien. Timothée, Luc et Aristarque de Thessalonique furent les seuls de ses disciples qui prirent passage avec lui[2].

1. Voir *les Apôtres,* p. 202.
2. *Act.,* XXVII, 2; Phil., I, 1; II, 19; Col., I, 1; Philem., 1; Hebr., XIII, 23.

CHAPITRE XXI.

VOYAGE DE PAUL PRISONNIER.

On s'embarqua sur un navire d'Adramytte en Mysie, qui regagnait son point d'origine. Dans l'un des ports intermédiaires, Julius comptait trouver un navire en partance pour l'Italie et y prendre passage. On était vers le temps de l'équinoxe d'automne[1]; on avait en perspective une rude traversée[2].

Le second jour de la navigation, on arriva à Sidon. Julius, qui traitait Paul avec beaucoup de douceur, lui permit de descendre dans la ville, de visiter ses amis et de recevoir leurs soins. La route eût

---

1. Cela résulte de *Act.*, XXVII, 9, et concorde avec la série des faits antérieurs.
2. Pour tout l'ensemble du voyage, comparez Jos., *Vita,* 3. Pour la partie technique de la navigation, voir James Smith, *the Voyage and shipwreck of St Paul* (Londres, 1848) ; Conybeare et Howson, *the Life of St Paul,* II, p. 308 et suiv.

été de prendre le large et de gagner la pointe sud-ouest de l'Asie Mineure; mais les vents étaient contraires; il fallut courir au nord, en rangeant la Phénicie, puis serrer les côtes de l'île de Chypre, en la laissant à bâbord. On suivit le canal entre Chypre et la Cilicie, on traversa le golfe de Pamphylie, et l'on arriva au port de Myre [1] en Lycie. Là, on quitta le navire adramyttien. Julius, ayant trouvé un navire alexandrin qui faisait voile pour l'Italie, passa un marché avec le capitaine, et y transborda ses prisonniers. Le navire était fort chargé; on était à bord deux cent soixante-seize personnes [2].

La navigation, à partir de ce moment, fut des plus difficiles. Après plusieurs jours, on n'était encore qu'à la hauteur de Cnide. Le capitaine voulait entrer dans le port, mais le vent venant du nord-est ne le permit pas, et il fallut se laisser emporter sur l'île de Crète. On reconnut bientôt le cap Salmoné [3], qui est la pointe orientale de l'île. L'île de Crète forme comme une immense barrière qui fait de la région de la Méditerranée qu'elle couvre au sud une sorte de grand port à l'abri des tempêtes venant de l'Ar-

1. Aujourd'hui en ruine.
2. Le manuscrit B seul porte (*Act.*, XXVII, 37) « soixante-seize ». Cf. Josèphe, *Vita*, 3.
3. Nommé aussi Salmonium ou Samonium.

chipel. Le capitaine eut l'idée toute naturelle de profiter de cet avantage. Il suivit donc la côte orientale de l'île, non sans de grands périls; puis, se mettant l'île au vent, il entra dans les eaux calmes du sud. On trouva là un petit port assez profond, fermé par un îlot et bordé par deux plages de sable entre lesquelles s'avance une pointe de rochers, si bien qu'il semble divisé en deux parties [1]. C'est ce qu'on appelait *Kali Limenes* (les Bons-Ports); près de là était une ville nommée Lasæa ou Alassa [2]. On se

1. Mémoire [inédit] de M. Thénon sur l'île de Crète.
2. Voir la grande carte de l'île de Crète par Spratt (1858 et 1862). Pococke trouva la petite baie dont il s'agit portant encore le nom de Λιμέωνας καλούς, sous le cap Littinos, vers le milieu de la côte sud de l'île (*Description of the East*, vol. II, part. Ire, p. 250-251, et la carte). Plusieurs voyageurs revirent la baie portant le même nom (Smith, p. 30, 38, 44, 45; Conybeare et Howson, II, p. 329-330). M. Thenon et M. Spratt (*Travels and researches in Crete*, II, p. 1 et suiv., Londres, 1865) ont retrouvé les mêmes Καλοὶ Λιμίονες ou *Kalo-Limniónes*, et, devant la petite île qui ferme les Bons Ports, un peu à l'est, une pointe offrant des ruines, qui s'avance dans la mer et que les paysans nomment Lasæa. Cette seconde appellation vient peut-être d'une identification récente, œuvre des moines ou des maîtres d'école, qui auront voulu compléter en ces parages la topographie des *Actes*. Un grand couvent situé près de là prouve que de bonne heure des souvenirs chrétiens s'attachèrent à cet endroit. Il y a très-peu de ports sur la côte sud de la Crète, et, en supposant que l'expression Καλοὶ Λιμίονες soit le résultat d'une identification postérieure, on n'a guère eu de choix. Quoi qu'il en soit, Λασαία, Λασέα, Ἄλασσα répondent

réfugia dans cet abri ; l'équipage et le navire étaient excessivement fatigués ; on fit en ce petit port une relâche assez prolongée.

Quand il fut question de repartir, la saison se trouva fort avancée. Le grand jeûne du Pardon (*Kippour*), au mois de tisri (octobre), était passé ; ce jeûne marquait pour les juifs la limite au delà de laquelle les voyages maritimes n'étaient point sûrs[1]. Paul, qui avait acquis sur le navire assez d'autorité, et qui, d'ailleurs, avait une longue pratique de la mer, donna son avis : il prédit de grands dangers et de grandes avaries, si l'on se rembarquait. « Mais le centurion (nous ne pouvons en être aussi surpris que le narrateur des *Actes*) avait plus de confiance en ce que disaient le capitaine et le subrécargue qu'en ce que disait Paul. » Le port de *Kali-Limenes* n'était pas bon pour hiverner. L'avis général fut qu'il fallait tâcher de gagner, pour y passer les mauvais mois, le port de Phœnix, situé sur la côte méridionale de l'île[2], où les gens qui

probablement à Ὀλύσσην ou Λύσσην de Strabon (X, IV, 14), à Λίσσης d'Étienne de Byzance (au mot Φαιστός), à *Lisia* de la carte de Peutinger.

1. Végèce, IV, 39 ; Horace, *Od.*, I, IV, 2 ; III, VII, 2 et suiv. ; Hésiode, *Op. et dies*, 670 et suiv. ; Aristoph., *Aves*, 742 ; Philon, *Leg.*, § 3. Cf. Tit., III, 12.

2. Strabon, X, IV, 3 ; Ptolémée, III, XVII, 3. Aujourd'hui Loutro,

connaissaient ces régions promettaient un bon mouillage. Un jour qu'il faisait une brise du sud, on crut le moment favorable. On leva l'ancre et l'on fit des bordées le long du flanc de l'île, jusqu'au cap Littinos; puis on cingla vers Phœnix.

L'équipage et les passagers se croyaient au bout de leurs peines, quand tout à coup un de ces ouragans subits venant de l'est, que les marins de la Méditerranée appellent *euraquilon* [1], vint s'abattre sur l'île. Le navire fut bientôt hors d'état de tenir tête à l'orage; on le laissa fuir sous le vent. On passa près d'une petite île, nommée Claudé [2]; on se mit un moment à l'abri de cette île et l'on profita du court répit obtenu de la sorte pour remonter à grand peine la chaloupe, qui à chaque moment risquait de se briser. Alors on prit les précautions en vue d'un naufrage que tous tenaient pour inévitable. On blinda la

---

le port des Sphakiotes. Voir Spratt, *Travels*, II, p. 247 et suiv. et sa carte; Smith, *Shipwreck*, p. 51; Pashley, *Travels in Crete* II, 259; Conybeare et Howson, II, p. 334 et suiv. Il est difficile de justifier βλέποντα κατὰ λίβα καὶ κατὰ χῶρον.

1. *Gregalia* des Levantins est ce mot même d'*euraquilon* (comme *Euripe* a fait *Egripou*). Voir Conybeare et Howson, II, p. 336; Spratt, II, p. 11 et suiv.

2. Nommée aussi Claudos ou Gaudos; aujourd'hui Gafda, ou Gaudo, ou Gaudonesi, ou Gozzo. Ne pas confondre avec Gozzo près de Malte.

coque du navire avec des câbles[1], on plia les vergues, et on s'abandonna au vent. Le second jour, la tempête était toujours aussi forte; on voulut alléger le navire; on jeta par-dessus bord tout le chargement. Le troisième jour, on se débarrassa des meubles et ustensiles qui n'étaient pas nécessaires à la manœuvre. Les jours suivants furent affreux; on ne vit pas un moment le soleil; on n'aperçut pas une seule étoile; on ne savait où l'on allait. Ailleurs semée d'îles, la Méditerranée présente entre la Sicile et Malte à l'ouest, le Péloponèse et la Crète à l'est, l'Italie méridionale et l'Épire au nord, la côte d'Afrique au sud, un grand carré de mer libre, où le vent se déchaîne sans obstacle et roule d'énormes tas de mer. C'était là ce que les anciens appelaient souvent l'Adriatique[2]. L'opinion générale des gens du bord était que le navire courait sur les Syrtes de l'Afrique, où la perte des corps et des biens était certaine. Tout espoir semblait interdit; nul ne songeait à prendre de la nourriture; il eût été d'ailleurs im-

---

1. Cf. Thucydide, I, xxix, 8, et les dictionnaires grecs au mot ὑπόζωμα. Cf. Conybeare et Howson, II, 344 et suiv.

2. *Act.*, XXVII, 27; Jos., *Vita*, 3; Hor., *Od.*, I, III, 15; Ovide, *Fastes*, IV, 501; *Tristes*, I, XI, 4; Ptolémée, *Géogr.*, III, XV, 2; VIII, IX, 2; XII, 2; Pausanias, V, XXV, 3; Procope, *Bell. Vand.*, I, 14; *De œdif.*, IV, 1.

possible d'en préparer. Paul seul gardait son assurance. Il était convaincu qu'il verrait Rome et qu'il comparaîtrait devant le tribunal de l'empereur. Il encourageait l'équipage et les passagers; il disait même, à ce qu'il paraît, qu'une vision lui avait révélé que personne ne périrait, Dieu lui ayant accordé la vie de tous, malgré la faute qu'on avait faite en quittant les Bons-Ports contre son avis.

La quatorzième nuit, en effet, depuis le départ de ce port, vers le milieu de la nuit, les matelots crurent reconnaître la terre. On jette la sonde, on trouve vingt brasses; un peu après, on trouve quinze brasses. On crut qu'on allait donner sur des récifs; à l'instant quatre ancres sont jetées de la poupe[1]; on amarre les gouvernails, c'est-à-dire les deux larges pagaies qui sortaient des deux côtés du gaillard d'arrière[2];

---

1. Smith, *Shipwreck*, p. 92 et suiv.; Conybeare et Howson, II, p. 345-346.

2. Voir les représentations de navires si nombreuses sur les monuments figurés de l'antiquité, en particulier dans les peintures d'Herculanum, dans le Virgile du Vatican. Consulter, par exemple, *Dict. de l'Acad. des beaux-arts*, II, p. 337; Jal, *Gloss. nautique*, aux mots *barca duorum thimonorum*, *barre du gouvernail*, *gouvernail*; W. Smith, *Dictionary of greek and roman antiquities*, article *navis*; Martin et Cahier, *Mél. d'archéol.*, III, pl. I; B. Graser, *De veterum re navali* (Berlin, 1864), tab. IV et V; le même, *Die Gemmen des kœn. Museum zu Berlin mit Darstellungen antiker Schiffe* (Berlin, 1867), pl. I et II.

le navire s'arrête; on attend le jour avec anxiété. Les matelots alors, profitant de leur habileté dans la manœuvre, voulurent se sauver aux dépens des passagers. Sous prétexte de jeter les ancres de l'avant, ils mirent la chaloupe à flot, et cherchèrent à s'y placer. Mais le centurion et les soldats, avertis, dit-on, par Paul[1] de cette conduite déloyale, s'y opposèrent. Les soldats coupèrent les amarres qui retenaient la chaloupe, et la laissèrent aller à la dérive. (Paul, cependant, donnait de bonnes paroles à tous, et assurait que nul n'aurait à souffrir en son corps. Pendant ces crises de la vie maritime, l'existence est comme suspendue; quand elles sont finies, on s'aperçoit qu'on est sale et qu'on a faim. Depuis quatorze jours, presque personne n'avait pris de nourriture, soit par suite de l'émotion, soit par suite du mal de mer. Paul, en attendant le jour, conseilla à tous de manger, afin de se donner des forces en vue de sa manœuvre qui restait à accomplir. Il donna lui-même l'exemple, et, en juif pieux, rompit le pain, selon l'usage, après une prière d'action de grâces, qu'il fit ostensiblement devant tous. Les passagers l'imitèrent, et reprirent un peu de cœur) On allégea

---

1. Le narrateur cède à la tentation bien naturelle d'exagérer l'importance du rôle de Paul.

encore le navire, en jetant à la mer tout le blé qui restait.

Le jour parut enfin, et on vit la terre; elle était déserte; personne ne reconnut le pays où l'on était. On avait devant soi une baie, ayant pour fond une plage de sable. On résolut d'échouer sur le sable. Le vent portait de ce côté. On coupa donc les câbles des ancres, qu'on laissa perdre dans la mer; on lâcha les amarres des gouvernails; on hissa la voile de misaine [1], qu'on offrit au vent, et on gouverna vers la plage. Le navire tomba sur une langue de terre battue des deux côtés par la mer, et s'y échoua. La proue s'enfonça dans le sable et resta immobile; la poupe, au contraire, battue par la lame, talonnait et se disloquait à chaque coup de mer. Les sauvetages dans ces conditions sont assez faciles sur les côtes de la Méditerranée, parce que la marée y est peu considérable. Le navire échoué crée un abri, et il est aisé d'établir un va-et-vient. Mais l'état de

---

1. Sur le vrai sens d'ἀρτέμων, voir Henri Étienne, Freund, Jal, aux mots ἀρτέμων, artemon, artimon, etc. Voir aussi les monnaies de Commode, du type n° 745 de Cohen, *Méd. imp.*, III, pl. II; Jal, *Gloss. naut.*, I, p. 256; Conybeare et Howson, I, p. 56; II, p. 347; Graser, *Gemmen*, p. 9, 11, 19, 21, pl. I et II. Le petit mât penché des navires qu'on voit sur de nombreuses monnaies d'Adrien, de Lucius Vérus, de Commode, de la ville de Gadare, paraît un beaupré ou une hampe de drapeau. Comp. Graser, *l. c.*; W. Smith, *l. c.*

prisonniers où étaient beaucoup de passagers aggravait la situation ; ils pouvaient se sauver à la nage et échapper à leurs gardiens ; les soldats proposaient de les tuer. L'honnête Julius repoussa cette idée barbare. Il ordonna à ceux qui savaient nager de se jeter les premiers à l'eau et de gagner la terre, pour aider au sauvetage des autres. Ceux qui ne savaient point nager s'échappèrent sur des planches et des épaves de toute sorte ; personne ne périt.

On apprit bientôt qu'on était à Malte [1]. L'île, depuis longtemps soumise aux Romains et déjà fort latinisée, était riche et prospère [2]. Les habitants se montrèrent humains, et allumèrent un grand feu pour les malheureux naufragés. Ceux-ci, en effet, étaient transis de froid, et la pluie continuait de tomber par torrents. Un incident très-simple, grossi par l'imagination des disciples de Paul, eut lieu alors [3]. En prenant une poignée de broussailles, pour la je-

---

[1] La *Cala di san Paolo* à Malte (voir la carte de l'amirauté anglaise, 1863) répond bien au récit des *Actes*. L'île de Salmonetta ou Gzeier serait le τόπος διθάλασσος. Voir Smith, p. 94 et suiv.; Conybeare et Howson, II, p. 351 et suiv.

2. Cicéron, *In Verrem*, II, IV, 46; Diod. de Sic., V, XII, 2 et 4; Ovide, *Fastes*, III, 567; Silius Italicus, XIV, 251; *Corp. inscr. gr.*, n° 5754; Henzen, n° 6124. Les inscriptions de Malte sont puniques, grecques et latines.

3. Cf. Marc, XVI, 18.

ter dans le brasier, Paul ramassa en même temps une vipère. On crut qu'elle l'avait mordu à la main. L'idée se répandit que cet homme était un meurtrier, poursuivi par la Némésis, laquelle, n'ayant pu l'atteindre au moyen de la tempête, le poursuivait à terre. Les gens du pays, à ce qu'il paraît, s'attendaient à chaque instant à le voir gonfler et tomber mort. Comme il n'en fut rien, ils se prirent, dit-on, à le regarder comme un dieu.

Près de la baie où le navire avait fait naufrage étaient les terres d'un certain Publius, *princeps* du municipe que l'île formait avec Gaulos[1]. Cet homme vint trouver les naufragés, recueillit dans sa métairie au moins une partie d'entre eux, desquels étaient Paul et ses compagnons, et les y traita pendant trois jours avec beaucoup d'hospitalité. Ici encore arriva un de ces prodiges que les disciples de Paul croyaient voir éclore à chaque instant sous ses pas. L'apôtre guérit, dit-on, par l'imposition des mains le père de Publius, qui souffrait de la fièvre et de la dyssenterie. Sa réputation de thaumaturge se répandit dans l'île, et on

---

1. Ὁ πρῶτος τῆς νήσου. Comparez πρῶτος Μελιταίων, *Corpus inscr. gr.*, n° 5754, mais non MEL. PRIMVS de l'inscription de Henzen, n° 6124, où *Melitensium* est gouverné par ce qui précède, et *primus* gouverne ce qui suit, contrairement à ce qu'avait cru Ciantar. Notez les noms latins des deux *principes*.

lui amenait les malades de tous les côtés. Il n'est pas dit cependant qu'il y ait fondé d'Église. Ces basses populations africaines [1] ne pouvaient s'élever au-dessus de la superstition et du sensualisme grossier.

L'ancien cabotage de la Méditerranée avait coutume de chômer pendant l'hiver. L'effroyable traversée qu'on venait de faire n'encourageait pas à se remettre en mer. On resta trois mois à Malte, du 15 novembre 60 au 15 février 61, à peu près. Alors, Julius négocia le passage de ses prisonniers et de ses soldats sur un autre navire alexandrin, le *Castor et Pollux*, qui avait hiverné dans le port de l'île. On gagna Syracuse, où l'on resta trois jours ; puis on cingla vers le détroit, et on toucha à Reggio. Le lendemain, un bon vent du sud s'éleva et porta le navire en deux jours à Pouzzoles.

Pouzzoles, comme nous l'avons déjà dit, était le port d'Italie le plus fréquenté par les Juifs. C'était là aussi d'ordinaire que les navires d'Alexandrie opéraient leur déchargement [2]. Il s'y était formé, en même temps qu'à Rome, une petite société chré-

---

[1]. La langue vulgaire de l'île était toujours le punique. *Act.*, XXVIII, 2, 4.

[2]. Strabon, XVII, 1, 7 ; Pline, XXXVI, 14 ; Suétone, *Aug.*, 98, Jos., *Vita*, 3 ; Philon, *In Flacc.*, § 5.

tienne. L'apôtre y fut très-bien accueilli; on le pria de rester sept jours, et, grâce à la complaisance du bon centurion Julius, qui s'était fort attaché à lui, cela fut possible. On se mit ensuite en route pour Rome. Le bruit de l'arrivée de Paul s'était répandu parmi les fidèles de cette ville, pour quelques-uns desquels il était déjà, depuis l'envoi de son épître, un maître connu et respecté. Au relais de poste appelé Forum d'Appius [1], à quarante-trois milles de Rome, sur la voie Appienne, une première députation l'atteignit. A dix milles plus loin, au sortir des marais Pontins, près de l'endroit nommé « les Trois Tavernes », à cause des hôtelleries qui s'y étaient établies [2], un nouveau groupe vint le rejoindre. La joie de l'apôtre éclata en vives actions de grâces. La troupe sainte fit non sans émotion les onze ou douze lieues qui séparaient les Trois Tavernes de la porte Capène, et, suivant toujours la voie Appienne, par Aricie et Albano, le prisonnier Paul entra dans Rome, au mois de mars de l'an 61, en la septième année du règne de Néron, sous le consulat de Cæsennius Pætus et de Pétronius Turpilien [3].

1. Aujourd'hui San-Donato.
2. Cic., *Ad Att.*, II, 10, 11, 13; *Itiner. Anton.*, p. 107, édit. Wesseling. Aujourd'hui Cisterna.
3. Borghesi, *Fastes cons.* [encore inédits], à l'année 61.

CHAPITRE XXII.

COUP D'ŒIL SUR L'ŒUVRE DE PAUL.

Paul a encore plus de trois ans à vivre, et ces trois années ne seront pas les moins remplies de sa laborieuse existence. Nous montrerons même que la carrière de ses courses apostoliques eut, selon toutes les vraisemblances, un prolongement. Mais ces voyages nouveaux, il les fit du côté de l'Occident, non dans les pays qu'il avait déjà visités [1]. Ces voyages, s'ils eurent lieu, furent d'ailleurs sans résultats appréciables pour la propagation du christianisme. Il est donc permis dès à présent de mesurer l'œuvre de Paul. Grâce à lui, une moitié de l'Asie Mineure a reçu la semence chrétienne. En Europe, la Macédoine a été assez profondément pénétrée, la

---

1. *Act.*, xx, 25.

Grèce entamée sur ses bords. Si l'on ajoute à cela l'Italie, de Pouzzoles à Rome, déjà sillonnée par des chrétiens, on aura le tableau des conquêtes effectuées par le christianisme dans les seize années que ce livre embrasse. La Syrie, nous l'avons vu, avait antérieurement reçu la parole de Jésus et possédait des Églises organisées. Les progrès de la foi nouvelle avaient été vraiment merveilleux, et, quoique le public s'en occupât bien peu encore, les sectateurs de Jésus avaient déjà de l'importance pour les gens du dehors. Nous les verrons, vers le milieu de l'an 64, occuper l'attention du monde et jouer un rôle historique très-important.

En toute cette histoire, du reste, il importe de se défendre d'une illusion que la lecture des Épîtres de Paul et des Actes des Apôtres produit presque forcément. On serait tenté, d'après une telle lecture, de se figurer des conversions en masse, des Églises nombreuses, des pays entiers volant au culte nouveau. Paul, qui nous parle souvent des juifs rebelles, ne parle jamais de l'immense majorité des païens, qui n'avait aucune connaissance de la foi. En lisant les voyages de Benjamin de Tudèle, on croirait aussi que le monde de son temps n'était peuplé que de juifs. Les sectes sont sujettes à ces illusions d'optique; pour elles, rien n'existe hors d'elles; les événements qui se passent dans leur sein leur paraissent des événements intéressant l'univers. Les personnes qui ont des rapports avec les anciens saint-simoniens sont frappées de la facilité avec laquelle ils s'envisagent comme le centre de l'humanité. Les premiers chrétiens vivaient de même si renfermés dans leur cercle, qu'ils ne savaient presque rien du monde profane. Un pays était censé évangélisé quand le nom de Jésus y avait été prononcé[1] et qu'une dizaine de personnes s'étaient converties. Une Église souvent ne renfermait pas douze ou quinze personnes. Peut-être tous les convertis de saint Paul en Asie Mineure, en Macédoine et en Grèce, ne dépassaient-ils pas beaucoup le chiffre de mille[2]. Ce

1. Rom., xv, 19-20. Comp. *Act.*, xx, 25-27; Col., i, 6 et surtout 23.
2. On peut supposer que les salutations de Rom., xvi, 3-16, comprennent à peu près toute l'Église de Paul à Éphèse. Paul salue expressément vingt-six personnes ; il mentionne trois Églises domestiques et deux fois il emploie la formule καὶ τοὺς σὺν αὐτοῖς. Portant à vingt le chiffre des personnes qui composaient chaque Église domestique, et à dix le nombre des personnes comprises sous les formules καὶ τοὺς σὺν αὐτοῖς, on arrive à composer l'Église d'Éphèse de cent ou cent vingt personnes. L'Église de Corinthe devait être moins nombreuse, puisqu'elle ne formait qu'une seule *ecclesia,* laquelle tenait toute dans une maison (Rom., xvi, 23, texte grec). Évaluons à deux cents les chrétiens de Macédoine ; admettons deux ou trois cents personnes pour les Églises de Galatie ; il restera encore, pour atteindre le chiffre mille, une somme de trois

petit nombre, cet esprit de comité secret, de famille spirituelle restreinte, fut justement ce qui constitua la force indestructible de ces Églises, et fit d'elles autant de germes féconds pour l'avenir.

Un homme a contribué plus qu'aucun autre à cette rapide extension du christianisme; cet homme a déchiré l'espèce de maillot serré et prodigieusement dangereux dont l'enfant fut entouré dès sa naissance; il a proclamé que le christianisme n'était pas une simple réforme du judaïsme, mais qu'il était une religion complète, existant par elle-même. Dire que cet homme mérite d'être placé à un rang fort élevé dans l'histoire, c'est dire une chose évidente; mais il ne faut pas l'appeler fondateur. Paul a beau dire, il est inférieur aux autres apôtres. Il n'a pas vu Jésus, il n'a pas entendu sa parole. Les divins *logia*, les paraboles, il les connaît à peine. Le Christ qui lui fait des révélations personnelles est son propre fantôme; c'est lui-même qu'il écoute, en croyant entendre Jésus.

Même, à ne parler que de rôle extérieur, il s'en faut que Paul ait eu de son vivant l'importance que nous lui prêtons. Ses Églises ou ne furent pas très-

---

ou quatre cents personnes, qui semble plus que suffisante pour représenter les Églises d'Athènes, de Troas, de Chypre, et autres groupes secondaires.

solides ou le renièrent. Les Églises de Macédoine et de Galatie, qui sont bien son œuvre propre, n'ont pas beaucoup d'importance au IIe et au IIIe siècle. Les Églises de Corinthe et d'Éphèse, qui ne lui appartenaient pas à un titre aussi exclusif, passent à ses ennemis ou ne se trouvent pas fondées assez canoniquement si elles ne l'ont été que par lui[1]. Après sa disparition de la scène des luttes apostoliques, nous le verrons presque oublié. Sa mort fut probablement tenue par ses ennemis pour la mort d'un brouillon. Le IIe siècle parle à peine de lui, et semble par système chercher à effacer sa mémoire. Ses Épîtres alors sont peu lues et ne font autorité que pour un groupe assez réduit[2]. Ses partisans eux-mêmes atténuent beaucoup ses prétentions[3]. Il ne laisse pas de disciples célèbres; Tite, Timothée, tant d'autres qui lui faisaient comme une cour, disparaissent sans éclat. A vrai dire, Paul avait une personnalité trop énergique pour former une école originale. Il écrasa toujours ses disciples; ils ne

---

1. Cf. *les Apôtres*, p. IV et suiv., et ci-dessus, p. 324-325, 366 et suiv.

2. Le groupe d'où sont sorties les épîtres soit authentiques soit apocryphes de Clément Romain, d'Ignace, de Polycarpe.

3. C'est ce qui est sensible chez l'auteur des *Actes*. Voir *les Apôtres*, p. XXX et suiv.

jouèrent auprès de lui que le rôle de secrétaires, de serviteurs, de courriers. Leur respect pour le maître était tel, qu'ils n'osèrent jamais enseigner librement. Quand Paul était avec sa troupe, il existait seul; tous les autres étaient anéantis ou ne voyaient que par lui [1].

Au IIIe, au IVe, au Ve siècle, Paul grandira singulièrement. Il deviendra le docteur par excellence, le fondateur de la théologie chrétienne. Le vrai président de ces grands conciles grecs qui font de Jésus la clef de voûte d'une métaphysique, c'est l'apôtre Paul. Mais, au moyen âge, surtout en Occident, sa fortune subira une étrange éclipse. Paul ne dira presque rien au cœur des barbares; hors de Rome, il n'aura pas de légende; la chrétienté latine ne prononcera guère son nom qu'à la suite de son rival. Saint Paul, au moyen âge, est en quelque sorte perdu dans les rayons de saint Pierre. Pendant que saint Pierre remue le monde, fait trembler et obéir, l'obscur *saint Pou* joue un rôle secondaire dans la grande poésie chrétienne qui remplit les cathédrales et inspire les chants populaires. Presque personne avant le XVIe siècle ne s'appelle de son nom; il paraît à peine dans les monuments figurés; il n'a pas

1. Voir surtout *Act.*, xx, 10 et suiv.; xxvii, 11, 21 et suiv.

de dévots, on ne lui bâtit guère d'églises[1], on ne lui brûle pas de cierges. Son entourage, Titus, Timothée, Phœbé, Lydie, ont peu de place dans le culte public, surtout des Latins[2]. N'a pas de légende qui veut. Pour avoir une légende, il faut avoir parlé au cœur du peuple; il faut avoir frappé l'imagination. Or, que dit au peuple le salut par la foi, la justification par le sang du Christ? Paul était trop peu sympathique à la conscience populaire, et aussi peut-être trop bien connu par l'histoire, pour qu'il pût se former autour de sa tête une auréole de fables. Parlez-moi de Pierre, qui fait courber la tête des rois, brise les empires, marche sur l'aspic et le basilic, foule aux pieds le lion et le dragon, tient les clefs du ciel !

La Réforme ouvre pour saint Paul une ère nouvelle de gloire et d'autorité. Le catholicisme lui-même revient, par des études plus étendues que celles du moyen âge, à des vues assez justes sur l'apôtre des gentils. A partir du xvie siècle, le nom de Paul

---

1. Le vocable de « saint Pierre et saint Paul » est commun, mais celui de saint Paul seul est assez rare. Saint Pol de Léon, saint Paul de Narbonne sont des saints locaux.

2. Les récits relatifs à saint Trophime, à saint Crescent, sont moins des légendes que des détorses réfléchies données à l'histoire pour satisfaire la vanité de certaines Églises.

est partout. Mais la Réforme, qui a rendu tant de services à la science et à la raison, n'a pas su faire une légende. Rome, jetant un voile complaisant sur les rudesses de l'Épître aux Galates, élève Paul sur un piédestal presque égal à celui de Pierre. Paul n'en devient pas davantage le saint du peuple. Quelle place lui fera la critique? Quel rang lui assignera-t-elle dans la hiérarchie de ceux qui servirent l'idéal?

On sert l'idéal en faisant le bien, en découvrant le vrai, en réalisant le beau. En tête de la procession sainte de l'humanité, marche l'homme du bien, l'homme vertueux; le second rang appartient à l'homme du vrai, au savant, au philosophe; puis vient l'homme du beau, l'artiste, le poëte. Jésus nous apparaît, sous son auréole céleste, comme un idéal de bonté et de beauté. Pierre aima Jésus, le comprit, et fut, ce semble, malgré quelques faiblesses, un homme excellent. Que fut Paul? — Ce ne fut pas un saint. Le trait dominant de son caractère n'est pas la bonté. Il fut fier, roide, cassant; il se défendit, s'affirma (comme on dit aujourd'hui); il eut des paroles dures; il crut avoir absolument raison; il tint à son avis; il se brouilla avec diverses personnes. — Ce ne fut pas un savant; on peut même dire qu'il a beaucoup nui à la science par son mépris paradoxal de la raison, par son éloge de la folie apparente, par son apothéose de l'absurde transcendental. — Ce ne fut pas non plus un poëte. Ses écrits, œuvres de la plus haute originalité, sont sans charme; la forme en est âpre et presque toujours dénuée de grâce. — Que fut-il donc?

Ce fut un homme d'action éminent, une âme forte, envahissante, enthousiaste, un conquérant, un missionnaire, un propagateur, d'autant plus ardent qu'il avait d'abord déployé son fanatisme dans un sens opposé. Or l'homme d'action, tout noble qu'il est quand il agit pour un but noble, est moins près de Dieu que celui qui a vécu de l'amour pur du vrai, du bien ou du beau. L'apôtre est par nature un esprit quelque peu borné; il veut réussir, il fait pour cela des sacrifices. Le contact avec la réalité souille toujours un peu. Les premières places dans le royaume du ciel sont réservées à ceux qu'un rayon de grâce a touchés, à ceux qui n'ont adoré que l'idéal. L'homme d'action est toujours un faible artiste, car il n'a pas pour but unique de refléter la splendeur de l'univers; il ne saurait être un savant, car il règle ses opinions d'après l'utilité politique; ce n'est même pas un homme très-vertueux, car jamais il n'est irréprochable, la sottise et la méchanceté des hommes le forçant à pactiser avec elles. Jamais surtout il n'est aimable : la plus charmante des vertus, la réserve, lui est interdite. Le monde favorise les audacieux, ceux qui s'aident eux-mêmes. Paul, si grand, si honnête, est obligé de se décerner le titre d'apôtre. On est fort dans l'action par ses défauts; on est faible par ses qualités. En somme, le personnage historique qui a le plus d'analogie avec saint Paul, c'est Luther. De part et d'autre, c'est la même violence dans le langage[1], la même passion, la même énergie, la même noble indépendance, le même attachement frénétique à une thèse embrassée comme l'absolue vérité.

Je persiste donc à trouver que, dans la création du christianisme, la part de Paul doit être faite bien inférieure à celle de Jésus. Il faut même, selon moi, mettre Paul au-dessous de François d'Assise et de l'auteur de l' « Imitation », qui tous deux virent Jésus de très-près. Le Fils de Dieu est unique. Paraître un moment, jeter un éclat doux et profond, mourir très-jeune, voilà la vie d'un dieu. Lutter, disputer, vaincre, voilà la vie d'un homme. Après avoir été depuis trois cents ans le docteur chrétien par excellence, grâce au protestantisme orthodoxe,

---

1. Voir surtout Phil., III, 2. L'ouvrage qui ressemble le plus comme esprit à l'Épître aux Galates, c'est le *De captivitate babylonica Ecclesiæ*.

Paul voit de nos jours finir son règne; Jésus, au contraire, est plus vivant que jamais. Ce n'est plus l'Épître aux Romains qui est le résumé du christianisme, c'est le Discours sur la montagne. Le vrai christianisme, qui durera éternellement, vient des Évangiles, non des Épîtres de Paul. Les écrits de Paul ont été un danger et un écueil, la cause des principaux défauts de la théologie chrétienne; Paul est le père du subtil Augustin, de l'aride Thomas d'Aquin, du sombre calviniste, de l'acariâtre janséniste, de la théologie féroce qui damne et prédestine à la damnation. Jésus est le père de tous ceux qui cherchent dans les rêves de l'idéal le repos de leurs âmes. Ce qui fait vivre le christianisme, c'est le peu que nous savons de la parole et de la personne de Jésus. L'homme d'idéal, le poëte divin, le grand artiste défie seul le temps et les révolutions. Seul il est assis à la droite de Dieu le Père pour l'éternité.

Humanité, tu es quelquefois juste, et certains de tes jugements sont bons !

FIN DE *SAINT PAUL*.

TABLE

DES MATIÈRES

                                                                  Pages.

INTRODUCTION. — CRITIQUE DES DOCUMENTS ORIGINAUX I

Chap.

I.	Premier voyage de saint Paul. — Mission de Chypre......	1
II.	Suite du premier voyage de saint Paul. — Mission de Galatie..	22
III.	Première affaire de la circoncision.....................	57
IV.	Propagation sourde du christianisme. — Son introduction à Rome..	96
V.	Deuxième voyage de saint Paul. — Nouveau séjour en Galatie..	118
VI.	Suite du deuxième voyage de saint Paul. — Mission de Macédoine...	135
VII.	Suite du deuxième voyage de Paul. — Paul à Athènes.....	166
VIII.	Suite du deuxième voyage de Paul. — Premier séjour à Corinthe..	211
IX.	Suite du deuxième voyage de Paul. — Premières épîtres. — État intérieur des nouvelles Églises..................	227

TABLE DES MATIÈRES.

Chap.		Pages.
X.	Retour de Paul à Antioche. — Dispute de Pierre et de Paul. — Contre-mission organisée par Jacques, frère du Seigneur.	278
XI.	Troubles dans les Églises de Galatie....................	311
XII.	Troisième voyage de Paul. — Fondation de l'Église d'Éphèse.	329
XIII.	Progrès du christianisme en Asie et en Phrygie..........	350
XIV.	Schismes dans l'Église de Corinthe. — Apollos. — Premiers scandales......................................	371
XV.	Suite de la troisième mission de Paul. — La grande collecte. — Départ d'Éphèse................................	418
XVI.	Suite de la troisième mission. — Second séjour de Paul en Macédoine......................................	438
XVII.	Suite de la troisième mission. — Second séjour de Paul à Corinthe. — L'Épitre aux Romains...................	458
XVIII.	Retour de Paul à Jérusalem...........................	497
XIX.	Dernier séjour de Paul à Jérusalem. — Son arrestation....	508
XX.	Captivité de Paul à Césarée de Palestine.................	534
XXI.	Voyage de Paul prisonnier............................	547
XXII.	Coup d'œil sur l'œuvre de Paul........................	560

PARIS. — IMPRIMERIE DE J. CLAYE, RUE SAINT-BENOIT, 7. — [1628]

www.ingramcontent.com/pod-product-compliance
Lightning Source LLC
Chambersburg PA
CBHW050323240426
43673CB00042B/1511